Annual Report of Overseas Humanities and Social Sciences, 2017

# 海外人文社会科学发展年度报告 2017

 武汉大学中国高校哲学社会科学发展与评价研究中心 组编

韩 进 主编

WUHAN UNIVERSITY PRESS
武汉大学出版社

**图书在版编目(CIP)数据**

海外人文社会科学发展年度报告.2017/武汉大学中国高校哲学社会科学发展与评价研究中心组编. —武汉:武汉大学出版社,2017.11
　ISBN 978-7-307-19812-8

Ⅰ.海…　Ⅱ.武…　Ⅲ.社会科学—研究报告—世界—2017
Ⅳ.C11

中国版本图书馆 CIP 数据核字(2017)第 276530 号

责任编辑:郭　静　　责任校对:汪欣怡　　版式设计:汪冰滢

出版发行:**武汉大学出版社**　(430072　武昌　珞珈山)
　　　　(电子邮件:cbs22@whu.edu.cn　网址:www.wdp.com.cn)
印刷:虎彩印艺股份有限公司
开本:720×1000　1/16　印张:26　字数:371 千字　插页:1
版次:2017 年 11 月第 1 版　　2017 年 11 月第 1 次印刷
ISBN 978-7-307-19812-8　　定价:99.00 元

# 编 委 会

# 目　　录

# 英美分析的马克思主义与政治哲学：
# 逻辑与问题<sup>*</sup>
## ——G. A. 柯亨篇

### 李佃来  王  晶
**（武汉大学哲学学院）**

英美分析的马克思主义，是当代西方马克思主义在 20 世纪 70 年代之后所形成的最重要的理论学派之一。在 80 年代后期以来的学术实践中，分析的马克思主义重点转向了规范性政治哲学的研究，由此也顺理成章地成为了当代马克思主义政治哲学研究的主要发起者和推动者。为了全面把握分析的马克思主义在规范性政治哲学研究上的理论成就和理论进展，我准备以人物的形式来作逐一的追踪研究。本次主要追踪研究的，是分析的马克思主义创造人 G. A. 柯亨关于政治哲学的理论探索。

## 转向政治哲学

在 20 世纪 80 年代之前，柯亨的主要理论兴趣是历史唯物主义，其在 1978 年发表的《卡尔·马克思的历史理论———一个辩护》，便是这方面的一个代表性成果。80 年代中期之后，柯亨的理论兴趣点从历史唯物主义转向了政治哲学。《历史、劳动与自由：马克思哲学的主题》（1988）、《自我所有、自由与平等》（1995）、

---

\* 本文系国家社会科学基金重点项目"当代中国马克思主义政治哲学理论建构研究"（15AZD030）、湖北省教育厅重大项目"马克思主义正义理论研究"（14zd004）的阶段性成果。

《如果你是一个平等主义者，你怎么会变得如此富有？》（2000）等，是柯亨转向政治哲学研究后所取得的一些重要理论成果。至于为什么从历史唯物主义的研究转向政治哲学的研究，柯亨在《马克思主义与当代政治哲学》一文中作出过如下说明：

> 我属于一个被称为分析马克思主义（analytical Marxism）的思想学派。这一立场的某些支持者，包括我在内，都深深地沉迷于道德哲学和政治哲学中那些过去并没有引起马克思主义者注意的问题。我们所关注的问题包括：对平等的信奉究竟要求些什么？那些拥有生产能力且天资较好的人对于那些相对缺乏生产能力或有残疾或有特殊需要的人究竟负有何种类型的义务？我们寻找一个准确的剥削定义，也想知道剥削究竟为什么是不正当的。
>
> 怎样解释这种相当新颖的介入（involvement）呢？对于马克思主义者乃至准马克思主义者——因为你们也许更愿意这样看待我们——来说，这种介入的确是新颖的。我认为这个问题并不能从如下事实中得到解释：与昔日的马克思主义者不同，我们是一些拥有酬劳相对丰厚的工作的学者，通过研究这些问题和提供答案来获得金钱和承认。因为我们也能够从研究那些始终困扰着马克思主义者的问题来获得金钱和承认，例如关于经济基础和上层建筑与与生产力和生产关系的问题。在我的兴趣明确地转向道德哲学和政治哲学以前，这些问题花费了我大约20年的时间。
>
> 相反，我认为西方资本主义社会阶级结构的深刻变化能够解释我们注意力的转变。这些变化导致了以前并不存在的规范性问题，或者更准确地说，它们导致了以前几乎没有政治意义的规范性问题。现在，这些规范性问题具有了重要的政治意义。①

---

① 吕增奎编：《马克思与诺齐克之间：G. A. 柯亨文选》，江苏人民出版社2007年版，第157-158页。

从以上说明可以看到，柯亨之所以转向政治哲学的研究，究其原因，主要在于西方资本主义社会阶级结构的变化使关于平等、正义等的规范性问题凸显出来，成为马克思主义研究者不得不去面对和回答的重大论题。

转向政治哲学研究后，柯亨的最重要理论成就，是对于社会主义平等理论的建构。具体一点说，柯亨是通过批判自由至上主义以及平等的自由主义，来建构其独具特色的社会主义平等理论的。

## 对自由至上主义的批判

众所周知，自由至上主义的主要代表人物是诺齐克（Robert Nozick）。诺齐克所提出的核心理论，是自我所有论。这一理论坚持强调自由的绝对性而反对平等的合法性，并且认为社会主义平等将妨碍自由本身。柯亨通过对"转让正义"和"获取正义"的质疑与探析，全面而深刻地批判了诺齐克的自我所有论。

第一，质疑"转让正义"。

诺齐克作为私有财产的绝对捍卫者，反对任何限制个人自由的东西。他借用康德的理论阐发自己的原则，"个人是目的，而不仅仅是手段……个人是神圣不可侵犯的"[1]，并设置了著名的"张伯伦论证"：假设好东西和坏东西都平等分配给每一个的分配方式为 D1。现在著名的篮球运动员威尔特·张伯伦与球队签订了一个契约：即在每场比赛中，从每张门票的票价里抽出 25 美分给他。人们买票入场时都向张伯伦的专用箱投入 25 美分入场券。如果在一个赛季中，有一百万人观看了他参加的比赛，那么张伯伦得到了 25 万美元，这一新的分配方式为 D2。[2] 诺齐克认为：每个人都有

---

[1]　[美]诺齐克：《无政府、国家和乌托邦》，姚大志译，中国社会科学出版社 2008 年版，第 37 页。

[2]　参见[美]诺齐克：《无政府、国家和乌托邦》，姚大志译，中国社会科学出版社 2008 年版，第 192-193 页。

权自由支配他们在 D1 中拥有的资源，如果 D1 是公正的，人们自愿从 D1 转到 D2，那么 D2 也是公正的，即命题（1）"通过正义的步骤从正义的状态中产生的任何东西自身都是正义的"①。这是诺齐克自我所有论的主要论点，也是他捍卫"转让正义"的根据。

柯亨将诺齐克的主要论点具体化为四个命题：命题（2）无论什么，只要它是从公正的状态中，作为所有参与交易的主体的完全自愿交易的结果而产生的，它本身就是公正的。命题（3）无论什么，只要它是从公正状态中，在参与交易的各方知道交易结果后还仍然同意交易的情况下，作为完全自愿的交易的结果而产生的，它本身就是公正的。命题（4）无论什么，只要它是从公正状态中，在参与交易的主体事先知道一切可能发生的不同后果的情况下，作为完全自愿交易的结果而产生的，它本身就是公正的。命题（5）无论什么，只要它是从公正状态中，在参与交易的主体知道交易的直接后果后还仍然同意交易的情况下，作为完全自愿的交易的结果而产生的，它本身就是公正的。② 立足于以上五个命题，柯亨对诺齐克的"转让正义"进行了三重反驳：

一是打破"公正的步骤"和"公正的状态"的必然联系。依据诺齐克的意思，只要没有暴力、欺骗、胁迫等步骤，就可以称得上是公正的步骤。柯亨根据事物运行过程中无法排除的偶然性因素，对这一观点进行了反驳。柯亨要说明的问题是，在偶然性、主体事先不知情的事件中，即使通过公正的步骤，也可能产生不公正的状态和结果，这使命题（1）受到质疑。进一步说，由于这些偶然、不可知的情况又都是事物发展过程无法避免的，特别是市场交易和赌博行为，它们天然就与不可知因素联系在一起，所以这也间接论证了命题（5）中全然知晓事物发展的"直接后果"是不可能的。

---

① ［美］诺齐克：《无政府、国家和乌托邦》，姚大志译，中国社会科学出版社 2008 年版，第 181 页。

② 参见［英］柯亨：《自我所有、自由和平等》，李朝晖译，东方出版社 2008 年版，第 25-63 页。（2）在第 25 页；（3）在第 28 页；（4）在第 60 页；（5）在第 63 页。

二是重审"自愿"行为。柯亨表示，"打赌成为奴隶"的事例很好地反驳了命题(2)所强调的"自愿"交易行为。自愿受奴役的情况存在并不表示奴隶制本身是合理的。例如，A 与 B 在才能和品位上完全一样。两人都很想拥有奴隶，甚至为了得到一个奴隶连自己成为奴隶也在所不惜。于是，他俩抛硬币来决定，B 输了，A 给他戴上枷锁。① 这个事例表明，简单的主体"自愿"无法保证公正的状态必然产生。

三是考察"第三方"因素。柯亨在考察命题(3)和命题(4)时研究了第三方因素的不可避免。他认为，在张伯伦的事例中，假设球迷们了解到多收的 25 美分将使得张伯伦在原本平等的社会里处于"十分特殊的权利位置"，这将从根本上影响后代的权利地位，他们可能会更加理性地对待这个"轻巧的自愿"。即使球迷自己非理性地对待自己的钱财，但是这种非理性的契约如诺齐克自己所言不应该影响到"第三方"，如未出生的人。柯亨表示，"财物是权利的源泉"，财物不均将可能造成权利及权力不均，而且某两方达成某项协议可能会使第三方的选择减少。

第二，质疑"获取正义"。

诺齐克将原初世界视为无主的和人人可得的。他的构想是：自我所有与原始资源的"人人可得"相结合，确证自由和私有财产权的合法性。无主的原始世界资源可以被人们自由地获取而成为私有财产，而一旦私有财产被获得，完全的私有财产权就包含了无限的转让权和遗赠权，自我所有原则很顺利地维护了私有财产的合法权利。这就是诺齐克坚持的"获取正义"。问题在于："世界资源的人人可得"这个预设是否具有合法性呢？在柯亨看来，诺齐克并没有证明"世界在被占有之前是无主的"、"人人可得的"，他的眼光始终集中在世界资源被自由占有之后，自我所有如何保证私有财产的自由权利。如果把土地在被某人占有之前视为共同所有或集体所有，而不是视为无主的和人人可得的，自我

————————

① 参见[英]柯亨：《自我所有、自由和平等》，李朝晖译，东方出版社 2008 年版，第 58 页。

所有论所确证的状况就大为不同了。在土地共有制的案例中，土地归全体所有，每一个人的行为都服从集体的决定。实际上，"人人可得"这个设想一旦遇到"世界本是人人共有的"这样的假设，就会变得无所适从，诺齐克的"获取正义"也是站不住脚的，以"人人可得的世界资源"与自我所有的结合所做的关于私有财产的论述也是无法立足的。

在质疑"转让正义"和"获取正义"的基础上，柯亨对"自我所有"这一概念予以了全面考察和辨析。

在柯亨看来，"自我所有"概念具有以下特点：（1）符合逻辑。康德认为自我所有权是一个虚概念。这是因为：一方面，人不是物，人不能拥有他自身；另一方面，人类就是目的本身而不是手段。所以，康德认为"自我拥有"是不合逻辑的。柯亨对此进行了反驳。他认为，康德只是证明了人不是物，但是并没有证明只有物才能被拥有；而且"人类把自身的肢体和能力当作手段来行事是不道德"，这样的论断也没有证明自我所有概念上的不合理。（2）内容确定。德沃金认为"自我所有"缺乏确定的内容，即我拥有我自己，我拥有的到底是什么权利呢？柯亨认为，自我所有赋予人们最为完整的自我所有权。"通过确定权利系 S，即 S 是每个人对于他自己所享有的权利，并且 S 给人们的对于他自己的权利是任何普遍享有的权利都做不到的，那么这样一来就能达到确定性。"①（3）与再分配税收相矛盾。有人认为，"自我所有"与再分配税收不相矛盾。柯亨反驳了这一看法，他赞同诺齐克的观点，即每个人都是自我能力的合法拥有者，不能用再分配税收来要求人们帮助别人。一旦进行再分配，无论这种分配是何种形式的，就是对自我所有权的侵犯。柯亨认为，自我所有概念的这几个特点，决定了它是不能被驳倒的。

问题的关键在于：在"自我所有"与平等无法达到协调的情况下，自我所有概念不可驳是非常可怕的。人人都会受到"出身背

---

① ［英］柯亨：《自我所有、自由和平等》，李朝晖译，东方出版社 2008 年版，第 240 页。

景"、"天赋才能"等非选择的运气的影响，根据自我所有原则，运气所造成的结果无论是好是坏都要紧紧追随人的一生，而"任何人都不应该因为运气不佳而比别人过的更差一些"①。因此，柯亨表示，我们唯一可以做的，就是通过论证而让更多的人对自我所有原则失去信仰，在理念和行动上摈弃自我所有原则。诺齐克在证立自我所有原则时，有三个根据，分别是放弃自我所有原则就是赞成奴隶制、放弃自我所有原则就会丧失自主权、放弃自我所有原则就是把人当成纯粹的手段而不是目的。柯亨对这三个根据逐一进行了反驳。

柯亨对诺齐克的第一个根据进行了两个方面的反驳：首先，根据诺齐克的论证，把非契约性义务强加于人的原则是不可容忍的。他将诺齐克论证的步骤分解为以下四条：（1）如果 X 有非契约性的为 Y 做 A 的义务，那么 Y 对于 X 的劳动就具有和奴隶主一样的处置权。（2）如果 Y 对于 X 的劳动具有和奴隶主一样的处置权，那么 X 至此为止就是 Y 的奴隶。（3）任何人无论在任何程度上成为另一个人的奴隶都在道德上是不可容忍的。因此（4）X 具有非契约性的为 Y 做 A 的义务在道德上是不可容忍的。与此同时，柯亨还设计了一种类似于奴隶制的监禁状态，不同的是，只是将某个无罪的人强行拘留了五分钟。柯亨认为，长期监禁一个无罪的人当然是不正当的，但是为了社会治安而短暂地拘留一个无罪的人就可能是正当的了。因此，柯亨先对（3）进行反驳，"有限量的强制劳动与奴隶的终身强制劳动之间在规范上是存在巨大差别的"②。柯亨继而借用了约瑟夫·拉茨的事例来反驳（1）：假设我的母亲生病了，虽然我有照顾生病母亲的义务，但这不意味着我母亲对我有奴隶主似的处置权。既然（1）和（3）都存在漏洞，那么，"只要我不拥有我自

---

① ［英］柯亨：《自我所有、自由和平等》，李朝晖译，东方出版社 2008 年版，第 258-259 页。

② ［英］柯亨：《自我所有、自由和平等》，李朝晖译，东方出版社 2008 年版，第 261 页。

己，我就是奴隶"的论断就被驳倒。其次，诺齐克还一直以第一个条件为由，反对福利国家的再分配政策。柯亨发现诺齐克只是一味地强调没有完全的自我所有权所造成的困境，却没有谈到对于他人的不完全所有权的问题。诺齐克曾表示，在最弱意义上的国家，公民必须纳税支持国家的胁迫性工具。那么为什么非契约性义务比一些契约性义务更像奴隶制？柯亨认为他应该对不构成奴隶制的契约性义务和构成奴隶制的非契约性义务进行区分。

关于第二个根据，即放弃自我所有权就是放弃自主权，柯亨考察了自我所有权与自主权的关系问题。在诺齐克看来，在普遍的完全自我所有权的条件下要比在其他任何权利的条件下存在更多的自主权。但柯亨认为，以权利为基础的自我所有原则与以选择为特征的自主权并不是完全契合的。依据柯亨所言，"自主权（autonomy），是人们真正可以控制自己的生活的情形。普遍的自我所有权与人人可得世界的结合不能保证自主权的实现，因为它具有产生无产者的趋势，而无产者没有自主权。当普遍的自我所有权与外部世界的共有制相结合时，实际上不会产生无产者，但外部世界共有制以不同的方式侵犯了自主权……要想达到真正的自由或自主权，必须对自我所有权加以限制，这是自相矛盾的，正是自主权把我们吸引到自我所有权身边来，把两者灾难性地混为一谈。使自我所有论富有吸引力的那个东西实际上又使我们要放弃自我所有权"①。在人们的才能有差别的世界里，充分的自我所有却产生了大量的没有自主权的无产者。即使在人们才能相同的世界里，自我所有权也实现不了自主权最大化。因此，并不能武断地说，放弃自我所有权就是放弃自主权。

关于第三个根据，即放弃自我所有权就是被别人当成纯粹的手段而不是目的。柯亨考察康德的原则与诺齐克的同意原则之间错综

---

① ［英］柯亨：《自我所有、自由和平等》，李朝晖译，东方出版社 2008 年版，第 118 页。

复杂的关系而反驳这一观点①。他讨论了三个问题，一是康德原则与自我所有原则并不是互相补充或者内在包含的。康德原则只是说"不能把人仅仅视为手段而不视为目的"，但当把他人视为目的，那么也可以将其视为手段。他举了生病的售票员的例子：当我把钱交给售票员或把钱放入售票机，在这两种行动中，售票员和售票机都是服务于我得到票的目的的手段。那么，遵循康德原则，我把售票员作为目的的同时也视为手段。当售票员病了，我出于康德原则帮助了他，而这样就违反了自我所有原则。可见，在肯定康德原则的基础上也可以抛弃或违反自我所有原则。当售票员病倒了，我可以尊重他的自我所有权，但完全把他当作手段，当他病倒了也对他不闻不问。可见，在肯定自我所有原则的同时也可以抛弃康德原则。② 二是诺齐克的同意原则与康德原则实质上相异，主要表现在"目的—手段"问题上：依据康德原则，只要你把你所使用的人也视为目的，那么把他作为手段是可以的；而依据诺齐克的同意原则，只要你得到他的同意，把他作为手段是可以的。对于康德，只要求同意标准的可能性，不需要实际的同意；而对于诺齐克，却要求同意的实际发生。因此，在因打赌而成为奴隶的事例中：依据康德原则，不可能同意让自己或别人成为奴隶，这样的打赌是没有意义的；而依据诺齐克的同意原则，输的一方必须成为奴隶。三是同意原则并不是自我所有原则的基础。诺齐克将同意原则视为自我所有原则的一个根据，认为尊重自我所有权就意味着承认人们不得在

---

① 诺齐克借用康德的原则作为他论证的基础："个人是目的，而不仅仅是手段；没有他们的同意，他们不能被牺牲或用来达到其他的目的。"（［美］诺齐克：《无政府、国家与乌托邦》，姚大志译，中国社会科学出版社 2008 年版，第37 页。）柯亨将这一基础分为两个子原则：一是康德的原则，讲的是"个人是目的而不仅仅是手段"，二是诺齐克的同意原则，讲的是"在个人不同意的情况下，个人不能被牺牲或被使用来达到其他目的"。（参见［英］柯亨：《自我所有、自由和平等》，李朝晖译，东方出版社 2008 年版，第 269 页。）

② 参见［英］柯亨：《自我所有、自由和平等》，李朝晖译，东方出版社 2008 年版，第 270-271 页。

未经他本人同意的情况下被当成手段。柯亨指出，在尊重同意原则的同时，也可能会违反自我所有原则。在能人与傻子的事例中，两人除了拥有自身之外，别的一切都由两人共同所有，他们只有在协商和同意的情况下才能达成一致。① 在这样的一个世界中，每个人虽然都有表达同意的权利，但是实际上自身的自我所有权却只是形式上的了。因此，自我所有原则、康德原则和诺齐克的同意原则之间都没有必然的联系，那么就不能说放弃自我所有论就会把人当作纯粹的手段。

柯亨对以上三个根据的分析和反驳，在逻辑上形成了对诺齐克自我所有论及其所表征的自由至上主义立场的批判。

如果说柯亨对由诺齐克自我所有论所表征的自由至上主义的批判，是其平等理论建构过程中的重要一环，那么，他对平等的自由主义的批判，也是他建构这一理论的一个至关重要的部分。

## 对平等的自由主义的批判

众所周知，平等的自由主义的主要代表人物，包括罗纳德·德沃金和约翰·罗尔斯。他们与诺齐克的分歧之处，主要在于不是以自由或自我为支点，而是以平等为支点来论述社会分配及其他政治哲学问题。在柯亨看来，虽然德沃金和罗尔斯都赞成自然资源和人类劳动能力的双重平等，但是，无论是德沃金的资源平等理论还是罗尔斯对差别原则的适用，都存在着严重的疏漏，而这些疏漏在不同程度上藏匿了深层的不平等。

## 对德沃金"资源平等"的批判

德沃金的资源平等理论肇始于他对福利平等理论的批判。在他

---

① 参见[英]柯亨：《自我所有、自由和平等》，李朝晖译，东方出版社2008年版，第110-111页。

看来，福利平等并没有为平等主义提供正确的解读，资源平等将成为它最合适的替代选择。柯亨并不同意这种替代方式，他认为经过修正的福利平等理论能够表达平等主义的主要目的。那么，德沃金的资源平等到底进行了怎样的假设？

设想一条遇难船只的幸存者都被海水冲到了一个荒岛上。虽然岛上资源丰富，但任何资源都只能被平等分配给每个幸存者。检测资源是否分配平等的标准就是"妒忌检验"（envy test）：一旦分配完成，若有任何居民宁愿选择别人分到的那份资源而不要自己那份，则资源分配不平等。为了经受住"妒忌检验"，他又设置了拍卖会和保险等措施以保证资源分配的平等。拍卖会的假设：每个人都可以参加，并且所有资源都可以被拍卖，每个人手中都具有同等程度的购买力（初始的平等份额）。人们在拍卖会上可以根据自己那份平等的份额，决定实际选择的份额组合。保险的假设：为了避免在拍卖会之后，无情的厄运造成了人们之间资源分配不平等，比如说残障问题，人们可以在这之前根据自己对保险的价值评价而确定购买保险的分量。①

细观德沃金"遇难船只"的假设，他的资源平等理论试图通过一种最初的资源平等份额，经过拍卖中的选择、假想的保险以及其他税收的方式对可能产生的不平等进行调节，让每个人都能获得政府平等的关切。对此，柯亨并不予以同意，他从以下三方面进行了反驳：

第一，重置德沃金的划分。由于每个人的嗜好不同，简单的资源平等分配无法通过"妒忌检验"。德沃金设置了拍卖会的假设，会上，人们可以根据自己的偏好决定资源份额的组合模式。然而，会后，由于人们的不同运气——选择运气（potion luck）和无情的运

---

① 参见［美］德沃金：《至上的美德——平等的理论与实践》，冯克利译，江苏人民出版社 2012 年版，第 63-80 页。

气(brute luck)①，还是无法实现平等。在德沃金看来，对于前者，人们要对自己的选择负责，因为这是资源平等的要求；对于后者，无情的厄运所造成的人与人的差别仍旧是人们选择运气上的差别，因此，他反对"根据选择运气的结果而进行再分配的论证，在这里同样成立"②。可见，在德沃金看来，无论是选择的运气还是无情的运气所造成的资源不平等都不应该得到补偿，一切都源于人们在拍卖会上的选择。德沃金深知这种解释不完满，他表示，为了防止遭遇无情的厄运，如残障问题，人们可以买保险，根据自己对保险的价值评价而确定购买保险的分量。这样一来，没有人会受到不平等的对待，因为，一则人们需要对自己的选择负责；二则保险可以解决无情运气的问题。

对此，柯亨认为，从以上理路看来，德沃金的基本思想是要纠正"坏的纯粹运气"(无情的运气)所造成的不平等，而且，"偏好 | 资源"是其资源平等理论的划分模式，可惜这种划分并未很好地遵循该平等理论的基本思想。柯亨以"责任 | 坏运气"的划分重置了德沃金的划分，认为新的划分方式更好地遵循了德沃金的基本思

---

① 德沃金区分了这两种运气。前者指一个自觉的和经过计算的赌博而产生的风险；后者直接由偶然因素影响，无关于主体选择。对于"brute luck"的翻译，有"无情的运气"和"原生运气"两种译法，分别参见[美]德沃金：《至上的美德——平等的理论与实践》，冯克利译，江苏人民出版社 2012 年版，第 70 页；[英]柯亨：《马克思与诺齐克之间》，吕增奎编，江苏人民出版社 2008 年版，第 160 页。笔者认为，此处译作"无情的运气"更佳，这是因为：第一，该词本身就有"原生运气"、"无情的运气"、"纯粹的运气"等含义，德沃金将它与"选择的运气"放在一起，而且，根据后文中"无情的厄运"的表述，"无情的运气"更能反映出这种负面含义。第二，"原生运气"从字面上理解是一个中性词，在此处并不合适。需要注意的是，在柯亨的表述中，"brute luck"译作"纯粹运气"更佳，他在自己的文本中曾使用了"bad luck"和"bad brute luck"，如果是"无情的运气"，它本身就表示了负面含义，就没有必要再使用 bad 一词。

② [美]德沃金：《至上的美德——平等的理论与实践》，冯克利译，江苏人民出版社 2012 年版，第 74 页。

想，即"消除剥削和纯粹运气（brute luck）对分配的影响"①。其实，"责任丨坏运气"与"偏好丨资源"的主要差别在于：其一，就补偿问题而言，前者将同时纠正资源劣势和福利劣势，后者只对资源劣势进行补偿而忽略了对疼痛、不幸等因素（即福利劣势）的补偿；其二，就资源问题而言，后者忽视了"责任的缺失"而仅将平等份额作为分配的标准。柯亨认为，概括性更强的"责任丨坏运气"将证明一切反映不出主体选择并且主体选择不受其苦的负担都应该得到补偿。因为就"非自愿"这一点而言，那些拥有非选择性的天赋、痛苦以及昂贵嗜好的人都是同样不幸的人。如果德沃金能够对资源劣势进行补偿，就没理由不对福利劣势进行补偿。

第二，对福利平等和资源平等的双重批判。德沃金曾设置残患者的事例对福利平等进行批判：有一种昂贵的设备可以让一个患有全瘫但还有意识的病人过上相当于正常人的生活，社会为向他提供这种设备而就开征特别税而进行表决，而他也是一位小提琴家，他宁愿要一台价格相当的小提琴。② 德沃金表示，根据福利平等理论，得到小提琴无疑使残患者得到更多福利，但为了防止其他小提琴爱好者以福利不高为由而提出同等要求，社会规定只允许该残患者用这些钱买设备。而这一限制使这个社会所宣扬的福利平等不攻自破，因为它同意残患者得到资金的理由是提高他低于平均水平的生理福利，而限制提高其精神福利。

对此，柯亨认为，经过修正的福利平等——福利机会平等——能够轻松应对德沃金的上述质疑（将在昂贵嗜好问题中详细阐述）；并且，双重不幸的残疾事例能够既反驳福利平等又对资源平等造成挑战。柯亨假设：一个双腿残疾的人为了四处走动，需要一辆昂贵的轮椅，该残疾者的另一不幸是，虽然他善于摆动手臂，但摆动后

———————————

① G. A. Cohen, On the Currency of Egalitarian Justice, *On the Currency of Egalitarian Justice, and Other Essays in Political Philosophy*, edited by Michael Otsuka, Princeton and Oxford: Princeton University Press, 2011: 5.

② 参见［美］德沃金：《至上的美德——平等的理论与实践》，冯克利译，江苏人民出版社 2012 年版，第 57-58 页。

造成的疼痛非同一般，有一种昂贵又没有副作用的药可以抑制这种疼痛感。①

在这里，残患者的第一个不幸——"双腿残疾"的不幸——对福利平等形成了挑战。平等主义者如果同意只对行动能力而不对摆动手臂所带来的疼痛（有害福利）进行补偿，那么就只是对资源不足（行动能力本身是一种资源）进行了补偿，这就驳倒了福利平等。与此同时，残患者的第二个不幸——"摆动手臂时的疼痛"——对资源平等形成了挑战。平等主义者如若对"疼痛"进行补偿，就意味着对人的福利而不是资源状况的补偿，因为疼痛与人的幸福感受而不与人的行动能力相关，这就驳倒了资源平等。在柯亨看来，"双腿残疾"和"手臂的疼痛"这两种劣势都需要平等主义者进行补偿，这并非仅仅因为它们是劣势，而是因为它们的共同点：非自愿、非选择性和不可避免性。福利平等和资源平等所修正的不平等是有限的，对福利或资源的补偿远不及对"非自愿的"、"非选择的"劣势的补偿那样广泛。正如柯亨所言："平等主义并不要求对劣势本身进行赔偿，毋宁说，它关注的是那种反映不出主体选择的'非自愿的'劣势"②。柯亨将补偿的对象推进至"非自愿的劣势"，这将让社会主义平等比福利平等、资源平等更加准确地回答平等主义的主要目标——消除非自愿的劣势。

第三，昂贵嗜好问题再探析。该问题是德沃金批判福利平等并引出资源平等的关键点，也是柯亨批判资源平等理论的关键点。德沃金指出，残患者如若可以得到小提琴，那么爱喝香槟酒的路易斯也能够提出相应的要求，先不说这两个补偿问题都有可能存在欺诈性（他们可能假装成弱智、假装有或故意培养昂贵嗜好以获得更多收入资源），对昂贵嗜好进行补偿本身就是不合理的。既然人们自

---

① 参见 G. A. Cohen, On the Currency of Egalitarian Justice, *On the Currency of Egalitarian Justice, and Other Essays in Political Philosophy*, edited by Michael Otsuka, Princeton and Oxford：Princeton University Press, 2011：15-16.

② G. A. Cohen, On the Currency of Egalitarian Justice, *On the Currency of Egalitarian Justice, and Other Essays in Political Philosophy*, edited by Michael Otsuka, Princeton and Oxford：Princeton University Press, 2011：18.

愿决定成为有某种嗜好的人，那么就应该对此负责。可见，德沃金让福利平等理论站不住脚的关键点是"自觉培养的昂贵嗜好"不该被补偿，同时，"选择"和"责任"的对应关系在此处也发挥重要作用。德沃金还以朱迪①的事例引出他所推荐的资源平等理论并论证其合理性。朱迪不同于路易斯，他得到补偿的理由是，他的要求没有超出社会资源的平等份额。

对此，柯亨认为，德沃金的这种运思理路并不合理。一方面，就昂贵嗜好问题本身来说，德沃金只考虑到了"自愿的选择"而没有给"非自愿的选择"留有余地，也就是说，非自愿的昂贵嗜好不在资源平等的补偿之列。柯亨举例进行了说明：

假设保罗喜欢摄影，弗雷德喜欢钓鱼，弗雷德在空闲时可以消遣，可是保罗不然，他拥有的是一种非自愿选择的昂贵嗜好，而且他还讨厌钓鱼。②

保罗本应得到补偿，而在资源平等社会，像保罗这种有天生或偶然形成的昂贵嗜好的人得不到补偿。德沃金的问题在于，他只强调了对人的能力劣势的补偿，而未涉及嗜好和偏好的劣势，因而就无意间惩罚了那些具有"非选择的"昂贵嗜好的人。

另一方面，德沃金以"选择"和"责任"的对应关系来研究昂贵嗜好问题，但并未贯彻到底。在柯亨看来，"选择"分为"非自愿"和"自愿"两种，在幕后发挥着未被承认的巨大作用。德沃金虽然承认路易斯是"有选择的"，但终以其超过了平等份额为由拒绝给予补偿。实际上，经过修正的福利平等——福利机会平等——完全可以应对德沃金的批判。如果回到事例本身，柯亨与德沃金都会拒绝路易斯的要求，但柯亨拒绝的理由是福利机会平等不会资助人们

① ［美］德沃金：《至上的美德——平等的理论与实践》，冯克利译，江苏人民出版社 2012 年版，第 54 页。朱迪在达到享受平等而进行的资源分配时，清心寡欲，容易知足。有一天，他想挑战斗牛运动，但他很失望，因为没有钱去西班牙，因此，他要求再分配到更多的钱，而且分配之后，他的钱仍少于别人。

② 参见 G. A. Cohen, On the Currency of Egalitarian Justice, *On the Currency of Egalitarian Justice, and Other Essays in Political Philosophy*, edited by Michael Otsuka, Princeton and Oxford：Princeton University Press，2011：20-21.

自愿选择发展的昂贵嗜好，而德沃金拒绝的理由是资源平等不会资助昂贵嗜好。可惜的是，福利机会平等无法解决朱迪的问题。与德沃金的观点相反，柯亨认为，朱迪事例反映的恰恰不是资源平等的合理性而是优势获取平等（equality of access to advantage）的可信度，因为"当所有因素都被考虑到，所要求的就不是优势本身平等，而是'优势获取平等'"①。

通过批判德沃金的资源平等，柯亨将平等问题的关键点置于"选择"与"责任"，揭露了福利平等和资源平等的疏漏，挖掘了深层不平等的根源——非选择的劣势，确定了平等主义的追求——优势获取平等，由此在纵深理论层面回答了阿玛蒂亚·森关于"什么的平等"的问题②。

## 对罗尔斯"差别原则"的三个质疑

罗尔斯 1971 年发表的《正义论》在全球掀起了一场重新关注政

---

① G. A. Cohen, On the Currency of Egalitarian Justice, *On the Currency of Egalitarian Justice, and Other Essays in Political Philosophy*, edited by Michael Otsuka, Princeton and Oxford：Princeton University Press, 2011：18. 对于"equality of access to advantage"，有以下几种译法："可得利益平等"、"可及利益的平等"、"优势获取平等"和"优势可及平等"，分别参见［英］柯亨：《马克思与诺齐克之间》，吕增奎编，江苏人民出版社 2008 年版，第 171 页；葛四友编译：《运气均等主义》，江苏人民出版社 2006 年版，第 119 页；段忠桥：《平等主义者的追求应是消除非自愿的劣势》，《清华大学学报》2014 年第 3 期；张一兵主编：《当代国外马克思主义哲学思潮》（中卷），江苏人民出版社 2010 年版，第 218 页。笔者赞同"优势获取平等"的译法，段忠桥教授给出了恰当的理由：一是柯亨明确表述过 access 获取的含义；二是柯亨将 advantage 与 disadvantage 联系起来使用，译为"利益"和"不利"逻辑不通，"优势"和"劣势"更为恰当。

② 森在 1979 年的唐纳讲座中以"什么的平等？"为题，提出了均等主义者应该用何种计量来确定其理想实现的程度，即人们应在哪个（些）方面尽可能实现平等，这一致思理路后来得到广泛应用。参见：G. A. Cohen, On the Currency of Egalitarian Justice, *On the Currency of Egalitarian Justice, and Other Essays in Political Philosophy*, edited by Michael Otsuka, Princeton and Oxford：Princeton University Press, 2011：3.

治哲学的"风潮"，他所推崇的正义原则尤其是差别原则一直备受追捧。在各种肯定和否定的声音中，当属柯亨的批判最为突出。他无法容忍罗尔斯平等主义意识下所保留的"不平等的结论"，即差别原则居然认可和允许"对处境好的人提供经济刺激而驱动的深层不平等"①。那么，罗尔斯的差别原则表述了什么内容？

（1）每一个人对于一种平等的基本自由之完全适当体制都拥有相同的不可剥夺的权利，而这种体制与适于所有人的同样自由体制是相容的。

（2）社会和经济的不平等应该满足两个条件：第一，它们所从属的公职和职位应该在公平的机会平等条件下对所有人开放；第二，它们应该有利于社会之最不利成员的最大利益（差别原则）。

正如我下面解释的那样，第一个原则优先于第二个原则；同样在第二个原则中，公平的机会平等优先于差别原则。②

首先应该明确的是，柯亨反对的是罗尔斯对差别原则的适用而不是该原则本身。在柯亨看来，罗尔斯为论述不平等的正当性，不仅承认差别原则允许激励论的存在，还借助于经济学中的帕累托论证以及其他方式强化自己的观点。依据差别原则，当且仅当不平等为提高最不利者的地位所必要时，不平等就不仅仅是合理的，而且也是正当的。柯亨认为，无论如何，这种试图为不平等辩护、将不平等描绘为正义的方式只是对不平等进行的事实性辩护而并非规范性辩护，必须加以反驳。因而，柯亨对罗尔斯的激励论、帕累托论证以及他关于社会基本结构的看法进行了反驳。

---

① G. A. Cohen, *Rescuing Justice and Equality*, Cambridge, MA：Harvard University Press，2008，2.

② ［美］罗尔斯：《作为公平的正义——正义新论》，姚大志译，中国社会科学出版社 2011 年版，第 56 页。没有引用罗尔斯首次在《正义论》中对两个正义原则的阐述有两个原因：第一，不同于在《正义论》中对两个正义原则的阐释，罗尔斯在后来发表的《作为公平的正义》中对这两个原则的表述随着他的研究的深入而有些许改变，笔者认为，后面的阐释更能代表罗尔斯的最终看法；第二，柯亨本人也主要是针对《作为公平的正义》中的阐述进行研究和批驳的，为了维持论证上的统一性，这里没有选择《正义论》中对两个正义原则的表述。

第一，激励论与有才能者的个人选择。罗尔斯表示，如果自由和平等的公民代表同意差别原则，那么他们也会同意将有才能者的自然天赋看成公民们共同的资产；而且差别原则包含了互惠性的观念，互惠性介于"公正无私"与"相互利用"这两者之间，它要求有才能者以善的方式来培养和使用他们的自然天赋，即有才能者在有利于天赋更差的人的条件下，被鼓励去"获得更多的利益"①。可见，只要满足差别原则的要求，就允许给予天赋更好的人物质激励以激发他们的生产能力，即差别原则允许激励论证。然而，柯亨认为，有差别的物质刺激必然会导致不平等，如果不平等是合理的，那么差别原则就失去了意义。因而，柯亨对这种激励论进行了三方面的攻击：其一，以机会平等原则反驳激励论。根据罗尔斯的正义原则，机会平等原则在词序上优先于差别原则，激励论作为对差别原则的适用也应在机会平等原则得以适行的条件下进行。在柯亨看来，激励论恰恰在词序上违反了这一原则。无论是有才能者还是无才能者，他们在被激励之前所拥有的机会是平等的，为何不优先对其他人也进行物质刺激呢？如果只对有才能者施以物质激励，就从词序上违反了机会平等原则。其二，指出激励论是对差别原则的歪曲适用。柯亨认为，有才能者对差别原则可持两种观点：认可或不认可。如果有才能者不认可差别原则，那么差别原则只是证明了社会不平等具有正当性。依据罗尔斯的理论，这样的社会是不公正的。有才能者需要物质刺激才能保持比原来更高的生产能力，这种刺激造成的不平等得不到差别原则的辩护。如果有才能者认可差别原则，他们可能会被问及，获取"额外收益是否是改善最不利者地位的必要条件"②（依据差别原则，这是获得额外收益的唯一依据）？柯亨认为，即使有才能者决定降低其生产能力，也不一定每个人的状况会变坏，因而，额外的物质刺激并不是改善最不利者地

---

① ［美］罗尔斯：《作为公平的正义——正义新论》，姚大志译，中国社会科学出版社 2011 年版，第 95 页。

② ［英］柯亨：《如果你是平等主义者，为何如此富有？》，霍政欣译，北京大学出版社 2009 年版，第 163 页。

位的必要条件。可见，"只有当有才能者的态度与差别原则本身的精神不一致时，差别原则才能被用来证明给予那些导致不平等的激励的正当性；如果有才能者毫不犹豫地信奉差别原则，他们就不需要特殊的激励。"①因而，柯亨认为，激励论无论从正面还是反面都是对差别原则的歪曲适用。其三，剖析有才能者的选择。柯亨指出，有才能者被置于较高的地位可能是源于偶然——自然天赋或后天培养，他们幸运地享有一种选择：可以根据报酬的多少来控制自己的生产效率，选择工作的辛苦程度和敬业程度。因而，接受并实施差别原则的正义过程就"不仅仅是其立法体系的应变量与强制性法律规则的应变量，而且是人们在这些规则内部做出的选择的应变量"②。于是，一则如罗尔斯所言，公正社会要求其成员自觉地遵从差别原则；二则如柯亨所言，公正社会在强制性的法律规范的前提下，也需要有一种非强制性的正义风尚。有才能者的选择如能反映这种正义风尚，他们就会自愿地遵从差别原则，社会就不会有因物质刺激而造成的不平等现象。

　　第二，对帕累托论证的三方考察。罗尔斯在首次论述了两个正义原则之后，遇到了"道德地任意"的困扰——即三种"偶然性"，如出身阶级、天赋才能、幸运与否的不同所造成的结果不平等。他不得不借助于经济学中的帕累托原则论证结果不平等的合理性。如《正义诸理论》所示，这种论证得到了英国布莱恩·巴里的支持。他们两者都认为，只要不平等能够适合于最少受惠者的最大期望利益，那么帕累托论证证明了这种不平等的正当性。这些论证在柯亨这样一个社会主义平等主义者看来是站不住脚的，也是不允许的。正如他所言，帕累托论证的实质在于使不平等与正义和谐共处，它所造成的严重后果在于藏匿了人际深层的不平等。笔者曾撰文解析

---

　　① G. A. Cohen, *Rescuing Justice and Equality*, Cambridge, MA: Harvard University Press, 2008, 32.

　　② [英]柯亨:《如果你是平等主义者，为何如此富有?》，霍政欣译，北京大学出版社 2009 年版，第 164 页。

过柯亨对帕累托论证的三方面批驳，在此不再赘述①。

第三，对"基本结构异议"的两个回答。有学者反对柯亨的激励论批判，认为罗尔斯的原则仅适用于一种基本结构，而不适用于个人选择，因而柯亨以有才能者的选择而进行的反驳有失偏颇。罗尔斯也曾表示，基本结构中的正义原则"可能同日常生活中的各种非正式的风俗习惯亦不相干，不能够用来解释自愿的合作安排或制订契约的过程的正义性"②。对此，柯亨表示，他所关心的是分配正义，如果人们还会因幸运或不幸的影响而遭到财产上的不平等，那么社会分配中就存在着非正义。他明确指出："有利条件的这些差异是结构以及人们在其中做出的选择的应变量，所以，结构与人们在其中做出的选择都是我关心的问题。"③于是，柯亨将批判的重点聚焦于对个人选择进行限制的罗尔斯的基本结构。为此，他提出了"基本结构异议"，即罗尔斯理论中的基本结构是只包含了"社会秩序的强制性法律方面"，还是也包含着"非强制性的根深蒂固的习惯、选择方面"？对此，柯亨进行了两次回答：

首先是对"基本结构异议"的初步回答。柯亨反驳了罗尔斯将个人选择排除在基本结构之外的看法，这主要基于罗尔斯的基本结构中的三个矛盾。其一，罗尔斯在论述"博爱"时曾表示，如果将自由、平等、博爱这些传统观念与两个正义原则关联起来进行解释，那么，在正义的双原则中，自由在第一个正义原则中得到展示，在第二个正义原则中，平等相当于公平机会的平等，而博爱相当于差别原则。④ 柯亨的质疑是，如果差别原则仅适用于基本结

---

① 参见拙文：《对论证的论证所做的反论证——柯亨对"帕累托论证"的批判》，载《马克思主义哲学研究》2014 年卷，湖北人民出版社 2014 年版，第 256-263 页。

② [美]罗尔斯：《正义论》（修订版），何怀宏等译，中国社会科学出版社 2009 年版，第 7 页。

③ [英]柯亨：《如果你是平等主义者，为何如此富有？》，霍政欣译，北京大学出版社 2009 年版，第 168 页。

④ 参见[美]罗尔斯：《正义论》（修订版），何怀宏等译，中国社会科学出版社 2009 年版，第 81 页。

构，而基本结构与人们的自我选择的动机无关，那么这种代表着善的动机的博爱类型就无从实现。其二，罗尔斯认为，"相关的地位的选择对一种前后一贯的社会正义论来说是必要的"，并且"通过选择所说的出发点，我们贯彻了减少自然事件与社会环境中偶然因素的影响的观念"①。柯亨对这一社会地位的问题提出了质疑，他认为，在罗尔斯所言的差别原则发挥支配作用的社会中，最不利者并不能享有相对低下但又有尊严的地位。更有利者在地位上占有优势，如果他们在经济选择过程中不受限地追求私利，那么最不利者的地位在结构上不可能得到改善，他们也不可能保有尊严。其三，罗尔斯还曾表示："道德的人才有权享有平等的正义……他们有能力持有（也被看作持有）一种正义感，一种通常有效地应用和实行……道德人格在这里被规定为一种在一定阶段上通常能实现的潜在性。正是这种潜在性使正义要求发挥作用"②。柯亨质疑道，如果一个旨在实施正义原则的结构中，他们随心所欲的选择足以实现正义，那么就没有必要遵循正义的原则了。

其次是对"基本结构异议"的基本回答。柯亨认为，可从两个层面理解基本结构，第一个是广义上的社会的强制性纲领，主要就法律或国家制度层面而言；第二个是除包含强制性纲领之外也包括约定俗成的规范与惯例的非强制性领域，主要就非法律层面而言（个人的选择也包含于其中）。"罗尔斯们"维护其观点的唯一方式也就是坚守基本结构的纯强制性解析，即主要从第一个层面反驳柯亨。柯亨以家庭的事例反驳了这一限定：

家庭结构中的妇女会被寄予"性别歧视"的期望——她们应该承担更多的家务负担，这种期望无需法律的支持，本身具有非正式的强制力。但是，"性别歧视的家庭结构与性别平等的家庭法律是并行不悖的……方式是人们为回应上述期望而做出的选择，这些选

---

① ［美］罗尔斯：《正义论》（修订版），何怀宏等译，中国社会科学出版社2009年版，第76页。

② ［美］罗尔斯：《正义论》（修订版），何怀宏等译，中国社会科学出版社2009年版，第399页。

择又会反过来进一步强化上述期望。"①

在这个事例中，如果依据罗尔斯的强制性意义上的定义，基本结构之外就还存在一种深刻影响人们生活机会的情况。人们可以自己做出选择，或者成为性别歧视的家庭，或者成为性别平等的家庭。此刻家庭成员的选择就显得尤为重要，因为它关涉一个家庭结构与行为的正义问题。在这种情况下，罗尔斯只能这样说，法律上非强制的家庭结构、行为同正义无关，否则他就只能放弃他对基本结构的强制性限定。因此，罗尔斯进退维谷的困境在于：如果承认正义原则除了适用于社会的基本结构之外，也适用于社会惯例和法律未予规定的个人选择模式，那么他仅仅拘泥于社会基本结构来论述正义原则的观点就不攻自破；如果仍旧坚持他对正义原则的范围限定，那么他的观点就是纯粹任意的，至少无法解释家庭结构中的情况。在柯亨看来，不能以结构是正义基本范围内的唯一事物为由，而将结构中个人的选择置于正义的基本范围之外，与强制性法律无关的个人选择对社会正义同样起着关键的作用，甚至是"决定性"的作用。于是，非正式结构被囊括在基本结构之内，正义与"社会秩序的强制性法律"和"非强制性的习惯、个人选择"这两大方面都不可分离，息息相关。社会秩序不仅需要可供人们遵守的正义规则，同时也需要一种超越于规则和规范的正义的、道德的风尚，这种风尚支配着人们日常生活中的各种个人选择。

柯亨通过对平等自由主义者的批判，逐步明晰了社会主义平等的目标，提出了实现平等的基本策略，由此确立起自成一系、独具特色的社会主义平等理论。柯亨的社会主义平等理论意在表明，平等在现实社会层面的实现依赖于两个重要方面，一是强制性的国家规范系统，一是非强制性的关乎个人选择的道德风尚。柯亨对平等自由主义者所提出的批判，及因之而提出的创造性理论见解，对于探索社会主义的平等问题具有重大的学术和思想价值。

---

① ［英］柯亨：《如果你是平等主义者，为何如此富有？》，霍政欣译，北京大学出版社 2009 年版，第 180 页。

# 投资者-东道国争端解决机制
# 海外研究综述

刘 瑛

（武汉大学法学院）

## 引 言

投资者-东道国争端解决机制（Investor-State Dispute Settlement，ISDS）以解决国家和他国国民间投资争端中心（International Center for Settlement of Investment Disputes，ICSID）的成立为标志成为一个成熟的机制，经历五十余年的发展，呈现出多元化特征。目前的ISDS机制呈现出多元化发展趋势，除了以ICSID为代表的多边ISDS，区域自由贸易协定、双边自由贸易协定的投资章节和区域投资协定、双边投资协定也纷纷确立起自己的ISDS，ISDS因此成为一个内涵和外延在不断发展变化的一个概念，包括一切解决外国私人投资者与投资所在东道国之间争端的制度安排、机构存在和争议解决实践。截至2017年1月1日，全球共有767个基于协定的投资者-东道国纠纷案件。① 与ISDS的蓬勃发展相呼应，对ISDS的海外研究也很丰富，研究的内容主要包括ISDS仲裁现有机制、未来发展和平行机制等。

中国是世界上最大的资本输出国和资本输入国，中国的海外投资者和中国作为东道国都需要利用ISDS机制。因此我们有必要充

---

① Investment policy hub，http：//investmentpolicyhub. unctad. org/ISDS？ status =1000，2017年5月17日访问。

分了解海外 ISDS 研究的最新进展，其中涉及的诸多理论问题，如 ISDS 机制与东道国监管权的关系，可以为我们的理论研究打开视野，提供重要参考；其中的实证研究也对中国的海外投资者和中国作为东道国参与 ISDS 争端解决提供参考，还可以为中国在贸易和投资协定谈判中的 ISDS 机制构建提供参考。因此，对这一问题的海外研究做综述兼具理论和实践意义。

为了找到最新的文章，综述文献来源除了各图书馆收藏的著作和 Westlaw，Lexis and Nexis 等数据库上的期刊论文，也使用了 SSRN 和 Google 学术。

# 一、ISDS 仲裁现有机制研究

目前的 ISDS 机制主要表现为仲裁。对 ISDS 仲裁的研究呈现出立体交叉格局，涉及对 ISDS 仲裁本身的评价、ICSID 规则修订、仲裁员选任和透明度等问题。

## （一）ISDS 仲裁的不同态度

随着国际投资仲裁案件数量的增多，ISDS 仲裁的弊端不断显现，引发了学者们关于这一制度"正当性"的探讨。研究早期比较具有代表性的是美国学者 Susan D. Franck 一篇关于国际投资仲裁机制"正当性危机"（Legitimacy Crisis）的文章，作者从论述国际投资条约和国际投资仲裁制度理论和实践发展着手，论证了投资仲裁对缔约国和国际投资法的影响，并通过详实的案例分析论证国际投资仲裁存在的种种问题以及这些问题引发的对东道国主权和公共利益的挑战。Susan D. Franck 还在该文中详细分析了造成"正当性危机"的原因，如仲裁裁决缺乏一致性、程序欠缺透明度等，并提出了对应解决方案，如建立仲裁防御条款、上诉机制等，为后续学界和实务界的研究和实践提供了有益指导。[①] 此后这方面的研究一直持续

① See Susan D. Franck, The Legitimacy Crisis in Investment Treaty Arbitration: Privatizing Public International Law through Inconsistent Decisions, Fordham Law Review, 2005, 73: 1521-1625.

繁荣,本综述仅结合近几年的代表研究成果,展示国际社会对ISDS 的矛盾态度。

纵观国外学者的研究,可以看出,面对 ISDS 机制暴露出的问题,不同国家表现出不同的态度。一方面,美国、加拿大、欧盟等发达经济体力推并扩大 ISDS 机制的适用,并尝试在自由贸易协定中写入 ISDS 协定,例如美国、加拿大在已经达成《跨太平洋伙伴关系协定》(以下简称《TPP 协定》)中纳入了 ISDS 机制,美国、欧盟正在谈判的《跨大西洋贸易与投资协定》(以下简称《TTIP》)也有令人瞩目的投资法庭制度设计。这样的动向引起全球研究者瞩目。2015 年,ICSID 前秘书长 Ko-Yung Tung 先生专门撰写了一篇文章梳理《TPP 协定》中的 ISDS 规则,足见《TPP 协定》的 ISDS 机制在国际投资争端解决方面所具有的重要意义。[1]

Mariana Pendás 和 Eduardo Mathison 在 2016 年撰写的文章中提出,由于《TPP 协定》未对其本身与其缔约方之间已订立的国际投资协定间的关系进行阐述,规则的缺失可能会导致"投资者权利滥用"现象的出现。文章通过梳理《TPP 协定》和目前缔约方之间已有的国际投资协定中的 ISDS 规则,指出"双重 ISDS 机制并存"的现象在短时间里可能有利于保护特定投资者的利益,为投资者提供了更多的选择;但从长远来看,这种现象必然会在一定程度上制约投资者的权利。[2] 同时,在《TTIP 协定》的谈判过程中,欧盟也支持引入 ISDS 机制。Reinhard Quick 在 2015 年的 Why TTIP Should Have an Investment Chapter Including ISDS? 一文中指出面对现有 BIT 框架下存在的问题,《TTIP 协定》作为连接世界上两个最大贸易主体的自贸协定,有必要在其投资章节中涵盖 ISDS 机制,且该 ISDS 机制

---

[1] Ko-Yung Tun, Investor-State Dispute Settlement under the Trans-Pacific Partnership, he California International Law, 2015(23):19-25.

[2] Mariana Pendás Eduardo Mathison, TPP and Investor-State Dispute Settlement:An Intertwined Spectrum of Options for Investors?, Global Trade and Customs Journal, 2016(11):157-164.

的建构应该充分考虑仲裁员的公正性和上诉审查程序建立的必要性。①

同时，近年来越来越多国家对 ISDS 仲裁机制感到失望，如澳大利亚及部分拉美国家都极力反对引入 ISDS 仲裁机制。以澳大利亚为例，考虑到外国投资者在澳的投资多集中于采矿业等行业，较多牵涉环境资源及公共利益等问题，为防止投资者不当利用 ISDS 机制影响本国公共政策的实施，澳大利亚在 2011 年发布的贸易政策中明确宣示在其未来签订的国际投资协定中排除 ISDS 条款的适用。学者 Leon E. Trakman 在其文章中，从澳大利亚政府做出的宣示出发，指出目前世界上主要发达国家对双边投资条约（BIT）中纳入 ISDS 机制的质疑，在参考国际上各国的实践做法后，作者认为类似澳大利亚、美国这种具有相似历史文化背景、紧密政治经济联系的国家，应更多运用国内司法程序保护本国市场，而排除适用国际仲裁程序。② 另外，Leon E. Trakman 通过分析澳大利亚在《TPP 协定》中做出的保留适用 ISDS 机制的行为，指出目前投资者-东道国仲裁程序面临的挑战及存在的弊端，呼吁提高仲裁程序的公正性，增强仲裁员的专业性。同时，秘鲁、智利等国，作为《TPP 协定》中的拉美国家缔约方，受本国经济发展规模所限，面对频频被诉和高昂的仲裁成本及金钱赔偿，也纷纷排除 ISDS 仲裁机制的适用。③ Behn D. M. Langford and T. L. Berge 指出，ISDS 仲裁系统性地有利于投资者，当跨国企业以东道国违反投资条约中的承诺提起申

① Reinhard Quick, Why TTIP Should Have an Investment Chapter Including ISDS, Journal of World Trade, 2015(49)：199-209.

② Trakman E Leon, Investor State Arbitration or Local Courts：Will Australia Set a New Trend?, Journal of World Trade, 2012(46)：83-120.

③ Leon Trakman, Investment Dispute Resolution under the Proposed Transatlantic Partnership Agreement, Prelude to a Slippery Slope?, Journal of International Commercial Law, 2013：1-38.

诉时，相对落后的被诉东道国则处于特别弱势的地位。① 学者 Andrés L. Jana 在其文章中通过梳理拉丁美洲国家过去和现在面对 ISDS 带来的挑战时的态度，分析近年来拉丁美洲国家对 ISDS 态度消极的原因，但同时也指出，虽然面对诸多困难，拉美国家正积极采取措施改善国内立法，可预见在智利、哥伦比亚等国家的带动下，拉美国家未来能够更有效地利用 ISDS 仲裁解决国际投资争端。②

伦敦大学学院高级研究员 Skovgaard Poulsen 对 ISDS 仲裁的过去和现在的政治驱动因素和影响进行了梳理，包括国内、国际政治的驱动力，投资条约仲裁的效果、理由以及利益相关方的反应等。该文强调，投资条约仲裁有两个核心的政治理由，第一个涉及东道国政府的政治和外交，投资条约仲裁有使投资条约仲裁当事方投资者与国家之间的争端脱离政治化的能力。第二个理由涉及东道国的政治和机构，投资条约仲裁有说服特定类型的外国投资者将资本投入特定东道国的能力。在此基础上，作者讨论了近年来投资条约仲裁的政治因素，特别是投资条约制度以及投资仲裁员本身的争议带来的意外结果。③

特别值得关注的是，David Trubek 和 Sonia Rolland 通过对发展中国家的 ISDS 机制的对比研究，总结出国际投资仲裁的一些新发展。他们提出，传统的双边投资条约都包含了 ISDS 仲裁机制，据此受到损害的投资者可以直接通过国际投资仲裁对东道国政府提出

---

① Behn D. M. Langford and T. L. Berge, Poor states or poor governance? Predicting outcomes in investment treaty arbitration, Review of Law and Economics, (2017) forthcoming, https://papers. ssrn. com/sol3/papers. cfm? abstract _ id = 2956295.

② Andrés Jana L, International Commercial Arbitration in Latin America: Myths and Realities, Journal of International Arbitration, 2015(32): 413-446.

③ Lauge N. Skovgaard Poulsen, Politics of Investment Treaty Arbitration, Oxford Handbook of International Arbitration, (2018forthcoming), available at SSRN: https://ssrn. com/abstract=2955166.

索赔。如果东道国政府的行为被发现违反投资协定，仲裁员有权裁定损害赔偿。资本流入国最初对双边投资协定（BIT）十分欢迎。因为外资竞争激烈，资本流入国认为签署双边投资协议将有助于吸引外来投资。当时他们几乎没有注意到与 ISDS 有关的潜在风险。实际上，大量类似协议的签署使得这一制度被当作一种国际惯例。David 教授通过比较印度、中国、南部非洲发展共同体（Southern African Development Community，SADC）、巴西合作与投资便利化协定（Brazilian Cooperation and Investment Facilitation Agreements，CIFAs）、南非等多个国家或国际组织签订的 FTA 中的 ISDS 机制，发现了国际投资仲裁领域一些共同的发展趋势。例如在对投资者权利和义务的平衡上，虽然在最近已经签订的和由新兴国家起草的双边投资条约中出现了一些不同的战略，但一个共同的趋势是条约试图对"投资者"、"受保护的投资"进行更严格的界定和限制。可以看到，在一些国家的新协议下，对投资者的认定，从以前仅仅基于在本国注册成立（有时候还要求公司的所在地位于本国），转变为现在需要在本国开展大量商业活动或由本国国民拥有或控制等额外要求，并且在投资者根据《ICSID 公约》寻求仲裁时，同样受此条款限制。印度、南部非洲发展共同体、中国所签订的 BIT 中都制定了相关条款。由于实践中出现了一些仅仅为了符合税收条约、双边投资条约或包括投资章节在内的自由贸易协定而成立的空壳公司，一些新兴国家趋向于缩小在双边投资条约或包括投资章节在内的自由贸易协定中对投资者的定义。而在缩小对投资者的定义上，欧美国家也在践行，从 2004 年美国 BIT 范本和欧盟与加拿大签署的《全面经济与贸易协定》（Comprehensive Economic and Trade Agreement，以下简称 CETA）中可见一斑。①

---

① David M. Trubek & Sonia E. Rolland, Legal Innovation in Investment Law：Rhetoric and Practice in the South, University of Pennsylvania Journal of International Law, (2017forthcoming), available at SSRN：https：//papers. ssrn. com/sol3/papers. cfm? abstract_id＝2934605.

总体来看，海外学者注意到了 ICSID 以及其他 ISDS 机制暴露出的严重问题，也指出了 ISDS 的内在驱动因素和影响因素，同时结合国别分析，尝试找出 ISDS 机制未来的发展趋势。从前述代表研究成果可见，欧美国家学者对 ISDS 仲裁普遍持积极态度，而即便是对 ISDS 评价消极的国家，也在积极探求适应之道，由此本文认为 ISDS 仲裁未来仍将是在完善中更普遍使用的发展趋势。同时我们看到，在某些与 ISDS 仲裁直接相关的事项中，两类国家也有共同的认识和实践。

**（二）ICSID 仲裁规则修订**

近年来 ISDS 仲裁机制呈现出许多新的特征。一个突出表现是 ISDS 仲裁机制规则载体的不断丰富。国际投资条约经历了从友好通商航海协定、投资保证协定、投资保护协定、双边投资专门协定和贸易协定中投资章节的发展变迁，在多边以外，区域和双边 ISDS 仲裁机制的发展尤其引人注目，也有许多研究成果。尽管如此，ICSID 仲裁，依然以其无可比拟的多边广泛参与，聚焦着最大的关注。近年来，随着 ICSID 处理案件数量的增多，学者们围绕着 ICSID 暴露出的问题，相继开展深入的研究并越来越关注对 ICSID 仲裁规则的完善。

2016 年 10 月 7 日，ICSID 向其 153 个成员国知会了本轮的规则修订计划。依照《ICSID 公约》第 6 条的规定，ICSID 规则修订需要得到三分之二成员国的同意。2017 年 5 月 9 日，ICSID 在其网站发布了针对 16 个方面的潜在规则修订清单，启动了新一轮的规则修订计划，这是 ICSID 继 1984 年、2003 年和 2006 年以后的第四次规则修订计划。本轮规则修订的主要目的是：

基于中心近年来的案件经验，实现中心规则的现代化，中心成立至今管理的超过 600 件的案件可以提供有益的借鉴；

在促进程序更加高效和经济的同时，保证程序正当和维持投资者与国家之间的平衡；

通过本轮修订，可以使程序更加节省纸张和保护环境，而 ICSID 目前的投资仲裁案件，耗费的纸质材料太多了。

ICSID 规则修订计划规定了 16 个潜在的 ICSID 规则修订领域①：

1. 审查仲裁员的指定和更替程序，探索制定《仲裁员行为准则》的可行性；

2. 澄清初步反对意见（preliminary objections）和分步仲裁（bifurcation）的规则；

3. 探索制定合并程序（consolidation proceedings）和平行程序（parallel proceedings）条款的可能性；

4. 机构规则、通信方式、意见和支持文件提交方式以及秘书处作用的现代化；

5. 首次开庭审理（first session）、程序咨商以及庭前会议（pre-hearing conference）规则的现代化和简便化；

6. 证人、专家和其他证据规则的现代化；

7. 探索制定程序中止（suspension）条款的可能性，澄清在当事方不作为情况下的程序中断（discontinuance）规则；

8. 体现仲裁裁决、独立意见和反对意见起草准备的最佳做法；

9. 探索仲裁费用由败诉方承担的推定，以及费用担保和中止执行仲裁裁决担保的相关条款；

10. 审查临时措施条款；

11. 澄清和完善裁决撤销（annulment）程序；

12. 费用、预付款和当事方未支付预付款情况下程序中断条款的审查和现代化；

13. 探索制定透明条款的可能性，澄清非争议方（non-disputing）参与程序的规则；

14. 改进时间和费用效率，探索制定《高效程序行为指引》的可行性；

15. 探索制定第三方出资（third partyfunding）条款的可能性；

---

① List of Topics for Potential ICSID Rule Amendment，https：//icsid. worldbank. org/en/Documents/about/List% 20of% 20Topics% 20for% 20Potential% 20ICSID%20Rule%20Amendment-ENG. pdf. ，2017 年 5 月 30 日访问。

16. 完善非 ICSID 公约案件的附加便利规则（additional facility）。

ICSID 目前正在准备相关的背景文件材料以帮助成员国和相关方评估潜在的规则修订。这些文件材料将对修订的理由以及应当注意的相关事项作出说明并就修订的措辞或结构提出建议。ICSID 预计将于 2018 年年初发布这些文件材料。

本文认为，国际投资法和投资仲裁的适应能力以及在极短时间内的更新换代能力令人印象深刻。这一领域过去 20 多年所发生的变化在国际法实践中是前所未有的。这 16 项潜在规则修订领域既代表了 ICSID 的关注和其规则未来可能的变化方向，也是对 ISDS 近期研究的重点关注点的总结，并指明了未来 ISDS 研究的重点方向，特别是仲裁员选任何公正性问题、仲裁程序、裁决纠错机制等。

### （三）ISDS 仲裁员选任研究

仲裁员的公正性和选任直接决定了 ISDS 仲裁的质量，并深远地影响着 ISDS 的被接受程度，因此这方面的研究也蔚为大观。

在提高仲裁员公正性的问题上，国外学者们纷纷通过各种方式试图挖掘仲裁员个人背景与仲裁裁决结果之间的关系。Carolyn B. Lamm 和 Eckhard R. Hellbeck 的文章通过介绍仲裁员在仲裁中的几个重要阶段所承担的职能，说明保持仲裁员公正性的重要作用。[①] 在 Julian Donaubauer，Eric Neumayer 和 Peter Nunnenkamp 2017 年合力撰写的文章中，学者们通过引入一个新的概念"首席仲裁员的偏投资者倾向"（president's pro-investor bias），尝试用一名仲裁员曾经被投资者选定为首席仲裁员的次数与曾经被东道国选定为首席仲裁员的次数之间的差额来说明该差额与该首席仲裁员再次支持投资者请求的倾向之间的关系，并且认为投资者一方可以通过选择一个有着较大差额背景的仲裁员的方式，提高自己获得仲裁支持

---

① Carolyn B. Lamm, Eckhard R. Hellbeck&David P. Riesenberg, An Arbitrator's Duties: Due Process and Trust in Investor-State Arbitration, 2 BCDR International Arbitration Review, 2015: 357-371.

的机率，从而在一定程度上控制仲裁裁决结果。①

Michael Waibely 和 Yanhui Wuz 研究了仲裁员背景在国际投资仲裁中的作用。在国际仲裁中，投资者和东道国都使用大量资源来影响仲裁结果，但仲裁员的裁决是否真的基于其任命方呢？Michael Waibely 收集了 400 多个仲裁案件中被指定的 350 名仲裁员的个人资料，通过严密的数据分析，来论证仲裁员的任命和个人背景如何影响仲裁结果。结果表明，与通常由东道国指定的仲裁员相比，投资者任命的仲裁员更密切地审查了东道国的行为。仲裁员对与自己同一个法律体系的东道国更宽容。此外，仲裁员的经验、培训等其他方面，包括其国籍国、全职私人执业的发展状况，也在仲裁裁决中发挥了重要作用。② 2017 年，Michael Waibel 和 Yanhui Wu 延续了他们的研究，在对超过 500 个仲裁员的相关背景进行数理分析后，得出三个主要结论：首先仲裁裁决的结果与仲裁员的个人主观思想密切相关；其次，在各种个人因素中，政治偏好起到决定性作用；最后，若首席仲裁员与一个争端方的政治偏好相似，他/她就极有可能会支持这一方。③

作为一种争议解决方式，ISDS 的公正性和质量主要取决于仲裁员的公正性，因此这部分的研究一直比较受重视。海外的研究既有理论突破也有实证分析，但终究是实证的，"首席仲裁员的偏投资者倾向"也还是基于大量仲裁案件中仲裁员来源及其裁决立场的分析。而中国的研究欠缺的就是实证分析。另外，海外学者的研究结论也有助于我们选择仲裁员，当作为投资者和东道国时，需要考察既有仲裁员的仲裁经验，选择有己方立场偏好的仲裁员。

---

① Donaubauer Julian, Neumayer Eric&Nunnenkamp Peter, Winning or losing in investor-to-state dispute resolution: The role of arbitrator bias and experience, 2074 Kiel Working Paper, 2017, available at: http://hdl. handle. net/10419/156236.

② Michael Waibel&Yanhui Wuz, Are Arbitrators Political?, available at SSRN: https://ssrn. com/abstract=2101186.

③ Michael Waibel&Yanhui Wuz, Are Arbitrators Political? Evidence from International Investment Arbitration, ASIL Research Forum, UCLA 2017, available at http://www-bcf. usc. edu~yanhuiwu/arbitrator. pdf.

### （四）仲裁透明度研究

仲裁作为一种争议解决方法，与法院诉讼有诸多区别，其中一个就是仲裁程序的不公开和为当事人保密，在商事争议解决中这正是仲裁的优势所在。ISDS 仲裁本质上是仲裁，秉承仲裁的前述特征，却因为争议一方是东道国，仲裁程序通常所具有的不公开和保密特征遭到了透明度不足的批评。

William B. T. Mock 在其文章中指出，透明度规则在国际条约和公约中发挥了重要作用，混乱的规则和行政自由裁量的大量出现都是对双边投资条约的违反，是透明度规则实现的障碍。作者在文中对透明和不透明的法律制度进行了比较，得出重视法治理念的国家的法律体系必然是透明的结论。① Mark Fenster 总结了透明度规则的优点和局限性，在分析不透明的各种情形后提出了改进的途径。作者认为，透明度是既不可能却又必需的规定。不可能指的是完美的民主治理及彻底的公众知悉和参与是难以实现的，必需是指民主政府必须建立一个合理的披露体系保障公众的知情权。②

缺乏透明度经常被认为是导致当事人对投资仲裁缺乏信心的一个因素，从而引起所谓投资仲裁的"合法性危机"。2014 年 12 月，联合国大会通过了《投资者和国家间基于条约仲裁的透明度公约》和《投资者和国家间基于条约仲裁的透明度规则》，共同为提升投资仲裁的透明度提供灵活有效的机制，并且使公众和社会对可能影响公共部门的投资仲裁有更全面的了解。Esmé Shirlow 认为，《投资者和国家间基于条约仲裁的透明度公约》和《投资者和国家间基于条约仲裁的透明度规则》修改了投资仲裁的基本结构。通过控制争议方和仲裁裁决权，该公约和规则将仲裁结构从私人形式的争端解决转变为考虑到外部利益和相关方的更为公开的形式。该文还审

---

① Mock William B T, An Interdisciplinary Introduction to Legal Transparency: A Tool for Rational Development, Social Science Electronic Publishing, 2000 (35): 1033-1049.

② Fenster M, The Opacity of Transparency, Social Science Electronic Publishing, 2006(91): 885-949.

查了促成制定该公约和规则的动机和假设，强调了工作组如何将透明度定位为投资条约仲裁制度的潜在合法性和接受程度的要素。在探讨这些议题时，该文审查了该公约和规则对投资条约仲裁结构及其与其他国际法制度的关系及其潜在的影响，公约和规则中的哪些地方吸引了人们的注意力以及为了什么目的还有待观察。特别是该公约和规则是否将依靠公众的关注和参与来实现，还是仅仅通过增加这些文书所体现的有关透明度的承诺就能产生效益还不清楚。在这个意义上，该文认为，尽管我们可能正在目睹新范式的产生，但之后的发展仍有待观察。①

在透明度研究上，体现出的另一鲜明特色是规则研究。Horodyski Dominik 通过对国际投资仲裁中现有的透明度规则内容的研究，提出不断增加的透明度会缓解投资仲裁的合法性危机，促进投资仲裁民主化的发展。文中还介绍了投资仲裁的民主原则，民主原则中公众参与的合法性和问责制，并指出民主原则和投资仲裁的关系。② Loretta Malintoppi 和 Natalie Limbasan 在他们的论文 *Living in Glass Houses? The Debate on Transparency in International Investment Arbitration* 中通过剖析透明度条款的深层含义，梳理现有区域自贸协定和多边仲裁机制框架中的透明度条款，结合仲裁过程中暴露的实际问题，指出各方应积极采取措施提高国际投资仲裁程序的透明度。③

在这方面，我们也注意到西方学者对中国投资协定的研究，关注中国在推动投资协定条款中的作用和未来动向。例如 Kate

---

① Esmé Shirlow, Dawn of a New Era? The UNCITRAL Rules and UN Convention on Transparency in Treaty-Based Investor-State Arbitration, ICSID Review-Foreign Investment Law Journal, 2016(31): 622-654.

② Horodyski Dominik, Democratic Deficit Of Investment Arbitration In The View Of Rules On Transparency And Mauritius Convention On Transparency, US-China Law Review, 2016(2): 160-171.

③ Loretta Malintoppi&Natalie Limbasan, Living in Glass Houses? The Debate on Transparency in International Investment Arbitration, BCDR International Arbitration Review, 2015(2): 31-57.

Hadley 在其文章中指出，中国缔结的个别 BITs 中的透明度条款会推动中国法律法规的透明度，从而促进法治的发展，并对中国与不同经济发展程度的国家签订 BIT 的可能性进行了分析。[①]

保密性又是国际商事仲裁的一个典型特征，甚至有时被认为是仲裁的本质特征之一，但笔者长久以来就观察到，由于 ISDS 仲裁中被申诉方是东道国，东道国的公共舆论却不能容忍未知和未经过公开选择的人在黑暗和秘密之中处理国家的命运，于是，增加 ISDS 仲裁中的透明度的呼声和随之而来的探讨一直很多。然而，增强透明度会改变 ISDS 仲裁的性质吗？如何在利用透明度规则加强公众对投资仲裁的接受程度或其自身合法性的同时，又能保留 ISDS 仲裁区别于诉讼争议解决方式的优势，是值得我们探讨的。联合国条约和规则是否走得太远，在实践中是否可行，中国宜加强这方面研究，同时在中国的 BIT 中探讨相对平衡的实践，事实上西方学者也在密切关注中国的条约实践。

# 二、ISDS 仲裁机制的潜在新设制度探讨

国际投资的快速发展带来了投资者与东道国投资争端的增加，随之暴露出传统 ISDS 仲裁存在的一些问题，国外许多学者对既有的 ISDS 仲裁机制进行了批判分析并探讨了其修改完善。更进一步的是，不拘泥于 ISDS 仲裁既有规则，而是探讨实现的适用性，或增加新的制度设计。

## （一）推动东道国反请求更大程度地接受

在长达半个多世纪的时间里，ISDS 机制逐渐暴露出一些问题，其中较为突出的就是投资者与东道国的权利失衡问题。实际上，相对于经济基础薄弱的发展中东道国而言，一些大型跨国公司的经济实力和影响力不可小觑。某些经济实力雄厚的跨国公司可能会出于

---

① Kate Hadley, Do China's Bits Matter? Assessing the Effect of China's Investment Agreements on Foreign Direct Investment Flows, Investors' Rights and the Rule of Law, Georgetown Journal of International Law, 2013(45): 255-321.

自身利益的考量，恶意运用 ISDS 机制对东道国提起仲裁请求，这点从近年发生的"Morris 诉澳大利亚案"①、"环球绿色能源公司诉巴拿马案"②等案件中，都可以看到投资者滥用诉权的行为。事实上，从 1974 年开始，一些东道国为了寻求利益的平衡，就已经开始在 ISDS 仲裁中提起反诉。事实上，《ICSID 公约》第 3 部分第 13 条是规定了东道国的反诉权利的。但在 25 个涉及东道国反诉行为的案件中，③ 被仲裁庭认定没有管辖权的有 8 个、享有管辖权但被驳回的有 11 个，另有 5 个案件的部分反诉诉请得到了支持，而仅有 1 个案件中的全部反诉诉请得到了仲裁庭的支持。可见，反诉的实际运用是非常有限的。

国外学者近十年来有不少对反请求规则的研究。随后，越来越多关于 IIA 中反请求制度的规则与实践的文章出现，Ana Vohryzek 在文章 *State Counterclaims in Investor-State Disputes：A History of 30 Years of Failure* 中认为，反请求极少得到支持的原因是仲裁庭对反请求的管辖权审查过于严格，而且国际投资协定中缺乏对于东道国的实质保护，因此有必要在国际投资协定中明确规定投资者需要承担的国内法和国际法义务。④ Yaraslau Kryvoi 则指出，导致反请求极少得到仲裁庭支持的两大主要原因就是投资者对反请求同意的缺失，以及判断投资者是否违反东道国义务的困难，所以在目前的情况下，只有协定中的争端解决条款足够宽泛以致涵盖反请求的管辖

---

① See Philip Morris Asia Limited v., The Commonwealth of Australia, UNCITRAL, PCA Case No. 2012-12 （Australia/Hong Kong BIT）, Award on Jurisdiction and Admissibility, DEC 17 2015, para. 554.

② See Transglobal Green Energy, LLC and Transglobal Green Energy de Panama, S. A. v. The Republic of Panama, ICSID Case No. ARB/13/28 （Panama/USA BIT）, Award, June 2 2016, para. 118.

③ See Popova, Ina C. & Poon, Fiona, From Perpetual Respondent to Aspiring Counterclaimant? State Counterclaims in the new wave of Investment Treaties, BCDR International Arbitration Review, 2015(2)：223-260.

④ Ana Vohryzek-Griest, State Counterclaims in Investor-State Disputes：A History of 30 Years of Failure, International Law, 2009(15)：83-124.

权，仲裁庭才有可能支持该反请求。因此，在现有国际协定普遍缺乏涉及东道国义务规定的情况下，一般法律原则以及投资合同中的相关规定可以作为认定投资者是否履行其义务的法律依据。① 近几年来，随着反请求案例的逐渐增多，学者们开始专注于反请求规则的文本分析。Hege Elisabeth Kjos 在 *Applicable Law in Investor-State Arbitration* 一书中设立一个专门章节 *The Scope of the Arbitration Agreement*：*Claims and Counterclaims of a National and/or International Nature* 来阐述现有仲裁规则中的反请求规定，包括反请求的构成要件以及对于几个国际争端解决机构的规则中涉及反请求的规则剖析。② Andrea K. Bjorklund 认为，在未来签订的国际投资协定中明确允许投资者与东道国将所有与同一争端有关的请求都提交给同一国际仲裁庭，将有利于平衡投资者与东道国双方的权利。但是，她也提出，允许提出毫无约束的反请求也同样可能导致 ISDS 机制缺失。③ Atanasova Dafina 认为仲裁庭在对于反请求的几个构成要件进行认定时，对于"投资者与东道国同意"的审查，应该考虑"依据什么(it depends)"而非"有或没有(yes or no)"的问题，并参照投资者与东道国同意仲裁的争端"范围"；而对于仲裁请求与反请求的联系性的审查则应该从争端标的的角度切入。④ Guido Carducci 着重区分了抵销(set-off)与反请求规则，指出抵销是一种防卫，是实体权利；而反请求是一个请求，是程序权利，并强调由于反请求能够有力地改善被诉方的不利地位，在未来的国际投资协定中应加强对

① Yaraslau Kryvoi, Counterclaims in Investor-State Arbitration, Minnesota Journal of International Law, 2012(21)：216-252.

② Hege Elisabeth Kjos, Applicable Law in Investor-State Arbitration, Oxford：Oxford University Press, 2013.

③ Andrea K. Bjorklund, The Role of Counterclaims in Rebalancing Investment Law, Lewis & Clark Law Review, 2013(17)：461-480.

④ Dafina Atanasova, Adrián Martínez Benoit, Josef Ostřanský, The Legal Framework for Counterclaims in Investment Treaty Arbitration, Journal of International Arbitration, 2014(31)：357-392.

于反请求规则的研究与建设。①

而 Ina C. Popova 和 Fiona Poon 撰写的文章 *From Perpetual Respondent to Aspiring Counterclaimant? State Counterclaims in the New Wave of Investment Treaties* 一文分析了目前东道国在运用反诉规则时的理论缺陷和现实阻碍，挖掘近年来投资协定中东道国反诉机制的立法目的，认为目前存在的东道国反诉机制运用效率低的现象，是由于仲裁庭缺乏处理涉及东道国主权问题的相关专业知识和合法权限导致的。②

总体来看，国外学者对反请求规则的研究不仅开始得较早，而且研究深入。伴随着对典型案例的剖析，国外学者能够深入挖掘现行反请求规则存在的问题，并提出相应的改进措施。截至目前为止，世界上共有 219 个国际投资协定直接提及"反诉"的字样，其中，将近85%③的条款都是排除反诉适用的规定，主要体现在"代位规则（Subrogation）和"补偿规则（Indemnification）"中，而出现在其他不同条款中的"一般规定"等，但是内容都大同小异，主要都规定不允许东道国以保险合同、担保合同等方式，以已获得或即将获得的补偿或赔偿作为抗辩理由，而采取反诉、抵销或其他行为。而本文观察到，近些年来不同国家在对待国际投资协定是否引入反诉机制的问题上表现出不同的态度。一些发达国家间签订的国际投资协定相继呈现出排斥反诉规则的势态，美国、欧盟、挪威都是如此。而另一方面，21 世纪以来，关于反诉的规则相继出现在一些发展中国家订立的 IIA 中，如东部和南部非洲共同市场投资协定、南部非洲发展共同体的双边投资协定范本都正面肯定了东道国反诉

---

① Guido Carducci, Dealing with Set-off and Counterclaims in International Commercial and Investment Arbitration, Yearbook on International Arbitration, 2013 (3): 173-184.

② Popova Ina C. &Poon Fiona, From Perpetual Respondent to Aspiring Counterclaimant? State Counterclaims in the new wave of Investment Treaties, International Arbitration Review, 2015(2): 223-260.

③ 笔者根据 Mapping Bits 网站的数据整理得出，http://mappinginvestmenttreaties.com，2017 年 5 月 30 日访问。

规则的适用。2016 年 1 月通过的《伊朗-斯洛伐克双边投资协定》更是在反诉规则中针对投资者义务进行了详细区分，令反诉规则具有了较强的可操作性。2015 年 12 月，印度新通过的双边投资协定范本设置了至今为止最具体的反诉规则，不但在"争端解决"章节的第 14.2 条"范围"部分，明确规定协定 ISDS 机制调整的范围包括东道国针对投资者或投资提起的反诉，而且在第 14.11 条"东道国的反诉"部分，对投资者的义务、金钱赔偿等内容一一加以规范，增强了反诉规则的可操作性与可预见性，为东道国运用反诉机制维护自身权利提供了明确的法律指导。中国目前依然保有强劲的吸引外资的能力，中国及中国的研究者应跟踪国外研究和国际投资协定的最新发展，吸取其中有益的东道国反诉规则及有关设计，以令中国有更大的国内法律和政策空间引导海外投资和管理者，服务于中国经济发展。

**（二）关于国际投资争端解决上诉机制的研究**

裁决不一致是 ISDS 仲裁受到严重质疑的一项。Cecilia Olivet 和 Pia Eberhardt 在其 2017 年的文章中指责了 ISDS 的不公正，其中最大的质疑之一就是仲裁裁决不一致。① Noah Rubins 则认为，现有的各种机制，如 ICSID 的裁决撤销程序、对非 ICSID 投资仲裁裁决进行的仲裁地国内法院复审等，都不能有效地应对这种裁决不一致问题或纠正可能存在的错误裁决。② 为保证投资仲裁体制的合法性，一批美国学者近年来开始质疑将普通商事仲裁模式适用于解决投资者与东道国之间的投资争议的做法，进而主张将上诉机制引入投资仲裁程序。例如，美国国际投资法学者 David Gantz 认为，上诉机制有助于消除 ICSID、联合国国际贸易法委员会（UNCITRAL）和其他仲裁机构相互之间就类似或相同条约条款做出相互冲突的解

---

① See Cecilia Olivet&Pia Eberhardt, Profiting from Injustice, Brussels/Amsterdam: Nouvelles Imprimeries Havaux, 2012.

② See Noah Rubins, Judicial Review of Investment Arbitration Awards, Investment Treaty Law, London: British Institute of International and Comparative Law, 2006: 75-81.

释的现象。① Doak Bishop 主张，只有建立上诉机构才能确保仲裁裁决的一致性、法律上的可预见性，以及确保仲裁庭依据投资条约条款的本来意思作出裁决。② Susan Frank 则指出，上诉机制有助于通过保证裁决的一致性而确保裁决的可预见性，能够减少人们对仲裁体制的不信任，从长远意义上有助于确立仲裁体制的合法性。③这些意见认为，WTO 上诉机构提供了这方面的成功范例，尽管其裁决结果不完全统一，但相较于没有上诉机制的 ISDS 已经获得了更大的一致性，为许多重要问题提供了清晰的司法判定并发展了一些重要原则。④ Mateus Aimoré Carreteiro(2016)通过介绍国内司法体系中上诉程序所发挥的作用，探讨在投资者-东道国仲裁程序和国际商事仲裁程序中建立上诉程序的必要性，对引入上诉程序可能涉及的问题加以分析，认为在国际商事仲裁程序中建立上诉程序将有利于改善现有程序，为败诉方提供一个解决错误裁决的重要途径，保障国际商事仲裁程序的完整性和一致性。⑤ Luca Pantaleo(2017)立足于 CETA，从将 CETA 中的 ISDS 机制与其他欧盟国家已经签订的 BIT 及 FTA 中的 ISDS 机制进行对比研究，分析 CETA 的优越性，但同时也指出 CETA 的上诉法庭在很多方面也是存在瑕疵的，当然这与 ISDS 机制本身存在的解决东道国与私人主体之间的纠纷这一

① David A. Gantz, The Evolution of FTA Investment Provisions: From NAFTA to the United States-Chile Free Trade Agreement, American University International Law Review, 2003(19): 679-767.

② Doak Bishop, The Case for an Appellate Panel and its Scope of Review, Investment Treaty Law, London: British Institute of International and Comparative Law, 2006: 15-21.

③ Susan D. Franck, The Legitimacy Crisis in Investment Treaty Arbitration: Privatizing Public International Law through Inconsistent Decisions, Fordham Law Review, 2005(73): 1521-1625.

④ Thomas Schultz, Against Consistency in Investment Arbitration, in the foundations of international investment law: bringing theory into practice, King's College London Law School Research Paper, 2013(3): 5-6.

⑤ Mateus Aimoré Carreteiro, Appellate Arbitral Rules in International Commercial Arbitration, Journal of International Arbitration, 2016(33): 185-216.

性质密切相关，上诉法庭的设立必然会在一定程度上挑战到东道国的主权。①

当然，也有学者认为 ICSID 的仲裁机制总体运行良好，大部分裁决是一致的，因此无需上诉机制。② Judith Gill 认为，现有裁决的不一致只是法律实践的常态，上诉机制并无必要，因为裁决不一致并非投资者-国家仲裁独有的现象，商事仲裁和国内法院作出不同判决也是屡见不鲜的事实，而且通过不同裁决的争论，某种法律解释会脱颖而出，更为人所接受，进而形成一致的法律意见。③ Thomas Walsh 则从可行性的角度指出，目前在国际仲裁领域还不具备快速大规模地推广上诉机制的条件。他认为在上诉机制问题上，投资者的意见至关重要，资本输出国在通常情况下重视倾听本国投资者的声音。迄今为止，投资者通常是仲裁案件的胜诉方，他们有理由支持一裁终局体制，尽管他们也觉察到了裁决之间的不一致性等问题。只有当投资者遭受更多的败诉，特别是当他们意识到裁决出现错误而无法纠正时，才会转而支持上诉机制的创建。④ 另外有学者强调，WTO 条约和国际投资条约之间有差别，WTO 上诉机构机制的成功并不意味着投资仲裁也需要该机制。⑤ Barton Legum 进一步指出，WTO 上诉机构建立在有着广泛国家参与的多边条约

---

① Luca Pantaleo, Investment Disputes under CETA: From Gold Standards to Best Practices?, European Business Law Review, 2017(28): 163-184.

② See Guido Tawil, An International Appellate System: Progress of Pitfall?, Investment Treaty Law, London: British Institute of International and Comparative Law, 2006: 131-134.

③ Judith Gill, Inconsistent Decisions: An Issue to be Addressed or a Fact of Life?, Investment Treaty Law, London: British Institute of International and Comparative Law, 2006: 23-28.

④ See Thomas W. Walsh, Substantive Review of ICSID Awards: Is the Desire for Accuracy Sufficient to Compromise Finality?, Berkeley Journal of International Law, 2006(24): 444-445.

⑤ See Michael Schneider, Does the WTO Confirm the Need for a More General Appellate System in Investment Disputes?, Investment Treaty Law, London: British Institute of International and Comparative Law, 2006: 103-110.

（WTO）基础上，职能是解决其多边条约群下产生的争议，所有WTO 成员方都期待条约得到一致解释，但国际投资条约体系不同，其主要由双边条约组成，条约的缔约方、缔约时间和背景各不相同，各国对一致性适用的期待不如世贸组织条约。例如，美国可能对于《法国-埃及双边投资条约》的解释和适用不感兴趣。每个国家或许只是希望自己签署的投资条约得到一致解释。甚至，虽然国家希望仲裁裁决具有一致性，但是如果无论条约规则有何不同，最终适用结果都相同，这种条约规则的协调化则未必是国家所乐见，因为它可能原本就希望一部双边投资条约提供的投资保护不同于其他条约。① 因此，有学者主张，在当前的双边投资条约体系下，上诉机制是不可行的，或者即使并非绝对不可行，也是困难重重。②

研究上诉机制如何构建的文章也很多。Yenkong Ngang joh-Hodu 和 Collins C. Ajibo 共同撰写的 *ICSID Annulment and the WTO Appellate System：The Case for an Appellate System for Investment Arbitration* 是其中翘楚。该文通过比较 ICSID 仲裁撤销制度与 WTO 上诉机制，得出 ICSID 的裁决监督机制过于单薄的结论，提出应以 WTO 上诉机制为范本，构建起合理的 ICSID 上诉机制，并认为该机制将有利于提高投资仲裁的合法性、ICSID 的公信力和投资者与东道国间的利益平衡程度。③

## 三、作为平行 ISDS 方法的投资法庭制度研究

鉴于 ISDS 仲裁存在的诸多问题，而且其中一些问题似乎是由

① See Barton Legum, Visualizing an Appellate System, Investment Treaty Law, London：British Institute of International and Comparative Law, 2006：124-126.

② See Barry Appleton, The Song Is Over：Why It Is Time to Stop Talking about an International Investment Arbitration Appellate Body, American Society of International Law, 2013(107)：23-26.

③ Yenkong Ngangjoh-Hodu&Collins C. Ajibo, ICSID Annulment and the WTO Appellate System：The Case for an Appellate System for Investment Arbitration, Journal of International Dispute Settlement, 2015(6)：308-331.

于 ISDS 仲裁机制的仲裁性质所决定，因此难以通过其自身的迭代解决的，国外研究者近年来开始越来越多地探讨作为与 ISDS 仲裁并行的 ISDS 投资法庭制度，并开始迈向实践。

**（一）欧盟设置投资法庭的实践尝试**

近些年，欧盟在其主导签订的几个重要的自由贸易协定和双边投资协定中不断寻求新的突破，试图解决现有 ISDS 仲裁机制存在的仲裁裁决缺乏连贯性和一致性等问题，并进而提出了设立投资法庭体系的概念。

2014 年欧盟与加拿大签署的 CETA 吸纳了此前 ISDS 改革的若干举措，制定了复杂全面的程序规则，为建立欧盟投资法庭制度进行了初步尝试。欧盟委员会称 CETA 为"迄今为止最先进的" ISDS，包括一系列新的和更清晰的仲裁程序规则。[1] Ian Laird 和 Flip Petillion 指出，在 CETA 长达 8 年的谈判中，很多内容发生了变化，尤其是过去这几年，民间社会团体开始反复游说以反对某些条款，特别是其中关于 ISDS 的内容。[2] 而欧盟在 TTIP 谈判中提出以一个初审法院和上诉法院构成的投资法庭体系来代替临时投资仲裁制度。

由于欧洲议会和舆论的强烈反对，欧盟委员会在 2014 年 3 月暂停了 TTIP 投资章节谈判，并于 3 月至 7 月间进行了网上公众咨询以了解公众对于 TTIP 下 ISDS 投资法庭制度的诉求，[3] 在听取多方意见后于 2015 年 5 月 5 日公布了 TTIP 投资章节谈判的概念性文

---

[1]　See European Commission, Investment Provisions in the EU-Canada Free Trade Agreement( CETA), available at http：//trade. ec. europa. eu/doclib/docs/2013/november/tradoc_151918. pdf, 2017 年 5 月 30 日访问。

[2]　Ian Laird & Flip Petillion, Comprehensive Economic and Trade Agreement, ISDS and the Belgian Veto：A Warning of Failure for Future Trade Agreements with the EU?, Global Trade and Customs Journal, 2017( 12)：167-174.

[3]　See European Commission, Report on the Online Consultation on Investment Protection and Investor-State (ISDS) Dispute Settlement in the Transatlantic Trade and Investment Partnership Agreement (TTIP)(2015/1/13). http：//trade. Ec. Europa. eu/doclib/docs/2015/january /tradoc_153044. pdf, 2017 年 5 月 30 日访问。

件，提出要对投资者保护标准及 ISDS 做出"进一步改进"。① 2015年 7 月，欧洲议会通过了有关 TTIP 谈判建议的决议，呼吁用新的争端系统代替 ISDS，使案件以透明的方式、由公众任命的独立的专业法官通过公众听证进行解决，并设置上诉机制使得司法决定的连续性和内在一致性得到保证。在此修正案的基础上，2015 年 9月 16 日，欧盟委员会公布了《TTIP 投资保护和投资法庭系统（投资章节）》提议草案（Draft text on Investment Protection and Investment Court System in the Transatlantic Trade and Investment Partnership，以下简称《TTIP 投资章节草案》）②，提出建立常设投资法庭和上诉机制。这种改革后的体系，旨在制定出一个更高效更有程序保障的机制。这种新机制会从 TTIP 开始，逐渐取代现有的国际仲裁模式，并应用于欧盟将来的投资谈判。③

**（二）支持投资法庭制度的主要研究成果**

美国福坦莫大学 Vera Korzun 教授重点分析了主权国家采取和维持政府公共利益目标措施的权力——"监管权"。他探讨了外国投资者通过 ISDS 仲裁的索赔是否会干扰国家监管的能力，以及国家如何保护其在国际投资协议中的权利。文章首先解释了现代国际投资法和争议解决的结构。接下来分析了监管权，并探索为什么监管权纠纷是 ISDS 仲裁的一个重大挑战。在继续分析了如何在投资条约中使用例外、排除和其他保障条款来保护监管权，文章分析了TPP 中关于国家保护监管权能力的切割和其他保障条款。最后，文

① European Commission, Investment in TTIP and beyond—the path for reform（2015/5/5）. http：//trade. ec. europa. eu/doclib/docs/2015/may/tradoc ＿ 153408. PDF，2017 年 5 月 30 日访问。

② Draft text on Investment Protection and Investment Court System in the Transatlantic Trade and Investment Partnership（TTIP），16 September 2015，http：//trade. ec. europa. eu/doclib/docs/2015/september/tradoc_153807. pdf，2017 年 5 月 30日访问。

③ See Ian Laird & Flip Petillion, Comprehensive Economic and Trade Agreement, ISDS and the Belgian Veto：A Warning of Failure for Future Trade Agreements with the EU?, Global Trade and Customs Journal, 2017（12）：167-174.

章探讨了解决 ISDS 仲裁面临的监管权挑战的替代方案，即通过兼顾私人利益和公共政策考虑的混合纠纷解决机制可最好地解决投资协定中的监管纠纷。①

Catharine Titi 在其文章中探讨了在 TTIP、CETA 和欧盟-越南自由贸易协定中建立国际投资法庭的意义、创新条款以及对现有投资争端解决制度的影响。他认为国际投资法庭是一项勇敢的倡议和对 ISDS 的创新性改革，包括其替代性争议解决（ADR）、初审法庭、上诉机制、对仲裁员的道德要求、例外条款、诉讼费用和失败者支付原则、对中小投资者的特殊条款、平行诉讼、透明度规则、诉讼终止、服务和投资委员会等十一项制度创新。但同时 Catharine 也指出该建议还存在一些悬而未决的问题和挑战，例如适用于法院的新程序规则、法院决定执行、法院制度多元化和如何确保其符合欧盟法律和欧盟法律秩序自治原则等。最后，Catharine 认为即使欧盟国际投资法庭制度的建议被各国所接受，投资者-东道国间的仲裁也依然会存在。②

就 TTIP 的大讨论，巴塞罗那大学的 Patricia 教授专门写文章分析认为，TTIP 谈判已经成为欧盟贸易政策辩论中心，欧盟委员会和民间社会组织是争论的关键参与者。TTIP 的支持者强调经济和地缘战略的好处，而对 TTIP 的主要批评在于 TTIP 对产品安全和公共政策的负面影响。Patricia 和 Leif Johan 发现，这场辩论的双方是基于不同的假设作为前提进行辩论，反对者认为欧盟将屈服于新自由主义下美国的偏好，支持者则更多考虑到美欧联合市场力量对抗第三国。这些假设虽不一样但并不一定相互矛盾，因此争论较少集中在 TTIP 的利益是否超过成本的问题上，而且聚焦在 TTIP 是否可

---

① Vera Korzun, The Right to Regulate in Investor-State Arbitration: Slicing and Dicing Regulatory Carve-Outs, Vanderbilt Journal of Transnational Law, 2017 (50): 355-414.

② Catharine Titi, The European Union's Proposal for an International Investment Court: Significance, Innovations and Challenges Ahead, Transnational Dispute Management (2017, forthcoming), Available at SSRN: https://ssrn.com/abstract = 2711943.

能导致支持者具有防御性的立场，这一重大区别也解释了为什么往往反对者主导着公开辩论。最后，在他们的研究结果中，TTIP 反对者的言论之所以成功，很大程度上因为贸易伙伴是美国，Patricia 认为这种公开动员对其他贸易协定不会造成这么大的影响。①

剑桥大学的 Freya Baerens 博士强调欧盟投资法庭体系面临着诸多挑战以期完善。第一，建立这一体系需要解决《国际投资争端解决中心公约》的适用性、利益冲突规则，仲裁员的道德和职业要求，法官的国籍、专业和多样性要求。第二，在运行过程中还需保证程序的透明度、允许第三方参与，并且应努力避免仲裁程序时间过长花费过高。第三，对投资法庭裁决的审查和执行问题。尽管欧盟委员会根据对 ISDS 的批评做出极大努力，制定出这一新的国际投资法庭制度，但若要使其符合 ISDS 的改革目标，还需要解决以上这些新的挑战。文章认为，在可预见的未来，将投资规则引入 WTO 尚不可能，但是多个双边的投资法庭体系的存在可以为建立一个统一的多边司法审判结构，发挥极好的先行先试作用。②

**（三）反对 ISDS 投资法庭制度的研究成果更加丰富**

对 CETA 中的 ISDS 制度，就有诸多反对。代表意见有 Ian Laird 和 Flip Petillion，他们认为 ISDS 系统不足以确保公平、透明的程序。甚至提出，在 CETA 中鉴于加拿大和欧盟高度发达的法律制度，国与国之间争端解决和使用当地司法救济是最合适的解决投资纠纷的工具，③ Eberhardt、Redlin 和 Toubeau 则担忧，在 CETA

① Patricia GARCIA-DURAN & Leif Johan ELIASSON, The Public Debate over Transatlantic Trade and Investment Partnership and Its Underlying Assumptions, Journal of World Trade, 2017(51)：23-42.

② Freya Baerens, The European Union's Proposed Investment Court System: Addressing Criticisms of Investor-State Arbitration While Raising New Challenges, Legal Issues of Economic Integration, 2016(43)：367-384.

③ See Ian Laird & Flip Petillion, Comprehensive Economic and Trade Agreement, ISDS and the Belgian Veto: A Warning of Failure for Future Trade Agreements with the EU?, Global Trade and Customs Journal, 2017(12)：167-174.

中加入 ISDS 会导致不良后果，例如美国会出于政治或商业目的，用他们在加拿大的分公司对欧盟成员国提起仲裁。① 2013 年欧盟与美国就 TTIP 进行谈判加剧了这一反对，反对者害怕 CETA 的 ISDS 制度设计将为更重要的协议打开大门，允许美国跨国公司利用 ISDS 条款对欧盟成员国要求索赔。② 许多欧盟民众对于在 TTIP 中加入 ISDS 机制的后果表示担忧，他们认为在 TTIP 中加入 ISDS 投资法庭机制将会显著增加 ISDS 机制可覆盖的投资量，从而增加欧盟成员国政府和欧盟本身被诉的可能性。因为通过现有的主要是欧洲中部和东部成员国与美国签订的双边条约来看，在欧盟境内运营的美国投资者控制公司仅有 8% 被 ISDS 机制覆盖。如果 TTIP 中加入了 ISDS 机制，则所有的投资量都会被包含，超过 47000 家美国控制公司将会有权向欧盟的政策和政府行为发起挑战。这毫无疑问将会导致很多新的针对欧盟成员国的案件。③ 到目前为止，欧盟已经被迫支付高达 35 亿欧元的赔偿金，而 TTIP 可能会极大地增加这一数额。④

同样的，美国政府对欧盟投资法庭的提议反应冷淡，美国贸易

① P. Eberhardt, B. Redlin&C. Toubeau, Trading Away Democracy: How CETA's Investor Protection Rules Threaten the Public Good in Canada and the EU, TNI Report, (2014). Available at: https://www.tni.org/en/publication/ceta-trading-away-democracy-2016-version.

② See Ian Laird & Flip Petillion, Comprehensive Economic and Trade Agreement, ISDS and the Belgian Veto: A Warning of Failure for Future Trade Agreements with the EU?, Global Trade and Customs Journal, 2017(12): 167-174.

③ Corporate Europe Observatory, A Transatlantic Corporate Bill of Rights-Investor Privileges in the EU-US Trade Deal Threaten Public Interest and Democracy, 2013-10-4. http://corporateeurope.org/rade/2013/10/updated-transatlantic-corporate-bill-rights-investor-privileges-eu-us-trade-deal, [2017-5-30]。

④ Seattle to Brussels Network. ISDS: Courting foreign investors, 2015-9-29. http://www.s2bnetwork.org/wp-content/uploads/2015/10/2015-S2B-Courting-foreign-investors-ISDS-final.pdf, [2017-5-30]。

代表认为没有必要在 TTIP 的 ISDS 中纳入上诉机制。① 几位美国学者联合撰文，建议美国反对欧盟的投资法庭建议，他们严厉批评欧盟建议不是改革 ISDS 机制，而是在颠覆 ISDS，认为欧盟建议方案一味地迎合批评者，而那些批评者是自由贸易彻底的怀疑者，迎合他们是徒劳无功的。② Stephen Schwebel 也认为，欧盟投资草案中流露出对仲裁机制的固有偏见，表现出过于迎合公众关切的倾向。尽管当前的投资仲裁机制存在各种问题，但是欧盟提出的投资法院系统与其说是改良仲裁机制，不如说是对投资仲裁机制的终结。③对此，Doak Bishop 提出，欧盟的提议忽视了各国希望在 ICSID 机构下建立上诉机制的共识。双边机制所建立的上诉机制更有可能导致投资法的碎片化，如果未来需要建立上诉机制，最好的办法是通过 ICSID，以提高不同条约之间结果的一致性。④ Freya Baerens 提出，若每一个 FTA 和国际投资协定中都包含自己的投资法庭制度，会造成更大的碎片化和不可预测性。因此，更有可能的是，欧盟会在世界范围内形成一个共同的投资法庭制度，适用于所有欧盟的投资协定。随着欧盟各成员国的国际投资条约被欧盟的国际投资条约逐渐替代，这一体系会不断扩大。委员会的最终目标甚至会将投资规则纳入 WTO。虽然这一点目前在政治上不太可行，但多个双边

---

① Krista Hughes & Philip Blenkinsop, U. S. Wary of EU Proposal for Investment Court in Trade Pact (2015/10/29), Reuters. http：//www. hellenicshippingnews. com/u-s-wary-of-eu-proposal-for-investment-court-in-trade-pact/，［2017-5-30］。

② Ted R. Bromund, James M. Roberts & Riddhi Dasgupta, The Proposed Investor-State Dispute Settlement (ISDS) Mechanism：U. S. Should Oppose EU Demand to Abandon It, 4432 Issue Brief of the Heritage Foundation, (2016)：1-6.

③ Stephen M. Schwebel, The Proposals of the European Commission for Investment Protection and an Investment Court System, 2016-5-7. http：//isdsblog. com/wp-content/uploads/sites/2/2016/05/THEPROPOSALSOFTHEEUROPEANCOMMISSION. Pdf，［2017-5-30］。

④ Doak Bishop, Investor-State Dispute Settlement Under the Transatlantic Trade and Investment Partnership：Have the Negotiations Run Around?, ICSID Review, 2014 (30)：1-9.

投资法庭机制可以成为将来多边投资争端解决制度的垫脚石。①

也有许多国外学者具体质疑改革后的欧盟投资法庭和上诉机制的合理性和可行性。Hannes Lenk 提出，目前设想的投资法庭制度不以成员国国内法院程序为前提，而是将国内法院排除在争议解决程序之外，因此与欧盟自治法令不符。② Gloria Maria Alvarez 等几位学者认为，由于欧盟建议稿要求上诉方提交一定金额的保证金，这很可能导致中小投资者以及发展中国家可能无力使用上诉机制。③ 与这一观点恰恰相反，海牙大学欧盟法学者 Luca Pantaleo 指出，设立上诉机制一般出于两个目的，一是为争端方提供第二次救济，二是保证案件的可预测性和一致性。若为了第一个目的，则上诉机构应既有对法律问题的审查权也有事实审查权；而若更注重第二个目的，则应只有法律问题审查权，例如 WTO。Luca 认为，若为了裁决的一致性和可预测性设立 CETA 上诉机制，则上诉机构不必兼具法律和事实审查权。上诉机构很可能在事实问题上认可初审法庭的结论，并且这种保证一致性的公共目的，在实践中极可能被寻求二次救济的私人目的所覆盖，甚至大多数案件的败诉方都将提起上诉。Luca 认为这也是美国拒绝欧盟所提议的 TTIP 投资章节相关内容的原因之一。④

Robert Schwieder 根据对 ISDS 提出的批评，对欧盟投资法庭体

① Freya Baerens, The European Union's Proposed Investment Court System: Addressing Criticisms of Investor-State Arbitration While Raising New Challenges, Legal Issues of Economic Integration, 2016(43): 367-384.

② Hannes Lenk, Investment Arbitration under EU Investment Agereements: Is There a Role for an Autonomous EU Legal Order?, Working Paper(2016), available at https://www. researchgate. net/publication/299489013_Investment_arbitration_under _EU_investment_agreements_is_there_a_role_for_an_autonomous_EU_legal_order? ev = prf_high, [2017-5-30].

③ Gloria Maria Alvarez, Blazej Blasikiewicz & Tabe van Hoolwerffetal, A Response to the Criticism against ISDS by EFILA, Journal of International Arbitration, 2016(33): 1-36.

④ Luca Pantaleo, Investment Disputes under CETA: From Gold Standards to Best Practices?, European Business Law Review, 2017(28): 163-184.

系进行整体评估，并提出了三种投资争端解决方式，即回到前
ISDS 时期、投资法庭以及改革后的 ISDS。由于投资法庭体系设计
中固有的问题，包括其法官将被认为可能代表国家利益，因此
Robert 认为欧盟投资法庭体系对 ISDS 的批评提出了一个不完美的
解决方案。相反，ISDS 的修订版，纳入了某些降低成本的策略，
同时也含有监管保障措施和一个多边 ISDS 上诉机制，理论上为处
理投资者-东道国争端提供了最有希望的长期途径。但是，鉴于
TTIP 的实际情况和政治现实，例如公众对任何 ISDS 机制缺乏信
心，Robert 认为向谈判代表开放的最可行的解决方案是恢复到前
ISDS 时代，即东道国国内法救济。①

新加坡国立大学国际法中心研究员 Jansen Calamita 强调，欧盟
的新模式与 ICSID 公约不符，不会产生 ICSID 公约下的裁决，从而
引发裁决的执行问题。但他经过分析认为，欧盟新模式的裁决应被
视为《承认和执行外国仲裁裁决公约》的仲裁裁决。最后 Jansen 根
据 2015 年 3 月 17 日各国在毛里求斯签署的《基于条约的投资者和
国家间仲裁的透明度公约》提出，在国际范围内建立一个多边投资
上诉机制在技术上是可以实现的，而这时更应选择方式。②

由此可见，投资法庭制度目前还只是雏形，由于美国、欧盟域
内的强大反对，未来生效的 TTIP 中是否将保留投资法庭制度还存
在很大的不确定性。中国正处于海外投资蓬勃发展的阶段，对这类
无论在理论研究还是实践前景上均不明朗的制度安排，应保有谨慎
的态度。中国更适宜采取的做法是积极参与 ICSID 规则改革和在自
由贸易协定、BIT 中设置在现有 ISDS 仲裁制度基础上作有限改进
的争端解决机制。

---

① Robert W. Schwieder, TTIP and the Investment Court System: A New (and Improved?) Paradigm for Investor-State Adjudication, Columbia Journal of Transnational Law, 2016(55): 180-226.

② N. Jansen Calamita, The (In) Compatibility of Appellate Mechanisms with Existing Instruments of the Investment Treaty Regime, European Business Law Review, (2017), forthcoming, available at SSRN: https://ssrn.com/abstract=2945881.

# 四、小　结

　　ISDS 仲裁机制经过几十年的实践，暴露出一些问题，而其自身也在不断完善中。中国的"一带一路"倡仪正在推进中，伴随着沿线对外投资不断扩容，也在探讨建立投资争议解决机制。中国的 ISDS 机制构建，宜重点关切 ISDS 仲裁存在的问题，特别是仲裁员选任和透明度的规则设置。相对于投资法庭，改进投资仲裁是更为可行的选择。毕竟投资法庭的尝试主要由欧盟推动，其他国家反对居多，而欧盟内部不仅反对声浪高，关键还涉及欧盟与欧盟成员国的权力划分这一基本欧盟组织法问题，而欧洲法院也在 2017 年 5 月 16 日裁定欧盟有权签订约束成员国的贸易协定，但协定中的间接投资和投资者与国家争端解决条款必须经成员国同意才能对外签署，这无疑实质性增加了 TTIP 中的投资法庭制度的落地难度。在 ISDS 仲裁制度的未来发展中，中国在未来的贸易和投资协定中应加强对投资者实质义务的规定，增加 ISDS 仲裁的发源，以利于东道国反请求，毕竟中国作为引资大国，反请求这一平衡机制对中国是具有意义的。而关于投资仲裁的上诉机制，可以相对谨慎。ICSID 自 2004 年就提出了增加上诉机制的草案，迄今仍未进入实质性规则修改，上诉机制的设置本身也是利弊分明，出于争端解决的效率和仲裁的一般性质考虑，可以不急于设置上诉机制。

# 德国公法学热点追踪

朱海迷　郑昊
（德国马尔堡大学法学院）

祝捷
（武汉大学法学院）

2017 年 5 月，德国《明镜》周刊发表了一篇名为《欧洲需要主导文化》的评论，其在开篇就接连抛出了一连串的身份认同问题：我们是谁？我们是什么？谁属于我们？这些问题直白地传达了当今欧洲的焦虑。该文指出，无论是在刚刚过去的法国总统大选中，还是在刚刚开始的英国下院选举中，"什么是法兰西"、"什么是英国"的问题都构成了选战的焦点。波兰已经成立了民族主义保守政府，而匈牙利总理奥尔班亦积极宣传着他的"马扎尔古老传统"。在左邻右舍的如此包围下，德国自然也不能幸免于这场"新民族主义的时代精神"①。非但如此，作为欧盟在金融财税等物质基础中的中流砥柱和社会国家理念、团结精神上的执牛耳者，德国更是首当其冲地在因果两个方向上都与欧洲时代精神的动向息息相关。

事实上，当今德国正处于冷战结束以来最大的现实与精神危机之中。希腊债务危机、乌克兰与叙利亚内战、欧洲难民危机、英国脱欧、美国总统大选以及此起彼伏的恐怖袭击等重大事件不但直接导致了德国政党版图发生变化、选举前景变幻莫测，还以催化剂的形式作用于德国国家与社会中长期存在的网络民粹、移民融入、与欧盟关系、财政改革、安全政策等问题。不过，为免危言耸听，需

---

① Retrieved from Müller, M. (2017, May07). Neonationaler Zeitgeist: Europa braucht eine Leitkultur. http://www.spiegel.de/wirtschaft/soziales/neonationaler-zeitgeist-plaedoyer-fuer-eine-europaeische-leitkultur-a-1146470.html.

要指出，通过荷兰自民党与法国马克龙的胜选，这两个极为重要的欧盟创始国的国民表明了"战后西欧"作为一个政治与文化概念是拥有坚韧的群众基础的，它可以于逆流之中主张自我，而不至于轻易成为英国脱欧公投和美国总统大选可能引发的连锁反应的牺牲品。在德国，反移民、反欧盟的极右翼德国选择党（Alternative für Deutschland，简称 AfD，直译"德国的另一种选择"）高歌猛进的势头在刚刚结束的北莱茵-威斯特法伦州议会选举中被遏制。非但如此，联合执政的左派政党社民党与绿党也在这个产业工人众多、左派基础深厚的大州遭遇了历史性的惨败，传统保守党基民盟、右派政党自民党大胜。结合基民盟此前在石勒苏益格-荷尔斯泰因州议会选举中所取得的预料之外的胜利，难免使人感到作为联邦执政党在过去几年处于危机的风口浪尖、遭到口诛笔伐的基民盟已经稳住了阵脚，默克尔的连任机会因而大增，德国联邦公权力机构的政策延续性似乎也一时可期。当然，这并不意味着欧洲与西欧诸国的危机已被平稳渡过，它更应该被解读为一个欧洲政治制度框架下的自然进程，即公共议论因充分地——固然难免延迟——转化为和转移到议会斗争而稍有平息：极右翼政党倘若不断胜选，其后果的不可预见性自不必说，但即便它们目前仍未获得政权，仅仅是自由党与国民阵线已经成为荷兰与法国议会中最大的反对党、德国选择党已经从无足轻重的年轻小党一跃成为萨克森-安哈尔特等州议会中的主要政党之一的事实本身，就也已经为诸国和欧盟的前景打上了巨大的问号。至于 5 月 28 日默克尔在 G7 峰会上与特朗普会晤之后的那句"我们可以相互信赖的时代已经过去了"，则是给这个问号增添的又一个带着寒意的新注脚。

在如此的时代动态之下，德国知识界也自然而然地围绕着相关热点问题展开了系统的讨论。公法界既非同样的大背景下的例外，也因其学科特性而表现出了一些不同于新闻界、政治学界等其他领域的地方。首先，它的研究对象和依据是德国的国内公法与国际公法，尤其是欧盟法，这就决定了它并不一般性地关注当前的一切社会危机或社会危机的方方面面，而是只聚焦于其中的法律问题。而且在德国，公法高度司法化，法学与法政治学在社会实践与学科划分上长期分离，法学中又以注释主义为主导，因此德国公法学界的研究也主要集中在操作性与技术性的公法问题上，包括大选、政策导向等公共热点在内的政治问题，一般被排除在外。甚至于我们熟悉的卡尔·施密特式的国家哲学，也不再是当今德国公法界的常见议题。其次，正如当今德国面临的问题并非一日之寒，公法学界中许多具有高度时效性的讨论，其实也只是公法学长期跟踪关注的问题的延续与爆发。其突出的例子如，涉及欧盟法中的欧盟稳定机制（ESM）条约、宪法中的德国基本法第 115 条与联邦预算改革之关系或者行政法上的移民群体融入治理等各种问题的判决和学说，都是建立在过去——也就是眼下的欧盟危机与难民问题爆发之前——积累的判例之上的。如要完整地追溯问题的前因后果、展现相关研究的逻辑脉络，就不得不跳出当下的局限，从一个更为历时的视角去审视它们。更重要的是，基于德意志思想传统和德国的成文法体系，几乎一切现实的公法问题，往往最终都可以归结到公法与公法学的那些基本命题与经典问题上（当然，就像之前提到的，这些基本理论问题一般仍以注释主义法学观为界限），这一点既为德国公法实务与理论界所深刻自知，也尤其应当在以具体现实问题为切入点的法律文化交流和比较法研究中获得关注。最后，德国法律界，包括公法界，在整体上并非一个强烈的热点导向的知识共同体。相反，主流学者们的研究方向与研究范围往往一贯由其个人兴趣决定。两德合并时那种几乎整个公法学界都投身于同一系列议题的盛况，是由故国情结、历史感和领土、人口重大变化、东德地区国体、政体革命式变更对公法智力资源的巨大需求驱动的，至今后无来者。因此，对热点问题的研究与讨论，并不能全然代表德国公法学界近期的动态。

也正是由于这些特点，使得德国公法学相对于众说纷纭、信息过剩且时效性极强的新闻，在呈现当今德国的处境以及它在这种处境下所进行的思考中有着特殊的意义。毕竟，在一个法治社会中，政治关系、族群关系乃至文化立场都处于宪法设定的基本价值与秩序之中，并在公法的框架下接受公权力的调节与治理。另一方面，从我国的角度而言，德国作为我们最大的贸易伙伴之一，也是最常被我国法学界用于比较法研究的法律文化大国之一，其公共困境与公共思索对我国不仅具有全球化背景下的一般认识价值，还往往直接切合我国也正面临着的现实问题。本文拟通过对近年来德国公法界的判决以及公法学界的思辨做选择性评介，从而为作为他者的我们透视德国国家与社会对自身的认同与反思提供一个较为凝练与坚实的基点，也为我国因应一些世界性的"时代精神"与时代挑战提供参考与借鉴。为兼顾介绍的针对性与全面性，本文将以欧盟财政危机、多元社会的整合治理、难民问题、反恐斗争与基本权保障、极右翼势力处理等在我国也广受关注的问题为主，并同时也包含由教会避难权引发的对教会地位与权力的再讨论。该讨论虽然在德国同属于难民系列议题，但在我国的认知程度与实际意义都相对较小。一些构成德国公法学界日常图景的税法与行政诉讼法等领域中的新讨论，也都将在下文中有所涉及。事实上，这些更加具体化与专门化、鲜见于一般新闻的公法研究对我国的比较法意义丝毫不逊色于许多热点问题。此外，本文也将关注一些刑法学界的新动向，例如反恐主题下的刑法理论实践的新动向。刑法作为规定国家刑罚权的法律，本就属于公法，许多刑法问题归根结底是宪法问题，而且刑法与行政法之间的界限模糊化也是李斯特以来现代刑法发展的一大固有倾向与特征。严峻的反恐形势中的敌人刑法等命题，因而与上述某些热点公法问题密不可分，当属本文题中应有之义。

1. 欧元区财政危机及因应措施的公法反思。

2007 年至 2008 年的全球银行与财政危机激化了欧元区久已存在的一些问题，引发了当今的国家债务与欧元危机，其中最为突出的就是希腊问题。欧盟为此依据其运作条约的第 122 条第 2 款（关于对因自然灾害或非常事件遭遇严重困难的成员国提供财政资助的规定）设立了拥有 600 亿欧元资金的欧洲财政稳定机制（EFSM）。此外，还通过按照卢森堡法律成立的股份公司欧洲财政稳定基金（ESFS），由欧元区成员国协同提供双边援助（共计 4400 亿欧元）。通过这些组织结构上的新发展，欧盟得以在提供援助之外也加强了对欧元区国家的经济与预算政策的监管与控制。之后，欧盟在此基础上成立了经济与货币联盟稳定、协作与征税条约（VSKS）以及欧洲稳定机制（ESM），并由后者接替 EFSM 与 ESFS 发挥职能。

这些措施从一开始就在欧盟法层面上与国家法层面上饱受争议。在德国，以左党为首的反对派认为，通过将国家资金交给其他本质上属于资本机构、拥有独立人格的"援助基金"、"稳定机制"，ESM 与 VSKS 在事实上剥夺了德国联邦议院的预算权。而根据此前的判例，联邦宪法法院的基本立场是肯定议会在国家收入与支出问题上的决定权在民主宪政国家中的不可或缺性，认为即便在跨政府体系中，联邦议院的议员对基本预算政策问题的决定权也必须受到保护，因此联邦议院不得将他的预算责任通过不特定的授权转移给其他机构，尤其是不能未经事先同意以任何形式（包括法律形式）放弃财权。针对国际条约法机制下对他国的大规模财政援助，联邦宪法法院强调相应措施必须个别地经联邦议会同意。因此，虽然当时联邦宪法法院原则上认为对希腊的援助计划以及欧元稳定机制在目的、方式、额度上是特定的、非经联邦议院同意不可变更的、不构成立法机构财权的丧失，但它也指出，欧元稳定机制法仅仅规定了联邦政府请求联邦议会预算委员会表态、并向其报告的义务，这并不足以保障议会财权。相反，该法第 1 条第 4 款第 1 句在解释中应当保留预算委员会的事前批准权。① 总的来说，该判例基于三权分立的自觉，并未对相关财政机制的具体设计发表意见，只是如宪法法院自己所说，"标明了议会财权最基本的受保障范围"。② 基于有这种判例在前，ESM 与 VSKS 的反对者再次提起了宪法诉愿，试图阻止新的欧盟资本机构机制获得德国国内的批准通过。

在判决中，联邦宪法法院基本继承了判例的立场。判决指出，ESM 条约并未违反德国基本法第 20 条第 1 款（联邦德国是民主的、社会的联邦国家）、第 2 款（一切国家权力来自人民、由具备民主合法性的立法、司法与行政机构行使）、第 38 条第 1 款（联邦议院

---

① BVerfG：Griechenland-Hilfe und Euro-Rettungsschirm-Keine Verletzung der Haushaltsautonomie des Bundestags. NJW 2011, 2946.

② BVerfG：Eilanträge gegen Ratifikation von ESM-Vertrag und Fiskalpakt überwiegend erfolglos. NJW 2012, 3145.

议员是全人民的代表，不受委任与指令约束，只服从自己的良心)
和第 79 条第三款(触及州在立法中的参与的宪法修改无效)。法院
认为，德国向国际合作、集体安全体系与欧洲一体化的开放不仅是
法律上的，也是财政政策上的，并且这并不必然意味着对联邦议院
的预算权的侵害。相反，是否违背了民主原则这一问题的关键在
于，联邦议院是否在国际与欧盟义务下依然保持了对国家收入与支
出的责任与决定权。例如虽然德国的货币主权已经很大程度上转移
到了欧洲中央银行，但由于对欧盟运作、欧洲中央银行的严格限制
规定(欧洲中央银行不得提供金钱上的预算资助等)，德国宪法并
未因此遭到破坏。本案中，首先，对欧洲稳定机制的出资额是明确
的，欧洲稳定机制条约的规定也保障了未来发生超额支出的情况下
德国议会的参与权；其次，虽然德国并无随时从欧洲稳定机制中撤
资的权限，但该机制的所有稳定性援助与备忘录签署都需要德国代
表和德国联邦议会的同意，通过参与决定稳定性援助的数额、条件
与期限，德国议会可以自己创造欧洲稳定机制第 9 条第 2 款规定的
撤资条件。判决再次强调，联邦宪法法院不能越俎代庖对未来支出
行为的决策空间做出规定，但它将保障相关行为对民主决策程序开
放，并避免提前代替未来世代做出不可逆转的法律判决。①

这一系列判决对欧元国家债务危机的走向发挥了非常关键的作
用，也可以被视为默克尔与联邦财政部长朔伊布勒的一次政治胜
利。但显然，它们并没有终结相关的宪法问题。正如它们所自知的
那样，它们只是基于一些基本原则对个案进行了个别裁量，并没有
给出议会财权、预算民主合法性与欧盟机制之间的具体界限及其判
断细则。围绕这些问题，德国宪法学界至今仍在激辩。Calliess 在
《为欧元而战：政府、议会与人民之间的一个"欧盟事务"》②一文

① BVerfG：Eilanträge gegen Ratifikation von ESM-Vertrag und Fiskalpakt
überwiegend erfolglos. NJW 2012, 3145.

② Calliess C. (2012). Der Kampf um den Euro：Eine, Angelegenheit der
Europäischen Union" zwischen Regierung, Parlament und Volk, In：Neue Zeitschrift
für Verwaltangsrecht(pp. 1-7). München：C. H. Beck.

中指出，联邦宪法法院在此类判决中既未考虑欧盟的双重授权结构①，也未深入立法（包括联邦议院，也包括常常被忽视的联邦参议院）与行政在外交权上的权限划分问题，而是比较简陋地直接援用一体化责任与财政预算责任，因而不可能真正回答立法者何时享受事后同意权（基本法第 59 条第 2 款：条约须经联邦立法机构以法律形式同意或参与、行政协议适用联邦行政的相关规定）、何时可以提前行使参与权（基本法第 23 条第 2 至第 6 款：即联邦与州在欧盟事务中的参与权以及联邦参议院在联邦事务中的参与权和在联邦行政事务中的表态权等）、何时甚至需要特别多数（基本法第 23 条第 1 款第 3 句：需要特别多数方可进行或根本不得进行的涉及欧盟的立法活动等）等规范问题。他认为随着欧盟政策问题越来越多地被呈现为"欧洲化的内政问题"，它的外交属性也就是行政属性正在不断退化，因而也相应地在民主与分权视野下更多地需要联邦议院与参议院的事前参与，而这种参与也是对欧洲一体化加深导致的德国立法机构权限减损的平衡。出于这种思考，Calliess 建议重新定义基本法第 23 条与第 59 条的关系，也就是不再用第 23 条排除第 59 条，而是在欧盟事务中同时适用第 23 条第 2 款与第 59 条第 2 款，从而加强联邦议院与参议院的参与②。首先，随着欧盟事务的属性从外交向（"欧洲化"）内政迁移，它也就逐渐脱离了三权分立语境下议会不得触及的行政权核心领域，因此联邦政府也就应当更多地在欧盟事务上响应议会两院的信息诉求。其次，立法机关的参与远远不应限于信息获得权，参与更多地是指积极参与决策过程③。为了保障这种实质参与，Calliess 还提出类推适用基本法第 23 条第 3 至第 6 款。具体到欧洲财政稳定措施上，他认为是否向

① Calliess, C. ( 2005 ). Internationale Gemeinschaft und Menschenrechte. Festschrift für Georg Ress zum 70. Geburtstag( pp. 399). köln：Heymann.

② Möllers, C. ( 2005 ). Gewaltengeliederung：Legitimation und Dogmatik im nationalen und internationalen Rechtsvergleich( pp. 373). Tübingen：Mohr Siebeck.

③ Rojahn, in：v. Münch/Kunig 主编, GG II, 5. Auflage ( 2001 ), Art. 23 GG Rdnr. 58；Streinz, in：Streinz 主编, Sachs, GG, 5. Auflage ( 2009 ), Art. 23 Rdnr. 91.

一个国家提供援助、援助有何条件等基本问题都应当由联邦议院全体表决，并建议由预算委员会和欧洲与法律委员会成员共同成立专门的"稳定委员会"①。

　　Nettesheim 也同样忧虑地指出，欧元区国家债务危机加速与激化了欧洲一体化进程中久已有之的一些发展：第一，决策由国家向超国家与跨国家组织转移；第二，决策不再由国家自治自洽做出，而是在成员国之间协商或与私人主体协商；第三，政治空间被经济命令"殖民"②；行政权获得传统上不属于它的决策权。他认为，2009 年以来的危机应对就最终演化成了与不可捉摸的市场主体进行的、政府间的不透明的博弈，而在以经济为纲的政府操作下，传统议会政治的空间和建立在这之上的民主宪政也就急剧缩小了③。从国家哲学的角度讲，这种见解符合卡尔施密特对现代性的论断，即经济计算与技术数据获得了与"政治"概念根本不相容的排他性、"独裁式"的决策地位，现代因而是一个"去政治化"的时代，一个"工厂与官僚机构的世界"④。在 Nettesheim 看来，造成并加剧这一形势的原因不仅仅在于联邦宪法法院的判决并未充分解决议会预算责任与实际施加影响之间的落差，还在于当代国家法的理论实践只确立并反复重申了民主合法性链条，却在整体上缺乏一个能够系统

　　① Calliess, Stellungnahme zur öffentlichen Anhörung des Haushaltsausschusses des Deutschen Bundestages v. 19. 9. 2011 zum Entwurf eine Gesetzes zur Änderung des Gesetzes zur Übernahme von Gewährleistungen im Rahmen eines europäischen Stabilisierungsmechanismus ( BT-Dr 17/6916 ) und zum Antrag der Fraktionen der CDU/ CSU und FDP ( BT-Dr 17/6945 ); abrufbar unter http: //iras. lib. whu. edu. cn: 8080/ rwt/BECKONLINE/http/P75YPLUCPWYGI3LUPSRXPLUEMF/bundestag/ausschuesse 17/a08/anhoerungen/Aenderung_des_StabMechG_Drs_17_6916/Stellungnahmen/Prof_ Dr_Calliess. pdf ( zuletzt abgerufen am 6. 12. 2011 ).
　　② Heidenreich, in: Brodocz u. a. , Bedrohungen der Demokratie, 2009, S. 317.
　　③ Martin Nettesheim, Verfassungsrecht und Politik in der Staatsschuldenkrise. NJW 2012, 1409.
　　④ Schmitt, C. ( 1996 ). Das Zeitalter der Neutralisierung und Entpolitisierung. In Schmitt, C. , Der Begriff des Politischen ( pp. 79-95 ). Berlin: Duncker & Humblot.

指导该链条上的政府、议会及各种特别委员会的决策权划定与划分的民主代议制管理理论。

与这些相反，也有学者以较为乐观的眼光看待银行监管与国际财政援助等职能向欧盟机构的转移。例如 Neßler 就从中看到了民主政治的新发展而非末日。迄今为止，联邦宪法法院一直使用的是经典的议会民主概念，即便是在上文关于 ESM 与 VSKS 的判决中，法院也将"民主"与欧盟机构对立起来，强调通过保障德国立法机关的预算权来维护民主原则①。然而 Neßler 恰恰质疑这种几个世纪以来定义了西方政治思想的议会民主观念是否还合乎时宜，毕竟全球化意味着国家的相对化，而欧盟则更是此中翘楚。欧元与财政拯救措施并不是民族国家的议会权力缩减的根本原因，它们只是再次凸显了传统民主思想与民主机制在现代欧洲的去功能化而已。Neßler 因此指出，国家与民主之间的联系并不是必然的，跨国机构也可以具备民主合法性，例如以欧洲议会为代表的"国际新议会主义"②。在这种视野下，欧元危机也同时是一个进行新的政治实验、发展新的民主形式的机会③。

2. 多元社会整合治理。

无论是欧洲一体化进程，还是巨大的移民与难民群体，都使德国在事实上已经成为一个多元文化社会，这一点既受到基本法的保障，也长期并至今构成德国主流社会开明宽容的基本共识。在过去

---

① BVerfG：Griechenland-Hilfe und Euro-Rettungsschirm-Keine Verletzung der Haushaltsautonomie des Bundestags. In NJW 2011, 2946；BVerfG：Eilanträge gegen Ratifikation von ESM-Vertrag und Fiskalpakt überwiegend erfolglos. In NJW 2012, 3145.

② Marschall, S. (2002)., Niedergang" und, Aufstieg" des Parlamentarismus im Zeitalter der Denationalisierung. In Zeitschrift für Parlamentsfragen (pp. 384). Baden-Baden：Nomos.

③ Boehme-Neßler, V. (2012). Von der Euro-Krise zur globalen Demokratie：die europäische Staatsschuldenkrise als Katalysator für eine Weiterentwicklung der transnationalen Demokratie. In：Zeitschrift für Rechtspolitik (pp. 237-240). 对该文的批评性意见见 Aden, M. (2013). Von der Euro-Krise zur globalen Demokratie, In Zeitschrift für Rechtspolitik (pp. 90).

几十年，德国在社会与法律实践中甚至以多元化的初衷出发，出现了一些相对主义倾向，也因此遭到了许多批评、带来了许多社会问题，以至于 2010 年，默克尔直言"多元文化彻底失败了"①。因此，伴随着近年来人们对多元化的理解加深，对多元社会整合治理的重视程度也越来越高，这种晚近的变化也体现在公法尤其是宪法与行政法的理论实践中。

　　一个突出展现了德国法律界在多元整合方面的立场变化的例子就是信仰特定宗教的女学生在义务教育中是否有权出于宗教原因免修游泳课的问题。该法律争议陆续不断地进入德国各州的行政诉讼程序，并多次上诉至联邦行政法院。早在 1993 年，联邦行政法院就通过判决指出，当中小学的义务教育责任与学生的家庭基本权和宗教信仰自由发生冲突时，应适用务实调和原则，即由学校为达到特定年龄的、信仰特定宗教的女学生设置男女分开的游泳课程，从而最大限度地同时保障双方的实现。但学校没有条件履行该义务的，就只能解除学生参加男女混合游泳课程的义务②。然而，这一最高行政法司法立场却在近年不断地被地方行政法院与联邦宪法法院推翻。2005 年，汉堡行政法院在判决中称，"防止宗教上或世界观上的平行社会出现、使国内少数族群融入，是社会整体的正当利益所在。融入不光要求主流社会不得将宗教上或世界观上的少数族群排除在外，还要求这些族群不得自我隔离、不得拒绝与其他思想、其他信仰者对话"。"践行这一点从小学开始就是重要的任务"③。2013 年，卡塞尔行政法院判决指出，"基本法赋予的融合任务要求男女学生提前为生活在德国的世俗与多元社会中做好准

　　① Retrieved from https：//www. welt. de/politik/deutschland/article10337575/Kanzlerin-Merkel-erklaert-Multikulti-fuer-gescheitert. html.

　　② BVerwG：Befreiung einer Schülerin islamischen Glaubens vom Sportunterricht，NVwZ 1994，578.

　　③ VG Hamburg：Pflicht zur Teilnahme am Schwimmunterricht für islamisches Mädchen，NVwZ-RR 2006，121.

备，在这个社会中，他们将遭遇众多价值、信念与行为方式"①。这些判决虽然都重申了当事学生及其家庭的信仰自由受到基本法第 4 条的保护，但往往从多元社会整合的出发，重新解读联邦行政法院提出的务实调和原则，认为达到特定年龄的、信仰特定宗教的女学生可以通过穿着全身式泳装来在宗教信仰自由与基础教育义务之间取得平衡②。2014 年，联邦行政法院也推翻了自己 1993 年的判决，接受了新的司法立场③。最终，在去年年底的宪法诉讼判决中，联邦宪法法院驳回了原告认为全身式泳装服饰不符合特定宗教着装规定、游泳课与其他男女混合的体育课程在基本权意义上有本质不同等起诉意见，并强调"公立中小学的融合力正存在于和体现于使学生面对社会中现存的行为与着装习惯的多样性"，"只有当事人的宗教世界观被整体无视的情况下，方可（基于宗教自由的基本权）考虑解除上课义务，而当事人的情况并未及于此种地步"④。除此以外，在近年间，德国行政法院还以国家教育职责和社会整体利益不得被宗教与世界观上的平行社会排除为由，在其他一系列判决中驳回了解除信仰特定宗教的男生对男女混合游泳课程的参与义务（因为在这种课程上，他不得不看到穿泳装的女孩）⑤、拒绝信仰特定宗教的女性接受学校中的性教育等诉求⑥。

　　德国社会对多元文化看法的变化不仅表现在司法中，也已经直观地被反映在立法活动中。2016 年 7 月 8 日，联邦参议院批准了

① VGH Kassel：Glaubensfreiheit und koedukativer Schwimmunterricht，NVwZ 2013，159.

② OVG Münster：Pflicht zur Teilnahme am Schwimmunterricht für alle Schüler-hier：muslimisches Kind，NVwZ-RR 2009，923；OVG Bremen：Befreiung vom Schwimmunterricht aus religiösen Gründen，NVwZ-RR 2012，842；VG Frankfurt a. M.，Urteil vom 26. 04. 2012-5 K 3954/11. F.，BeckRS 2013，58069.

③ BVerwG：Befreiung vom koedukativen Schwimmunterricht，NVwZ 2014，81.

④ BVerfG：Gemeinsamer Schwimmunterricht für Mädchen und Jungen-，Burkini，NVwZ 2017，227.

⑤ VG Düsseldorf：Urteil vom 30. 05. 2005- 18 K 74/05，NWVBI 2006，68.

⑥ VG Hamburg：Beschluss vom 12. 01. 2004- 15 VG 5827/03，BeckRS 2004，20291.

联邦议院通过的《融入法》。该法主要针对难民群体，旨在"帮助与要求"有希望留在德国的难民迅速、可持续地融入德国社会与劳动市场，并减轻各州在融合工作上的负担。但许多学者认为，该法案采取的开设德语课程、要求难民获得参与德国劳动市场竞争的资质、通过引导课程传递价值观等手段对于融合来说远远不够。在普通学校与职业教育学校、大学与高校教育中的价值观整合措施并未被该法提及。其次，该法只规定了德国社会的参与义务，而未明确庞大的宗教组织与社群的参与义务。再次，该法并未触及女性问题。Röper 在这一点上专门提到了上述围绕男女混合游泳课程发生的社会与司法讨论，并批评"没有任何宗教协会对这种落后的、与德国社会融合截然对立的实践表示反对"①。包括 Röper 在内的许多学者甚至进一步指出，当前寄希望于通过全身式泳装解决问题的司法立场非但不能帮助融合，反而根本就是用无原则的"务实调和"恶化融合情况。总体而言，公法学界的主流立场虽然并无复苏以单一民族、文化、宗教信仰为对象的传统爱国主义的意图与迹象，但普遍认可一种类似于哈贝马斯的宪法爱国主义的主流文化价值，并对当前的融入法中缺乏对基本权和欧洲人权的关注感到不满。

3. 难民危机引发的公法问题。

德国最近的融入法是应 2015 年开始的难民危机而推出的。根据欧盟的统计，仅仅在 2015 年的前十个月就有 70 万难民从希腊经巴尔干通道进入中欧，而在 2016 年的前三个季度，欧盟则收到了多达 988000 份避难申请，其中三分之二都是在德国提起的。这次难民危机极大地挑战了欧盟与德国的难民制度，并且在德国公法界也引发了诸多讨论，难民的融入问题只是其中之一，其他还涉及例如已经在其他欧盟国家提起过避难申请的难民重新在德国申请避难的问题等。

例如针对已在保加利亚获得承认的难民，卡塞尔行政法院认为

———————————————

① Röper, E. (2016). Integrationsverwaltung-Wertevermittlung. In Zeitschrift für Rechtspolitik (pp. 140).

他们已获得的难民身份与在德国申请避难程序并获得在德国的避难许可不矛盾。欧洲共同避难体系要求各成员国对需求帮助者和有权获得帮助者承担基本的照料，这一难民与人权最低保障同时受到条约与欧洲法院判决的认可，是都柏林体系不可或缺的一部分。然而，保加利亚的避难体系，尤其是对已获得认可的难民的处理"有系统性缺失"。该国既没有按照其义务为得到了认可的难民设立融入活动，也未提供基本权公约第 4 条与欧洲共同避难体系规定的最低生活标准。在无法将难民移送回保加利亚的情况下，如果否定他们在德国就地申请避难的机会，就显然制造了一个自相矛盾的两难境地。此外，经查证得知，一些难民是在没有翻译在场的情况下就在保加利亚签署了相关文件并获得了避难身份，这意味着他们的避难申请根本就没有在内容上被实质审查，就连其本人的身份都未得到确定。因此，保加利亚的避难认证根本没有法律效力，它无法作为欧盟法律实践的一部分排除德国居留法第 60 条第 1 款的文义适用①。

此外，由于难民数量过多，德国民间与政界都不乏建议设立难民接收数目上限的建议。这就产生了一个宪法问题，即避难人数上限与基本法第 16a 条(避难权)的关系问题或者说引入该上限是否涉及修宪的问题。目前一般认为，避难权与人的尊严有着紧密的关系②，但它并不直接属于基本法第 1 条第 1 款，因此不在第 79 条第 3 款所列的不可修改的宪法规定之内③。

4. 反恐调查与信息自决的基本权保障。

2015 年 1 月，法国巴黎的《查理周刊》遭到恐怖袭击，12 人受袭死亡。11 月，巴黎再次遭到连环恐怖袭击，死亡人数多达 130

---

① VGH Kassel：Flüchtlingsschutz im Bundesgebiet für bereits in Bulgarien anerkannte Flüchtlinge, NVwZ 2017, 570.

② BVerfGE 80, 315 = NVwZ 1990, 151; unter Verweis auf BVerfGE 54, 341 = NJW 1980, 2641; BVerfGE 76, 143 = NVwZ 1988, 237.

③ Fontana, S. (2016). Verfassungsrechtliche Fragen der aktuellen Asyl- und Flüchtlingspolitik im unions- und völkerrechtlichen Kontext. In NVwZ (pp. 735). BVerf GE 94, 104 = NVwZ 1996, 700 = NJW 1996, 1665 Ls.

人，受伤人数多达 350 人。2016 年 3 月，布鲁塞尔连环恐怖爆炸造成 23 人死亡。2016 年 7 月，恐怖分子在尼斯驾车冲入人群，导致 86 人死亡，300 多人受伤。2016 年 12 月，恐怖分子驾车冲撞柏林圣诞市场，导致 12 人死亡。在刚刚过去的 2017 年 5 月 22 日，恐怖分子在曼彻斯特的音乐会上引爆炸弹，造成包括袭击者在内 23 人死亡。这些发生在欧洲中心的重大恐怖袭击至今令人记忆犹新。在不断升级的恐怖袭击与反恐斗争中，国家控制与个人权利、安全与自由的权衡这个最经典不过的公法学问题也重新获得了越来越多的关注。在各种基本权中，首当其冲被列入议题的是涉及私人隐私与信息自决的基本权。例如当今无处不在的公共摄像头就使得个人在特定时间特定地点的形貌行为可以充分被辨认与查证，个人人身相关信息的形成完全地脱离了本人的支配与影响能力范围。德国公法学者一般认为，公共摄像头首要的合目的性与合比例性均在于预防、追查犯罪和维护公共安全，并在该范围内优先于公共领域内的个人信息自决权。但这也意味着公共影像记录设备应尽量被限制在确实与犯罪监控相关的地域内，"无处不在"、"无孔不入"是显然违宪的①。联邦宪法法院甚至明确判定高速公路上的测速设备不必具备人身影像记录功能，拍照测速设备的投放使用因此不符合道路交通法第 4 条，是对建立在基本法第 1 条第 1 款与第 2 条第 1 款之上的信息自决权的恣意侵犯②。

　　为在调查中排除或跟踪特定人、或确定特定人的危险特质，可以进行撒网排查，即警察要求其他机构提供非确定人数的人身相关信息，并将所得信息与其他数据进行机器对比分析。在这种排查中，警察先获得大量数据，再检索其相关性，从而减少监控范围直至最后锁定目标，它常常被用于预防恐怖袭击和排查所谓的"休眠者"。联邦宪法法院指出，撒网排查是对信息自决权的严重干预，

---

① Frenz, W. (2013). Das Grundrecht auf informationelle Selbstbestimmung-Stand nach dem Antiterrordatei-Urteil des BVerfG (pp. 840).

② BVerfG：Geschwindigkeitsmessung durch Videoaufzeichnung, NJW 2009, 3293.

因为它可以批量获取个人人身信息，而这些人中的绝大部分或全部都只是在概率意义上具有排查价值①。因此，撒网排查必须以法益遭到相当的现实威胁、并且有切实理由相信损害结果的发生具备盖然性为发动条件②。与此类似的对车标车牌的自动记录，联邦宪法法院也出于同理，要求以现实的危险情况或法益遭到危害与损害的风险普遍提高为依据。具体来讲，车标自动记录这一基本权干预的严重程度取决于：1. 所获信息的人身关联性程度；2. 信息如何被加工使用，会造成哪些后续措施；3. 当事人身上是否具备归因于他自己的搜查必要性，例如曾盗窃过车辆；4. 涉及多少（未参与）的人。为规避特定人身关联性和对基本权的侵害，可以立刻处理自动记录的信息，并将所得无关数据不经任何进一步评估就彻底删除。

线上搜查是在信息技术系统层面上对特定人进行搜查，其法律意义类似于传统的住宅搜查。通过线上搜查，往往可以获得大量能够再现一个人的生活情况或勾勒出个人完整生活肖像的信息数据，因此联邦宪法法院为它设立了重大法益遭受来自特定人的现实危险，尤其是生命与健康遭到恐怖威胁这一前提条件③。

在调取个人账户信息的问题上，个人的信息自决权也同样遭到了干预。因为从个人账户记录中会产生并透露出何种信息（尤其是当它与其他数据联系在一起的时候），并不是当事人能够预见与控制的。对此，德国公、刑法学界与司法界基本一致认为，不得在缺乏特定的、专门的调查需要的情况下，出于提前储备信息的目的收集个人账户信息，举例而言，政府无差别的自动记录账户信息就是违宪的④。相反，必须通过立法形式确立信息收集的精确目的，并

① BVerfG：Präventive polizeiliche Rasterfahndung, MMR 2006, 531.

② BVerfG：Präventive polizeiliche Rasterfahndung, MMR 2006, 531.

③ BVerfG：Verfassungsmäßigkeit der Online-Durchsuchung und anderer verdeckter Ermittlungsmaßnahmen in Datennetzen, MMR 2008, 315.

④ BVerfG：Vorschriften zum automatischen Kontenabruf teilweise verfassungswidrig, DStRE 2007, 1196.

将信息的收集与使用严格限制在实现该目的的最低必要限度上①。最后，GPS 定位观察只可用于已有初步嫌疑的人②。

5. 对极右翼政党、组织及其活动的处理问题。

随着欧盟危机与难民危机导致的德国国内孤立主义与民族主义倾向抬头，以德国选择党（AfD）和其他右翼政党与活动也获得了越来越多的影响力。如何区分它们受到基本权保障的言论自由、集会自由和违法违宪的歧视性、仇恨性言论与活动，成为了德国公法学界一个广受关注的问题，德国公权力机关在面对该问题时的处理方式也各不相同。例如 2015 年，在相关人士拟于 11 月 7 日在柏林举办名为"给默克尔的红牌！避难必须受到限制"的集会活动时，联邦教育与科研部就采取了与之针锋相对的措施，在其官网上发表了以"给德国选择党的红牌：Johanna Wanka 评 AfD 策划的 2015 年 11月 7 日柏林示威"为开头的公开声明。该声明直斥德国选择党"为社会的极端化推波助澜"、部分右翼政党"公开煽动群众"。活动组织者因此认为自己享有的政党在政治思想竞争中的机会平等（基本法第 21 条第 1 款）和集会自由（基本法第 8 条第 1 款）受到了侵犯，因而申请教育部撤除该声明，并在申请被驳回后诉至联邦宪法法院。宪法法院认为，担任政府公职者利用职务便利、使用来源于其公职权威的手段与机会，压制政治思想竞争，即构成对政治竞争机会平等的侵犯。本案中的官网属于联邦部委享有的资源、处于部委职务支配范围内。此外，在部委官网上刊登具有攻击性的公开声明，可以理解为呼吁人们抵制原告的示威活动，因此构成对集会自由的侵犯③。

在《违宪，但不被禁止！》一文中，Gusy 认为，联邦法院的该判决将政府在选战中的中立义务大幅扩大到了选战之外，并将职务表

---

① BVerfG：Vorschriften zum automatischen Kontenabruf teilweise verfassungswidrig, DStRE 2007, 1196. Walter Frenz, Frenz: Das Grundrecht auf informationelle Selbstbestimmung-Stand nach dem Antiterrordatei-Urteil des BVerfG, JA 2013, 840.

② BVerfG：Öffentliches Recht-Grundrechte, JuS 2005, 740.

③ BVerfG：Anti-Pegida-Presseerklärung-Entscheidung über rote und schwarze Karten, NVwZ-RR 2016, 241.

达列为了对相关政党、团体的自由权在事实上的间接干预。按照德国法律规定，这一定位意味着，公职机构非中立性的职务表达需要事先以法律形式得到授权。而鉴于目前并无此类专门的法律（过去也并不认为这种法律是必需的），政府成员往往就只能以私人身份参与争论，这在事实上是将公共问题私人化了。该判决因此单向地显著增加了政府处理极右政党与团体的难度。当然，Gusy 并非支持赋予政府在相关问题上无限的自由裁量空间，而是认为应当通过资助政治教育等手段来平衡公权力机关与极右团体在事实上与法律上的关系①。

在今年做出的判决中，宪法法院细化了对极右翼政党等"对抗民主法治国家的敌对组织"使用基本法第 21 条第 1 款规定的政党禁令这一国家武器的条件。首先，为免滥用，法院对基本法第 21 条第 2 款做出了比较严格的解释，规定该款所说的"自由民主的基本秩序"仅指自由宪政国家绝不可或缺的核心基本原则，包括人的尊严、民主原则、公权力受到法律约束与独立司法机关监控等；其次，"破坏自由民主的基本秩序"则指消除或以其他宪法秩序、政府体制替换该秩序的本质要素。具体判断政党是否构成此情形的依据首先包括政党的纲领及其拥护者的行为，此外，政党还必须以侵害或消灭自由民主的基本秩序为"出发点"，采取积极的、有筹划的行为，相关人员的行为与言论也必须通过他所担任的党内职务或党的同意、承受与认可才可归属于政党。除了这些积极的要件外，联邦宪法法院也指出，构成"对自由民主基本秩序的破坏"不要求这些行为与活动确实对基本法第 21 条第 2 款所保护的法益造成了现实威胁，而是以危害德国的存在和基本秩序的可能性为已足②。

以上司法判例的本意是为德国国家公权力机关调整与极右翼政

---

① Gusy, C. (2017). Verfassungswidrig, aber nicht verboten! In Neue Juristsiche Wochenschrift (pp. 601).

② BVerfG：Verbotsverfahren gegen die NPD, NJW 2017, 611. 政党的宪法地位、机会均等等问题，见郑昊、朱海迷译，《德国法导论》，第一部分、第一编、第一章、第三节、六。

党相关的法律关系提供基本准则，但由于该判例建立在基本法第21条所规定的政党取缔之上，所以它事实上并不能处理某些右翼政党不参与选举的非政党性组织的问题。Wahnschaffe 认为，基本法第 5 条第 2 款和第 8 条第 2 款已经明确规定了对言论自由和集会自由的限制必须以法律形式进行，因此政府对非政党性组织的攻击性、贬低性、对抗性表达构成对基本法第 5 条第 1 款（言论自由等）和第 8 条第 1 款（集会自由）的干预。诸如杜塞尔多夫市长在市政网页上呼吁居民们在极右翼政党游行时"关灯"、"释放对抗不宽容的信号"等事实上类似于对极右翼政党游行发布禁令，就是对极右翼政党参与者基本权的侵害。而且，既然联邦宪法法院已经规定了政府在选举中与选举外都应保持对各个政党的中立性，那么非政党组织就显然不应该仅仅因为不参加选举而无法同样享有政党享受的政府中立性义务的保护。最后，非政党组织和不隶属于政党的平民本来就是民主意志形成过程中合法的和必不可少的参与者，它们虽然无法获得政党经费等优势条件，但在民间思想竞争中的法律地位并不当然低于政党。倘若政府拒绝对非政党性团体履行其中立性，就难免导致"民意的形成被不民主地、自上而下地操纵、因而不自由地被伪造"的结果①。

6. 教会避难权。

教会避难权是一个同样出现在难民危机中，但对我国相对陌生的德国公法问题，教会避难权在欧洲与德国久已有之，其历史远远长于三权分立、基本权乃至整个现代公法体系。在许多个世纪中，教会都被看作是人们逃离死亡、折磨与暴力的最后场所。自 2015 年起，这一天主教人文传统通过德国天主教会与联邦移民与难民局（BAMF）之间的协议得到了正式的认可。依据相关规

---

① Wahnschaffe, T. （2016）. Zur Neutralitätspflicht staatlicher Hoheitsträger gegenüber Organisationen ohne Parteienstatus. In NVwZ 2016, 1767. 另外参见 Morlok in Dreier （Ed.）, Grundgesetz-Kommentar, 2004, Art. 21 Rn. 22, 25; Hillgruber in Kluth （Ed.）, Das wird man ja wohl noch sagen dürfen "-Staatliche Organe und die Pflicht zur Neutralität, 2015, 77, 81.

定与实践，教会甚至可以在避难申请人的申请被移民与难民局驳回、因而必须离境的情况下，将申请再次提请 BAMF 审核。2016年共有 692 例教会避难被记录在册，至少 1139 人通过这一机制寻求到了庇护。

然而许多公法学者认为，教会避难本质上是德国法治秩序中的异质。根据德国基本法，是否向外国人提供保护的决策问题处于且仅处于国家的权限范围内。在德国法中，没有教会避难权的任何法律依据，无论是基本法、外国人法还是居留法中，都没有关于这一教会机制的只言片语。联邦内务部长 Thomas de Maiziere 曾在采访中明确地说，"我们有关于居留与居留终止的国家规定，当终止居留权的决定被法院和其他一切可能的（公权力机构）确认、具有法律效力时，没有任何人——包括教会——有权说：我有不同的看法"。所以，教会避难权不仅是游离于德国法律之外，还是凌驾于它之上的。

按照欧盟法律，寻求避难者应向他最先踏足的欧盟成员国——通常是意大利、希腊、匈牙利等处于欧盟外部边界的国家——提交避难申请。如果他之后向其他欧盟国家提出申请，则后者可以在六个月内强制将其送回他首次入境的成员国。仅仅是出于这个形式规定上的原因，处于中西欧的德国是可以移送大量难民至他国了。如果六个月内未能移送，才由德国处理避难申请。在实际操作中，教会避难权恰恰就经常被用于拖延至六个月的期限结束。教会代表声称，意大利、匈牙利、保加利亚的难民状况难以忍受，基本人道标准得不到遵守，并不断发生对难民的身体暴力。即便国家经决策认为移送出国并不违背基本法的价值秩序，这一国家行为也往往得不到教会的认可。Schwemer 认为，教会避难权毫无疑问展现了教会的慈爱，但是这种人道的标志与不服国法的私人行为之间只有一线之隔，至少专门以阻止欧盟内难民移送的都柏林程序为目的的教会避难就是显然逾矩的。联邦移民与难民局与教会之间的协议，事实上是一个国家公权机关居然承认并合法化了对抗自己合法行动的私人行为。对于建立在实然法及其贯彻执行之上的国家来说，这简直是自己对自己的釜底抽薪①。

7. 联邦土地税法改革。

德国联邦参议院于 2016 年 9 月 23 日通过了由黑森州与下萨克森州拟定的修订土地税的法律草案。该草案获得了大部分联邦州以及联邦财政部长的支持。仅有汉堡市和巴伐利亚州表示拒绝该草案。自 90 年代中期起，德国就对土地税的改革进行了持久、激烈的讨论，尤其是关于土地的单元价值（Einheitswert）作为计税依据是否合宪这一问题。

现行土地税的计税依据，是由税务局确定的所谓的单元价值。《德国资产评估法》第 19 至 109 条规定了单元价值估算的方法。旧联邦州（前联邦德国）使用 1964 年确定的价值关系，新联邦州（前民主德国）使用 1935 年确定的价值关系。

确定单元价值首先要区分有建筑物的土地和无建筑物的土地。有建筑物的土地又根据地产的种类加以区分：1. 大部分有建筑物的土地多依收成价值来估算其单元价值。对此应首先确定土地、房屋和附属设施的年度净租金，再将该租金乘以特定的乘数。乘数依土地种类、建筑种类、建筑年份、建筑方式以及土地所在的市镇之大小来决定。2. 价值程序适用于无建筑物的土地以及其他类型土地的价值评估。为确定房屋价值，应将建筑物面积乘以符合其建筑方式的平均生产费用。此外还应考虑房屋折旧导致的贬值。3. 各个经济单位的第一次价值评估为 1935 年 1 月 1 日，并规定土地税的计税价值每六年重新进行一次评估，但由于"二战"的缘故，直至 1964 年 1 月 1 日才仅在前联邦德国境内进行了第二次评估。并且因为巨额的费用，放弃了后续的重新评估。

综上所述，现行土地税征收依据的土地单元价值是 1964 年或 1935 年确定的，与当今的市场价值背离甚远，不能体现公平负税原则，违背了基本法第三条的规定，因而土地税改革必须进行

---

① Schwemer, R.（2017）. Staatlich anerkanntes Kirchenasyl: Systemfremd in unserer rechtsstaatlichen Ordnung, In Zeitschrift für Rechtspolitik（pp. 125）. München: C. H. Beck.

改革。

位于慕尼黑的德国联邦财政法院通过 2014 年 10 月 22 日①及 2014 年 12 月 17 日②的决议，将三项与土地税相关的诉讼程序交由联邦宪法法院来作出决定，因为前者认为土地税法中有关单元价值的规定有违宪之虞。联邦财政法院认为，价值之扭曲则违背了基本法第三条所规定的平等待遇原则，以下四点是造成价值扭曲的原因：1. 建筑物库存和不动产市场的巨大变化；2. 仍使用 1964 年 1 月 1 日确定的、过时的价值设施关系；3. 城市建设的飞速发展以及住房市场的变化；4. 确定了房屋的实际价值之后，未考虑到房屋因折旧而产生的贬值。③

各联邦州认为，若联邦宪法法院宣布现行的土地税违宪，他们将失去最重要的财政收入来源，因而需要尽快确定一套新的规则体系来保障收入。

修订草案保留了土地税原有的纳税额计算体系：首先，由各税务局评估其区域内每块地产的价值；之后，将该价值乘以联邦同意的土地税税率得出计税价值，该税率取决于地产的种类；最后，将计税价值乘以各市镇的征收乘数得出应缴纳税额。即，土地单元价值乘以税率乘以市镇征收率。

但是，相比现行土地税的单元价值反应房地产的市场价值，修订草案则以确定地产的成本价值（Kostenwert）为评估目标。评估价值应当包含获得房地产以及建造建筑物的成本价值。该评估程序是简化而典型的实际价值评估程序。2022 年 1 月 1 日将进行第一次价值评估。根据德国资产评估法草案第 241 条第 1 款的规定，所有物权人应当在这一天之前提交确定土地税的声明。但是，新的评估价值将在 2027 年之后才作为计税基础，在此之前仍然适用现行的规则。第二次价值评估将于 2030 年 1 月 1 日进行，在此之后每六

---

① BFH v. 22. 10. 2014-Ⅱ R 16/13, DStR 2014, 2438.

② BFH v. 17. 12. 2014-Ⅱ R 14/13, DStRE 2015, 600.

③ Beck，H. (2016). Die Reform der Grundsteuer. In Deutsches Steuerrecht-Wochenschrift (pp. 2689). München：C. H. Beck.

年重新评估一次。无建筑物的土地价值评估将根据德国资产评估法草案第 233 条的规定以其面积、以及依照德国建设法的规定确定的土地参考价值为判断依据。对有建筑物的土地价值的评估，还应当包含土地上建筑物的建造成本。建筑毛面积乘以每平米的总计建造费用。该费用将援引 2010 年一般建造成本的相关规定。综上，修订草案取消了单元价值的评价方法，引入土地成本价值评价方法，对征税的价值基础进行了重新评估。

学界当中对这次土地税改革的质疑主要集中在建筑物的实际价值（成本价值）是否能在事实上准确反应其税收负担能力这一问题上。一个被租赁了的房地产，其税收负担能力和经济能力由其收成价值决定，但该收成价值与成本价值却没什么关系①。其次受到关注的是仅以地产的价值来判断其税收负担能力是否正当的问题。因为土地税并不等同于土地所有权人的财产税。德国现行土地税法的正当化基础在于等价原则（Äquivalenzprinzip②）。它认为，土地税是因不动产对当地市镇政府造成的负担而应给予的补偿，也是对市镇政府为不动产兴办基础设施和公共设施等服务的补偿。法律可以将其标准化、典型化，因为土地税收的数额与市镇负担、服务而产生的费用数额之间的关系只须一般性、抽象性的存在即可。但这类关系却无法在成本价值作为计税依据时被辨认。③

8. 行政诉讼法改革。

此外，德国行政诉讼法学界最近也出现了一些关于改革的讨论。一些学者认为，德国现行行政法院法的五部分划分（法庭组成、程序、法律手段、程序的再受理、费用与执行）是值得商榷的，该体例导致许多内容上相邻的规定实际上杂乱地散落在各个不同的部分中。例如异议程序虽然被列在"撤销与课予义务之诉的特

---

① Beck, H. Die Reform der Grundsteuer, DStR 2016, 2692.

② Gutachten der Steuerreformkommision, BMF-Schriftenreihe Heft 17, 1971, S. 714; Gutachten des Wissenschaftlichen Beirats beim Bundesfinanzministerium zur Einheitsbewertung in der Bundesrepublik Deutschland, BMF-Schriftreihe Heft 41, 1989, S. 36.

③ Beck, H. Die Reform der Grundsteuer, DStR 2016, 2692.

殊规定"，但是各诉讼类型的其他特殊的实际判决条件却散见于各处。与此类似，"行政法律途径与管辖权"也被古怪地归于"法庭组成"之下①。另外，第 123 条关于事前保全的规定在内涵上与其他篇章中的第 80、80a 条是共生的，而后者虽然列在"撤销与课予义务之诉的特殊规定"，但事实上又与课予义务之诉根本无关②。除了这些编制问题，学界也普遍意识到，行政法庭法主要服务于原告个人主观权利、以侵害之诉为基本诉讼模型，而这一传统设定是有它不合时宜的地方的③。例如 2006 年的环境法律援助法就已经突破了行政诉讼法的传统形象，但迄今为止行政法院法却一直没有做出合乎行政诉讼整体发展趋势的相应调整。

这也带来了另一个问题，那就是行政法院法之外的行政诉讼法规定越来越多，以至于我们今天不得不面对一个基本决断：是任由行政诉讼法律体系继续照此发展下去，在行政法院法之外不断生长，还是再次系统法典化，将各种零散的法规引入行政法院法？从行政法院法改革的角度，Durner 等学者认为显然应当选择第二种进路④。

9. 空前严峻的反恐形势下的刑法：敌人刑法。

随着恐怖袭击威胁的不断升级与持续存在，处于反恐斗争第一线的刑法也表现出了一些特殊的动向，其突出表现之一就是刑法学界近年来重新围绕敌人刑法展开的讨论。雅各布斯在二十世纪八十年代提出的敌人刑法的核心在于认为自由主义刑法即"犯罪人的大宪章"无法有效地应对以下三个群体：自制能力（例如性犯罪者）、

---

① 又见 Ehlers（2014）In Schoch, Schneider & Bier（Eds.）, Verwaltungs-gerichtsordnung-Kommentar, Stand 27. EL 2014, § 40 Rn. 10.

② Schock（2014）In Schoch, Schneider & Bier（Eds.）, Verwaltungs-gerichtsordnung-Kommentar, Stand 27. EL 2014, § 123 Rn. 9.

③ Skouris, W.（2014）. Verletztenklagen und Interessentenklagen im Verwal-tungsprozess（pp. 2. and 39）.；Schenke（2014）, W. Verwaltungs- prozessrecht, 14. Aufl,（Rn. 490）.

④ Durner, W.（2015）. Reformbedarf in der Verwaltungsgerichtsordnung. In Neue Zeitschrift für Verwaltungsprozessrecht（pp. 841）.

职业活动(例如经济罪犯、毒品贩子)或组织关系(例如恐怖团体)严重、长期、根本远离遵纪守法的生活的人们①。一般预防难以对这些人产生效力,古典的自由主义刑法则更不可能阻止这些法秩序的敌人。这种犯罪人的形象事实上是两百年前费尔巴哈带有浓厚威权色彩的刑法思想的复苏,也是一百年前李斯特的社会功能主义与预防主义刑法的必然逻辑结果(李斯特提出了复合刑罚功能,也就是通过刑罚将惯犯无害化(即通过自由刑甚至死刑等刑罚剥夺其犯罪机会)、恫吓偶然犯、矫正和再社会化可矫正者②,其中的第一种就是敌人刑法的前身)。敌人刑法正确地描述了近年来入罪范围扩大化、提前化的发展现象,也是一种对恐怖主义犯罪具有严厉针对性的刑法模型,属于之前已经论及的恐怖活动风险加剧背景下国家斗争措施与古典自由、人权之间关系的再调整。除了刑罚的扩大化、提前化之外,敌人刑法也尝试着在具体犯罪论构造上突破过去的理性自然人、心理责任等基本要素,从而将犯罪论的各个环节功能主义化。例如雅各布斯的规范故意就认为无视法律因而无视事实的犯罪人具备故意。在他的学生中,Lesch 表示,心里故意执着于行为人与行为之间纯属偶然的心理联系,在犯罪人昭然若揭地因对法律的无视、仇视而盲目时,还仅仅因为这种偶然性的因素缺失而放弃追查其故意责任,并不恰当;Rinck 则从法益论入手得出类似结论,即因法律上的盲目无视而导致的事实无认识不在德国刑法典第 16 条的故意排除要件之中。Walter 尽管不同意 Jakobs 一派对第 16 条的解释方式,但他重申"错误之严重程度从不在于其对象,而在于它是如何未被避免的",也认为现行第 16 条值得商榷。而且在今日理论背景下,事实认识错误和法律认识错误之间的界限并不分明,他认为第 16 条单独赋予事实认识错误以特殊地位,难以理解。

① Jakobs, G. (2009). Kriminalisierung im Vorfeld einer Rechtsgutsverletzung. In Zeitschrift für die gesamte Strafrechtswissenschaft ( pp. 751 ); Bernd, H. (2009). Die Grenzen des Strafrechts bei der Gefahrprävention, In Zeitschrift für die gesamte Strafrechtswissenschaft ( p. 94)

② Liszt, F. (1883). Der Zweckgedanke im Strafrecht. In Zeitschrift für die gesamte Strafrechtswissenschaft. Bd. 3 ( pp. 35 ); Liszt, F. ( 1919 ). Lehrbuch des Deutschen Strafrechts, 21. /22. Aufl. ( pp. 13).

同时，在少量司法判例中，也出现了用"必须知晓"来论证故意的现象①。根据这种故意，对德国通行的一般法律与正义原则毫无认知的极端恐怖分子，即便在心理上并无不法性认识，但却同样可以被认定故意。

10. 其他。

在当今的德国公法学界中，还有许多因篇幅原因无法列入，但与上述问题紧密相连的研讨。例如围绕着欧元区财政危机，有学者在欧洲稳定机制之外也着力探讨了欧洲中央银行的新发展和它与德国基本法规定的关系②。相应的，难民议题下除了上文论及的融入、双重避难申请、难民人数上限与教会避难权等问题，难民的驱逐、遣返、移送、都柏林体系的改革也都是公法学界讨论的焦点③。

另外，在关于财政危机的讨论中，其实已经反复涉及了欧盟在更宏观与更抽象的意义上的团结问题。希腊等国的债务危机导致欧盟诸国之间、国民之间渐生嫌隙，已经不是新闻，对欧盟成员国"团结互助"的意义的再思考也频繁见于公论。例如 Calliess 在强调

---

① 对心理故意的批判意见：Puppe（1991），Der Vorstellungsinhalt des dolus eventualis. In ZStW（pp. 103）；Gaede（2009），Auf dem Weg zum potentiellen Vorsatz, In ZStW（pp. 239）；Jakobs（2002），Die Gleichgültigkeit als dolus directus, In ZStW 114，（pp. 584，589）；Lesch, Dogmatische Grundlagen zur Behandlung des Verbotsirrtum, JA 1996, pp. 346 ff. , ders. , Unrechtseinsicht und Erscheinungsformen des Verbotsirrtums, JA 1996, pp. 504 ff. sowie Die Vermeidbarkeit des Verbotsirrtums, JA 1996, pp. 607 ff. ; Rinck, der zweistufige Deliktsaufbau, 2000, pp. 379 ff. Zum Feindstrafrecht：Jakobs, Kriminalisierung im Vorfeld einer Rechtsgutsverletzung, ZStW 97（1985），pp. 751；Bernd, die Grenzen des Strafrechts bei der Gefahrprävention, ZStW 2009, pp. 94 ff.

② Kerber, M. & Städter, S.（2011）. Die EZB in der Krise：Unabhängigkeit und Rechtsbindung als Spannungsverhältnis. In Europäische Zeitschrift für Wirtschaft （pp. 536）.

③ Fontana, S.（2016）. Verfassungsrechtliche Fragen der aktuellen Asyl- und Flüchtlingspolitik im unions- und völkerrechtlichen Kontext. In NVwZ（pp. 735）；Henkel, J.（2017）. Reform des Dublin-Systems, In ZRP（pp. 2）；Marx, R. （2015）. Zur Reform des Ausweisungsrechts, In Zar（pp. 245）.

德国立法机构在欧盟财政稳定机制中的参与权时就说，"团结不是单行道"①，"缺乏足够的国家议会授权，就是冒着失去公民认可的危险去拯救欧元的"，"如此，欧盟虽然未亡于欧元，却会亡于欧盟公民失去信念"②。

英国公投脱欧是加剧了欧盟认同危机感的最标志性事件。它意味着退出欧盟甚至欧盟解散都不再是纯粹的理论可能性。对于欧盟的扩大与深化，当今的许多其他成员国也确实保持着越来越怀疑与批评的态度。在这样的背景下，德国公法界从宪法的角度对英国脱欧进行了多方面的解读③。总的来说，由于英国脱欧程序正在进行中，并且在程序问题上充满了法律与政治上的不确定性，所以与此相关的讨论往往时效性极强，价值有限。但仅仅是这个研究对象本身，就已经展现了与上文提到的"内政问题欧洲化"相似的科研欧洲化这一德国公法学界的重要发展趋势。

在这些热点领域之外，公立医院改革、出于宪法原因对博彩业进行的改造、环境管理法的最新修改、乌克兰危机引发的对俄经济制裁对公民基本权(主要是财产基本权)的影响等时下问题也都见于德国公法学界的最新文献之中，在此不再一一赘述④。

---

① Calliess, C. (2011). In ZEuS 213 (pp. 268).

② Calliess, C. (2012). Der Kampf um den Euro: Eine, Angelegenheit der Europäischen Union zwischen Regierung, Parlament und Volk. In NVwZ 2012, pp. 1.

③ Kaiser, R. (2016). Auf dem Weg zum, Brexit-Die Europäische Union im britischen Verfassungsrecht, In EuR 2016, 593; Thiele, A. (2016). Der Austritt aus der EU-Hintergründe und rechtliche Rahmenbedingungen eines, Brexit", In EuR 2016, 281.

④ Reumann (2016). Krankenhausreform mit Zukunftsperspektive. BWGZ 2016, pp. 44; Kirchhof, G. (2016) Die verfassungsgeforderte Reform des Glückspielwesens, In NVwZ 2016, pp. 124; Brauneck, J. (2015). Ukraine-Krise: Zu viel und zu wenig Rechtsschutz gegen EU-Wirtschaftssanktionen? In EuR 2015, 498.

# 2016 年西方马克思主义前沿追踪

杨礼银

（武汉大学马克思主义学院）

2016 年，全世界风云变幻，中东乱局以及恐怖主义在全球的蔓延为世界的和平与发展笼罩上阴影；发展中国家日益严重的生态危机再次拷问了工业生产是否可持续的问题；美国大选、英国脱欧公投为经济全球化的发展趋势增加了诸多变数；中国的强势崛起与欧美的经济萧条让人们重新选择走社会主义的新路还是资本主义的老路。世界历史似乎又走到了一个十字路口，关于其何去何从的问题并非"历史已终结"那么一目了然。为此，人们又将目光转向了揭示社会历史发展规律，尤其是资本主义发展规律的马克思主义那里，希冀找到选择的路径。于是，西方马克思主义理论家在这一年掀起了又一轮"马克思主义的热潮"。为此《马克思、恩格斯与马克思主义》（Marx，Engels，and Marxisms）系列丛书的编者说道："马克思复兴正在全球范围内进行。无论是对中国经济的繁荣亦或西方的经济萧条的疑虑，毫无疑问，马克思在当今的媒体中经常是作为一位大师（guru）出现的，而不是像过去那样作为威胁出现。关于马克思主义的著作在全球语境下正在复苏，这些文献在二十年前曾失去了活力。学术和通俗刊物，甚至报纸和网络新闻越来越向马克思主义文献开放，就像现在有许多国际会议、大学课程和有关主题的研讨会那样。在世界各地，主要的日报和周报都以马克思思想的当代意义为特色。从拉丁美洲到欧洲，无论对资本主义的批判在哪里重现，那里就会遭遇关于马克思主义的新批判的知识分子和政治的诉求。"①

　　西方马克思主义是当代西方发达资本主义国家中以马克思主义为理论基础、对资本主义社会进行理论或现实批判的社会思潮。自20 世纪 20 年代以来，西方马克思主义已然成为思想史上的瑰宝。其流派众多，却紧紧围绕马克思主义展开；其思想繁杂，却都以人类解放为宗旨；其观点各异，却对资本主义进行了一致的批判。西方马克思主义的前沿是指仍然活跃在学术界的西方马克思主义主要代表人物所发表的新著或已故西方马克思主义思想家的新著中的新观点或新方法以及对西方马克思主义的理论或现实问题进行研究而提出的新观点或新方法。这些前沿主要是从如下方面展开的：首先，对马克思等经典马克思主义作家的思想以及马克思主义的基本问题进行研究，其次是对资本主义的现实问题进行批判，最后，对社会主义进行展望。

# 一、回到马克思

　　对马克思主义的继承与发展首先需要对马克思本人的思想进行准确理解。回到马克思是所有马克思主义者的第一门功课，也是马克思主义得以发展和创新的前提。

　　1. 重新理解马克思。

　　自马克思成为无产阶级领袖开始，对马克思的认识就从来没有中断过，对于"马克思是谁"这样一个问题，很多人都不陌生，都能或多或少、或浅显或深刻地做出回答，影响较大的有梅林的《马克思传》和麦克莱伦的《马克思传》。而英国马克思主义学者加雷特·斯迭德曼·琼斯（Gareth Stedman Jones）的《卡尔·马克思：伟大与幻想》②，在前人 100 多年的研究基础上记述了马克思从出生

---

　　① Paresh Chattopadhyay, Marx's Associated Mode of Production：A Critique of Marxism, Palgrave Macmillan, 2016, fly page.

　　② Gareth Stedman Jones, Karl Marx：Greatness and Illusion, The beginning press, 2016.

到死亡的一生，对马克思的生活与思想进行了 19 世纪的还原。作者将马克思的思想看作是对历史学家必须加以重构的特定政治和哲学语境的干预和介入。作者认为，就其原创性而言，马克思不是一个孤独的探险家，无论是作为哲学家、政治理论家或评论家，其著作意在干预已经存在的话语领域。这些干预是针对他的当代人，而不是他 20 世纪或 21 世纪的后裔。这本书的特色是将马克思的生活和著作还原到他的时代，即 19 世纪的语境中，牢牢根植于马克思所在的特定语境，阐释马克思的生活与思想。作者不仅想给学术界提供一种参考，更想给学界外的人们提供理解马克思的通俗易懂的文献。

在论文集《马克思的联合起来的生产方式》①中，以"生产"为核心，加拿大马克思主义者佩瑞席·查托帕迪亚（Paresh Chattopadhyay）对马克思的人类解放思想进行了详细阐释。作者认为，在马克思那里，人类解放的概念等同于自由的概念。社会主义是一种科学，而非大脑的臆想。社会主义来自现实生产和生活，来自工人阶级的斗争，来自资本主义社会的生产方式。马克思对解放人类社会的理论探索始于他在 1843—1844 年对黑格尔政治哲学的批判。作者阐释了马克思 1843—1844 年手稿中的解放思想，尤其是其中的异化批判和克服异化路径的思想；阐述了马克思对巴黎和布鲁塞尔政治经济学的最初探索（1844—1847）；特别强调了《共产党宣言》在对资本主义的革命活力进行批判性分析的基础上，揭示了资本主义这一制度如何为自己的灭亡和未来自由个人联盟的到来创造物质和主观条件；作者还论述了马克思所见的资本主义下的妇女劳动，并讨论了许多女权主义者在这方面对马克思的共同批评，作者试图反驳所有这些批评，同时描绘了马克思作为妇女权利捍卫者和两性平等倡议者的整体形象；作者还阐释了马克思的世界历史理论、经济危机理论。作者认为，马克思关于人的解放开始于生产阶级（工人阶级）的解放的观点贯穿在其思想的始终，这种解放最

---

① Paresh Chattopadhyay, Marx's Associated Mode of Production: A Critique of Marxism, Palgrave Macmillan, 2016.

终归结于个体的解放。

2.《资本论》再解读。

自 2008 年金融危机以来，《资本论》就重新成为人们理解资本，反思资本主义的基本矛盾，探求缓解乃至摆脱经济危机的理论经典文献。时至 2016 年，其热度仍未减退。人们依然从《资本论》中寻求理解金融现象、发现资本规律和金融趋势的思想资源。

法国马克思主义经济学家萨米尔·阿明（Samir Amin）在著名的马克思主义刊物《每月评论》上发表了《阅读〈资本论〉，阅读历史的资本主义》①一文。他认为，马克思的《资本论》对资本主义的生产方式、资本主义社会及其与之前社会的差别进行了严格科学的分析。《资本论》第一卷就深入到问题的核心。第二卷阐释了资本积累起作用的原因和方式。与前两卷对当下事实的分析不同，第三卷从功能分析转向了历史分析。尽管马克思从地租、货币职能、资本的循环与周转等方面考察了资本主义的历史，但是对于资本主义社会的阶级斗争及其与资本积累之间的相互作用，对于从历史来看资本主义社会中新的国际关系问题，马克思只有零星论及。马克思对 19 世纪资本主义的解读不能使得我们借此理解当代资本主义的本质。因而，马克思被有些人视为过时了。阿明并不这么认为。他指出，《资本论》有助于当代人理解资本主义历史得以表达的多种形式，但是仅此而已。因此，有必要超越《资本论》来解释历史的资本主义。而历史的资本主义早已经超越了马克思所描述的状况，因而需要加以重新解释。

英国马克思主义经济学家本·法恩（Ben Fine）和阿尔弗瑞多·萨德-菲尔侯（Alfredo Saad-Filho）出版了《马克思的〈资本论〉》②一书的第六版。该书分为十二章，从商品生产、资本与剥削、工业资本的循环、经济再生产、资本积累、经济危机、资本构成、利润率递减、价值转化为价格、商业资本、银行资本和利息、农业地租、

① Samir Amin, Reading Capital, Reading Historical Capitalisms, Monthly Review Volume 68, Issue 03（July-August）.

② Ben Fine and Alfredo Saad-Filho, Marx's Capital, Pluto Press, 2016.

新自由主义及其危机等方面对《资本论》的思想进行了简明扼要而全面系统的解读，最后，对马克思主义在 21 世纪的命运进行了展望。在作者看来，该书第六版的出版有望促进政治经济学，尤其是马克思主义政治经济学的复兴。作者提出了四条理由。首先，主流经济学已经收紧了对这门学科的控制，表明了越来越多的研究对主流经济学的不满，以及对经济现象的多元化和替代的理论诉求，而这为马克思主义政治经济学提供了复兴的机会。其次，在过去 20 年中，尽管自由主义经济学居于主导地位，但是，人们对资本主义的批判性思维转向了对当代资本主义本质的理解，最显著地体现在诸如"新自由主义"、"全球化"和"社会资本"等概念的兴起。其结果必然是在经济学学科之外寻求对经济问题的解释，进而寻求政治经济学的指导。再次，诸如生态恶化、苏东剧变、帝国主义战争等世界性问题的凸显也促进了政治经济学的兴起。最后，战后经济繁荣破裂后的长期相对停滞，尤其是 2007 年中期开始的全球危机，打破了资本主义能够自我复苏的观点。资本主义如此明显地以自己的方式失败了。然而，即使在可以说是最有利的条件下，社会主义道路仍需要重新得以理解。而这依赖于马克思主义对资本主义的批判及其对替代路径潜力的分析。在阶级方面，马克思的政治经济学揭示了资本主义阶级结构的关键和核心部分：资本和劳动力在劳动力的买卖上必然会相互对抗以及这种阶级结构对积累、再生产、不平衡发展、危机等的后果。因此，马克思的政治经济学远非将所有其他经济和社会现象都诉诸这种分析，而是为更广泛、更系统和更复杂地调查资本主义的结构、关系、进程和后果开辟了道路，而这一成就是至关重要的。①

在《马克思的价格转型与危机问题》②一文中，德国马克思主义者亨瑞克·格罗斯曼（Henryk Grossman）探讨了马克思基于《资本论》一书的结构将价值转向生产价格的逻辑，研究了消费者和不平

---

① Ben Fine and Alfredo Saad-Filho, Marx's Capital, Pluto Press, 2016.

② Henryk Grossman, The Value-Price Transformation in Marx and the Problem of Crisis, Historical Materialism, 2016 volume 24 issue 1.

等理论家对经济危机的理论，分析了马克思对资本主义和经济危机理论的观点。

继 2013 年出版《没有生产的盈利：金融如何剥削我们所有人》①一书之后，英国左翼学者科斯塔斯·拉帕维查斯（Costas Lapavitsas），又推出了其《马克思主义金融理论——论文集》②一书，对马克思主义货币理论进行了广泛探讨，该书成为理解马克思主义金融理论的重要文本。论文集涉猎广泛，包括了市场和货币、金融和企业、权力和金钱、资本主义的金融和利润以及作为艺术的货币等主题。尽管论题广泛，但是内容却高度连贯。它为理解当代资本主义提供了一个坚定的马克思主义的视角，同时又对政治经济学的历史和主流经济理论敏感，并充分认识到了金融的经验现实。

3. 马克思与生态问题。

生态问题是涉及当代所有人的生存与发展的共同问题，然而人们解释和解决这一问题的理论资源却并不丰富。马克思主义对资本主义生产方式本质与规律和对人与自然之关系的揭示成为这些资源中的重要部分。

当代美国著名的生态学马克思主义理论家约翰·贝拉米·福斯特（John Bellamy Foster）和学者鲍尔·波克特（Paul Burkett）合著的《马克思与地球——一种反批判》。该书追溯了生态学马克思主义发展的三个阶段：第一阶段是 20 世纪 60 年代至 80 年代。在这一阶段，许多社会主义思想家认为，马克思和恩格斯忽略了社会生产与积累对于生态的消极作用，因而主张将马克思主义的历史唯物主义与生态学思想嫁接起来，这一阶段涌现出了众多的生态学马克思主义理论家 Daniel Bensaïd、Ted Benton、John Clark、Jean-Paul Deléage、Robyn Eckersley、André Gorz、Enrique Leff、Alain Lipietz、早期 Michael Löwy、Joan Martinez-Alier、Carolyn Merchant，晚期 Jason W. Moore、Alan Rudy、Saral Sarkar，早期 Ariel Salleh、Kate

---

① Costas Lapavitsas, Profiting Without Producing：How Finance Exploits Us All. Verso, 2013.

② Costas Lapavitsas, Marxist Monetary Theory Collected Papers, Brill, 2016.

Soper、Victor Toledo 以及 Daniel Tanuro。然而，这一阶段同时产生了它的反理论，从而进入到第二阶段 20 世纪 90 年代。第二阶段的思想家主张深度挖掘经典马克思主义的生态学思想，这些研究发现马克思等经典马克思主义思想家的历史唯物主义蕴含了生态学的理论基础，并试图对这些生态学思想加以重构。其典型是奥康纳（James O'Connor）所揭示的资本主义的第二重矛盾。第一重矛盾为生产方式与消费需求之间的矛盾，第二重为生产方式与生产条件之间的矛盾。而《马克思与地球———一种反批判》主要研究马克思的分析，以回应对马克思生态观的质疑，从而揭示马克思历史唯物主义对于生态学之理论基础的地位。作为第二阶段生态学马克思主义研究的成果，马克思恩格斯在生态学上的贡献被广泛接受。第三阶段的生态学马克思主义是针对当下资本主义世界的各种生态问题，以历史唯物主义为理论基础提出解决问题的路径。马克思恩格斯生态学思想的这种运用表现在资本主义与碳代谢量、生态文明、生态女性主义、生态正义、海洋生态学、氮肥依赖等众多领域。作者认为，马克思的批判可以被发展为一种生态帝国主义的批判理论。①

　　在《马克思主义与生态学辩证法》一文②中，通过考察马克思的"新陈代谢理论"的概念结构、资本主义的价值法则与自然的毁灭、辩证实在主义与马克思主义统一以及生态危机的一些后果，福斯特与克拉克（Brett Clark）对马克思生态学的一些重大突破进行了简要的讨论。他们对目前流行的社会学的独断论进行了批判性评估，将马克思的生态学归诸一种对市场内在逻辑的"单一新陈代谢"的表达。最后他们总结了马克思主义辩证法对生态学的核心作用。他们指出，马克思的新陈代谢分析的概念框架是理解与资本主义扩张相关的地球系统中的这一裂痕的有力基础。尽管资本主义试图通过技术修正来解决这种生态裂痕，但所有这些都导致了自然界普遍新陈

---

① John Bellamy Foster and Paul Burkett, Marx and the Earth: An Anti-Critique, Boston: Brill, 2016.

② John Bellamy Foster and Brett Clark, Marxism and the Dialectics of Ecology, Monthly Review, 2016 volum 68 issue 5.

代谢中的更大的、累积性的结构性危机。

在《作为粮食理论家的马克思》①一文中，针对 Stephen Mennell、Anne Murcott 和 Anneke H. van Otterloo 在《粮食社会学》（*The Sociology of Food*）一书中对马克思在粮食理论方面的疏忽的指责，福斯特（John Bellamy Foster）指出，尽管马克思没有单独论述资本主义社会的粮食问题，但是，在被历史学家称为"第二次农业革命"时期的 19 世纪中叶，马克思对英国的工业食品体系进行了详细而复杂的批判。作者认为，马克思不仅研究了粮食的生产、分配和消费，还首次认为，这些要素同时也构成了改变粮食"制度"的问题——这一想法已经触及了讨论资本主义粮食系统的核心。福斯特指出，马克思在《德意志意识形态》一书中已经将粮食的生产作为人类生存与生产的前提，在《资本论》一书中将劳动首先视为对粮食的占有与生产。在概述马克思对资本主义社会粮食商品化的分析时，福斯特先探讨粮食消费论及粮食生产和粮食制度，最后探讨土壤的基本问题和人与自然的社会新陈代谢。这里的目的是推翻主流观点，这些观点只关注于食物的廉价和现代社会中普遍存在的不合理的食物消费形式，并以更深层次的视角来取代这一观点，即在资本主义生产的基本物质条件下，将当代的粮食制度定位为一种异化了的自然和社会的新陈代谢。在他看来，马克思对 19 世纪中叶新的食品生产制度的分析将人们带入一个完整的辩证循环之中。对食物营养消耗状况的考察，引出了整个工业资本主义粮食生产制度的问题，进而引出了土壤与资本主义异化的社会代谢问题。

4. 马克思与当代思想家。

法国马克思主义理论家雅克·比代出版了《福柯与马克思》一书的英文版，其法文版出版于 2015 年。根据福柯在 1971 年至 1979 年间的讲座和马克思的《资本论》，基于历史唯物主义的分析框架，比代将福柯与马克思的基本思想进行比较。本书分为四个部分：一、马克思与福柯的差别——规训与统治；二、马克思的财产权力

---

① John Bellamy Foster, Marx as a Food Theorist, Monthly Review, 2016 volum 68 issue 7.

与福柯的知识权力；三、马克思的结构主义与福柯的唯明主义；四、马克思的"资本主义"与福柯的"自由主义"。比代认为，马克思以阶级分析方法揭示了从资本主义的阶级统治到自由平等的康庄大道，然而这只是从结构主义角度说明了社会秩序的宏观方面，而福柯则从唯名主义角度揭示了社会秩序的微观方面。而比代则试图用亚结构（metastructure）概念将宏观权力与微观权力统一起来。①

由上可知，作为思想家的马克思仍然受到西方左翼学者的青睐，这些研究彰显了马克思的思想对于现实的强大解释力和批判力。从受到关注的程度来看，《资本论》仍然是西方马克思主义研究的重心，从思想观点来看，马克思对资本主义生产方式的批判是西方马克思主义吸纳最多的思想。

## 二、重新审视马克思主义

马克思主义不仅仅是马克思的思想，那么，以马克思思想为基础的马克思主义在西方又如何呢？学者们仍然从多个角度进行了深刻解读。

1. 怎样理解马克思主义。

2016 年 4 月中旬，应巴黎高师乌尔姆校区的邀请，法国马克思主义哲学家阿兰·巴迪欧做了"关于马克思的系列讲座"，Sociales 出版社以《我怎样理解马克思主义》为题将讲座内容结集出版。从他与马克思主义的关系中，巴迪欧揭示了马克思主义的起源、发展和更替，勾勒出了一系列马克思主义概念的演变，尤其将其分析集中在阶级斗争和社会阶级利益的区分上。他将马克思主义理解为"将理论洞察力转化为实践行动的思维"。因此，它绕过了许多无论是作为科学还是政治上与马克思主义理解有关的陷阱。在他看来，马克思主义就是将知识、讨论与政治行动的必要性紧密联系起来的总体。值得注意的是，巴迪欧是从毛泽东的《人的正确思

---

① Jacques Bidet, Foucault with Marx, Translated by Steven Corcoran, Zed Books, 2016.

想是从哪里来的》一文获得启发，将马克思与阶级斗争等政治实践相联系起来，将马克思主义既看作一种有关历史发展规律的科学，又将它看作一种在阶级斗争与社会生产实践中发展的政治理论。①

2. 如何理解唯物主义。

英国马克思主义理论家特里·伊格尔顿（Terry Eagleton）出版了新书《唯物主义》，他评述了迄今为止从伊壁鸠鲁经马克思到齐泽克的各种各样的唯物主义思想。然而，在伊格尔顿看来，唯物主义与身体相关联，因此唯物主义也就是关于身体的思想。这与历史唯物主义相近，但不等于历史唯物主义。作为一种观察方式，人们对男人和女人最明显的东西——他们的动物性、他们的实际活动和肉体构造——采取了认真的态度。从这个角度来看，一种不错的哲学方式看起来像是对显而易见之物的压制。正是这促使尼采去探询为什么没有一个哲学家对人类的鼻子有过正确的崇敬。作者所诉诸的正是这种方法。这种方法就是身体主义的唯物主义。②

3. 如何理解阶级斗争？

意大利马克思主义理论家多米尼科·洛苏尔多（Domenico Losurdo）出版了《阶级斗争：一段政治和哲学的历史》③一书的英文版。作者考察了拉尔夫·达伦多夫（Ralf Dahrendorf）、哈贝马斯（Jürgen Habermas）和弗格森（Ferguson）关于阶级斗争的观点。在他看来，对于达伦多夫、哈贝马斯、弗格森而言，阶级斗争完全指的是无产阶级和资产阶级之间的斗争，或者是无产阶级和资产阶级之间的矛盾的尖锐化。然而，这并非马克思和恩格斯所指的"阶级斗争"的全部。阶级斗争在"二战"后不是消失了，而是被转移到了整个世界，表现出多种形式。在全球化历史进程中，资本的生产在全球范围内展开，阶级斗争在一定程度上表现为被殖民国家与帝国主

① Alain Badiou, Qu'est-ce que j'entends par marxisme ? Une conférence au séminaire étudiant Lectures de Marx, Paris：Les Editions Sociales, 2016. 中文请参阅蓝江博客 http：//blog. sina. com. cn/s/blog_542ef2b20102w95i. html。

② Terry Eagleton, Materialism, New Haven：Yale University Press, 2016.

③ Domenico Losurdo Class Struggle：A Political and Philosophical History, Palgrave Macmillan, 2016.

义国家间的民族斗争，表现为弱势族群争取承认的斗争，表现为女性为争取解放的性别斗争。在新的世纪里，阶级斗争在马克思主义与民粹主义间需要保持平衡。正如他就中国的阶级斗争所论述到的，"如果我们想正确理解中国阶级斗争的条件，就必须牢记西方尤其是美国资产阶级的角色"①，全球化背景下的阶级斗争是世界性的、跨民族的、跨国家的斗争。

4. 反思西方马克思主义。

2005 年，法国马克思主义者巴迪欧不无骄傲地宣称："我想提出并论证的是一个更加具有民族性和历史性的观点：20 世纪下半叶出现了一个堪与古典时期的希腊哲学和启蒙时期的德国哲学相提并论的法国哲学时刻，其影响至今犹存。……所谓'当代法国哲学'也正是萨特开山之作和德勒兹最后封笔之间大量工作的总和。我认为它是哲学史上一个极具创造力的新时刻，它既是独特的，又是普遍的。"②可见 20 世纪法国哲学在思想史上占有举足轻重的地位。而从萨特到巴迪欧的法国哲学都具有鲜明的马克思主义色彩。如何看待这一理论传统呢？弗里德里克·詹姆逊在《巴迪欧与法国传统》③一文中给予了回答。通过对巴迪欧的"存在与虚无"、"情势"、"包含于和属于"、"行动与事件"、"真理程序"、"再创造"等概念的解读，詹姆逊认为，与海德格尔、阿尔都塞、德里达、阿多诺——让我们将德勒兹的哲学模仿风格放在一边——等人对传统的理论批判不同，巴迪欧不过是进行全新的再创造。无论对当下的情势判断如何悲观，巴迪欧对行动和生产的强调，他对尘封已久的事件的复苏所保持的始终不渝的忠诚，对我们来说，是唯一具有活力的东西。

① Domenico Losurdo Class Struggle：A Political and Philosophical History, Palgrave Macmillan，2016：300.

② Alain Badiou，THE ADVENTURE OF FRENCH PHILOSOPHY，New Left Review 35，September-October 2005. 该文作为前言收录在《法国哲学的探险》一书中。参见 Alain Badiou，The Adventure of French Philosophy，Verso 2012。

③ Fredric Jameson，Badiou and The French Tradition，New Left Review 35，September-October 2005 全文见蓝江博客 http：//blog. sina. com. cn/s/blog_542ef2b20102w9tx. html.

由上可知，在西方马克思主义那里，马克思主义是一种关于唯物主义、阶级斗争、解放人类的社会批判的理论总体。从 2016 年来看，西方马克思主义都着重从历史唯物主义的视角在当代的新语境中重新阐释了马克思主义的精髓。

## 三、对当代资本主义的反思和批判

对于西方马克思主义来说，对当代资本主义的反思和批判是首要的理论任务。当代资本主义主要指欧洲和美国等发达资本主义国家所主导的社会生产体系。

1. 欧洲何去何从？

2016 年，以欧洲为典型代表的资本主义走到了十字路口。在金融危机余波中，动荡的希腊政局、日益猖獗的恐怖主义袭击、日益严重的难民危机以及由这些因素引致的民粹主义、民族主义以及保护主义的抬头，对还不够成熟的欧盟施加了极大压力。作为经济全球化的主导者之一的欧盟该何去何从？对于这些问题，德国哲学家哈贝马斯（Jürgen Habermas）、斯洛文尼亚哲学家齐泽克（Slavoj Žižek）等给出了自己的解读。

2016 年 6 月 23 日，英国在全国范围内举行了脱欧公投，其结果是以多数票通过了脱离欧洲的决议。当时 87 岁高龄的哈贝马斯随即接受了德国《时代周报》（Die Zeit）的专访《球员退赛：拯救欧洲——关于英国脱欧和欧洲危机与哈贝马斯的对话》①。哈贝马斯不仅看到英国的脱欧，他更多关注的是脱欧后的欧盟危机。哈贝马斯坦言："对我来说这真是个意想不到的结果。民粹主义竟然会在英国这个资本主义发源地对其进行如此成功的打击。要知道英国的银行、贸易领域对于大不列颠帝国生存的重要性，以及考虑到伦敦作为英国的金融中心，其所具有的媒体权威性和强大的政治贯彻

① Habermas，Die Spieler treten ab：Kerneuropa als Rettung：Ein Gespräch mit Jürgen Habermas über den Brexit und die EU-Krise，Zeit 12 Juli 2016. 英文参见 http：//www. zeit. de/kultur/2016-07/juergen-habermas-brexit-eu-crises-english，中文请参见澎拜新闻网 http：//www. thepaper. cn/newsDetail_forward_1496287。

性，这次英国的民族意识在与这样强大的经济利益斗争中取得胜利，当然是太不可思议了。"哈贝马斯指出，英国之所以脱欧是因为英国人从丘吉尔以来一直持有的相对于欧洲大陆的优越态度，只把欧洲大陆视为解决经济问题的工具。同时，这次英国选民的投票结果也反映了欧盟及其成员国的共同危机状况。这次英国公投为所谓的"后民主主义"（Postdemokratie）提供了充实的依据。很显然，在英国，关系到政治公开性运作的政治基础已土崩瓦解。欧洲政治不根植于民间社会并非偶然，它其实是建立在剥夺了民主意愿决定且对整个社会关系重大的经济政治决策的基础之上。

哈贝马斯认为，除了即将失去英国这一强有力的支柱外，欧盟还面临严重的难民危机。面对这一危机，针对欧洲是继续坚持左翼路线还是民粹主义路线这一问题，2016 年 11 月，哈贝马斯接受《叶子》（Blätter）杂志的采访，以《为了民主的分化：如何掀翻右翼民粹主义的基础》①为题，对欧洲日益凸显的右翼民粹主义的主张进行了批判。哈贝马斯认为，英国新首相特雷莎·梅已经在这么做了，她正在试图从右翼民粹手里接过风帆，通过主张干预主义的"强国家"，来扭转早前的政党路线、划定新的界限，以抗击被"抛下"人群的边缘化，抗击社会内部的日益分化。这种"走你们的路，让你们无路可走"的做法，无异于政治议程的反转，颇具讽刺意味。哈贝马斯表示，欧洲左派应该反省，何以右翼民粹政党能够以孤立国家的错误路线成功赢得受压迫的、弱势群体的信任。为此他将批评的矛头直接指向了德国总理默克尔等政治家：默克尔的难民政策已经在德国本土造成了德国大众民意和新闻媒体两者之间的分裂，而欧盟的其他政治家们只是在"混日子"。

针对难民问题，齐泽克出版了新书《反对双重勒索：难民、恐怖和其他邻人问题》②。在这本小册子中，针对日益严重的欧洲难

---

① For A Democratic Polarisation: How To Pull The Ground From Under Right-Wing Populism, Blätter für deutsche und internationale Politik, on 17 November 2016.

② Slavoj Žižek, Against the Double Blackmail: Refugees, Terror and Other Troubles with Neighbors, Penguin, 2016.

民危机，齐泽克主要谈及了难民危机对欧洲的影响。他认为，从内部安全来看，欧洲面临两大意识形态勒索：要么敞开大门拥抱难民，要么拉起吊桥，任其自生自灭。前者的政策倾向于"左派自由主义者"，容易引发民粹主义的反叛，并导致反移民党派的胜利，而后者的政策倾向于右翼民粹主义者和保守主义者，容易引发更大的族群冲突。这样，欧洲已经陷入了自由主义与民粹主义的两难境地。他说，"西方文化价值观"（平均主义、人权、福利国家）应该被用来对付难民危机的真正根源：全球资本主义。同时，他认为难民危机也让欧洲得以重新定义。面对难民危机，我们应该放下"他们是好人"这种居高临下的想法。他们中间存在着谋杀者，就和我们中间存在谋杀者一样。左翼势力禁止了对难民的负面描写，这导致反对移民的右翼形成了垄断。在新书出版后，齐泽克相继受邀在伦敦政治经济学院和《卫报》进行演讲，并接受《今日俄罗斯》独家采访，再三就新书内容和欧洲难民危机发声。其中在与《今日俄罗斯》的访谈中，齐泽克认为，欧洲的难民政策是灾难性的、混乱的，"如果事态继续这样发展，五年内欧洲将不再是欧洲"。

2. 对资本主义经济问题的反思。

美国马克思主义理论家南茜·弗雷泽（Nancy Fraser）在《种族化资本主义中的剥夺与剥削》①一文中指出，对资本主义以剥削为中心的理解不能解释它与种族压迫的持久纠缠。她提出一个拓展了的资本主义概念，这一概念既包含了其积累增长，又不否认其剥削属性。她揭示出两点，其一，通过不自由而独立的劳动而在资本积累中所起的关键作用，这种劳动是被剥夺了而不是被剥削了，其二，在自由的被剥削的公民工人与从属的可剥夺的主体之间，从政治上强迫的地位差别在拓展了的资本主义社会生产中起着必不可少的作用。把这种政治上的区别作为资本主义社会的构成，并将之与"种族歧视"（color line）相关联，她说明，那些被资本所剥夺了的人们的种族屈服，是对资本剥削人之自由的可能条件。在系统地阐释了

---

① Nancy Fraser, Expropriation and Exploitation in Racialized Capitalism: A Reply to Michael Dawson, Critical Historical Studies, SPR. 2016.

这个命题之后，根据剥削与剥夺之间如何区分、定位和相互作用，她区分了四种种族化资本积累的社会制度。

在《资本与照料的矛盾》①中，通过对一系列资本积累因素如"独立的领域"、男性养家者、双收入家庭的考察，南茜·弗雷泽追踪了社会再生产关系的重新配置，旨在探究金融资本主义的行为是否正在破坏它的生活世界。作者认为，"照料危机"（crisis of care）是目前公众辩论的主要议题之一。它经常与"时间匮乏"、"家庭—工作间的平衡"、"社会消耗"的观点联系在一起，指的是来自几个方向的挤压一组关键社会能力的压力，这些能力是那些可用于分娩和养育子女、照顾朋友和家庭成员、维持家庭和更广泛社区和维持更普遍联系的能力。弗雷泽认为，"照料危机"最好被解释为金融资本主义社会再生产矛盾的或多或少的尖锐表现。既然"照料危机"的根源在于资本主义固有的社会矛盾，或者说是在金融资本主义这种矛盾的尖锐化形式中，那么这场危机将无法通过修修补补的社会政策来解决。它的解决之道只能是这个社会秩序的深层次结构的转变。最重要的是，要克服金融资本主义对再生产的贪婪征服。这反过来要求重塑生产-再生产（production-reproduction）的区别以及重构性别秩序。这一结果是否与资本主义完全相容还有待观察。

在《超越矛盾：女性主义的新挑战》②一文中，南茜·弗雷泽重构了自 20 世纪 60 年代以来第二波女性主义的遭遇，考察了其中的矛盾。经过从集中于经济分配的分析到基于对差异的承认的分析，女性主义已经放弃了基于女性解放之神坛的新自由主义批判。为了打破与新自由主义的联系，弗雷泽提出了一种新的正义观念，这种观念将非支配的原则与社会保护和团结的原则联系起来。在她看来，2016 年，女性主义又走到了一个十字路口。尽管"赋予妇女权

---

① Nancy Fraser, Contradictions of Capital and Care, New Left Review 100, July-August 2016.

② Nancy Fraser, Oltre l'ambivalenza: la nuova sfida del femminismo, SCIENZA & POLITICA, vol. XXVIII, no. 54, anno 2016.

力"仍然是毫无争议的主题，作为主流的自由主义霸权的政党从个人主义和市场的角度来定义它将有利于经济的进步，但是，与此同时，新自由主义的金融矛盾日益尖锐，伴随着生态危机、社会危机和政治危机的金融危机席卷全球，产生了深刻的问题。在这种境况下，女性主义必须做出选择：是紧随希拉里·克林顿的自由主义路径，还是开启新的征程，以将激进的社会主义女性主义和新老解放力量融合起来？

英国马克思主义理论家麦可·罗伯茨（Michael Roberts）以《长期的萧条：它如何发生、为何发生以及还会发生什么》①一书中阐明，2008 年经济危机使得当代资本主义尤其是以七国集团著称的最发达资本主义国家陷入了长期的萧条之中。作者界定了经济萧条的本质。他认为，所谓萧条是指经济增长低于之前的产出效率，低于它们之前的长期的平均水平，意味着雇佣和投资水平显著下降并低于平均水平。总起来说，它意味着资本主义的利润低于危机开始之前的水平。作者以马克思主义政治经济学为视点，尝试解释2008 年的世界性经济危机使得世界发生了什么、发生的原因以及对接下来可能发生情况的预测，着重阐释了美国、欧洲、日本所经历的 2008 年经济危机发生的原因、深度和广度。他阐释了 2008 年之前的 19 世纪 70 年代至 90 年代的危机以及 20 世纪 30 年代的危机所导致的经济大萧条所发生的状况，并根据马克思的利润率原理总结出之前大萧条的共同原因。作者还揭示了资本主义在 20 世纪40 年代至 60 年代的黄金发展期维持快速增长的原因及其界限。当劳动剥削扩张到整个世界，那么资本主义的发展也就到达了极限，必然导致又一次大萧条。借用康德拉季耶夫（Kondratiev）的经济长波周期理论，作者将 1780 年以来资本主义的发展视如一年四季年复一年的循环流转——春天（经济复苏），夏天（危机与阶级斗争）、秋天（繁荣与回馈）、冬天（停滞与萧条），而 2008 年以来的大萧条正处于停滞与萧条的冬天，必须经历一个阶段才能到达复苏的

---

① Michael Roberts, The Long Depression: How It Happened, Why It Happened, and What Happens Next, Chicago: Haymarket Books, 2016.

春天。

　　《每月评论》杂志 2016 年第 3 期刊发了一组文章，以保尔·贝恩（Paul Baran）和保尔·斯威茨（Paul Sweezy）的《垄断资本》（*Monopoly Capital*）①为基础，对当代社会的垄断资本进行了全面而深刻的批判。福斯特（John Bellamy Foster）的《半个世纪里程碑的〈垄断资本〉》（*Monopoly Capital* at the Half-Century Mark）一文对《垄断资本》这部著作的历史语境和研究内容进行了简要介绍，讨论了垄断资本在前四十年中的发展，并从新世纪金融危机爆发以来对垄断资本理论的持续意义进行了评析。随后，Prabhat Patnaik 的《那时与现在的〈垄断资本〉》（*Monopoly Capital Then and Now*）、Jan Toporowski 的《向〈垄断资本〉转向的卡莱茨基和施泰因德尔》（*Kalecki and Steindl in the Transition to Monopoly Capital*）、Costas Lapavitsas 和 Ivan Mendieta-Muñoz 的《金融化的利润》（The Profits of Financialization）、Mary V. Wrenn 的《新自由主义垄断资本主义社会中的过度吸收与浪费》（*Surplus Absorption and Waste in Neoliberal Monopoly Capitalism*）、Kent A. Klitgaard 的《碳氢化合物与持续性的幻想》（*Hydrocarbons and the Illusion of Sustainability*）、Michael Meeropol 的《教室里的垄断资本》（*Monopoly Capital in the Classroom*）、David Matthews 的《英国垄断资本主义：北美品牌在英国的应用》（*UK Monopoly Capitalism*：*Applying a North American Brand to Britain*）、Intan Suwandi 和 John Bellamy Foster 的《跨国公司与垄断资本的全球化：从 20 世纪 60 年代到现在》（*Multinational Corporations and the Globalization of Monopoly Capital From the* 1960s *to the Present*）分别从不同的角度对《垄断资本》一书进行了时代化和专题化的解读。②

　　3. 对当代社会的总体批判。

　　巴里巴尔于 2016 年 2 月 5 日参加了在巴黎高师举办的"批判的

---

　　①　Paul Baran and Paul Sweezy, Monopoly Capital：An Essay on the American Economic and Social Order, Monthly Review Press, 1966.

　　②　参见 Monthly Review Volume 68, Issue 03（July-August）.

贫困"学术会议，提交了论文《二十一世纪的批判：政治经济学继续，宗教再临》①，该文的英文版发表于《激进哲学》杂志的 2016 年 11-12 月号。作者带领我们再次反思了当代社会的"批判"问题。他坦言，在康德、马克思、尼采和其他后继者之后，在法兰克福学派的创新之后，在对心理学的基础进行批判之后，他才再一次来看待"批判问题"。他说，毫无疑问，我们并不准备从抽象和远离时代的方式来思考批判问题，我们必须从我们所需要理解的我们身处其中的情况出发来进行考察。批判的趋势如何？其产生冲突的问题是什么？今天，批判理论还有什么样的选择？从我们所在的立场出发，我们试着评价一下我们所处情况的特征——其时代的标志——来重新概括出批判的意义和领域，或许也是对批判的重新奠基。作为不屈不挠的"现代人"，他认为批判代表着哲学最显著的特征，我们比以往任何时候都能够理解，当前的状况必须改变批判本身，正如福柯常说的那样，将它作为对"我们所是"的分析——实际上，这就意味着对我们生成的东西，我们会变成的东西的批判，我们不可能确定这种生成最终会变成什么样子。这是一个巨大的轮回，他重提批判，就是为了对当下进行诊断，但是我们必须跟随着我们已经认定的道路前进，如果这些道路不是偏见的话，我们将以此来诊断当下。

继 2000 年出版了《文化的观念》之后，伊格尔顿 2016 年又出版了《文化》一书。在书中，他探讨了文化自身和我们对它的概念化理解在过去两个世纪里是如何从少数精英领域转向卑微的大众实践的，是如何从一个反抗工业主义侵蚀的森严壁垒转为今天资本主义最有利可图的出口的。在 Johann Gottfried Herder、Edmund Burke、T. S. Eliot、Matthew Arnold、Raymond Williams 以及 Oscar Wilde 等思想家的影响下，伊格尔顿提供了一种牢固植根于历史和理论语境中的文化概览，将文化理解为一种社会无意识；并说明了它与殖民

---

① Étienne Balibar, Critique in the 21st century: Political economy still, and religion again, in Radical Philosophy, Nov./Dec., 2016。中文翻译请参见蓝江博客 http://blog.sina.com.cn/s/blog_542ef2b20102waue.html。

主义、民族主义、宗教衰落的碰撞，以及"没文化的"群众的兴起和对他们的统治。伊格尔顿也审视了现今的文化，抨击对文化力量的商品化和竞合(co-option)，这种力量是一种培养和丰富我们的社会生活，甚至可以提供动力，以改变公民社会的重要手段。这本书分为文化与文明、后现代偏见、社会无意识、文化使徒、从赫尔德到好莱坞五个部分。作者得出结论，在现代社会中文化并不能占据中心位置。作为文明批判的文化已经受到严重侵蚀，作为批判和乌托邦的文化在衰落，尽管诸如女性主义文化、同性恋文化、种族主义等政治文化在当代表现突出，但是他们不能成为对抗资本主义或进行革命的文化。①

4. 对美国大选的反思和批判。

在特朗普当选美国总统之后，西方马克思主义理论家随即从多方面对此进行了深刻分析。阿兰·巴迪欧从资本主义发展的基本危机角度理解这一事件。他指出，四个基本问题——全球性资本主义整体性、战略性的统治，传统政治寡头统治的解体，大众的迷失感和挫败感，其他战略方向的缺乏——构成了当今的危机。我们可以用一场全球危机描绘当今世界。这场危机不仅仅只是近年的经济危机，它更是一次主体(subjective)的危机，因为人类的前途愈发昏暗。就特朗普当选一事，巴迪欧认为，我们必须承认特朗普成功的一个原因是因为真实存在的一个矛盾。最重要的矛盾不会在一个世界的两种形式间产生。这个矛盾存在于一个全球化资本主义、帝国主义战争的世界和缺乏任何有关人类前途的思想的世界之间。巴迪欧认为，特朗普的当选促使人们必须对未来的道路做出一种超越战略的二元选择。"假如道路只有一条，政治只会逐渐消失，而特朗普代表着这种消失。"而共产主义就是这样一种选择。巴迪欧提出了共产主义的四个原则：其一，社会结构的关键不一定必须是私有制和巨大的不平等；其二，工人不一定非要因做不同的工作而区分贵贱；其三，人类不需要因国籍、种族、信仰或性别而分隔；其

---

① Terry Eagleton, Culture, Yale University Press, 2016.

四，一个分离而又武装的国家并不是必要的。①

在西方马克思主义那里，欧美资本主义存在着内在的日益严重的各种危机，这些危机的根源在于资本主义的生产方式。要摆脱这些危机就需要调整乃至推翻整个社会制度。

# 四、对社会主义的展望

对资本主义社会进行批判之后，理想社会如何构建的问题就摆迫到了西方马克思主义面前。人们不得不思考，代替不合理的资本主义社会的道路到底是什么。

在这一年，PUF 出版社（法国大学出版社）出版了法国马克思主义哲学家阿尔都塞（Louis Althusser）生前未被公开出版的遗作《黑奶牛：虚构的访谈》（Les vaches noires-Interview imaginaire）。这个访谈是阿尔都塞自己想象和虚构出来的对话集。其中，阿尔都塞以非常严厉的口吻批评了法国共产党，在党组织和党的强大意识形态面前，阿尔都塞以被访谈者的口气坚决捍卫自己的政治主张和理论理想。那个时候，阿尔都塞开始与法国共产党产生了分歧，阿尔都塞本人一直扮演着法国共产党最重要的理论家和知识分子的形象，但是在 1976 年的法国共产党第 22 次代表大会上，阿尔都塞和法共官方之前一直潜隐着的理论和政治上的分歧被公开化，阿尔都塞也因此陷入焦虑之中。他之所以虚构这场对话，也正是他试图用虚拟的方式，将他本人的理论立场和政治立场同法共做出一个清晰的区分。书中的雄辩和分歧，也正是埋藏在阿尔都塞自己心里的焦虑和分歧的症候，或者这个虚构的访谈的文本，对晚期的阿尔都塞的写作，都是有一定的引导意义的，尤其是他晚期对马基雅弗利和偶然相遇的唯物主义的思考。②

---

① 阿兰·巴迪欧：《对美国大选的反思》，载《观察者》2016 年 11 月 16 日。详见 http：//www. guancha. cn/ALan-BaDiWu/2016_11_16_380718_3. shtml。

② Louis Althusser, Les vaches noires-Interview imaginaire, PRESSES UNIVE RSITAIRES DE FRANCE-PUF, 2016.

霍耐特在《社会主义的理念》①一书中探讨了社会主义理想模型的当代意义。基于黑格尔、杜威、马克思以及乌托邦社会主义传统的描绘，霍耐特雄辩道，社会主义可以促使自由与团结的理想协调发展，创立那种更全面实现启蒙规范方案的社会自由的制度。创立那样的秩序将要求社会主义者的思想超越经济和社会阶级，去想象一种由实验精神激发的民主社会形式，这种形式通过在平等者之间的自由交往来扩大问题解决的范围。霍耐特根据当下语境创造了一个典型案例来更新早期马克思的乌托邦冲动。他问道，当代各种形式的不满为何不容易转变成未来的视界。他返回到早期社会主义的文献中，揭示其局限性，并形成了一种更实质型的社会自由的观念。他试图表明，人们能够从对社会领域的重构中得出对社会自由、合作生活以及团结理想越加坚定的理解。在他看来，自由只有基于社会合作导向才能得以理解。而这种较早的理想能够也务必根据当代交往和承认的政治需要来更新。

加拿大马克思主义理论家麦可·A. 勒博维茨（Michael A. Lebowitz）在《每月评论》上发表了《何谓 21 世纪的社会主义》②一文，阐述了他对社会主义的全新理解。作者指出，他之所以谈 21 世纪的社会主义而不是一般的社会主义，是因为当代的社会主义出现了断裂。在 20 世纪的社会主义实践中，马克思对人类发展的批判性消失了。20 世纪社会主义的一个背离是，对社会主义的解释，不是将之作为一个过程，而是作为区别于共产主义的一个具有特殊属性的独立阶段来理解。第二个背离是通过实际的"真正的社会主义"的发展来理解。这两种 20 世纪的背离形成了对社会主义含义的普遍理解，并相互支撑。

阿兰·巴迪欧出版了新书《希腊道路》③，探讨了在希腊实现共

---

① Axel Honneth The Idea of Socialism: Towards a Renewal, Polity Press, 2016.

② Michael A. Lebowitz, What Is Socialism for the Twenty-First Century? Monthly Review, 2016 volum 68 issue 5.

③ Alain Badiou, UN parcours grec: Circonstances 8, Lignes, 2016.

产主义的可能性。根据当前的局势，巴迪欧分析了自 2011 年以来的希腊的典型状况。这些状况使希腊成为一种更广泛状况的例子："一种开放的政治教训。"在他看来，希腊的情况堪称当代世界突出问题的典型，"毫无疑问，我们首先在欧洲，但最终在世界的基本矛盾将传递到所有资本主义的混乱而独裁的世界中"。为了鼓励希腊人反对金融市场的霸权，重要的是不要回避其失败的任何原因。在巴迪欧看来，无论激起了何种同情，反抗运动的策略仅仅产生了将运动与情感的消极弱点联系起来的作用。任何由此而来的反对，想效仿现存的解放政策，都构成了巴迪欧所谓的"共产主义假说"，今后都应该以他在这里提出的"指导格言"为指导。

詹姆逊(Fredric Jameson)与齐泽克合著出版了文集《美国乌托邦：双重力量与全球军队》①。文集由齐泽克作序，收录了弗雷德里克·詹姆逊的开创性论文《美国乌托邦》以及对这篇论文进行评论的文章 Jodi Dean 的《双重权力的回归》、Kim Stanley Robinson 的《Mutt 和 Jeff 按下按钮》、Agon Hamza 的《从其他情景到其他国家：詹姆逊的双重权力的辩证法》、Saroj Giri 的《一个乌托邦的开心意外》、Frank Ruda 的《詹姆逊与方法：论喜剧乌托邦主义》、Kojin Karatani 的《一个日本的乌托邦》、Alberto Toscano 的《十月之后，二月之前：双重权力的人物》、Kathi Weeks 的《乌托邦的治疗：工作、无工作与政治想象》、齐泽克的《想象的种子》，以及最后詹姆逊的答辩。齐泽克在前言里指出，詹姆逊的《美国乌托邦》一文从根本上质疑了关于解放了的社会的标准左翼观点，提倡将普遍的征兵作为共产主义社会的组织模式，完全承认嫉妒和怨恨是对任何共产主义社会的根本问题，并且承认工作和休闲之间的分裂是无法克服的。要创造一个新世界，我们必须首先改变我们对世界的设想。詹姆逊的文本引发了一场关于全球资本主义替代方案的辩论。詹姆逊的论文一定会引起许多左翼的震惊，所以争论将是激烈的甚至是血腥的(blood)。

———————————

① Fredric Jameson, American Utopia: Dual Power and the Universal Army, Verso, 2016.

大卫·哈维（David Harvey）在 2016 年出版了一本新书《世界的道路》。书中对社会主义中国的经济发展道路进行了反思。他认为，2008 年世界性经济危机爆发，这对中国产生了巨大冲击，中国为了摆脱危机，走出萧条，大力投资兴建基础设施，不但成功维持了经济的稳定高速增长，还带领世界走出了危机。然而，中国带领世界所走的这条道路仍然没有摆脱传统资本扩张的限制。哈维指出，世界地理经历过且正在经历的改造、再造，甚至是破坏，这些转变起到的作用就是迅速吸纳积累起来的剩余资本。可以对这些事实给出一个简单的解释：因为资本积累的再生产有这个需求。这就让我们不得不对这些进程在社会、政治和环境方面所产生的后果采取批判性的评估态度，并且提出这样的问题，即我们是否能沿这条路走下去，抑或我们是否应该审视或者消灭资本与生俱来的无限积累的冲动。在他看来，正如中国最近的历史所表明，世界地理并非固定不变，而是变动不居的。例如，时间上的转换和运输的成本永远在重构全球经济的相对空间。关键的不是绝对空间，而是相对空间。就改造与再造我们地理的进程，及其对人类生活和地球环境所产生的后果，哈维提出一种分析框架，采纳以过程为中心的探索哲学，并且接受更为辩证的方法。在这种方法内，笛卡尔主义的二元论（如自然与文化）变成了历史和地理的创造性毁灭的一个中间流程。这种分析框架着力去理解新的地理空间的形成，城市化的动态机制，不平衡的地理发展（为何有些地方繁荣，有些地方衰落），以及从大处来说对地球上的生命、从小处来说对社区、城镇、区域中的日常生活在经济、政治、社会和环境方面所产生的后果。哈特对中国的城镇化建设并不抱有太大希望，"无论是从社会、环境、美学、人文还是政治的角度来说，中国新城市的远景对我来说并不是很有吸引力"。他对其中的资本运作表示了担心。①

在大多数西方马克思主义那里，社会主义还处于理论探索的阶段。尽管有苏联和中国等社会主义国家的历史和现实，但是这些国家并没有完全实现马克思恩格斯等所开创的科学社会主义的所有

---

① David Harvey, the Ways of the World, Oxford University Press, 2016.

价值。

## 五、如何理解欧美之外的发展中国家

西方马克思主义不仅仅研究发达资本主义国家的问题，而且从世界历史的角度研究发展中国家在资本主义体系中的社会状况，以期从这一帝国主义的薄弱环节找到突破口，揭示当代社会的发展规律和趋势。

法国马克思主义理论家萨米尔·阿明（Samir Amin）出版了新书《俄罗斯及其从资本主义向社会主义的漫长过渡》①。阿明认为，资本主义不能无限期地持续积累，它所带来的指数增长将最终导致人类死亡。全球化的资本主义已经成熟，可以被另一种更加先进和必要的文明所取代。世界末日的终结是没有必然性的，同样向社会主义的过渡也不是必然的。但是，社会主义是有潜力的，所以问题是，如何才能转变成社会主义。在他看来，资本主义的成熟需要资本积累达到一个点，即人们的"行动能力"已经"启用"，他们已经在文化上和伦理上成熟起来。不幸的是，在全球化的中心，资本积累进展最远的地方，几乎没有证据表明有文化和道德成熟的可能。激进的潜力仍然会出现在资本主义的外围，即发展中国家。

阿明还出版了另一本论述发展中国家的著作《阿拉伯世界的苏醒：阿拉伯之春后的挑战和改变》②。通过考察阿拉伯各国对"阿拉伯之春"及其持续动荡的复杂互动，阿明认为，最近（2011）的"阿拉伯之春"构成了全球南方发展中国家大规模"第二次觉醒"的组成部分。从 2010 年 12 月自焚的突尼斯街头小贩，到随后在开罗解放广场反对贫困和腐败的呐喊，到整个中东和北非的持续动荡，阿拉伯世界正在塑造可能成为西方帝国主义的要素——一个已经摇摇欲

① Samir Amin Russia and the Long Transition from Capitalism to Socialism, Monthly Review Press, 2016.

② Samir Amin, The Reawakening of the Arab World：Challenge and Change in the Aftermath of the Arab Spring, Monthly Review Press, 2016.

坠和过度扩张的体系。阿明认为，在一个日益多极化的世界里，作为一个过度扩张的牺牲品，美国陷入了自己设计的试图遏制中国的泥潭中，同时面临叙利亚和伊朗等国家的持久力量。阿拉伯人民对独立的、普遍民主的日益强烈的需求，是他们觉醒的原因。美国最害怕的是民主的觉醒，因为独立国家的真正自治必然意味着美国帝国及其新自由主义经济的终结。阿拉伯世界前进的道路不仅是西方帝国主义之路，还是资本主义本身之路。当然，作者也声明，除非有长远的规划，否则"阿拉伯之春"运动对于人们来说将没有任何意义。

在阿明等西方马克思主义者看来，发展中国家在世界体系中可能仅仅居于帝国主义链条上的薄弱环节或边缘地带，但是正是这些边缘地带却蕴藏了革命的生机。作为世界上大多数的发展中国家在一定程度上代表了世界的未来。

# 六、西方主要马克思主义刊物动态

除了以上著名的马克思主义理论家的著作外，还有很多其他西方马克思主义研究者发表了许多论著。这尤其体现在如下三大西方左翼期刊上。

首先是《新左翼评论》(*New Left Review*)。《新左翼评论》是西方马克思主义发展史上具有代表性的左翼理论刊物，创刊以来，围绕着马克思主义、西方马克思主义、社会主义、资本主义、国际政治经济、社会理论思潮等多个方面开展评论研究，在国际理论界颇负盛名，被《卫报》评为"西方左翼智慧的标杆"。《新左翼评论》每两个月发行一期，每年有六期，每期有 8 至 10 篇文章。2016 年，共发表了 52 篇论文和书评。这些论文的主题有三个方面：一是关注发达资本主义国家的金融危机、新自由主义、英国脱欧、左翼力量的崛起及其发展趋势等，有 16 篇。二是关注发展中国家的社会问题，如泰国、印度、中国、中东地区、非洲、拉丁美洲的社会问题和左翼运动的发展，有 19 篇。三是关注先锋艺术等文化、马基雅维利、葛兰西、伯克等思想家，有近 10 篇。从中可以看出，对发达资本主义的批判仍然是《新左翼评论》的主要任务，但同时也应该看到，许多理论家将视野转向了发展中国家，他们意识到，中国、印度、中东等发展中国家和地区逐渐从边缘向中心移动，这一方面给发达资本主义国家带来挑战，另一方面，其中蕴藏的左翼力量将成为世界左翼的重要组成部分。①

其次是《历史唯物主义》（Historical Materialism）。2017 年是英国左翼马克思主义学术期刊——《历史唯物主义：批判的马克思主义理论研究》创刊 20 周年。20 年来，《历史唯物主义》致力于探索和发展马克思主义理论内在的批判和解释潜能，不断鼓励新一代马克思主义研究者，进行跨学科的国际讨论与交流，并已逐渐成为批判的马克思主义理论和研究的权威期刊，以及具有国际学术影响力的马克思主义研讨平台②。2016 年发表了 4 期 47 篇论文和书评。为纪念 2016 年 1 月去世的马克思主义史学家艾伦·伍德（Ellen Meiksins Wood），第 1 期对其分析英法的资产阶级革命和德国法西斯主义的思想进行了阐述，其他论文涉及 Alain Testart 的马克思主义和社会进化论，Henryk Grossman 的马克思主义价值—价格转化在资本结构中的逻辑，罗莎·卢森堡的全球分析及殖民主义，以及针对分别以澳大利亚共党的阶级政治、共和主义和爱尔兰左派、移民和新自由主义为主题的三本书的评论论文。第 2 期的主题主要涉及女性主义的马克思主义、革命宗教传统、太平天国运动、革命民族主义、种族问题、阶级斗争等。第 3 期的刊登文章主要关注了加拿大土著争取权利抗议运动以及 Glen Coulthard 的新书（《红皮肤，白面具》），探讨了马克思主义与土著斗争之间的关系，以及对国际土著斗争理论框架的影响。第 4 期主要刊登的是关于 Daniel Bensaïd 思想遗产研讨会的主要成果，讨论 Daniel Bensaïd 的思想成果及其与未来马克思主义研究的相关性。此外还探讨了对斯大林主

————————

① 感谢研究生刘冬冬收集整理《新左翼评论》近十年来所刊文献。

② 参见历史唯物主义的网站 http：//www.historicalmaterialism.org/。这里不仅及时更新《历史唯物主义》杂志的最新论文，还对世界上最新的马克思主义著作和会议进行推介。

义下的性别政策，及其在随后的"波兰社会主义道路"下的转型，以及边界与移民政策和劳动力转型等社会过程的关系。

值得注意的是，2016 年在伦敦召开了第 13 届"历史唯物主义大会"，会议主题为"限制，障碍，边界"（Limits，Barriers and Borders）。大会希望从对气候变化协议到对大规模移民和内战的反应中，探讨对资本日益增长的破坏性形式的危机管理所面临的理论和实践挑战，寻求从多个角度来解决资本的极限和障碍与人类及非人类之间关系的问题。同时开设一系列分议题讨论，包括："资本限制和自然界限"（探索全球变暖和生态退化加速对当代马克思主义理论构成挑战的方式，寻求对经典范畴的历史唯物主义分析进行批判性应用和重建）、"女权主义的马克思主义：环境、自然和科技"、"认同政治"、"拉美马克思主义"、"马克思主义、性与政治经济学"等。①

最后是《每月评论》（Monthly Review）。《每月评论》是美国领军的马克思主义杂志，其副标题为"一份独立的社会主义杂志"。主要的代表人物包括斯威茨、巴兰、福斯特等。现任主编即为著名生态学马克思主义代表福斯特。自 1949 年 5 月发行了第一期（该期中有阿尔伯特·爱因斯坦的文章《为什么需要社会主义?》）以来，《每月评论》持续对美国等发达资本主义社会的结构、运行规律和演化趋势进行分析和批判，随着生态危机的加剧和生态学的兴起，对资本主义的生态学批判成为其特色。2016 年，《每月评论》共发表了 11 期 69 篇论文，论题侧重于马克思思想在生态学、女性主义等领域的重新发掘、对发达资本主义的帝国主义批判、对垄断资本主义的批判、对资本主义社会的教育问题的批判。值得关注的是，2016 年第 3 期发表了教育专刊，6 篇论文全部致力于发达资本主义社会的教育问题批判②；2016 年第 6 期为了纪念斯威茨的《垄断资

---

① 感谢研究生王琳收集整理《历史唯物主义》以及"历史唯物主义"网络平台近年的研究动态。

② Monthly Review, 2016, Volume 67, Issue 10（March）.

本》出版 50 周年，对垄断资本主义的问题进行了集中批判①②。

　　当然，还有其他左翼刊物，如美国的《星座》(Constellations) 季刊，其编辑南茜·弗雷泽、安德鲁·阿拉托 (Andrew Arato)、艾米·阿伦 (Amy Allen)、塞拉·本哈比 (Seyla Benhabib) 等都是世界著名的左翼学者，侧重于刊发批判理论和民主理论的左翼文章，2016 年刊发了研究霍耐特的承认理论等批判理论和资本主义社会的现实问题的论文。另外，还有《批判社会学》(Critical Sociology)、《过去和现在》(Past & Present)、《批判》(Critique)、《社会主义年鉴》(Socialist Register)、《社会主义与民主》(Socialism and Democracy)、《国际社会主义》(International Socialism)、《重思马克思主义》(Rethinking Marxism)、《资本与阶级》(Capital&Class)、《资本主义、自然、社会主义》(Capitalism Nature Socialism)、《激进哲学》(Radical Philosophy) 等在此就不一一陈述了。

　　2016 年是西方马克思主义的丰收之年，以上追踪不可能面面俱到，只是抓取出其中的一部分。从这些追踪中我们不难看出，马克思主义在西方不但没有消失，反而有壮大之势。西方马克思主义对马克思以及马克思主义的深度发掘、对当代发达资本主义的批判、对发展中国家发展道路的探索与反思、对社会主义的展望等都在一定程度上再现和发展了马克思主义，同时对我们发展中国特色社会主义具有重要的启示意义。

---

①　Monthly Review, 2016, Volume 68, Issue 03（July-August）.

②　感谢研究生王晨丽收集整理《每月评论》2016 年以来所刊文献。

# 西方全球化研究的最新进展(2015—2017)

张晓通　聂上钦　张昕煜

（乌克兰）Anton Ivko[①]

　　全球化的运行和发展在当代已经进入到一个全新的阶段,不管我们是否愿意,我们都已处在高速运转的"全球化"变革当中。世界上大部分的热点事件,都与全球化有密切的联系。

　　全球化意味着人员流动的便捷、自由贸易的繁荣、文化传播的畅通以及国家间相互依存程度的不断提升。从唯物史观的角度上来讲,全球化是历史趋势,不可阻挡。不少国家顺应历史潮流,推动全球化发展,为世界谋福利。但也有少部分国家只着眼于短期利益,成为"逆全球化"的"中坚力量",短期来看,这可能有利于本国经济发展,但从长远和大局出发,这股力量却阻碍了全球化的进一步前进。

　　作为一个学术概念,"全球化"本身缺少一致的定义与范围,但也正是因为"全球化"概念的包容性,我们才感觉"全球化"无所不在。任何现象都似乎能从全球化的视角予以解释与预测。全球化也因此成为了学术研究的热点,对全球化的准确定位与判断在我们这个时代显得尤为重要。

　　本文试图了解近三年来西方全球化研究的最新进展。本文选取

---

　　① 张晓通,武汉大学政治与公共管理学院教授,武汉大学经济外交研究中心执行主任。聂上钦,武汉大学政治与公共管理学院硕士研究生,武汉大学经济外交中心助理研究员。张昕煜,武汉大学经济与管理学院本科生。Anton Ivko,武汉大学政治与公共管理学院硕士研究生。

了文化、经济、政治这三个全球化中最重要的领域，对这三个领域的相关文献进行了基本梳理。最先开始的"全球化"虽然是由贸易等经济因素促成，但不同文化群体之间因为贸易而形成了对彼此文化的理解与尊重以及不同文化之间的融合。由全球化而引发的文化间的交融和碰撞，也成为了影响我们人类生活的重要方面。另一方面，经济层面的全球化是我们考察的重中之重。经济利益驱动使得"地理大发现"、"工业革命"这样具有划时代意义的事件得以出现。这些事件正是全球化的前身并进一步拓宽了全球化的地理空间与影响范围。当前经济全球化依然会围绕经济利益而展开，但到底是围绕"国家利益"还是"全球利益"进行经济贸易将会影响未来世界经济的走势。此外，"全球化"在近些年来也成为了重要的政治议题。"全球治理"在不同的场合被多次提起，正是因为客观世界的需要，单个国家没有能力去面对全球性的问题，如应对全球气候变暖，气温升高导致的海平面上升；南北方之间的经济差异；近两年爆发的难民危机。这些都需要超越国家的实体或者组织为全球提供公共产品。

# 一、全球化的文化视角

本文集中关注三个重点领域：同质化与多样化；媒体的作用；语言的全球化。

通过了解这三个有代表性领域的研究成果来探究全球化的进程。全球化给全球带来的到底是同质化还是多样化？这一直是学者在探讨的热门问题，同样也是全球化影响层面的哲学思考。一方面，我们在享受全球化带来的便利的同时也发现全球中的多样元素在减少；媒体特别是跨国公司在传播大众文化方面发挥了重要作用，同时跨国性的传媒公司掌握了文化话语权与"制高点"，能够按照他们的意图输出自己愿意输出的文化，这就使得观众无法自主选择。当然，跨国传媒公司并非一家或者是某一类型，代表不同文化的跨国传媒公司经常对话语权进行争夺；语言作为文化最重要的载体之一，在每个国家的文化中扮演着不可或缺的角色。然而在全球层面，语言虽然是文化的重要载体，但更是沟通的一种工具。作为沟通的工具，就意味着沟通双方都使用同一语言，在全球化情况下如果需要对话，大部分情况下都将使用主流语言。主流语言的全球性应用本身也存在着一种惯性，或者是一种不完全同步性，即使该语言所属国的国际地位下降、政治影响力衰退，该主流语言地位也不会被随意撼动，这样导致了非主流语言的地位遭到压缩，表现出来的是全球的语言数量在减少，以及非主流语言数量的减少和使用程度降低。

## （一）全球化的文化视角：同质性还是多样性

关于全球文化的走向，一直是学界争论不休的问题。关于全球化的文化走向有学者认为一共有三种路径：第一种是全球文化同质化，即世界上绝大多数国家和个人都将使用相同的文化系统。第二种是文化差异主义，并且差异将是持续存在的。第三种是文化混合，这是前这种文化同质和文化差异的折中观点。① 这是对全球化的文化的元理论的思考，针对上述三种路径，每一种路径的支持者都似乎有充分的证据证明自己的观点。文化同质化的支持者认为全球化产生了更多的同一性，但他们认为这是一件好事。其中最有力的代表人物之一就是美国的弗朗西斯·福山。他欢迎英美价值观和生活方式在全球的传播，在其著作《历史的终结》一书中，他提出，西方国家自由民主制的到来可能是人类社会演化的终点、是人类政府的最终形式；此论点被称为"历史终结论"。② 这种观点认为未来社会制度将会趋同并且成为唯一的形式。这样的观点一经提出就遭到了很多质疑，第一类质疑是认为福山对同质性内容界定不清，对社会结构或是结构背后的价值观的具体形式无法界定。2011 年，日本爱知县立大学教授与那霸润的书《中国化的日本：日中"文明冲突"千年史》评论做出另类观点，认为确实是有历史的终结，但不是弗朗西斯·福山的版本；与那霸润认为，弗朗西斯·福山对历

---

① Nederveen Pieterse J. Globalization and culture：global mélange，2015.

② Fukuyama F. The End of History and the Last Man［J］. American Journal of Sociology，1993，71（Volume 98，Number 6）：45-46.

史终结论的反省及认识都太晚了，"历史早在过去就已终结了，早在一千年前的中国就已经出现了"：宋朝开始定型的社会体制，一直持续到今天；在这种社会体制中，中央集权、经济放任、科举取士、身份自由……是一种"可持续的集权体制"。① 第二种质疑则是对同质化本身的质疑。中国人民大学杨光斌认为，自由主义民主是在一定历史和社会条件下，在基督教文明体系中形成的价值理念和政治制度；把自由主义民主当作普世价值，是20世纪末西方国家基于"历史终结论"炮制出来的一种说辞，与19世纪西方建立殖民体系时提出的白人优越论是同一个性质；而"历史终结论"的实质仍是以西方政治文明终结其他文明，还是白人优越论式的"文明的傲慢"，著名国际政治学者汉斯·摩根索把这样的"普世主义"视为"民族主义化的"。杨光斌认为，人类历史告诉我们，企图唯我独尊、贬低其他文明和民族、建立单一文明一统天下的普世主义，是不切实际的幻想。正如塞缪尔·P.亨廷顿在《文明的冲突与世界秩序的重建》一书中所说，西方文化的普世观念本身就是错误的，在道德上是立不住的，在实践上是危险的。② 即使在福山的观点遭受如此多质疑的情况下，文化同质化的进程并未停止。美国社会学家乔治·里茨发明了"麦当劳化"这个术语来描述这个广泛的社会化进程，由此，"快餐店原则"开始逐渐控制美国社会和世界其他地方越来越多的行业部门。③

对全球化持怀疑态度的学者则认为，未来全球化发展的趋势是向文化冲突与对立的格局方向发展。其中的代表人物之一就有美国的政治学家塞缪尔·亨廷顿。他在其著作《文明的冲突》一书中认为，全球化带来的是文化接触的程度和范围在增加和扩大，同时文化之间的冲突也在加剧；文化之间的差距不是轻易能够改变的；同

---

① 与那霸润著：《中国化的日本：日中"文明冲突"千年史》，何晓毅，译，广西师范大学出版社，2013年版。

② 杨光斌：《自由主义民主"普世价值说"是西方"文明的傲慢"》，《党政干部参考》，2016（22）：15-16。

③ 乔治·瑞泽尔，韩亦：《麦当劳化的美国社会学》，《国外社会学》，2002（5）：55-64。

时他还假定人们对同类的喜爱以及对异类的憎恨，是人的天性。①
这种冲突的表现形式不仅是在观念和理论上的冲突，我们能够看
到，21 世纪初的"9·11"恐怖袭击事件以及近年来伊斯兰国给世界
安全造成的破坏，其根源都是极端主义者对西方文化的一种抵抗。
还有学者认为，全球化带来的是一种新的"反全球化"，这种反全
球化并不是真正地反对对全球化的进程，全球化已经是一种不可逆
转的趋势，他们追求的是一种更加公平正义的全球化运动，这样的
一种运动实际上是在保护本民族或本国传统文化的运动，运动的目
的是保护文化的多样性。

居同质化和多样化之间的观点是"文化混合论"。这种文化间
的混合并不完全等同于文化通融，前者的概念要大于后者，文化混
合是文化在某些层次处于融合的并且是和谐的状态，在另一层次则
显示显示出差异性。在最近关于文化融合和身份认同的研究中，就
有学者提及全球化对人的不同行为影响是不一样的。"文化对人行
为最大的影响在食物方面，而影响最小的则在一些电器上。"②而这
恰好是现代生活的写照，当我们用着其他国家的手机，乘坐其他国
家品牌的汽车的时候，我们依然喜欢自己国家或者是所在地域的食
物，全球化显然对于食物的冲击是较小的，即使在麦当劳、肯德基
这类快餐店遍布各地的时候，它们依然没有改变我们的饮食习惯。
这也说明全球化带来的同质化和多样化是并存的，并非所有的事物
在全球化发展过程中变成了同一个标准，某些特定领域具有相当顽
强的生命力，并尝试借助全球化力量来壮大自己。

关于未来全球化发展方向的探讨一直在继续，人们在进行决策
前往往对其领域的全球化的背景进行考量与分析，这已经成为了共
识。在商业服务领域，就有学者写过文章来谈论文化冲击在商业服

① Huntington S P. The Clash of Civilizations？. Foreign Affairs，1993，72(3)：
22-49.

② Cleveland M，Rojas-Méndez J I，Laroche M，et al. Identity，culture，
dispositions and behavior：A cross-national examination of globalization and culture
change[J]. Journal of Business Research，2016，69(3)：1090-1102.

务领域中的影响。文章提到"文化碰撞已经成了市场服务研究的一个重点，随着国家间交流以及全球化的加速，对于管理者来说察觉到这种文化碰撞变得日益重要，因此公司应该对客户的文化背景进行研究，并提出更具针对性的问题。"①

**（二）媒体的力量：全球文化的助推器**

受到地理条件的限制，不同地域之间形成了独特的文化，这些文化包括语言、饮食习惯、作息等生活的各个方面，相对封闭的地区文化与开放地区的文化比较起来差异很大。但当人类进行工业文明后，状况被改变，时空格局被重构。加拿大哲学家赫伯特·马歇尔·麦克卢汉曾经在没有"互联网"这个词出现之前，就已暗示了互联网的诞生，并且创造了"地球村"这一概念。新科技的发展使得世界上几乎不再存在封闭式的文化，所有的文化都被暴露在"地球村"里面，媒体在这场建造"地球村"的过程中发挥了重要作用。新闻媒介的迅速传播使人们第一时间了解不同的文化，

在大众媒体进行传播的过程中，不同媒体公司间的力量是不对等的。经济发达国家拥有相对于其他国家更大的话语权和影响力。"跨国性的媒体公司的垄断性传播已经导致了文化帝国主义，这是地区文化认同的损失——由于大型媒体的垄断和帝国主义，全球性的媒体已经影响了当地文化，价值体系和公众的兴趣。"②媒体传播的全球化已经给当今的文化和传媒政策带来了新的挑战。有学者从媒体管理的视角对全球化进行了研究。他们提出，一些垄断性的全球媒体集团对整个行业形成垄断，导致寡头集团出现。他们不仅拥有着不同类型的媒体公司并且占据着各种渠道，包括电视、录像、电影、音乐、广播、卫星通信、电缆、报纸、网络内容的提供以及其他形式的数字媒体。垄断性媒体的地位已经很难撼动，而人们往往是通过媒体的方式了解全球文化。这意味着在全球化过程中，媒

① Stauss B. Retrospective："culture shocks" in inter-cultural service encounters？. Journal of Services Marketing，2016，13(4)：329-346.

② Ravi B K，Guru B P M C. Theoretical foundations of globalization and media management：a new perspective. 2016.

体能够影响人类的认知甚至是判断，形成同质化的价值取向，而这种同质化的价值取向反过来又会影响地区性的文化，甚至导致地区文化的消失。

**（三）语言的力量：文化的重要载体**

"一方水土养一方人"，"十里不同音，百里不同俗"，这两句俗语主要说的是地理环境对生活习惯的影响。这种影响体现在各个层面，尤其是在语言层面上。语言学家 Lado 曾经说过："我们把生活变成经验并赋予语言以意义，语言又受到该种文化影响。各种语言则由于背后的文化不同而相互区别，有的语意存在于一种语言之中，而在另一语言中却不存在。"①我们可以认识到，生活塑造了语言，正是生活经验才赋予语言以意义；而另一方面，语言也构建了生活模式，包含了其特定生活经验的内涵。可以说，只要本民族、地区存在特定的文化，代表其文化的语言就具有不可替代性，如果将其替代，其对应的文化、习俗也很容易遭到瓦解。"生活在不同语言环境的人获得了所处环境的语言，他们将具有不同的优势和劣势。"②

语言并不只有囊括其对应的文化内涵，表达特定文化情感的功能，语言最基础的功能是达到沟通，沟通后实现合作的目的。正是因为人类之间合作的需要才使得语言诞生，正如犹太教《塔纳赫·创世纪篇》中的关于通天塔的故事，在这个故事中，一群只说一种语言的人在"大洪水"之后从东方来到了示拿地区，并且决定在这修建一座城市和一座能够通天的高塔；上帝见此情形，就把他们的语言打乱，让他们再也不能明白对方的意思，还把他们分散到了世界各地。③ 我们现阶段看到的正是全球化"再次"将全世界的人整合到一起，国与国之间贸易量占据了本国贸易的十分重要的比重，我们正在进行全球化大合作，在这样的进程中，我们不可避免地需要

---

① Lado R. Linguistics across cultures. University of Michigan Press，1957.

② Kearney A. Exploring the Impact of Globalization on Linguistic Culture. 2016.

③ The Oxford Guide to People and Places of the Bible. Oxford University Press，2001.

使用同样的语言来保证沟通的准确性，也能减少由于语言障碍所产生的成本。全球化的浪潮使得在国际交流中，人们越来越多地使用同一种语言，而另一些语言则失去了主导地位，甚至因为缺乏使用者而消失。

主导语言（英语）在世界范围的盛行，一方面，确实为国与国之间、人与人之间的交流协作提供了便利；但另一方面，当我们使用一种语言代替自己本民族语言的时候，所对应的文化习惯、生活经验是否会受到打击？"语言是人类文化和发展的重要组成部分，语言和文化是难以分开的。随着我们正在创造全球文化，我们发现，文化与语言正被逐渐分离。当全球文化构成了人类文化重要内容的时候，文化体系也排除了相对孤立的语言，并且鼓励使用少数几种少数语言来交流，代替了世界语言上的多样性。但这种语言全球化的趋势是不可避免的。"①

全世界日益减少的语言数量，1500—2000 年

| 洲 | 16 世纪初期 | | 17 世纪初期 | | 18 世纪初期 | | 19 世纪初期 | | 20 世纪初期 | | 20 世纪末期 | | 21 世纪初期 | |
|---|---|---|---|---|---|---|---|---|---|---|---|---|---|---|
| | 数量 | % | 数量 | % | 数量 | % | 数量 | % | 数量 | % | 数量 | % | 数量 | % |
| 美洲 | 2175 | 15 | 2025 | 15 | 1800 | 15 | 1500 | 15 | 1125 | 15 | 1005 | 15 | 366 | 12 |
| 非洲 | 4350 | 30 | 4050 | 30 | 3600 | 30 | 3000 | 30 | 2250 | 30 | 2011 | 30 | 1355 | 45 |
| 欧洲 | 435 | 3 | 405 | 3 | 360 | 3 | 300 | 3 | 225 | 3 | 201 | 3 | 140 | 5 |
| 亚洲 | 4785 | 33 | 4455 | 33 | 3960 | 33 | 3300 | 33 | 2475 | 33 | 2212 | 33 | 1044 | 38 |
| 太平洋地区 | 2755 | 19 | 2565 | 19 | 2280 | 19 | 1900 | 19 | 1425 | 19 | 1274 | 19 | 92 | 3 |
| 世界 | 14500 | 100 | 13500 | 100 | 12000 | 100 | 10000 | 100 | 7500 | 100 | 6703 | 100 | 2997 | 100 |

资料来源：夏威夷大学马诺阿分校全球化研究中心，www. globalhawaii. org.

---

① Watson A. Lingua Franca：An Analysis of Globalization and Language Evolution. Lingua Franca，2016.

# 二、经济全球化视角

## （一）经济全球化的定义、起源与发展

"经济全球化"这个词最早是由 T. 莱维于 1985 年提出的。至今国际上对其定义仍存有争论。IMF 将经济全球化定义为："经济全球化是指跨国商品与服务贸易及资本流动规模和形式的增加，以及技术的广泛迅速传播使世界各国经济的相互依赖性增强。"OECD 认为，"经济全球化可以被看作一种过程，在这个过程中，经济、市场、技术与通信形式都越来越具有全球特征，民族性和地方性在减少"。对于有些人来说，全球化是一种文化领域的麦当劳化，即同质化，但同时也可看作是一种复杂的共同依赖机制（Grzegorz W. Kołodko）。经济全球化是商品、技术、信息、服务、货币、人员等生产要素的跨国、跨地区的流动。这种流动把全世界连接成为一个统一的大市场，各国在这一大市场中发挥自己的优势，从而实现资源在世界范围内的优化配置，是全球化趋势的一个组成部分。全球化是一种社会交互模式及其跨洲运动（Anthony McGrew）。

经济全球化以贸易自由化、生产国际化、金融全球化和科技全球化为载体。所谓生产国际化，指的是国际生产领域中分工合作及专业化生产。金融国际化指的是，生产和产品的国际化使得国际间资金流动频繁，大大促进了投资金融的国际化，为适应于国际化的潮流，各国放宽了对投资金融的管制，甚至采取诸多措施鼓励本国对外投资的发展而产生的投资金融国际化。技术开发与利用的国际化，指的是从国际技术贸易的发展来看，由于技术对生产和经济的重要作用，生产国际化自然带动国际技术贸易的不断增长，从研究与开发的情况来看，一方面由于各国在科技发展水平上的不平衡，而企业又为了获得先进的科技成果，因而各国间设立研究与开发据点便成了一种趋势，以至于许多企业形成了全球范围内的研究与开发网络，从而促进了研究与开发组织体系的国际化。世界经济区域集团化，指的是生产、投资、贸易发展的国际化使各国间经济关系越来越密切，特别表现在区域间经济关系上，为了适应新形势的发

展，以区域为基础，形成了国家间的经济联盟。如欧洲共同体，美、加、墨组成的北美自由贸易区等。

在 2008 年金融危机爆发之前，经济全球化在新自由主义等思潮的领导下经过了 30 余年之久的蓬勃发展，2008 年金融危机爆发后，伴随着欧洲主权债务危机，美国经济复苏乏力，世界政治经济变化迅速等不稳定因素的加剧，全球化进入了一定程度上的停滞甚至倒退状态，经济上着重表现为混乱的多边贸易体系，新自由主义秩序的危机，国际通货紧缩的压力，贸易保护主义抬头等。①

**（二）经济全球化的主要研究方向**

1. 经济全球化与新自由主义。

新自由主义起源于 20 世纪 70 年代西方国家"福利政策"破产之时，是一种经济和政治学思潮，它反对国家和政府对经济的不必要干预，强调自由市场的重要性。其特点和主要内容包括：完全自由竞争市场、倡导个人主义，提倡自由放任的市场经济。新经济自由主义的中心在于：自利原则、个人主义、道德原则和经济事务的隔离，换言之，是让经济从其生长扎根的社会土壤中脱离出来。②

新自由主义观点认为，政治制定者应该注重增长，把资源集中在比较优势、出口和技术变革的培育上。不平等可能会上升，但增长战略的成功使得牺牲是值得的。

新自由主义是全球化的主要动力，全球化本身也可以被看作是全球新自由主义的影响和转向（Litonjua，2008）。经济新自由主义是一种经济理论和意识形态的信念，支持最大限度地提高个人的经济自由，从而将国家干预的数量减至最低限度。在这方面，它主张消除政府对货物、资本和人民的跨国流动的限制。

2. 经济全球化与全球经济不平等。

经济全球化作为全球利益自由分配的表现，实质是资本、人

---

①   Bello W F. Deglobalization：ideas for a new world economy. University Press，White Lotus，Fernwood，Zed Books，2004.

②   Chossudovsky P M. The Global Economic Crisis，The Great Depression of the XXI Century.

力、商品、技术等各种要素的自由流动。这一本质决定了全球化是一把双刃剑，一方面，去疆域化与组织结构扁平化使得各类资本与利益以最高效率进行分配，科技进步，国际经贸网络构建、创新性因素以及新兴管理理念的传播都极大地降低了成本，推动世界范围内物质财富几何式增长。同时为全球化向更高阶段演进提供了可能性，促进经济全球化良性循环。另一方面，全球化带来的国家主权削弱，政府职能权力的削减为各国治理带来了挑战，同时资本的趋利避害性也导致资本更容易流向发达国家，发达国家更容易成为全球化的受益者，从而导致全球贫富差距拉大和各国内部收入分化。①

（1）国家间贫富差距问题。自经济全球化现象快速发展以来，国际经济不平等加剧几乎伴随着其发展而发展，虽然目前还缺乏相关严格定量研究以探索经济全球化与国家间贫富差距的关联，但无可否认的是，全球化对于许多国家来说不仅是一把双刃剑，甚至有可能弊大于利。发达国家拥有先进的技术，雄厚的资本，他们通过对全球的科技、信息、资本进行垄断，从中赚取巨大的利益，而因为资本自身的逐利性，第三世界国家因为自身经济基础较差、政治条件不稳定、投资环境差等原因对于高度流动的资本吸引力较小，这样的经济模式形成一个个循环，从而不断地拉大全球的贫富差距。

（2）收入分配差距问题。经济全球化趋势下，资本自由流动加快，以国际资本流动为主要组成部分的金融全球化带来的 FDI（国外直接投资）等因素，会倾向于针对东道国的高端产业及高技能部门，因而在大部分发展中国家内，由于劳动力市场竞争力较小，外企工资水平明显高于国内普遍水平，因而导致国内工薪阶层收入不平等。而由于阶级差异，中产阶级及富人阶级有更多资源及机会可以参与国际经济活动，利用经济全球化中的有利因素促进自身物质

① Inmee B, Shi Q, Highfill J. Impact of Economic Globalization on Income Inequality: Developed Economies vs Emerging Economies. Global Economy Journal, 2016, 16(1): 49-61.

财富的积累，扩大社会财富差距。同时多项研究表明，收入分配差距与经济全球化之间的确存在相关关系，但在具体经济体中表现不同，如贸易强度的增加会扩大发达国家内部收入差距，但会减少发展中国家的不平等。金融一体化的深化将降低发达国家收入差距但增加发展中国家的不平等。

这些结果表明，若过度依赖外来资金，发展中国家收入分配差距将会迅速扩大。但从长远来看，由于更大范围、更深程度的贸易扩大可能会增加穷人获得财政资源的机会，使穷人收入增长速度超过人均国内生产总值平均增长速度，从而缓解这种不平等甚至消解原来存在的社会不平等部分。

3. 经济逆全球化。

在 20 世纪 80 年代第三波全球化浪潮兴起时，一部分经济学家和社会学家开始怀疑全球化的作用，质疑全球化的作用并没有看起来那么大。经济逆全球化作为一个并没有给出明确定义的反向名词，却渗透进了现行的经济全球化讨论。现在的经济演进已经表明，在全球金融危机以后，经济全球化已经丧失了它强有力的原动力。

近两年，无论是法国大选、欧洲难民危机、英国脱欧，还是伊斯兰恐怖主义、特朗普现象，都指向一种迥异于过去二十年"世界是平的"（Thomas L. Friedman）之判断。特朗普提出美国主义而非全球主义的口号，德国 9 月 17 日更是爆发反对 TTIP 大游行，多个国家的民族主义、极端党派抬头，地缘政治冲突加剧，贸易、投资保护主义潮流再次兴起，TPP、TTIP 等排他性区域化机制不断浮现。显然，全球化进程正处于一个新的转折和发展阶段，全球化面临新的不确定性。基于此种现象，我们将从经济逆全球化的推动因素、表现形式等问题方面进行展开讨论。

（1）逆全球化主要的推动因素

①全球化引擎的乏力

2008 年金融危机之后，全球化最重要的引擎——贸易和资本的流动开始逐渐失去动力，有金融分析师（亚吉提·达斯）指出，商品、服务、金融的跨境流动在 2011 年达到峰值。显然，经过长期由全球化和全球贸易推动的经济增长之后，各国政府在经济困难时期越来越多地寻求保护本土产业。同时 WTO 的一项统计表明，其成员国自从 2008 年全球金融危机以来已经推出了 2100 多项限制贸易的措施。在全球经济部分复苏后，全球贸易中商品和服务的增长下降至每年 2%~3%，接近或低于全球经济增速，这是数十年从未有过的情形。

奥巴马政府曾推行的 21 世纪大战略，在亚太地区主要表现为重返亚太和 TPP，前者会把美国 60% 的军事力量转移至亚太地区，后者则代表新一代自由贸易协议，它将对 WTO 所代表的现行贸易体制产生深刻影响。不凑巧的是，当奥巴马使出全力推进 TPP 时，正值美国经济经历二战以来最脆弱的复苏。在全球经济部分复苏后，全球贸易中商品和服务的增长下降至每年 2%~3%，接近或低于全球经济增速，这是数十年从未有过的情形。金融的跨境流动与全球金融危机前相比要低 60% 左右，从占全球 GDP 的 21% 降至 2012 年的 5%。在这样一种不利的经济环境中推动 TPP，奥巴马面临的难题不言而喻。因而在特朗普上台后，短时间内即宣布废除 TPP，奉行双边主义及新贸易保护政策。而美国只是一个剪影。因而我们也显然看到，在贸易、金融两大全球化增长极均显乏力之时，全球化陷入艰难境地。

②国家内部贫富差距扩大，利益获得者与利益受损者矛盾摩擦增多

在资本主义制度下，掌握资源的人永远是少数，而资本的逐利性特征则会使资源越来越集中，贫富不均越来越严重，全球化则加快资本集中速度、加大集中程度，将不平等推向极端。具体而言，在经济全球化导致的世界联系迅速增强的现状之下，有条件直接或间接参与国际经济活动的人们和无法参与国际经济活动中所处的地位与获得的收益差异巨大。资本所有者及高级劳动者能够利用全球化带来的资源自由流动优势以谋求资源配置效率最优化与投入产出比最小化。而低端劳动者在面临全球化带来的开放性国际竞争中必须提高自身弹性，否则很容易面临就业岗位外流或为成本更低的跨境劳工所替代的失业风险。因而在长期全球化进程之中，西方国家

经济社会结构与社会矛盾已发生深层次变化，底层的社会群体面临着失去就业机会、收入不平等诸多问题，研究显示，特朗普的核心支持群体就是以白人、中年、劳动阶层为主，教育程度一般在高中以下，多集中居住在美国南部"圣经地带"和东南部阿巴拉契亚山区贫困地带。也正是这些处于社会中下阶层的全球化不获益或受害群体，支持着逆全球化政治家与政策制定者。①

（2）逆全球化表现形式

①反移民思潮

2008 年金融危机以来，移民问题日渐成为西方国家日益凸显的经济、社会问题。在移民问题显著的西欧，金融危机和 2014 年以来的大规模移民潮扩大了社会意识形态的撕裂，由传统个人权利与现代劳工运动所催生的福利国家的规模这一问题划分的左右翼阵营之间的规模再次拉大，严重影响欧洲内生政治经济的稳定性。而移民群体由于宗教文化、受教育水平等差异无法良好融入社会又导致政府财政负担加大、犯罪率上升、恐怖主义滋生，引发更加严重的政治经济危机。而在美国，移民问题突出体现在青少年教育资源挤占和中低端劳工岗位丧失等方面。

②民粹主义

"特朗普现象"。2016 年总统大选标志着美国与全球化的关系进入一个新的时期，即重新界定美国与全球化关系的时期。特朗普反对自由贸易协定，推出 TPP，加大对本国的商贸保护，最终赢得美国中下阶层选民青睐成功当选美国总统。美国"铁锈带"、"摇摆州"最终导向特朗普不仅反应出特朗普带有民粹主义色彩的竞选风格对于底层民众的吸引力，实则也反映出在过去三四十年全球化进程中美国中产阶级的失势。据调查显示，美国民众对参与全球化的信心下降，美国外交政策将出现一定程度的回摆。美国 49% 的普通民众对参与全球经济持否定态度，因为它导致了低工资和工作岗位的减少，这些现象都一定程度上解释了美国在短期内将会走向逆

---

① Inmee B，Shi Q，Highfill J. Impact of Economic Globalization on Income Inequality：Developed Economies vs Emerging Economies. Global Economy Journal，2016，16（1）：49-61.

全球化的合理性。

欧盟民粹主义政党普遍兴盛。2008 年金融危机对欧盟经济造成巨大打击，并导致了冰岛、希腊等国出现主权债务危机，严重扰乱了欧盟内部经济正常发展，欧盟总体经济状况一度陷入停滞状况。2016 年欧盟经济进入温和复苏通道，但仍面临动力不足的挑战；容克投资计划、欧版"量宽"、再工业化等经济提振措施距政策目标仍有较大差距；法国新劳动法引起大规模抗议等事件表明结构性改革深入推进阻力重重；失业率虽有所下降，但希腊、西班牙和意大利等国 25 岁以下青年失业率仍在 40% 的高位徘徊。总体来看，欧洲各国差距及各国内部贫富差距日益增大，民众经济、政治参与感持续走低，对当下政治经济不满意程度日益增高，因而导致一系列推崇贸易保护主义、反对移民思潮的政党不断扩大影响力，荷兰、法国大选中极右翼民粹主义政党表现空前优异，险些在欧洲再度上演"黑天鹅"事件。

英国脱欧。2016 年英国脱欧引起全球政坛、经济的极大震动。英国脱欧看似为黑天鹅事件，但出于英国本国经济考量却也在情理之中：第一，全球化导致英国收入差距扩大，阶层固化在本已严重的基础上变本加厉，引起国内中下阶层大范围不满，脱欧公投是普通民众投下的"抗议票"；第二，东欧移民及后期国际难民涌入英国，进一步拉大了英国国内的收入差距的同时增加了英国的就业压力和社会治安压力；第三，近几年迅速兴起的英国独立党，挑起普通民众对欧盟的反感，削弱了保守党和工党内留欧派的影响力。英国脱欧是民粹主义与贸易保护主义的集中表现，为欧洲区域一体化造成了极大挫折，也为全球化进程蒙上一层阴影。

③经济保护主义

逆全球化与新兴保护主义密切相关。逆全球化的一个重要经济和政策后果便是在西方国家最早出现并向全球不断蔓延的新兴保护主义理论思想及社会运动，新兴保护主义特别是新兴贸易保护主义的出现和全球蔓延进一步推动逆全球化向新的方向发展演化①。

---

① 保建云：《如何应对逆全球化与新兴保护主义——对当前世界经济不确定性风险的分析研判》，《人民论坛·学术前沿》，2017（7）：12-19。

经济全球化发展规律表明，当前这轮全球化可持续发展的空间已经不多，目前行动力正日趋衰减。要为其增添发展能量，开拓新的发展空间，转型发展势在必行①。

# 三、政治全球化

不像文化和经济全球化，政治全球化的定义相对比较清晰。学者 Manfred B. Steger 认为政治全球化意味着"全球范围内政治关系的强化与拓展"②。政治全球化是政治关系的全球扩散，这种类型的全球扩散与民族国家的理念是相对的，民族国家代表的是以领土为差异、人为想象的一种"我们"与"他们"的隔阂感，正是因为这种隔阂感的存在产生了新的归属感，这种归属感即对本民族的认同以及获得了自己所处民族国家的集体身份，并且产生了巨大的精神力量。

然而政治全球化则需要民族国家让渡部分主权，为超国家实体的诞生提供最根本的基础。我们可以从欧盟看到，自从 1952 年欧洲煤钢共同体诞生以来，欧盟这个超国家行为体的范围以及实际权力都在不断扩大，欧盟的权力来自于欧盟各成员国的主权让渡，欧盟正是因为有了这样的权力做支撑，在"难民分配政策"、"农业补贴政策"以及"共同应对主权债务危机"等问题上，都在通过自身的力量来协调应对。在很大程度上，大部分欧洲民众已经形成了对欧盟公民的身份认同。

政治全球化之所以在当代具备如此顽强的生命力，是因为我们所处的这个全球化时代的客观要求。随着科技进步，经济流动速度加快，文化交流与碰撞更加频繁，在这样一个高速运转的世界里，单个国家的体量和能力无法应对全球性问题。这就需要多个国家、

---

① 徐坚：《逆全球化风潮与全球化的转型发展》，《国际问题研究》，2017（3）。

② ManfredB. Steger，斯蒂格，Steger 等，《全球化面面观》，译林出版社，2009 年版。

区域组织甚至是全球性组织来共同应对，"全球治理"这个议题也在越来越多地被各国所讨论。网络空间治理，全球气候变暖，全球性疾病传播与控制，共同打击恐怖主义和跨国犯罪，这些都需要全球范围内所有国家的努力，并非单个国家能够应对。尽管"全球治理"已经在不同的场合被多次提起，但并非所有国家都认为"全球治理"是公平的，并且积极参与，原因在于经济实力落后的国家希望少承担一些国际责任，经济实力发达的国家也因为自己的供给公共产品的预算的增加而发愁，所以在全球治理层面上，总是有"议而不决，决而不行"的情况出现。

**（一）民族国家与政治全球化**

民族国家的理论起源本身就是一个非常重要的问题："到底是先有民族还是先有民族国家？"民族主义者认为，民族的发展是在民族国家之前，即一定是先有了民族群体的存在进而才形成了一个统一的国家；另一部分人则认为，民族国家是先于民族产生的，并认为民族国家是被想象出来的，如英国历史学家埃里克·霍布斯鲍姆就认为"民族是一个"想象的共同体"（imagined communities，其成员无法全部互相认识），这些国家从一个核心地区出发拓展，产生了一个民族意识和一个民族认同的感觉。"①实际上，通过现实存在的民族国家以及民族主义运动可以引导出一个"理想民族国家"的模型。但在现实世界中，大部分国家都是多民族的。民族国家制度的起源可以追溯到 1648 年的《威斯特伐利亚合约》，这个合约所作用的现代国家体系也被称为"威斯特伐利亚体系"。这个体系的特征是"势力均衡"（又称"均势"）。其基础是明确规定的、中央控制的、独立的国家之间对对方的主权和领土的尊重。虽然威斯特伐利亚体系并没有创造出民族国家，但民族国家却满足了这个体系对国家的要求。

"经济全球化已经使国家经济逐渐非国有化，相对应的是，移民正在重新塑造政治实体，国家实体逐步在减缓对于资本流通、信

① 埃里克·霍布斯鲍姆：《民族与民族主义》，上海人民出版社，2006 年版。

息、服务的管控"。① 可是当政治全球化一旦涉及移民或难民问题时，大多数国家都设置了较为严格的物理边界以防止难民的随意流动。这就涉及"民族国家是在哪些领域让渡其主权"的问题。"在处理移民与难民问题时，国家往往需要面对人权问题，而这又要面临国家主权和人权之间取舍的难题"。而这正是欧盟当前面临的现实问题。因为难民危机的爆发，一向标榜自由、民主价值观的欧洲现阶段正在遭受批判，批判其对难民漠视，对人权冷淡。事实上，欧盟内部对待难民问题存在很大的分歧。德国希望难民能够帮助本国经济发展而制定了较为包容的难民政策，而经济相对落后的东欧国家则拒绝接受难民，秉持的仍然是相对保守的态度。

即使当全球合作、资本流动达到一个新的高度时，国家物理边界的控制依然是强硬且严格的。在这一点上，我们可以看到物理边界不仅没有因此受到冲击反而持续保持原来的原则。然而在其他方面，比如信息、资本流动方面，国家并不是那样严格，因为后者的自由流动更多的能够给本国带来巨大的经济效益。但后者具备一种"外溢"现象，即本身出于经济目的的流动使得其能够从主权国家中获取一部分主权。一部分权力开始向国际组织、跨国公司转移，与此同时我们也应该看到，民族国家对于某些事务具有极高的控制力并且是不会让渡的。所以我们不应过早判断全球化的到来是民族国家的终结。

## （二）全球治理面临的挑战

尽管国际行为体和国际事务日趋增多，但针对全球治理的著作仍然是较为传统的并且以是以西方为中心的，其中大多是围绕着"二战"后美国霸权体制下的多边的体系。美国学者 Amitav Acharya 针对目前不断发展的全球经济以及政治变迁提出了有关全球治理的新见解。他提出了"多元世界"的概念，多元世界的理念设想了一个更诸边化（pluralism）和多元化的全球治理框架。他认为"多元世

① Sassen S. Losing control?: sovereignty in the age of globalization. Columbia University Press，2015.

界"能够对全球治理的碎片化进行更好的把控。① 新的理论范式的提出大多是因为过去的理论对现实的解释力的减弱，主要原因是时代条件发生了变化。

中国学者秦亚青谈到全球治理时认为，"全球治理是指国际规则体系不能实现有效治理，导致全球层面秩序紊乱的现象。冷战后全球性问题不断涌现，至今也未能得到解决，正是全球治理失灵的反映。治理赤字日趋严重。全球治理失灵在实践层面上表现为规则滞后，不能反映权力消长，不能适应安全性质的变化，不能应对复杂的相互依存关系；在理念层面上则表现为理念滞后，依然是一元主义治理观、工具理性主义和二元对立思维方式主导。全球治理本身是一个协商过程，是一个参与和身份塑造过程，要真正改变全球治理失灵现象，就需要以多元主义的世界观、以伙伴关系的思维方式、以参与治理过程的实践活动构建起一种真正的全球身份认同"②。他认为目前西方全球治理所面临的挑战来自于实践与理念两个层面，当时代条件发生变化之后，对应的规则却未能跟上时代的步伐，最终导致全球治理的失灵，全球性问题难以解决。

网络治理是当今全球治理一个不可忽视的层面，也是一个新兴的层面。从近些年来发生的网络安全事件中我们发现，网络在使人们生活更加便利的同时，也成为了一些不法之徒的工具。"伊斯兰国"通过网络对自己进行宣传，并引诱各国青年加入其恐怖活动，近段时间爆发的"勒索病毒"，就是网络安全面临的现实挑战。

网络安全存在跨区域性、隐蔽性、流动性强等特点，而网络安全成本较高。21 世纪网络已经渗透到了社会交往、经贸往来等各个领域，甚至在一定程度上重新塑造了我们的生活，进而对于网络层面的全球治理成为了当代治理领域的重要议题。S. Jayawardane, J. E. Larik 等学者就认为在网络治理这个层次上面应该包含两个问题：（1）谁应该来治理网络空间；（2）如何治理网络空间。为了回

---

① Acharya A, Global Governance in a Multiplex World, 2017.

② 秦亚青：《全球治理失灵与秩序理念的重建》，《世界经济与政治》，2013（4）：4-18。

答前一个问题，这些学者回顾了治理的多方利益相关者模式，并对此提出了改进措施，包括更加透明的政策制定过程，对于不占优势的利益相关方应给予经济资源，用一种平等的方式来分配领导权力。针对后一个问题，这些学者评估了网络空间治理的正式的以及非正式的方法，认为网络空间治理应该是这两种方法的结合，网络空间法律的制定应该通过国际行为体之间在相互信任的基础上通过国际条约来进行。① 网络空间治理的三要素分别是建立信念、能力以及共识。②

与网络空间治理相对应的是由全球变暖导致的政治行为体近些年来对于全球气候的关注。全球变暖（global warming），或称全球暖化，指的是在一段时间中，地球的大气和海洋因温室效应而造成温度上升的气候变化，为公地悲剧之一，而其所造成的效应称之为全球变暖效应。在 1906—2005 年间，全球平均接近地面的大气层温度上升了 0.4 摄氏度。科学界发现过去 50 年可观察的气候改变的速度是过去 100 年的 2 倍，因此推论该时期的气候改变是由人类活动所推动。对气候治理的研究集中关注"使用什么样的方法来应对全球气候治理，以及如何建立全球气候治理的国际合作"这两个问题。"鉴于全球气候变化对世界经济社会发展形成一种不可逾越的刚性约束，全球气候治理体制将在很大程度上决定各国在未来国际分工中的地位，任何力图重塑国际秩序的国家都必须顺应低碳转型的全球性潮流。全球气候治理正在成为撬动当前国际秩序转型的重要杠杆，推动国际秩序转型朝着特定的方向发展。如果说走向低碳经济是未来世界各国组织其经济社会活动的必然选择，那么低碳化转型越成功的国家在国际秩序转型进程中就越会占据主导地位，

---

① Jayawardane S, Larik J E, Jackson E. Cyber Governance: Challenges, Solutions, and Lessons for Effective Global Governance. The Hague Institute for Global Justice Policy Brief, 2015.

② Jayawardane S, Larik J, Kaul M. Governing Cyberspace: Building Confidence, Capacity and Consensus. Global Policy, 2016, 7(1): 66-68.

从而在未来低碳经济时代掌握主导权。"①

**（三）国际组织的兴起**

近些年来，各种类型的国际组织层出不穷，国际组织的力量也逐渐从国际舞台的边缘角色逐渐向中心靠拢，究其原因，主要是因为在全球层面缺乏单一的权威，这给了国际组织发挥作用的空间。有学者专门对近些年的国际组织的环境进行了研究，"近些年来，全球治理的组织已经发生了极大的变化，新的组织形式，包括正式组织、跨政府间网络以及私人跨国界的管理组织（PTROS）在高速发展。与此同时，跨区域的正式的政府间组织的数量却在下降。组织生态理论提供了一个清晰的视角去理解这些变化。生态组织是一个结构化的理论，强调机构受环境的影响，特别是组织的密度以及资源的可获取性，对于组织的行为以及存续的影响。在比较了私人跨国界的管理组织（PTROS）和政府间组织（IGOS）的增长情况后，发现政府间组织（IGOS）的增长已经受到了密集的组织机构环境的限制，而私人跨国界的管理组织（PRTOS）则因为其灵活性和成本低的特点而受益。现阶段，政府间合作组织依然大量存在。但由于其进入成本高昂、组织机构僵化、效率低下等特点使得小型的跨国界的私人管理组织在增长数量上占据了优势。

在全球化的大背景下，需要更多的力量去面对全球性挑战，这给国际组织提供了机遇。但很多国家在依靠国际组织的同时，国际组织的运行模式存在数量多、类型杂、效率低等特点。针对国际组织的这些特点，有学者专门提出了评估国际组织的方法。J. Tallberg 等学者认为："当今社会中很多问题都是跨国界的，国家越来越依靠这些国际组织来实施其政策。然而，这些国际组织的所处领域、范围、功能都非常广泛，这就要求我们寻找一种系统的、比较的方法对国际组织进行评价，这种评价方法强调国际组织因为政策目标所产生的行为变动，并将其称为政策产出（policy outcome），另外一种则是问题处理的效率性，称为政策影响（policy

---

① 李慧明：《全球气候治理与国际秩序转型》，《世界经济与政治》，2017（3）：62-84。

impact）。这样的方法包含了政策的五大特征：体量、定位、类型、工具及目标。"①

　　国际组织存在的必要性和趋势性已经成为日后全球治理继续发展的客观要求。国际组织本身也是国际法学科研究的对象。由于国际组织本身的特殊性——主体多样、涉及领域广泛等，目前国际社会均不存在一个普遍适用的统一法典。② 对于国际组织法的考察要注意两个层次，即包括每一个国际组织各具特色的具体的法律规范，同时也包括所有国际组织共同面对的法律问题、法律规则和制度。目前国际组织的实践构成了国际法的重要组成部分，同时也对日后国际组织法的形成产生重大影响。

　　①　Tallberg J, Sommerer T, Squatrito T, et al, The performance of international organizations: a policy output approach. Journal of European Public Policy, 2016, 23 (7).

　　②　饶戈平：《走出国际组织法的迷思——试论何谓国际组织法》，《北京大学学报(哲学社会科学版)》，2016，53(6)：47-58。

# 韧性社区：从个体走向集体

**段文杰　卜　禾**
（武汉大学社会学系）

## 一、引　言

当今社会，政治、经济、军事、科技、文化相互交织、错综复杂，每分每秒都可能发生碰撞和冲突，"变化"已经成为我们社会的常态。人们无法预知"明天"和"意外"谁先到来。然而，面对频频发生的灾难和多种形式的冲击，为什么有一些系统一击即溃，而另一些系统却在灾难和冲击之后得以重生，甚至获得更好的发展？是什么特质让一个系统能够适应变化？如何提高我们自身、我们的团体和组织、我们所在的社区，甚至我们所处的社会适应和抵御破坏的能力，使灾难和冲击的破坏最小化，成为一个值得研究的问题。在这一背景下，我们需要理解一个正在兴起的概念"韧性（Resilience）"。

"韧性"，又译作弹性、抗逆力、回弹等，是个体或社会系统在面临突如其来的变化和压力时，能够有序缓和、适应、恢复，甚至超越原有正常水平的能力。从语源学角度来看，"韧性"一词来源于拉丁语中的"resilio"，本意是"回弹"[①]。如今"韧性"的概念已经在多个学科中广泛运用。在物理学中，"韧性"是指物体吸收能量或抵抗外力的能力，且物体能够不因外力干扰而改变其本身状态[②]。在工程学中，韧性被定义为系统在暂时的干扰之后恢复平衡的能力，主要包括四个维度——坚固性（Robustness）、冗余性

128

（Redundancy）、谋略性（Resourcefulness）和及时性（Rapidity）[③④]。最早的生态学家将韧性定义为"系统吸收变化的能力"[⑤]。伴随社会生态系统理论的发展、社会生态韧性研究范式的转变、灾难社会学的兴起和个体、社区、国家等层面实务经验的不断积累，研究者们意识到生态系统和社会系统不可避免地交织在一起[⑥]，仅仅使用物理学、工程学或是生态学的解释已经不能准确地定义"韧性"的概念。"韧性"需要一个更加广泛和综合的诠释。

当前，社会科学关于韧性的研究主要集中在个体和家庭层面，对于社区甚至更高级别系统（例如国家、社会）的研究相对较少；对于个体心理韧性的干预和运用较多，而对社区韧性的理论探索和实际运用之间还存在一定差距。本研究将对近年来有关社区韧性的概念、运作框架、构成要素、测量工具及干预项目的研究进行梳理，旨在为国内社区韧性的研究提供借鉴，以期促进未来研究的发展。

# 二、个体韧性与社区韧性

## （一）个体韧性的定义

目前，在个体层面对于韧性的研究和应用非常广泛，但是对于韧性的定义，仍然是多样且复杂的，尚没有一致的解释。美国心理学会（American Psychological Association）[⑦]将韧性定义为面对灾难、创伤、悲剧、威胁或者有明显来源压力（例如来自家庭、人际、严重的健康问题、工作压力、经济压力等）时，系统所表现出的一种良好的适应过程。一些学者则认为，韧性是一种抵御并恢复的"反弹能力"。在个体层面，韧性是指个体在经历灾难之后维持或者重新获得心理健康的能力[⑧]。另一些学者将韧性看作是个体面对灾难时仍然表现出积极乐观和旺盛感的一种个人品质，并且对此开展了广泛的研究和干预，包括青少年、组织领导者、军人、教职工等[⑨~⑬]。还有学者提出，个人的心理韧性既不是一种过程，也不是个人品质，而是一种反映个体内心优势与弱势之间动态平衡的思维状态[⑭]。对于韧性的定义不能片面强调个体的优势和能力，也应到关注到另一个方面——脆弱性，个体的韧性是在灾难和创伤之后，其自身优势（保护性因子）和脆弱性（风险因子）之间所达到的一种平衡状态，这一种平衡的状态可以用个体优势与脆弱性的比值来进行衡量[15]。尽管学者们对个体韧性定义的诠释有所不同，但其中都包涵了两个维度：一是灾难、创伤、悲剧、威胁或者压力的产生及其带来的冲击；二是个体运用自身的优势（包括其个性、能力和资源等）从灾难、创伤、悲剧、威胁或者压力中恢复，甚至取得了更加积极的成长。

**（二）从个体到集体**

近年来，国外对于韧性的研究和运用已经从个体层面开始转向了社区层面，这一转变首先是因为对韧性的研究需要放到灾难或者压力情境之中来理解，因为韧性反映的是系统面对灾难做出的改变而不是一个静止的状态[16]，而灾难其本身是社会性的、内源性的，导致个体面临灾难的根源是社会结构，来自于社区内部或是社区关系的内部[17]。灾难、风险、压力等破坏性事件其本身不仅仅是一种"经历"，它产生于社区成员之间的互动和他们对灾难、风险、压力事件的看法。换句话说，同一灾难或者风险对于某些人、某些社区来说可能是一场灾难，但对另一些人、另一些社区来说并不会造成巨大的冲击[18]。因此，个体与他人、与环境之间的互动影响着个体对于灾难事件的定义和看法。

其次，"人在情境中"，在应对灾难的过程之中，无论是个体优势的培养、个体潜力的挖掘、还是个体的资源不仅来自其本身，也需要来自他人、集体、环境的支持和帮助[19]，因而个体才能从创伤中恢复，获得积极的成长。研究表明，社区韧性和个体韧性之间有显著的相关关系[20,21]，个体韧性和社区韧性之间的联系又影响着社区韧性的发展[22]。

此外，早期有学者认为，社区韧性就是社区成员个体韧性的总和[23,24]，但后来的研究发现个体和社区韧性之间并非完全一致，一个具有高韧性的社区，并不代表其成员都具有较高韧性，具有高韧性成员的社区也不一定具有高水平的社区韧性。因此，社区韧性并不能简单等于个体韧性的总和。因为社区是一个有机的整体，并不只是单个个体的集合㉕，社区韧性的运作机制和和个体韧性、家庭韧性都存在差异⑲，将社区看作一个有机整体，研究这一整体的韧性才能进一步提升个体和社区抵御和应对灾难的能力，达到"1+1>2"的效果。

# 三、社区韧性的定义及其发展

Patel 等人㉖对近年来发表的 62 篇与社区韧性有关的文章进行了分析，他们将其定义分为三种主要的类型。第一种观点认为社区韧性是一个调整和适应的过程㉖。例如，Doron 较早提出"社区韧性建立在创造和加强个人、家庭、社会、组织和经济制度的过程中，是对压力、威胁、危机和紧急情况及时而有效地抵抗和应对"㉗，这一定义强调社区对灾难的应对过程；Norris 等人通过文献回顾了韧性在物理学、生态学、社会科学中的定义，提出社区韧性是一个过程，"包含了一系列能够使社区在遇到干扰后仍在具有功能性和适应性的正轨路径下发展的适应性能力"㉘，这一定义强调了社区在灾难后的恢复和发展的过程；在 Doron 和 Norris 等人的定义的基础上，根据实践的经验，联合国开发计划署（United Nations Development Program，简称 UNDP）将社区韧性定义为"加强社区能力的变革过程，它使社区能够预防、恢复、适应压力和变化，并从中发生改变"㉙；Houston 等人也在 Norris 等人提出的定义和运作模型的基础上，从媒体和信息交流的视角，提出社区韧性是社区适应灾难的过程，而不仅仅是一系列测量结果㉕；学者 Imperiale 和 Vanclay 也基于 Norris 和其他学者的研究，将社区韧性定义为一种变革过程㉚，强调社区在灾难后的积极成长。总而言之，这一类型的观点认为，社区韧性是一种过程，社区成员在这一过程中采取一系列行动来应对危机对社会、经济造成的负面影响，并从危机中恢复，取得积极的发展。

第二种观点认为社区韧性是一种"去灾难"的能力㉖。Tobin 在 1999 年就提出"社区在组织结构上能够尽量减少灾害的影响，同时有能力通过恢复社区的社会经济活力从而迅速恢复"㉛。之后，越来越多的学者将社区韧性定义为一种能力，例如 Adger 认为社区韧性是"社区抵御外部冲击对社会基础设施的带来影响的能力"[32]，强调社区韧性对灾难的应对能力；Paton 认为社区韧性包含"社区在灾害事件后能够'反弹'并有效利用物质和经济资源来帮助社区恢复的能力"[33]；Walker 等人认为社区韧性是"一个社区理解灾难带来的变化的总体能力，社区能够抓住这个变化的机会，在维持自然资源的同时，改善生活水平，改变民生制度，这种能力由社区集体行动能力、解决问题的能力、协商一致的方式决定的"[34]，Paton 和 Walker 的观点不仅强调了应对能力，还强调了社区在灾难后的恢复的能力；Kuir-Ayius[35]在以往研究的基础上提出社区韧性是"社区与所有相关利益攸关方的学习和协作，在地方和国家层面进行战略规划，从而在灾难之后维护、衡量和加强社区资本，从而实现可持续发展的能力"，强调了社区韧性不仅帮助社区从灾难中应对和恢复，还能够利用社会资本实现进一步的发展。针对第一种观点——韧性是一种过程，Gibson 也明确提出韧性不是一个过程，而是"组织在经常动荡的环境中应对不确定性和变化的能力的一个可证明的结果，是组织能力与环境相互作用的产物"[36]。总而言之，基于这一类观点，社区韧性被认为是一种"去灾难"的能力，强调识别和加强社区各种能力的重要性[25]。

第三种观点把社区韧性看作是一系列多维度的积极属性[26]。例如，Ahmed 及其同事认为应该根据社区的特征来定义社区韧性，他们认为社区韧性定义研究的重点属性在于家庭关系、教育水平和识字率、就业行为、社会支持网络、寻求支持服务的能力、社区安全感和希望感以及实际安全措施[37]；Coles 和 Buckle 认为韧性是一个多维属性，它在灾难恢复中以各种同样重要的方式起作用，通过对多个研究的梳理，他们认为帮助社区恢复的重要属性是社区能力、技能和知识[38]；英国内阁（Cabinet Office）在其发布的国家级社区韧性建设的策略框架中也强调了资源和知识的重要性，他们认为社区韧性就是"社区和个人利用当地的资源和专业知识来帮助自己对紧急状态做出反应"[39]。总而言之，社区韧性被看作是一系列多维度的积极属性，这些积极的属性能够帮助社区对突发事件做出积极的响应，采取积极的集体行动以调整、适应、恢复，通过各方的学习和协作制定地方的、国家的策略和方针来维持、监测、加强社区资本的运作从而实现可持续的发展。

可以看出，学者们对于社区韧性的概念界定尚未统一。一方面是由于伴随着社区的发展和变迁，"社区"的定义和边界已经发生了变化。如今，学界对于"社区"这一概念，也没有明确和一致的定义，对于社区的边界的划分也存在争议。随着全球化的深入和信息时代的到来，社区的边界已经越来越模糊，一个小的社区可能包含在一个大的社区之中，个体也可能同时属于多个社区。社区的形式已经不仅仅局限于基于地域的"本土"社区，它也拓展到了"虚拟"的线上形式[64]。总的来说，"社区"已经变成了一个多层次的概念，可以是一个国家，也可以只在邻里之间[64]。另一方面，"韧性"这一概念本身就具有一系列复杂的特性，多维度而又相互依赖（生物的、物理的、社会的、文化的、经济的等）、多梯度又相互嵌套（例如个体、社区、地区等），同时还涉及多个方面多个领域（文化韧性、健康韧性、协作韧性等）[16]。

事实上，越来越多的学者已经不再拘泥于一种类型的定义，而将社区韧性看成"混合"的概念。例如 Pfefferbaum 等人通过对韧性社区测量工具包的开发和利用，不断完善对社区韧性的定义。他们认为韧性可以被认为是成功适应和从逆境中恢复的能力、过程或是结果，建立一个有韧性的社区不仅仅是组织一群有韧性的人，而是整个社区都必须有效地应对和学习逆境，社区成员采取有意义的、经过共同商讨的集体行动来应对危机带来的影响，包括解释环境、实施干预和继续向前的能力等[19][41-44]；Cutter 等人也通过研究和实践，不断发展其对社区韧性的定义，他们认为韧性不仅是"社区对灾害事件的应对和恢复能力"，也是"使系统理解灾难及其影响与应对灾难事件的内在条件和结构"，还是"灾后促进系统重组和改变、吸取应对经验的过程"[45-49]。

虽然学术界对社区韧性的概念没有一致和明确的阐释，但是思路已逐步清晰，对其核心的认识也已达成了基本共识，如表1所示。社区韧性的内涵逐渐从"应对"发展到"恢复"再到"创造"[50]，其核心包含了：（1）灾难、创伤、悲剧、威胁或者压力等破坏性事件导致了社区发生危机，进一步带来了社区内部的结构、功能、身份认同等的改变；（2）"应对"：社区具备在灾难发生时应对灾难、及时自救的能力；（3）"恢复"：在灾难发生后，社区能够将社区资源(社区能力、社会资本、社会网络、社会联结等)进行有效的分配和利用，从灾难、创伤、悲剧、威胁或者压力等破坏性事件中快速恢复其原有的结构、功能、身份认同等；（4）"创造"：社区能够在恢复基本功能之后，进一步利用其资源，展开规划，在灾难后的环境中寻找新的发展途径，获得更积极的、可持续的发展[16][25][50][51]。

表 1 　　　　　　　　　　　社区韧性的定义

| 提出者 | 年份 | 类型 | 焦点 | 定义 |
|---|---|---|---|---|
| Tobin[31][32] | 1999 | 能力 | 恢复 | 社区在组织结构上能够尽量减少灾害的影响，同时有能力通过恢复社区的社会经济活力从而迅速恢复 |
| Adger[31][32] | 2000 | 能力 | 应对 | 社区抵御外部冲击对社会基础设施带来影响的能力 |
| Paton[31][32] | 2001 | 能力 | 恢复 | 社区在灾害事件后能够"反弹"并有效利用物质和经济资源来帮助社区恢复的能力 |
| Ganor 和 Ben-Lavy[33] | 2003 | 能力 | 应对 | 社区处理持续的、长期的压力状态的能力 |
| Ahmed 等人[37] | 2004 | 积极属性 | 应对 | 社区韧性是由一系列社区的特征来定义的，例如：家庭关系，教育水平和识字率，就业行为，社会支持网络，寻求支持服务的能力，社区安全感和希望感以及实际安全措施 |
| Coles 和 Buckle[38] | 2004 | 积极属性 | 恢复 | 韧性是一个多维属性，它在灾难恢复中以各种同样重要的方式起作用，帮助社区恢复的重要属性是社区能力、技能和知识 |

| 提出者 | 年份 | 类型 | 焦点 | 定义 |
|---|---|---|---|---|
| Brunean 等人㉓㉔ | 2003 | 能力 | 应对恢复 | 社区缓解危险事件影响的能力，包括减少事件发生时的影响，开展灾后恢复活动及减轻未来灾害影响的能力 |
| Doron㉗ | 2005 | 过程 | 应对 | 社区韧性建立在创造和加强个人、家庭、社会、组织和经济制度的过程中，是对面临压力、威胁、危机和紧急情况的及时而有效的抵抗和应对 |
| Lemyre 等人㉟ | 2005 | 过程、能力 | 应对创造 | 韧性指个人、家庭和社区应对逆境（例如自然灾害，恐怖袭击）的过程，以及在这一过程中取得的积极成果 |
| Pfefferbaum 等人㊶㊷ | 2007 2013 | 过程、能力 | 应对恢复 | 韧性可以被认为是成功适应和从逆境中恢复的能力、过程或是结果。社区成员采取有能力通过有意义的、经过共同商讨的集体行动来应对危机带来的影响，包括解释环境、实施干预和继续向前的能力 |
| Norris 等人㉛㉜ | 2008 | 过程 | 恢复创造 | 韧性是一个过程，这个过程包含了一系列能够使社区在遇到干扰后在具有功能性和适应性的正面轨迹下发展的适应性能力 |
| Walker 等人③ | 2010 | 能力 | 发展 | 一个社区理解灾难带来的变化的总体能力，社区能够抓住这个变化的机会，在维持自然资源的同时，改善生活水平，改变民生制度，这种能力是由社区集体行动能力、解决问题的能力、协商一致的方式决定的 |
| Magis㊵ | 2010 | 能力 | 恢复创造 | 社区成员在变化的、不确定的、不可预测的和突发的环境中利用社区资源应对压力，并实现可持续发展的能力 |

| 提出者 | 年份 | 类型 | 焦点 | 定义 |
|---|---|---|---|---|
| Cutter 等人[45-47] | 2008 2010 | 过程、能力、积极属性 | 应对 恢复 | 社区对灾害事件的应对和恢复能力；使系统理解灾难及其影响与应对灾难事件的内在条件和结构；以及灾后促进系统重组和改变、吸取应对经验的过程 |
| Gibson[65] | 2010 | 能力 | 应对 | 韧性是组织在经常动荡的环境中应对不确定性和变化的能力的一个可证明的结果，韧性是组织能力与环境相互作用的产物 |
| Cabinet Office[39] | 2011 | 积极属性 | 应对 | 社区和个人利用当地的资源和专业知识来帮助自己对紧急状态做出反应 |
| Cox 和 Perry[58] | 2011 | 能力 | 应对 | 社区弹性实际上反映了人们共有的和特有的能力，以管理和适应灾难带来的巨大损失和对资源的巨大需求 |
| 美国国际开发署[59] | 2012 | 能力 | 应对 恢复 | 个体、家庭、社区、国家和系统以减少长期脆弱性和促进包容性增长的方式来缓解、适应和恢复冲击和压力的能力 |
| 联合国开发计划署[29] | 2013 | 过程 | 应对 恢复 创造 | 社区韧性是加强社区能力的变革过程，使社区预防、恢复、适应压力和变化，并从中发生改变 |
| Houston 等人 | 2015 | 过程 | 恢复 | 社区适应灾难的过程，而不仅仅是一系列测量结果 |
| Ostadtaghizadeh 等人[60] | 2015 | 能力、积极属性 | 应对、恢复、创造 | 暴露于危险中的系、社区或社会有能力及时并且有效地抵御、理解、适应危害带来的影响，并从当中保存和恢复其基本的基本结构和功能 |
| Imperiale 和 Vanclay[30] | 2016 | 过程 | 恢复 创造 | 在地方层面发生的由当地社区采取行动，以解决危机期间经历的负面社会和经济影响的一种社会生存、适应和动态变革过程 |

| 提出者 | 年份 | 类型 | 焦点 | 定义 |
|---|---|---|---|---|
| Kuir-Ayius[35] | 2016 | 能力 | 恢复创造 | 社区与所有相关利益攸关方的学习和协作，在地方和国家层面进行战略规划，从而在灾难之后维护、衡量和加强社区资本，从而实现可持续发展的能力 |

# 四、社区韧性的运作框架及其构成要素

## (一)4R 韧性框架

4R 韧性框架最初来自于工程学视角，是由 Bruneau 等人提出的一个用于定义社区抗震能力的概念框架，他们认为灾难性事件会导致系统性能(Performance)突然变化，之后系统会利用其资源逐步恢复到正常的性能水平[53]。具体来说，系统性能水平($Q$)随时间在 0%到 100%的范围内变化，100%表示性能没有退化，0%表示系统完全失去功能。假设灾害性事件的发生时间为 $t_0$，此时灾害性事件立即对系统性能水平造成了损害，(例如使其从 100%降低至 60%，图 1)，那么预计系统性能将随时间逐渐恢复，直到完全被修复至 100%水平。在数学上，韧性($R$)可以被定义成：

$$R = \int_{t_0}^{t_1} [100 - Q(t)] \, dt$$

因此，韧性可以被看作是系统恢复过程中"减少系统性能损害的可能性"、"减轻灾难后果"、"缩短恢复时间"的能力[54]，它包含了四个基本属性——坚固性(抵御冲击的能力)、冗余性(具备并行或者后备系统)、谋略性(识别问题及其优先次序，动员个人及经济资源的能力)、及时性(尽快重建和恢复的能力)。此外，对于一些原本韧性水平过低的社区，仅仅恢复到 100%的水平是不够的，它们需要在灾害性事件后进一步发展到超过 100%的水平，因此这一框架还提出了提高社区韧性的四个维度——技术、组织、社会和经济③④⑤。

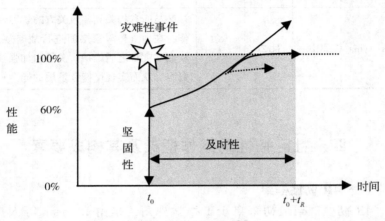

图 1　4R 韧性框架④⑤

## (二)韧性动态模型

Norris 等人在 4R 框架的基础上，提出了一个更为丰富的韧性动态模型(见图 2)，这一模型解描述了社区在应对外部冲击时形成的更高韧性水平的平衡状态的过程。Norris 等人认为，当系统遭遇压力时，存在三种应对的可能性：(1)如果系统本身的资源足够坚固(Robust)、冗余(Redundant)并且能快速缓冲或抵消(Rapid to buffer or counteract)压力带来的即时影响，就意味着系统具有完全的抵抗力(Resistance)，那么系统性能就不会出现障碍；(2)但是在面对严重的、持久的、突发的灾害性事件时，完全的抵抗力是非常罕见的，使得灾难性事件发生之后，系统很有可能甚至是普遍都会遭遇暂时的功能紊乱，因此在面临功能紊乱时，如果资源拥有足够的坚固性、冗余性、及时性就能够使系统产生韧性，帮助其恢复到原有的性能水平甚至是更高水平；(3)在面临功能紊乱时，如果资源的坚固性、冗余性、及时性不足，系统就会表现出脆弱性，进而产生持续的功能紊乱㉘。在这一运作框架中，社区韧性是建构在一系列相互联结的适应性资源(如经济发展、社会资本、信息与沟通、社区能力）及其动态变化过程中的一种适应能力。我国学者朱华桂、王冰等人也对 4R 韧性框架和 Norris 等人提出的韧性动态模型做了较为详细的介绍[60][61]。

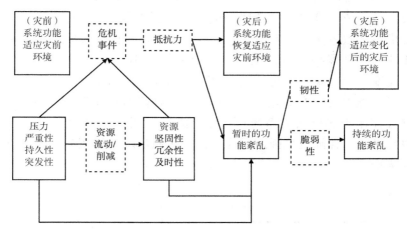

图 2　Norris 等人提出的韧性动态模型[28]

## （三）三维韧性框架（The 3-D Resilience Framework）

Béné 等人认为工程学对于韧性的概念框架相对比较狭隘，韧性不仅仅是"使系统性能恢复到原有水平"的能力，还应当包括获得积极成长的变革能力。基于这一观点，Béné 等人提出了三维韧性框架，他们认为韧性是由吸收能力、适应能力和变革能力共同构成的[62]。

吸收能力是指社区尽可能减少暴露于冲击和压力（事前）中，并在暴露时根据其本身的资源（包括系统成员的个体韧性、基础设施的坚固性、应急计划等）抵御灾难，迅速恢复（事后）的能力。例如当灾难的强度较低时，系统能够以其本身的资源吸收灾难带来的影响，而其功能、状态不发生改变，正如 Norris 等人的观点，此时社区具有"完全抵抗力"。

适应能力是指系统在不改变其基本功能和结构特征的情况下，根据不断变化的条件对替代生计策略进行主动和知情的选择，调整以适应环境改变的能力。例如采用新的农业技术、改变耕作方式、参与新的社会网络等，适应能力发生在系统的多个层次（个人、家庭、社区等），各个层次之间相互影响。

当系统的适应能力无法应对灾难带来的变化时，意味着系统需要一种能改变其结构和功能的能力——变革能力[62]。变革能力与治理机制、政策法规、基础设施、社区网络以及嵌入社区的正式和非正式的社会保护机制有关[50]。例如经济结构的改变、制度的改革、文化变迁，甚至是身份认同和价值观的变化。图 3 反映了系统韧性从吸收能力转向变革能力的过程，这三种能力相互交织、相互促进并且存在于多层次的系统（个人、家庭、社区、国家等）之中。同时也说明了伴随变化强度的增加，社区做出改变的成本和风险也逐渐增加。

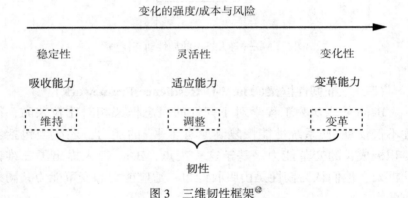

图 3　三维韧性框架[62]

## （四）灾难韧性定义法（Defining Disaster Resilience approach）

灾难韧性定义法是一个理解韧性及其要素的框架，这一框架旨在提高发展中国家贫困和脆弱社区对于经济危机、自然灾害和气候变化的抵御能力[63]。他们首先将韧性定义为系统通过改变其自身的条件，从而成功应对冲击和压力（地震，干旱或暴力冲突等）所带来的变化的能力[63]。系统的韧性框架是由四个基本元素构成，分别是背景（Context）、干扰性事件（Disturbance）、能力（Capacity）和反应（Reaction）（见图 4）。

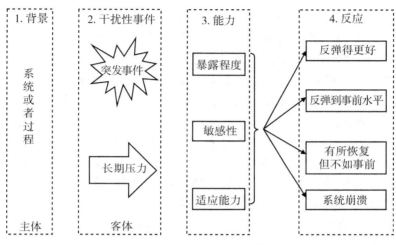

图 4　灾难韧性定义法⑬

　　"背景"所要定义和区分的是韧性的主体，例如是哪一社会群体（例如妇女、儿童），哪一种社会经济系统或是政治系统（例如社区、城市、国家），是自然环境还是组织环境等。因为不同层次的系统、同一层次的不同系统都拥有不同的背景，系统中的群体构成以及系统的政治、社会、经济、环境、制度背景都是影响系统韧性的重要因素。⑬

　　"干扰性事件"所要定义和区分的是韧性所要抵御的客体。一般来说有两种干扰性事件，一种是影响系统的脆弱性的突发事件（例如疾病爆发、自然灾害、战争等），另一种是长期的、逐渐削弱系统潜力的事件（例如自然资源损耗、城市化、人口变化、气候变化、政治不稳定、经济衰退等）。某个系统可能在应对突发事件时能够表现出较高的韧性水平，但对于长期的干扰性事件却不能很好地调整和适应。⑬

　　系统对干扰性事件的应对"能力"，取决于暴露程度（Exposure），敏感度（Sensitivity）和行动者的适应能力（Adaptive

Capacities）。"暴露程度"是指干扰性事件的大小、频率或压力程度。例如，冲突的暴露程度可以通过暴力事件发生的频率来衡量。"灵敏度"是系统受到某一干扰性事件的影响程度或反应程度。系统中的不同成员的灵敏度可能会有很大差异。例如，在 2004 年印度洋海啸期间，妇女占到死亡人数的 80%。流动性、能力和社会地位等因素都可能影响系统的敏感性。"行动者的适应能力"取决于行动者对干扰性事件的适应、对潜在伤害的调适、对机会的利用和对变革结果的处理。[63]

"反应"是指系统性能在干扰后的变化路径。在最好的情况下，系统会在干扰性事件发生后"反弹得更好"，系统能力得到提高，敏感度和风险降低，从而使系统更能够应对未来的冲击和压力。系统性能也可能是"反弹"到干扰前的水平，或者仅仅是有所恢复，但比以前更糟。最差的情况是，系统可能根本不会反弹，而是"崩溃"。[63]

## （五）基于社区能力的集体行动框架

Frankenberger 等人[51]在三维韧性框架、灾难韧性定义法和其他生计策略实践经验的基础上，提出了一种更为综合和完善的基于社区能力的集体行动框架，以全面了解影响社区脆弱性和社区韧性的因素和过程。他们认为，在不断变化的自然、社会和经济环境中，构建一个社区韧性的概念框架有助于利益相关者在社区层面明确、测量和模拟社区的韧性路径和脆弱性路径。这一框架细化了灾难韧性定义法中的四个要素，并提出基于社区能力的集体行动是这一框架的核心，包括了社区资产、社区的社会性维度以及集体行动的领域（见图 5）。社区资产是指社区内部有形和无形的资源，这些资源能够满足社区成员的基本需求，维系生计安全，具体包括社会资本、人力资本、金融资本、自然资本、物理资本、政治资本。社区的社会性维度是指社区所拥有的动态的品质，能够使社区以一种公平的可持续性的方式管理社区的资产，例如灾前准备、学习与创新、自我管理、多样性、包容性等。集体行动的领域是指社区有策略地组织和开展提升韧性的集体活动的具体领域，例如降低灾难风险、冲突管理、社会保护、自然资源管理、公共服务管理（例如维护有形资产和基础设施、卫生保健、教育服务等）。韧性在这些领域的有效运作取决于有效和公平地利用社区资产和优化社区的社会性维度。

Frankenberger 等人认为，由于社区背景不同、遭遇的冲击的类型和压力的程度不同、各个社区的社区能力和集体行动能力不同，导致社区的韧性水平不同，在灾难性事件之后的变化路径也有所不同[51][3]。具体来说，具有相对高韧性的社区，在灾难性事件之后系统性能会处于上升的韧性路径上，而另一些社区则由于韧性水平较低而处于下降的脆弱性路径上。建立韧性是一个长期过程，其决定因素在随环境的变化而变化，需要提高三个关键能力——吸收能力、适应能力和变革能力，从而达到社区复原、居民生计获得积极发展的结果。

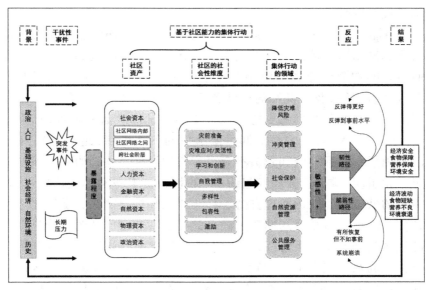

图 5 　基于社区能力的集体行动框架[51][3]

## （六）社区韧性的构成要素

Betty Pfefferbaum 等人认为，社会资本是社区韧性最核心的要

143

素，提升韧性（无论是个人还是社区）的有效途径是促进社会资本（social capital）的运用，这有赖于社会联结（social connections）和社会网络（social networks）的提升[19]。社会网络连接和支持了社区中的个人、家庭、群体、组织，社会联结能够提升社会网络中成员之间的交流与合作，从而促进整体功能的运转，在灾难情境中强有力的社会网络和社会联结有助于幸存者应对困境。社区成员之间的合作帮助他们认识社区本身、认识到灾难、认识到成员自身及社区的韧性，进一步建立起参与意识和团队意识，通过团队建设、技能提升、促进沟通、加强社区联结等方式提升个人韧性、社区韧性，从而更好地从灾难中恢复。美国卫生与公众服务部（United States Department of Health and Human Services，HHS）在其"国家健康保障战略和实施计划 2015-2018"（National Health Security Strategy And Implementation Plan）中，便将提升社区联结作为优先采取的策略来提升社区韧性[64]。

Doğlu 等人[65]对 10 名地震幸存者进行了深度访谈，以幸存者的视角总结出影响社区韧性的主要要素包括：（1）促进因素，包括及时有效的物资供应和健康服务，重建居住地，不同的组织（政府、非政府组织等）及其良好的伙伴关系，组织的决策，对社区资源的了解，社会的和心理的支持，社区团结，日常生活的重构（就业机会，经济投入等），宗教信仰，低水平的负面情绪（绝望感）；（2）阻碍因素，包括物资和救援不充足，资源分配不均，服务可及性不足，无组织（政府、非政府组织等）的状态，组织间不能达成一致，组织的低效率，缺乏心理支持、社会联结和社会团结，受制于环境条件，幸存者对救援的期望过高。此外，幸存者们认为一个高韧性的社区应当具备以下特征，（1）对灾难有充足的认识，应当开展灾难相关的教育（例如急救知识等应对灾难的方法）来提升社区韧性水平；（2）国家应当建立一个灾难准备和灾后重建的体系，以便在社区遭遇灾难的时候展开及时而有效的救助；（3）社会团结与合作是社区韧性的重要特征，社区成员知道自己能够与谁合作、信任谁，能够互相支持；（4）社区成员的个体心理健康水平、过往的灾难经历和经济资源也影响着社区韧性。

Patel 等人[20]通过文献回顾总结了 9 种主要要素，分别是：（1）知识与培训，包括危机意识、对于灾难的了解及如何应对、对于社区脆弱性和资源的了解、提升集体效能感和责任感等；（2）社区网络与关系，包括社会支持网络、社区凝聚力等；（3）信息与沟通，包括居民的知情权以及信息的有效性、及时性、准确性等；（4）健康服务与心理干预，包括住房、医院等健康设施的重建、物资的供给和及时有效的心理干预；（5）组织管理与公众参与，包括领导力，组织间的伙伴关系，服务提供的速度、有效性、效率，以及社区参与的广泛性、代表性、参与者赋权等；（6）资源的获取与使用，包括资源的可及性、资源分配的公平性、资源利用的有效性等；（7）经济投入与复苏，包括资金的分配、投资项目的性价比、经济来源的多样化、发展的可持续性等；（8）灾前准备，包括风险评估、应急预案、演习计划等；（9）社区成员的适应性和希望感，包括社区成员对于灾难情境的调整、适应和恢复，以及对于未来生活的希望。

尽管不同的定义和运作框架中强调不同的要素，但是从社区韧性的定义和运作框架中仍然可以看出，社区的核心要素主要在于四个方面：社区资源、社会资本、信息沟通与行动能力。

# 五、社区韧性的测量工具

伴随着社区韧性定义的发展，对于社区韧性的测量工具也获得了极大的发展。将社区韧性转化成可测量的概念，建构指标体系，一方面能够在灾难发生前帮助社区识别其脆弱性，提高社区意识，帮助社区对需求和目标进行先后次序的排列，将有限的资源合理地配置；另一方面，能够在事后评估干预、计划等提升社区韧性的措施的有效性和效率，进一步完善风险管理和社区韧性的模型[40][48]。目前，正如灾难、社区和社区韧性构成要素的多样化一样，社区测量工具也是丰富多样，种类繁多，没有一个适合所有社区情境的韧性测量工具。根据测量目的和测量时间跨度，目前的社区韧性测量工具主要分为两类，过程评估（formative）和结果评估

(summative)[66]，下面列举了几种具有代表性的测量工具(如表 2 所示)。

### (一)过程评估工具

过程评估强调灾前的预先评估和计划实施阶段持续不断的监测，是一种基于过程的、旨在通过改善条件从而提高适应能力的方法[40][66]。比较成熟的过程评估体系主要有社区韧性系统(Community Resilience System，CRS)、社区韧性分析法(Community-Based Resilience Analysis，CoBRA)、联合社区弹性评估措施(Conjoint Community Resiliency Assessment Measure，CCRAM)、社区发展韧性工具包(Communities Advancing Resilience Toolkit，CART)、托尔斯记分卡(Torrens Scorecard，TS)等。

CRS 是由美国社区和区域韧性研究所(Community and Regional Resilience Initiative，CARRI)开发的一套测量、评估、改进和奖励社区提升韧性的网络评估系统，旨在为社区提供简单实用、便于社区使用的社区韧性评估工具，帮助社区了解韧性并采取有效的措施加强韧性，它不仅仅是社区韧性评估系统，它还包含了参与、评估、设想、规划、实施和监督维护等环节，每个环节都有具体的指导步骤[67][68]。社区只需要启用这一网络系统，根据提示，回答"是"或者"否"即可。评估的参与者可以通过讨论来回答问题，除非所有参与者达成共识"是"，否则该项指标必须标记为"否"。问题的答案可能会触发一些附加问题，用以进一步评估社区韧性。评估的内容主要涉及经济、环境和社会三个维度。[68]

CoBRA 分析法是基于联合国开发计划署旱地发展中心 CoBRA 社区韧性分析项目经验不断完善形成的一套比较成熟的以家庭为单位的社区韧性定性测量工具包。这一评估工具，通过焦点小组讨论和关键信息访谈的方式收集资料，旨在通过识别被认为具有韧性的家庭来了解积极的经验，了解这些家庭运用何种方式，使他们能够更好地应对冲击或压力从而为进一步的定量分析提供信息。这种定性方法提供了更加清晰的、不容易通过定量方法获得的社区韧性的相关信息。讨论和访谈的内容包括经济问题(贷款、就业、多样的收入来源等)、人的生存和发展问题(食物保障、教育问题、卫生保健等）、对自然资源的管理问题、环境问题（生活便利性、基础设施建设、电子通信等）、安全的社会环境等。[69]

Cohen 等人开发的 CCRAM 指标体系是一个由 28 个题目组成的指标体系，主要测量五个因素：领导力，集体效能，灾难准备，地方依恋和社会信任[70][71]来帮助社区领导者识别、管理和实施提高韧性的活动。Cohen 等人利用 CCRAM 指标体系对以色列 9 个中小城镇进行了测量，旨在研究社区成员年龄和社区韧性水平的关系，结果显示健康状况良好的老年人可能对构建社区韧性做出积极贡献[72]。

CART 是一套可用于获取关于社区的基线信息以确定社区的优势和挑战，以及在灾难或后期干预后重新审视社区的工具包[44]。它包含了 21 个条目，主要测量社区韧性的四个维度，分别是：（1）社区联结和关怀（包括社区内的关联性、参与性、共同价值观、支持和培养、公平、正义、希望和多样性）；（2）资源（包括社区的自然、物理、信息、人力、社会和财政资源）；（3）变革潜力（源自社区整合集体经验的能力、收集和分析相关数据、社区评估和技能培养）；（4）灾害管理（社区的预防和减灾、备灾、应急和恢复活动）[42][44][73]。Pfefferbaum 等人[44]通过在 5 个贫困社区中进行的调查，说明了该工具包如何使用，还提出社区组织可以通过加强社会资本、制定资源获取计划来促进社区韧性。

托伦斯计分卡是澳大利亚政府资助开发的一套社区灾难韧性测量工具（Community Disaster Resilience Scorecard Toolkit），旨在帮助社区测量他们面对各种自然灾害时的韧性水平，识别其主要优劣势。这套测量工具通过一份问题清单测量四个主要问题——社区脆弱性如何？成员之间的联系如何？是什么支持了社区灾后响应和恢复过程？哪些资源可以用于应急计划、响应和灾后恢复？每个问题有 4~6 个具体的指标，一份问题清单共 22 个具体指标。Singh-Peterson 等人通过对五个经常受到洪水侵袭的农村社区进行评估，来验证 TS 记分卡的实用性和有效性，并提出虽然吸引人们参与评估有很大困难，但所有参与者都认为评估过程非常有价值，此外 TS 记分卡还需要进一步的发展和验证，以更准确地描述社区韧性[74]。

## （二）结果评估工具

结果评估强调对灾后的各种干预措施的效果评估，是一种基于产出的、旨在帮助社区了解其韧性水平从而为干预和策略的实施提供可靠的决策依据的方法，目前大部分是结果评估体系[40]。比较有代表性的结果评估体系有社区灾难韧性指数（Community Disaster Resilience Index，CDRI）、社区灾难韧性框架（Community Disaster Resilience Framework，CDRF）、灾难韧性实地模型（Disaster Resilience of Place Model，DROP）、社区韧性基线指数（Baseline Resilience Indicators for Communities，BRIC）、社区韧性指数（Community Resilience Index，CRI）和 PEOPLES 模型等。我国学者已对 CDRF、DROP、BRIC 模型做了详细介绍[54][49][52][75]。

CRI 是由 Sherrieb 等人开发的一种广泛使用的结果评估体系。这一指标体系包括两个主要部分，分别是经济发展指数和社会资本指数。具体来说，经济发展包括了就业率、收入水平、行业发展、税收、公平的资源配置等；社会资本包括了家庭构成、公民组织、投票率、信仰虔诚度、流动人口和犯罪情况等[66][77]。Bergstrand 等人利用 CRI 研究社会脆弱性和社区韧性之间的关系，结果显示高水平的脆弱性和低水平的韧性之间的相关性，并且社区韧性和社会脆弱性分布存在区域差异[76]。这为社区制定应急计划提供了更全面的社区图像和更有针对性的干预措施。

CDRI 是由 Yoon 等人在 DROP、CRI、CDRF 等测量工具基础上，根据韩国建设社区韧性实践经验开发的一套多维度测量评估工具。这一测量体系通过 24 个具体指标对社区韧性和脆弱性进行测量，涵盖了六个主要维度，分别是"经济——个人财富"、"社会——志愿服务"、"制度——规划准备"、"环境——地理环境"、"环境——大气环境"以及"人——女性"，每个维度同等重要。[78]。Yoon 等人利用 CDRI 对韩国 229 个不同水平的社区进行了测量，研究结果显示社会经济和制度层面的差距以及灾害风险塑造了社区对自然灾害的抵御能力，"人"、"社会"、"经济"和"制度"层面的资源和资本可以使社区更有韧性，因此，更加需要重视韧性水平相对较低的社区，加强其灾害相关的能力，降低社区脆弱性㉘。

PEOPLES㉙是一个在不同空间和时间尺度上衡量社区韧性的框架，涵盖了社区弹性的七个方面：人群和人口，环境和生态系统，有组织的政府服务，有形的基础设施，生活方式和社区能力，经济发展，以及社会文化资本。这一框架通过不同的时间尺度（紧急响应与长期重建阶段）和不同的空间尺度（个体，社区，城市，地区，州等）定义不同社区的混合模式，进而计算出韧性指数（R），以应用于衡量不同社区、在不同时间面对不同类型的灾难和冲击的韧性水平，进而帮助管理者和规划者制定决策，选择最佳的恢复策略，增强社区韧性指数。

上述测量工具中，CCRAM、CDRF、DROP、BRIC、CRI、CDRI 是指标（index）式的测量工具，指标式的测量工具通常通过计算每一个条目的均分或是总分来获得社区韧性水平。TS 是记分卡（Scorecard）式的测量工具，记分卡式的测量工具通常是由评估者对每个具体的指标进行打分，再将分数累积计算出某一测量维度的得分和社区韧性的总分值。CoBRA、CART、PEOPLES、CRS 是工具包（Toolkit）式的测量工具，工具包式的测量工具不仅涵盖了具体的测量指标，还为测量的实施者提供了相应的指导，更加具体地描述了测量的过程以及当中应注意的问题，可以说工具包更适合于过程评估㊵。

表2 社区韧性的测量工具

| 名称 | 年份 | 最初开发者 | 焦点 | 灾难类型 | 工具类型 | 评估形式 | 定量/定性 | 主要指标 |
| --- | --- | --- | --- | --- | --- | --- | --- | --- |
| DROP㉞㊸㊹ | 2008 | Cutter 等人 | 美国 | 多重 | 指标 | 结果评估 | 定量 | 生态韧性、社会韧性、经济韧性、基础设施韧性、制度韧性 |
| CDRF㊻ | 2010 | Peacock 等人 | 美国 | 多重 | 指标 | 结果评估 | 两者 | 经济资本、物理资本、人力资本、自然资本 |

续表

| 名称 | 年份 | 最初开发者 | 焦点 | 灾难类型 | 工具类型 | 评估形式 | 定量/定性 | 主要指标 |
|---|---|---|---|---|---|---|---|---|
| BRIC[45][92] | 2010 | Cutter等人 | 美国 | 多重 | 指标 | 结果评估 | 定量 | 生态韧性、社会韧性、经济韧性、基础设施韧性、制度韧性 |
| CRI[76][77] | 2010 | sherrieb等人 | 美国 | 多重 | 指标 | 结果评估 | 两者 | 经济发展指数和社会资本指数 |
| PEOPLES[79] | 2010 | 美国国家标准与技术研究所（NIST） | 美国 | 多重 | 工具包 | 结果评估 | 两者 | 人群和人口，环境和生态系统，有组织的政府服务，有形的基础设施，生活方式和社区能力，经济发展以及社会文化资本 |
| CART[24][43] | 2011 | 美国恐怖主义与灾难中心（TDC）、俄克拉荷马大学 | 美国 | 健康威胁 | 工具包 | 过程评估 | 定性 | 社区联结和关怀、资源、变革潜力、灾害管理 |
| CCRAM[97] | 2013 | Cohen等人 | 以色列 | 多重 | 指标 | 过程评估 | 两者 | 领导力、集体效能、灾难准备、地方依恋和社会信任 |
| CRS[67][68] | 2013 | CARRI | 美国 | 多重 | 工具包 | 过程评估 | 定性 | 经济、社会、环境 |
| CoBRA[49] | 2014 | UNDP | 非洲 | 干旱 | 工具包 | 过程评估 | 两者 | 经济问题、人的生存和发展问题、对自然资源的管理问题、环境问题、安全的社会环境 |

续表

| 名称 | 年份 | 最初开发者 | 焦点 | 灾难类型 | 工具类型 | 评估形式 | 定量/定性 | 主要指标 |
|------|------|------------|------|----------|----------|----------|-----------|----------|
| Torrens Scorecard[73] | 2016 | Singh-Peterson 等人/澳大利亚政府 | 澳大利亚 | 多重 | 记分卡 | 过程评估 | 两者 | 社区脆弱性如何？成员之间的联系如何？是什么支持了社区灾后响应和恢复过程？哪些资源可以用于应急计划、响应和灾后恢复？ |
| CDRI[78] | 2016 | Yoon 等人 | 韩国 | 多重 | 指标 | 结果评估 | 定量 | "经济——个人财富"、"社会——志愿服务"、"制度——规划准备"、"环境——地理环境"、"环境——大气环境"、"人——女性" |

## (三)社区韧性测量体系的构建

社区韧性的测量工具种类繁多，涵盖了社会、经济、文化、环境、基础设施、卫生健康、社区成员等多个维度，因此，在构建评估体系的时候，应当考虑该评估体系是否能够衡量了影响韧性的多个维度及其之间的关系，因为影响社区韧性的因素众多，既不能事无巨细，也不能忽略了重要因素[40][80]。通过分析社区韧性的主要因素和以上几种具有代表性的测量工具，可以看出构建测量体系包括四个最基本的维度，即环境、社会、经济和基础设施。环境维度强调生态强调自然资源和生态系统的监测和保护；社会维度强调社会资本、社区联结、社区凝聚力、集体效能感、参与度等；经济维度强调应急的物资与费用、居民就业、收入分配的公平性、社会福利、多样化的经济结构和生计策略等；基础设施强调两方面，一方面是有形的基础设施的建设，包括重要基础设施的冗余性和坚固性、庇护设施和服务、多样而又可靠的信息交流技术和网络、交通运输保障(可靠性、及时性、有效性)等；另一方面是无形的基础设施建设，包括及时更新的可行的应急和缓冲计划、预警和疏散方案、相关的教育培训等。由于影响社区韧性受到多种因素的影响，测量工具的构建应当具体问题具体分析，在实践的过程中不断地完善，才能构建出一个适切的社区韧性测量体系。

# 六、社区韧性干预项目

尽管学界对社区韧性的概念尚未达成一致，对社区韧性的测量也处在探索阶段，但这并不妨碍社区韧性干预项目的开展，许多国家都制定和实施了社区韧性发展计划，干预领域涉及灾害防治和灾后重建、贫困社区发展、应对气候变化等。这些项目经验能够为社区韧性理论体系的构建提供实证数据和经验的支持，具有一定的参考价值。

印度尼西亚依据联合国世界减灾大会制定的"2005—2015 年兵库行动框架——建设国家和社区韧性计划"在全国范围内系统地开展了减少灾害风险(Disaster Risk Reduction)活动。他们将减少灾害风险作为国家和地方的优先事项，为提升社区韧性提供了强大的制度保障，并将"识别、评估和监测灾害风险并加强预警"、"利用知识、创新和教育建立各个层次的安全和韧性文化"、"降低潜在的风险因素"、"各级采取有效的措施备灾"作为其韧性提升计划的核心和优先策略，有效地提高了社区应对灾害的能力[①]。

英国国际发展部(Department for International Development, DFID)基于灾难韧性定义法在全球范围内开展了广泛的社区韧性干预项目。例如 2008 年，英国和孟加拉国签署了五年联合协议以应对气候变化，英国承诺出资帮助孟加拉国提升应对气候变化的能力，其干预措施包括加强预警系统、改造堤防和道路、修建多用途的庇护场所、种植适应气候变化的作物等。[②]

美国国际开发署(The United States Agency for International

Development，USAID)采用基于社区能力的集体行动框架制定了社区韧性建设的计划(Feed the Future FEEDBACK Project)，旨在帮助社区建立长效的社区恢复和韧性发展策略，可持续地减少贫困，提高农村穷人的收入，以减轻贫穷国家和地区由灾难和冲击带来的伤痛，其干预重点在于妇女赋权、饮食质量和多样化、基础设施、高质量投入和金融服务[82]。

在目前的全球经济中，孤立的社区越来越少，灾害对一个社区的损害往往在更广的范围内产生后果。例如沿海社区经常遭受突如其来的风暴袭击，而不断变化的水位和海岸线也是沿海社区潜在的灾害源。因此，提升沿海社区韧性可以惠及更广的地区乃至整个国家的利益。Ewing 等人对沿海社区韧性建设的经验进行了回顾，他们提出一个具有韧性的社区具有以下特点：(1)社区中的人能够在灾难后存活；(2)灾难后人们能够迅速地恢复到事前状态；(3)基础设施不被损坏或能够迅速地恢复到事前状态；(4)社区便利设施(如生态系统和休闲空间)得以维护或加强。对于沿海社区来说，韧性将来自于良好的工程、良好的土地利用规划、关键系统的冗余性、增强自然系统以及其他因素对沿海灾害的缓冲力。[83]

Betty Pfefferbaum 等人通过回顾和分析六个社区韧性干预项目——分别是美国红十字会社区韧性策略、湾区韧性社区行动计划、加拿大社区更新计划、CARRI 社区韧性系统(CRS)、TDC 社区韧性工具、UNISDR 城市韧性指南——从研究和实践中得出的一套基本原则，用以指导社区韧性干预措施的创建[43]，具体包括"因地制宜地使用多重方法"、"利用测量工具进行社区评估"、"社区参与"、"遵守生命伦理原则"、"同时关注资产和需求"、"关注个人技能发展和个体韧性"[43]。

# 七、总结与讨论

作为应对系统变化和实现内部成长之间的桥梁，"韧性"能够帮助我们在当今变幻莫测的浪潮中，更好地理解和分析我们及我们所在的系统，衔接起灾难发生第一时间的人道主义救援和灾难发生后的发展性帮扶，并提升系统自我修复的能力，从而应对环境的剧烈改变和未来的风险[64]。近年来，国外对于韧性的研究已经从个体层面转向更大的系统(例如组织、社区、城市、国家等)。本文对近年来社区韧性的概念、运作框架以及测量工具的相关研究进行了回顾和梳理，总体上看，关于社区韧性的研究发展迅速，并且取得了丰富的研究成果，但仍存在一些局限。

　　社区韧性被定义成一种过程、一种结果、一种能力或是一种积极的属性，无论以哪种方式定义，都可以看出社区韧性是由某种危机引发的、社区面临危机时做出的反应[16]。它不是一种事前的自然状态，但也不能被理解成为一种被动的反应，人们可以通过一系列事前的手段和措施来加强危机产生时社区的反应能力[51]。但社区韧性概念的框架过于宽泛，没有相对一致的、明确的、可操作化的定义。社区韧性的概念还常与社区能力、社区适应性、社区动力[16]、幸福感、良好的适应、成功的应对[20]等概念混淆；也常常与"城市韧性(Urban Resilience)"、"组织韧性(Organization Resilience)"、"国家韧性(National Resilience)"等概念一同出现在政策话题中——这些都给实际的应用带来了困难。

　　影响社区韧性的因素复杂多样，社区韧性区别于个体韧性最核心的要素是"社会资本"和"集体行动"[51]。社会网络将个体与社区联系起来，个体可以利用其在社会结构中的位置获得更多的资源，而社区容纳所有个体组成一个有机整体，以集体行动促进整体功能的运转。未来研究应当给予"社会资本"和"集体行动"更多的关注，进一步探索社区韧性的关键影响因素及其作用机制，开发更多有效的工具来测量社会资本的积累、社会的动态性和社会内部的互动(例如社区组织在社区韧性发展和韧性文化的创造中的作用)[48]，而不是仅仅将资源投入到基础设施的建设和物理环境的改善中。

　　目前，社区治理的视角已经从脆弱性转变为韧性，发现社区存在的风险，并以一种积极主动的态度去规划和应对的理念已经被广泛地接受，但是如何进行韧性的测量是前瞻性规划和灾后干预效果评估中的一大难题。具体来说，选择何种维度来构建测量体系，每种维度下选择哪种或哪几种具体指标，每个指标的权重如何决定等都是需要考虑的问题。不同的研究者提出不同的标准和测量体系，没有统一的标准，而各个体系之间也很难进行比较。

此外，社区本身就是一个多层次的概念，上至国家下至邻里，同一层次的社区也会因自然、政治、经济、社会、文化等条件的不同而有所不同，社区成员构成也不同，可以说每个社区都有自己的独特性。特征相近的社区，也不一定会遭遇同样的灾难或是破坏性事件，可能有某个社区应对地震能够表现出较高的韧性水平，但对于金融危机带来的冲击却不能很好地调整和适应。因此，对社区之间的差异研究、比较研究也是一大难题。但无论是以地域、以社会关系还是以行政区划来划分社区，在制定计划、实施方案、开展评估之时，都应当注意具体问题具体分析，不能一概而论。

目前国内在个体层面关于韧性的干预和研究比较多，在社区层面大多是对国外研究的介绍和总结，没有很多实际运用和案例研究。国内各个城市社区、农村社区在地理环境、经济政治环境及社会环境方面不仅与国外社区存在着诸多的差异，国内各地之间也存在各自的特性，因此在进行规划和建立韧性评价指标时，应在借鉴国外经验的基础上，针对我国社区的特色设立不同水平的特有的测量体系，进行本土化的探索。社区韧性的建立是一项系统工程也是一个漫长的过程，需要多学科、多专业、多参与主体协同，需要政府发挥主导作用，也需要非政府组织、社区组织、社区公民的广泛参与。

## 参考文献

［1］Alexander，D. E.（2013）. Resilience and disaster risk reduction：An etymological journey. Natural Hazards & Earth System Sciences，13，2707-2716. doi：10. 5194/nhess-13-2707-2013.

［2］Berger，R.（2017）. An Ecological-Systemic Approach to Resilience：A View From the Trenches. Traumatology（1），35-42. doi：10. 1037/trm0000074.

［3］Rose，A.（2017）. Defining Resilience Across Disciplines Defining and Measuring Economic Resilience from a Societal, Environmental and Security Perspective (pp. 19-27). Singapore: Springer Singapore.

［4］Lin, P., Wang, N. & Ellingwood, B. R. (2016). A risk de-aggregation framework that relates community resilience goals to building performance objectives. Sustainable and Resilient Infrastructure, 1, 1-13. doi: 10. 1080/23789689. 2016. 1178559.

［5］Holling, C. S. (1973). Resilience and stability of ecological systems. Annual Review of Ecology and Systematics, 4, 1-23. Retrieved from http: //www. annualreviews. org/doi/10. 1146/annurev. es. 04. 110173. 000245.

［6］Mulligan, M., Steele, W., Rickards, L. & Fünfgeld, H. (2016). Keywords in planning: What do we mean by "community resilience"? International Planning Studies, 21, 348-361. doi: 10. 1080/13563475. 2016. 1155974.

［7］American Psychological Association. (2017). The road to resilience. Retrieved from http: //www. apa. org/helpcenter/road-resilience. aspx.

［8］Goldstein, M. A. (2017). Nature, Nurture, Adolescents, and Resilience. In M. A. Goldstein (Ed.), The Mass General Hospital for Children Adolescent Medicine Handbook (pp. 345-351). Cham: Springer International Publishing.

［9］Smith, C. L. c. -s. b. a. u. (2017). Coaching for leadership resilience: An integrated approach. International Coaching Psychology Review, 12, 6-24.

［10］Deblinger, E., Pollio, E., Runyon, M. K. & Steer, R. A. (2017). Improvements in personal resiliency among youth who have completed trauma-focused cognitive behavioral therapy: A preliminary examination. Child abuse & neglect, 65, 132-139. doi: 10. 1016/j. chiabu. 2016. 12. 014.

［11］Rosenbloom, T. r. m. b. a. i. A. (2016). Personal resilience, discipline and safety of military drivers. Transportation Research: Part F, 41, 66-74. doi: 10. 1016/j. trf. 2016. 04. 003.

[12] Song, L. Y. (2017). Predictors of personal recovery for persons with psychiatric disabilities: An examination of the Unity Model of Recovery. Psychiatry research, 250, 185-192. doi: 10. 1016/j. psychres. 2017. 01. 088.

[13] Vieselmeyer, J. , Holguin, J. & Mezulis, A. (2017). The role of resilience and gratitude in posttraumatic stress and growth following a campus shooting. Psychological Trauma: Theory, Research, Practice, and Policy, 9, 62-69. doi: 10. 1037/tra0000149.

[14] Eshel, Y. & Kimhi, S. (2016). Postwar recovery to stress symptoms ratio as a measure of resilience, individual characteristics, sense of danger, and age. Journal of Loss and Trauma, 21, 160-177. doi: 10. 1080/15325024. 2014. 965970.

[15] Eshel, Y. & Kimhi, S. (2016). Determinants of individual resilience following missile attacks: A new perspective. Personality and Individual Differences, 95, 190-195. doi: 10. 1016/j. paid. 2016. 02. 052.

[16] Matarrita- Cascante, D. , Trejos, B. , Qin, H. , Joo, D. & Debner, S. (2017). Conceptualizing community resilience: Revisiting conceptual distinctions. Community Development, 48, 105-123. doi: 10. 1080/15575330. 2016. 1248458.

[17] 孙中伟，徐彬：《美国灾难社会学发展及其对中国的启示》，《社会学研究》，2014 年第 2 期，218-241.

[18] Paveglio, T. B. , Boyd, A. D. & Carroll, M. S. (2016). Re-conceptualizing community in risk research. Journal of Risk Research, 1-21. doi: 10. 1080/13669877. 2015. 1121908.

[19] Pfefferbaum, R. L. , Pfefferbaum, B. , Van Horn, R. L. , Klomp, R. W. , Norris, F. H. & Reissman, D. B. (2013). The Communities Advancing Resilience Toolkit (CART): An intervention to build community resilience to disasters. Journal of

public health management and practice：JPHMP，19，250-258. doi：10. 1097/phh. 0b013e318268aed8.

[20]Eshel，Y. & Kimhi，S. (2016). Community resilience of civilians at war：A new perspective. Community Mental Health Journal，52，109-117. doi：10. 1007/s10597-015-9948-3.

[21]Kimhi，S. (2016). Levels of resilience：Associations among individual，community，and national resilience. Journal of health psychology，21，164-170. doi：10. 1177/1359105314524009.

[22]Kulig，J. & Botey，A. P. (2016). Facing a wildfire：What did we learn about individual and community resilience? Natural Hazards，82，1919-1929. doi：10. 1007/s11069-016-2277-1.

[23]Norris，F. H.，Friedman，M. J. & Watson，P. J. (2002). 60，000 disaster victims speak：Part II. Summary and implications of the disaster mental health research. Psychiatry，65，240-260. doi：10. 1521/psyc. 65. 3. 240. 20169.

[24]Norris，F. H.，Friedman，M. J.，Watson，P. J.，Byrne，C. M.，Diaz，E. & Kaniasty，K. (2002). 60，000 disaster victims speak：part i. an empirical review of the empirical literature，1981—2001. Psychiatry，65，207-239. doi：10. 1521/psyc. 65. 3. 207. 20173.

[25]Houston，J. B.，Spialek，M. L.，Cox，J.，Greenwood，M. M. & First，J. (2015). The centrality of communication and media in fostering community resilience. American Behavioral Scientist，59，270-283. doi：10. 1177/000276421454856.

[26]Patel，S. S.，Rogers，M. B.，Amlôt，R. & Rubin，G. J. (2017). What do we mean by 'community resilience'? A systematic literature review of how it is defined in the literature. PLOS Currents Disasters. doi：10. 1371/currents. dis. db775aff 25efc5ac4f0660ad9c9f7db2.

[27]Doron，E. (2005). Working with Lebanese refugees in a community resilience model. Community Development Journal，40，182-191

（110）. doi：10. 1093/cdj/bsi026.

［28］Norris, F. H. , Stevens, S. P. , Pfefferbaum, B. , Wyche, K. F. & Pfefferbaum, R. L. (2008). Community resilience as a metaphor, theory, set of capacities, and strategy for disaster readiness. American Journal of Community Psychology, 41, 127-150. doi：10. 1007/s10464-007-9156-6.

［29］UNDP. (2013). Community based resilience assessment (CoBRA) conceptual framework and methodology. Retrieved from http：// www. disasterriskreduction. net/fileadmin/user _ upload/drought/ docs/CoBRA% 20Conceptual% 20Framework% 20and% 20Metho dology% 20-% 20Post% 20Arusha% 20-% 204% 20April% 202013. pdf.

［30］Imperiale, A. J. & Vanclay, F. (2016). Experiencing local community resilience in action: Learning from post-disaster communities. Journal of Rural Studies, 47, 204-219. doi：10. 1016/j. jrurstud. 2016. 08. 002.

［31］Tobin, G. A. (1999). Sustainability and community resilience: the holy grail of hazards planning? Global Environmental Change Part B: Environmental Hazards, 1, 13-25. doi：10. 3763/ ehaz. 1999. 0103.

［32］Adger, W. N. (2000). Social and ecological resilience-are they related ? Progress in Human Geography, 24, 347-364. doi：10. 1191/030913200701540465.

［33］Paton, D. & Johnston, D. (2001). Disasters and communities: vulnerability, resilience and preparedness. Disaster Prevention and Management, 10, 270-277. doi：10. 1108/EUM000000000 5930.

［34］Walker, B. , Sayer, J. , Andrew, N. L. , Campbell, B. & Godshalk, B. (2010). Should enhanced resilience be an objective of natural resource management research for developing countries? Crop Science, 50, S-10-S-19. doi：10. 2135/cropsci 2009. 10. 0565.

[35] Kuir-Ayius, D. D. (2016). Building community resilience in mine impacted communities: A study on delivery of health services in Papua New Guinea. (Doctor of Philosophy in Development Studies), Massey University, Palmerston North, New Zealand.

[36] Gibson, C. A. (2010). An integrated approach to managing disruption-related risk: life and death in a model community. Journal of business continuity & emergency planning, 4, 246-261.

[37] Ahmed, R., Seedat, M., Niekerk, A. v. & Bulbulia, S. (2004). Discerning community resilience in disadvantaged communities in the context of violence and injury prevention. South African Journal of Psychology, 34, 386-408. doi: 10.1177/008 124630403400304.

[38] Coles, E. & Buckle, P. (2004). Developing community resilience as a foundation for effective disaster recovery. Australian Journal of Emergency Management, The, 19, 6. Retrieved from http://pesquisa. bvsalud. org/oncologiauy/resource/en/des-15704.

[39] Cabinet Office, (2011). Strategic National Framework on Community Resilience. London, UK. Retrieved from http:/www. cabinetoffice. gov. uk/sites/default/files/resources/Strategic-National-Framework-on-Community-Resilience_0. pdf.

[40] Sharifi, A. (2016). A critical review of selected tools for assessing community resilience. Ecological Indicators, 69, 629-647. doi: 10.1016/j. ecolind. 2016. 05. 023.

[41] Pfefferbaum, B. J., Reissman, D. B., Pfefferbaum, R. L., Klomp, R. W. & Gurwitch, R. H. (2007). Building Resilience to Mass Trauma Events. In L. S. Doll, S. E. Bonzo, D. A. Sleet, & J. A. Mercy (Eds.), Handbook of Injury and Violence Prevention (pp. 347-358). Boston, MA: Springer US.

[42] Pfefferbaum, R. L., Pfefferbaum, B., Van Horn, R. L., Klomp, R. W., Norris, F. H. & Reissman, D. B. (2013). The

160

Communities Advancing Resilience Toolkit (CART): an intervention to build community resilience to disasters. Journal of public health management and practice: JPHMP, 19, 250-258. doi: 10. 1097/phh. 0b013e318268aed8.

[43] Pfefferbaum, B. , Pfefferbaum, R. L. & Van Horn, R. L. (2015). Community resilience interventions: Participatory, assess-ment- based, action-oriented processes. American Behavioral Scientist, 59, 238-253. doi: 10. 1177/00027642 14550298.

[44] Pfefferbaum, R. L. , Pfefferbaum, B. , Zhao, Y. D. , Van Horn, R. L. , McCarter, G. S. M. & Leonard, M. B. (2016). Assessing community resilience: A CART survey application in an impoverished urban community. Disaster Health, 3, 45-56. doi: 10. 1080/21665044. 2016. 1189068.

[45] Cutter, S. L. , Barnes, L. , Berry, M. , Burton, C. , Evans, E. , Tate, E. & Webb, J. (2008). A place-based model for understanding community resilience to natural disasters. Global Environmental Change, 18, 598-606. doi: 10. 1016/j. gloen-vcha. 2008. 07. 013.

[46] Cutter, S. L. , Barnes, L. , Berry, M. , Burton, C. , Evans, E. , Tate, E. , . Carolina, S. (2008). Community and regional resilience: Perspectives from hazards, disasters, and emergency management. Retrieved from Columbia, South Carolina: http: // www. resilientus. org/wp-content/uploads/2013/03/FINAL_CUTTER_9-25-08_1223482309. pdf.

[47] Cutter, S. L. , Burton, C. G. & Emrich, C. T. (2010). Disaster resilience indicators for benchmarking baseline conditions. Journal of Homeland Security and Emergency Management, 7. doi: 10. 2202/1547-7355. 1732.

[48] Cutter, S. L. (2016). The landscape of disaster resilience indicators in the USA. Natural Hazards, 80, 741-758. doi: 10. 1007/

s11069-015-1993-2.

[49] Cutter, S. L. , Ash, K. D. & Emrich, C. T. (2016). Urban-rural differences in disaster resilience. Annals of the American Association of Geographers, 106, 1236-1252. doi: 10.1080/2469 4452. 2016. 1194740.

[50] Kimhi, S. & Shamai, M. (2004). Community resilience and the impact of stress: Adult response to Israel's withdrawal from Lebanon. Journal of Community Psychology, 32, 439-451. doi: 10. 1002/jcop. 20012.

[51] Frankenberger, T. , Mueller, M. , Spangler, T. & Alexander, S. (2013). Community resilience: Conceptual framework and measurement feed the future learning agenda. Retrieved fromhttp: // pdf. usaid. gov/pdf_docs/pnaec861. pdf.

[52] 王冰, 张惠, 张韦:《社区弹性概念的界定、内涵及测度》, 《城市问题》, 2016(6): 75-81。

[53] Ganor, M. & Benlavy, Y. (2003). Community Resilience: Lessons derived from Gilo under fire. Journal of Jewish Communal Service. Retrieved from http: //www. policyarchive. org/handle/ 10207/bitstreams/16280. pdf.

[54] Bruneau,M. , Chang, S. E. , Eguchi, R. T. , Lee, G. C. , O' Rourke, T. D. , Reinhorn, A. M. , ...von Winterfeldt, D. (2003). A framework to quantitatively assess and enhance the seismic resilience of communities. Earthquake Spectra, 19, 733-752. doi: 10. 1193/1. 1623497.

[55] Lemyre, L. , Clément, M. , Corneil, W. , Craig, L. , Boutette, P. , Tyshenko, M. , ...Team, G. S. (2005). A psychosocial risk assessment and management framework to enhance response to CBRN terrorism threats and attacks. Biosecurity & Bioterrorism Biodefense Strategy Practice & Science, 3, 316. doi: 10. 1089/bsp. 2005. 3. 316.

［56］Magis，K.（2010）. Community Resilience：An indicator of social sustainability. Society & Natural Resources，23，401-416. doi：10. 1080/08941920903305674.

［57］Gibson，C. & Tarrant，M.（2010）. A'Conceptual Models'approach to organisational resilience. Australian Journal of Emergency Management，25，8-14. Retrieved from http：// www. crisisresilience. ca/wp-content/uploads/2013/08/a_conceptual_models_approach. pdf.

［58］Cox，R. S. & Perry，K. -M. E.（2011）. Like a fish out of water：Reconsidering disaster recovery and the role of place and social capital in community disaster resilience. American Journal of Community Psychology，48，395-411. doi：10. 1007/s10464-011-9427-0.

［59］USAID.（2012）. Building resilience to recurrent crisis：USAID Policy and program guidance. Retrieved from http：//www. usaid. gov/sites/default/files/documents/1870/USAIDResilience PolicyGuidanceDocument. pdf.

［60］Ostadtaghizadeh，A.，Ardalan，A.，Paton，D.，Jabbari，H. & Khankeh，H. R.（2015）. Community disaster resilience：A systematic review on assessment models and tools. Plos Currents，7. doi：10. 1371/currents. dis. f224ef8efbdfcf1d508dd0de4d82 10ed.

［61］朱华桂：《论风险社会中的社区抗逆力问题》,《南京大学学报（哲学·人文科学·社会科学)》, 2012 年第 5 期, 47-53.

［62］Béné，C.，Wood，R. G.，Newsham，A. & Davies，M.（2012）. Resilience：New utopia or new tyranny? Reflection about the potentials and limits of the concept of resilience in relation to vulnerability reduction programmes. IDS Working Papers，2012，1-61. doi：10. 1111/j. 2040-0209. 2012. 00405. x.

［63］DFID.（2013）. Defining disaster resilience：A DFID approach paper. Glasgow: Department for International Development. Retrieved from https://www.gov.uk/government/uploads/system/uploads/attachment_data/file/186874/defining-disaster-resilience-approach-paper.pdf.

[64] U. S. Department of Health and Human Services (U. S. DHHS), Office of the Assistant Secretary for Preparedness and Response. (2015). National health security strategy and implementation plan, 2015-2018. Washington, DC: Retrieved from http://www.nasemso.org/Projects/DomesticPreparedness/documents/National-Health-Security-Strategy-and-Implementation-Plan.pdf.

[65] Doğulu, C. , Karanci, A. N. & Ikizer, G. (2016). How do survivors perceive community resilience? The case of the 2011 earthquakes in Van, Turkey. International Journal of Disaster Risk Reduction, 16, 108-114. doi: 10.1016/j.ijdrr.2016.02.006.

[66] Turner, S. , Moloney, S. , Glover, A. & Fünfgeld, H. (2014). A review of the monitoring and evaluation literature for climate change adaptation. Fiziologicheskiĭ Zhurnal Sssr Imeni I. m. sechenova, 43. doi: 10.13140/RG.2.1.3461.2966 .

[67] White, R. K. , Edwards, W. C. , Farrar, A. & Plodinec, M. J. (2015). A Practical Approach to Building Resilience in America's Communities. American Behavioral Scientist, 59, 200-219. doi: 10.1177/0002764214550296.

[68] CARRI. (2013). Building resilience in America's communities: Observations and implications of the CRS pilots. Retrieved from http://www.resilientus.org/wp-content/uploads/2013/05/CRS-Final-Report.pdf.

[69] UNDP. (2014). Community-Based Resilience Analysis (CoBRA) Conceptual Framework and Methodology. Retrieved from http://www.py.undp.org/content/dam/undp/library/Environment%20and%20Energy/sustainable%20land%20management/CoBRA/

CoBRRA_Conceptual_Framework. pdf.

[70]Cohen, O. , Leykin, D. , Lahad, M. , Goldberg, A. & Aharonson-Daniel, L. (2013). The conjoint community resiliency assessment measure as a baseline for profiling and predicting community resilience for emergencies. Technological Forecasting and Social Change, 80, 1732-1741. doi: 10. 1016/j. techfore. 2012. 12. 009.

[71]Leykin, D. , Lahad, M. , Cohen, O. , Goldberg, A. & Aharonson-Daniel, L. (2013). Conjoint community resiliency assessment measure-28/10 items ( ccram28 and ccram10): A self-report tool for assessing community resilience. American Journal of Community Psychology, 52, 313-323. doi: 10. 1007/s10464-013-9596-0.

[72]Cohen, O. , Geva, D. , Lahad, M. , Bolotin, A. , Leykin, D. , Goldberg, A. & Aharonson-Daniel, L. (2016). Community resilience throughout the lifespan—the potential contribution of healthy elders. PloS one, 11, e0148125. doi: 10. 1371/journal. pone. 0148125.

[73]Sherrieb, K. , Louis, C. A. , Pfefferbaum, R. L. , Betty Pfefferbaum, J. D. , Diab, E. & Norris, F. H. (2012). Assessing community resilience on the US coast using school principals as key informants. International Journal of Disaster Risk Reduction, 2, 6-15. doi: 10. 1016/j. ijdrr. 2012. 06. 001.

[74] Singh-Peterson, L. , Salmon, P. , Goode, N. & Gallina, J. (2016). An evaluation of the community disaster resilience scorecard toolkit by small, high-risk communities on the sunshine coast. Natural Hazards, 84, 489-505. doi: 10. 1007/s11069-016-2435-5.

[75]Peacock, W. G. , Brody, S. D. , Seitz, W. A. & Merrell, W. J. , V. (2010). Advancing the Resilience of Coastal Localities: Developing, Implementing and Sustaining the Use of Coastal

Resilience Indicators：A Final Report. Retrieved from https：//
www. researchgate. net/profile/Walter _ Peacock/publi cation/
254862206_Final_Report_Advancing_the_Resilience_of_Coastal_
Localities_10-02R/links/00b7d51feb3e3d0d4a000000/Final-Report-
Advancing-the-Resilience-of-Coastal-Localities-10-02R. pdf .

［76］Bergstrand，K. ，Mayer，B. ，Brumback，B. & Zhang，Y.
（2015）. Assessing the relationship between social vulnerability and
community resilience to hazards. Social Indicators Research，122，
391-409. doi：10. 1007/s11205-014-0698-3.

［77］Sherrieb，K. ，Norris，F. H. & Galea，S. （2010）. Measuring
capacities for community resilience. Social Indicators Research，
99，227-247. doi：10. 1007/s11205-010-9576-9.

［78］Yoon，D. K. ，Kang，J. E. & Brody，S. D. （2016）. A
measurement of community disaster resilience in Korea. Journal of
Environmental Planning and Management，59，436-460. doi：
10. 1080/09640568. 2015. 1016142.

［79］Cimellaro, G. P. ，Renschler，C. ，Reinhorn，A. M. & Arendt，L.
（2016）. PEOPLES：A framework for evaluating resilience. Journal
of Structural Engineering，142，04016063. doi：10. 1061/（ASCE）
ST. 1943-541X. 0001514#sthash. SreY8FUT. dpuf.

［80］朱华桂：《论社区抗逆力的构成要素和指标体系》，《南京大学
学报(哲学·人文科学·社会科学)》，2012(5)：68-74。

［81］Djalante，R. ，Thomalla，F. ，Sinapoy，M. S. & Carnegie，M.
（2012）. Building resilience to natural hazards in Indonesia：
progress and challenges in implementing the Hyogo Framework for
Action. Natural Hazards，62，779-803. doi：10. 1007/s11069-
012-0106-8.

［82］USAID. （2016）. Feed the Future：2016 Year in Review. Retrieved
from https：//feedthefuture. gov/2016-year-in-review.

［83］Ewing，L. ，Flick，R. E. & Synolakis，C. E. （2010）. A review of coastal community vulnerabilities toward resilience benefits from disaster reduction measures. Environmental Hazards, 9, 222-232. doi: 10. 3763/ehaz. 2010. 0050.

[84] Buckley, R. , Cork, S. & Walker, B. (2008). How resilient is Australia? Retrieved from http: //www. australia21. org. au/wp-content/uploads/2013/08/BARHowResilientDP1. pdf.

# 海外先秦两汉宗教文学研究前沿①

钟书林

（武汉大学文学院）

## 一、引 言

1949 年，德国哲学家卡尔·雅斯贝尔斯《历史的起源与目标》（*The Origin and Goal of History*）中提出了著名的"轴心时代"（Axial Age，或 Axial Era）哲学发展理论。② 在轴心时代里，各个文明都出现了伟大的精神导师——古希腊有苏格拉底、柏拉图、亚里士多德，以色列有犹太教的先知们，古印度有释迦牟尼，中国有孔子、老子……他们提出的思想原则塑造了不同的文化传统，也一直影响着人类的生活。

自现代以来，中国先秦两汉的哲学、宗教著作一直备受海外关注。以老子《道德经》为例，它在第一次世界大战后，即风靡西方世界，引发广泛而热烈的关注。据联合国科教文组织的统计，长期以来，当代被译成多国文字发行量最大的世界名著中，《道德经》仅次于《圣经》。据有关学者统计，近几年老子《道德经》发行量甚至已经超过了《圣经》成为全世界发行量最大的经典著作。《纽约时

① 本文所称"文学"概念，取其广义范畴，以尽量契合先秦两汉时期文史哲混沌未分的原始状态。

② 卡尔·雅斯贝尔斯著，魏楚雄、俞新天译：《历史的起源与目标》（The Origin and Goal of History），华夏出版社，1989 年版。

报》曾经一度将老子列为全世界古今十大作家之首。美国学者蒲克明教授指出，《道德经》是未来大同世界家喻户晓的一部书。

2010 年 6 月 19 日，俄罗斯国家领导人梅德韦杰夫在圣彼得堡论坛演讲时曾呼吁遵循中国哲学家老子的教诲以应对世界金融危机。他说："如果我们遵循中国哲学家的遗训，我认为，我们能够找到平衡点，并成功走出这场巨大的考验。"①他同时引用了老子《道德经》第四十四章："得与亡孰病？是故甚爱必大费，多藏必厚亡。知足不辱，知止不殆，可以长久。"阐发他的上述预见。

2011 年 6 月 21 日，潘基文连任联合国秘书长。他在就职演说中援引了老子《道德经》第八十一章"天之道，利而不害；圣人之道，为而不争"的名言，呼吁将这种不朽哲学思想与人类智慧应用到现实的工作中。② 所有这些，都体现了老子《道德经》在当今世界、在现代文明进程中仍然发挥着重要作用。

英国著名历史学家阿诺德·汤因比在《人类与大地母亲》说："在人类生存的任何地方，道家都是最早的一种哲学。"以老子《道德经》、庄子《南华经》为代表的道家思想，既是一种最早的哲学，也是一种较早的宗教。两汉兴起的中国本土宗教——道教，即从中酝酿、发展而来。它们与两汉时期开始传入中土的佛教，最终发展成为中国蔚然壮观的两大宗教体系：道教、佛教。其实，在西方人眼中，儒家也是一种宗教——儒教。这样，儒、道、释（佛）三教，连上中国早期原始文化遗承的原始宗教，共同构筑了中国先秦两汉时期宗教文化、宗教文学的全貌。所有这些，也成为西方汉学家近年来关注的热点之一。

由于佛教在东汉以后才开始传入中国，所以中国先秦两汉的宗教文学研究中，西方汉学家比较重视的研究领域是中国先秦原始宗教、儒教、道教，以及儒教、道教与佛教、基督教的比较等。

对西方有关中国宗教研究成果（尤其是道教研究）的总结评述，历来比较受到重视，有关这方面的成果也不少。较早的有法国汉学

---

① 中国新闻网，2010 年 6 月 20 日。
② 中国新闻网，2011 年 6 月 22 日。

家石秀娜（Anna Seidel）的研究报告《西方道教研究编年史（1950—1990）》（*A Chronicle of Taoist Studies in the West* 1950—1990）①；美国南加州大学的汉学家汤普森（Laurence G. Thompson）主编的多卷本《中国宗教研究西语文献》（*Chinese Religions*：*Publications in Western Languages*）。该书原名《中国宗教：英法德等西文出版物综合分类目录》（*Chinese Religion in Western Languages*：*A Comprehensive and Classified Bibliography of Publications in English*，*French*，*and German Through* 1980），共分为四册：第一册收录成果的时间截止于 1980 年，由亚历桑那大学出版社 1985 年出版；第二册收录 1981—1990 年的研究成果，1993 年的美国亚洲学会出版；第三册收录 1991—1995 年的研究成果，1998 年由美国亚洲学会出版；第四册收录 1996—2000 年的研究成果，2002 年由美国亚洲学会出版。由于该书收录研究成果跨度大，时限长，被誉为西方中国宗教研究文献目录之集大成者。稍后的，有 2009 年柯恩《北美道教研究学者与近况》②，比较全面地介绍了现有的北美道教研究整体情况，比较集中地反映了当前的研究队伍、趋势。

还值得关注的是，近年来西方致力于开发有关中国学、中国宗教学的有关电子数据库，例如：ATLA Religion Database 收集目录始于 1949 年；Historical Abstracts 始于 1955 年；Humanities Abstracts 始于 1984 年；Bibliography of Asian Studies（BAS）始于 1971 年等。这些电子数据库强大的检索功能上，给进一步了解西方宗教学研究成果提供了方便与快捷。

近十多年来，中国学者也开始注意海外的宗教学研究动态。如 2000 年陈耀庭先生的《国际道教研究概况》，对国外道教研究的初步梳理③；郑天星先生的《美国的道教研究》，对 20 世纪 90 年代中

---

① Anna Seidel：*A Chronicle of Taoist Studies in the West* 1950—1990，法国远东学院京都分院院刊《远东亚洲丛刊》5，1989-1990。

② Livia Kohn：*Daoist Studies in North America*：*A Survey of Scholars and Recent Trends*，Daoist Studies，13. Feb，2009.

③ 陈耀庭：《海外道教》附录二，福建人民出版社，2000 年版。

期以前美国道教研究成果的梳理①；郑天星先生的《欧美道教研究概述》，以连载的发文方式，对欧美道教研究的综合概述②；曾传辉先生的《2000—2007 年美国道教研究成果评介》，对 21 世纪初期美国道教研究成果的简要梳理③。2012 年，朱越利先生的《海外道教学研究任重道远》，对海外道教的研究纵览，高屋建瓴，审视西方宗教学研究的历史与现状。④ 以上种种，均体现了近年来中国宗教学研究者对海外宗教学研究的关注。

本文所关注的主要是 2016—2017 年海外先秦两汉宗教文学研究的重要成果，其中主要涉及一些重要的研究现象、研究内容、研究规律、发展趋势等。本文的写作，力求能够与前贤的相关研究成果既有所承继又有所补充，因时间与学识有限，请方家批评指正，匡我不逮。

## 二、重要期刊选介

据笔者不完全统计，2016—2017 年海外宗教文学研究的重要成果不下数千篇，而有关先秦两汉宗教文学研究的重要成果约略有五六百篇。其中，一些重要的专门期刊刊物尤其值得关注。

1.《道教研究学报：宗教、历史与社会》（*Daoism：Religion，History and Society*）。

《道教研究学报：宗教、历史与社会/*Daoism：Religion，History and Society*》是香港中文大学道教文化研究中心与法国远东学院（Ecole française d'Extrême-Orient）合作编辑出版的国际性学术期刊。2009 年 11 月创刊。该学报为东西方学者提供一个共同讨论的新平台，强调英文与中文并重，论文可以英文或中文发表，每期皆

---

① 李养正主编：《当代道教》，东方出版社，2001 年版。
② 《中国道教》1993 年第 4 期第 27-28 页，1994 年第 1 期第 35-38 页，第 2 期第 28-31 页，三期连载。
③ 《世界宗教文化》2008 年第 2 期，第 54-57 页。
④ 《宗教学研究》2012 年第 1 期。

有英文及中文论文刊登（不予翻译，但附有文章摘要的译本）。该学报主编为香港中文大学道教文化研究中心主任黎志添教授，副主编为法国宗教与世俗化研究所高万桑教授；编辑委员包括资深学者，负责英、中文的文字编审。学报由香港中文大学出版社出版和全球发行，暂定每年出版一期，包括电子版。《道教研究学报：宗教、历史与社会》鼓励配合田野考察或崭新文献的创新性研究，强调多元学科背景的学术讨论。除论文外，还刊登书评、书目、学术动态、专栏等。

《道教研究学报》第 8 期于 2016 年 12 月正式出版。该期期刊设有"道教生活：叙述与实践"（Daoist Lives：Narrative and Practice）特辑和书评（Book Reviews）两个类别，有英文论文 7 篇，内容涉及对道门生活的描写及道教的戒律与实践，并有四篇中英文书评评介近年出版的四部中英文道教研究著作。其中 Terry Kleeman 的 *Cultivating Conduct and Establishing Merit：Pursuing the Good Life in Early Daoism* 以及书评《姜守诚〈出土文献与早期道教〉》等，都是有关先秦两汉早期道教的专题研究。

2.《宗教史》期刊（*History of Religions*）。

《宗教史》期刊（History of Religions），英文简称 HR，是芝加哥大学出版社出版的一家学术期刊。1961 年，由伊利亚德（Mircea Eliade）创立。该刊内容涉及面广，研究世界各国宗教现象，从史前到现代以及特定的传统中的各类宗教文化，其研究视域跨越文化的界限。除专题文章外，也刊登评论文章和综合书评。该杂志的学术宗旨是为宗教历史学家、人类学家、历史学家和宗教比较、跨学科的学者服务。该刊为纯英语刊物，季刊，现任主编有温迪·多尼格（*Wendy Doniger*）、凯普斯坦（*Matthew Kapstein*）、基督教徒 K. 魏德迈（*Christian K. Wedemeyer*）等。其刊物网址为：*http：// www. journals. uchicago. edu/toc/hr/current*。由于该刊涉及面极广，加之发稿率较低（每期只发表 6 篇左右论文，全年 20 余篇），所以，除专题栏目外，刊发有关中国先秦两汉宗教文学的论文不多，2016—2017 年，仅发表有 Thomas Michael 的《Mountains and Early

Daoism in the Writings of Ge Hong》。①

3.《美国宗教学院学报》(*Journal of the American Academy of Religion*)。

《美国宗教学院学报》(*Journal of the American Academy of Religion*)，简称 AAR，其前身是《圣经和宗教杂志》(*the Journal of the Bible and Religion*)。1933 年创刊。它是由牛津大学出版社代表美国宗教学院出版的同行评议的学术期刊。其内容涵盖目前世界的宗教研究工作，包括世界各种宗教传统、方法学研究以及一些精彩书评。该刊物通常被认为是宗教研究领域的顶尖学术期刊，出版了涵盖全世界宗教传统的顶尖学术文章，以及对这些传统进行探索的方法的挑衅性研究。该刊物为英语，全球性季刊，现任主编为阿米尔·侯赛因（Amir Hussain）。该刊物网址为：*https：// academic. oup. com/jaar/issue*。该刊物针对一些专门问题精心设计了一些大而有价值的书评，颇受好评。

该刊物 2016 年第 2 期发表了菲利波·马西利（Filippo Marsili）的一篇书评论文：《圣人与人民：中国的孔子复兴》(*The Sage and the People：The Confucian Revival in China*)。②《圣人与人民：中国的孔子复兴》是塞巴斯蒂安·比尤德（Sébastien Billioud）和约瑟·托拉瓦尔（Joël Thoraval）的学术著作，最初由法国（国家科研中心出版社）2014 年出版，2015 年由牛津大学出版社出版。全书共分三个部分：第一部分是晚清以降儒家发展命运的梳理；第二部分是"安身立命"，儒学的宗教层面；第三部分是"礼教"，"礼与政治之间"。菲利波·马西利（Filippo Marsili）在书评中，充分肯定了塞巴斯蒂安·比尤德和约瑟·托拉瓦尔两人的研究贡献，他强调说，该书以理论的复杂性和实践的严谨性来证明，孔子的复兴是并且将来是一个复杂、多面和不断演变的现象；该书不屈服于将碎片证据重新定

---

① Thomas Michael：*Mountains and Early Daoism in the Writings of Ge Hong*, History of Religions, Volume 56, Number 1, August 2016：23-54.

② Filippo Marsili：*The Sage and the People：The Confucian Revival in China*, Journal of the American Academy of Religion, 2016(2)：560-563.

义为确定性认识论模型的诱惑，为读者提供了丰富的案例研究，生动地记录了重要的社会和文化转型的时刻，可以作为未来研究项目的出色起点。

该刊物 2016 年第 3 期还发表了路易·科马耶(Louis Komjathy)的关于《在"阴影"中：老子，贤者，道德经》(In the Shadows of the Dao：Laozi，the Sage，and the Daodejing)的书评。[①] In the Shadows of the Dao：Laozi，the Sage，and the Daodejing 一书，是托马斯·迈克尔(Thomas Michael)的学术专著，由纽约州立大学出版社(State University of New York Press)2015 年出版。托马斯·迈克尔的书由九个章节组成：(1)综合阅读道德精灵；(2)现代学术道德经；(3)读出的传统道德经；(4)老子和孔子之道；(5)早期道教：养生、道德经；(6)圣人与世界；(7)圣人与项目；(8)圣人与不良知识；(9)圣人和善知识。路易·科马耶在肯定托马斯·迈克尔研究贡献的同时，也毫不客气地指出该书存在的问题，他说："我收到了这本书，希望找到坚实的学理依据和精深的诠释。不幸的是，这本书充满了系统的误解，虚假陈述和没有支撑的观点。"(I received the present book in hopes of finding solid scholarship and interpretive sophistication. Unfortunately, the book is filled with systemic misinter-pretations, misrepresentations, and unsupported opinions. )路易·科马耶还认为，托马斯·迈克尔提出了缺乏证据的替代("创新")论证，并且完全不能令人信服，( Michael has taken the inexplicable step of presenting alternative "innovative" arguments that lack evidence and are thoroughly unconvincing. )其批评不可不谓尖锐。

4.《中国宗教研究集刊》(Journal of Chinese Religions)。

中国宗教研究集刊(Journal of Chinese Religions)，简称 JCR，其前身是"中国宗教研究学会公报"( Society for the Study of Chinese Religions Bulletin )。创刊于 1973 年，现任主编是 Philip Clart 教授。这是一份专门研究中国宗教的领先学术期刊( a peer-reviewed

① Louis Komjathy：In the Shadows of the Dao：Laozi，the Sage，and the Daodejing，Journal of the American Academy of Religion，2016(3)：856-861.

academic journal）。主要刊登中国宗教各方面的文章、书评及其他信息。该杂志由中国宗教研究学会（SSCR）和加利福尼亚大学伯克利分校支持，泰勒与弗朗西斯（Taylor & Francis）每两年出版一次。其刊物网址为：http：//www.tandfonline.com/loi/yjch20？open=45&year=2017&repitition=0&#vol_45_2017。截至2017年，共出版45期。由于是专门集刊，该刊物收录中国宗教研究的论文每期都有十多篇。2017年中有3篇书评涉及先秦两汉宗教文学研究，分别为大卫柴（David Chai）的《在"阴影"中：老子，贤者，道德经》①、路易斯·柯马耶（Louis Komjathy）的《道教，冥想和宁静的奇迹：从汉代（25—220）到唐代（618—907）》②、朱莉安·钟（Julianne N. Chung）的《庄子与快乐鱼》③。《道教，冥想和宁静的奇迹：从汉代（25—220）到唐代（618—907）》一书，作者是 Stephen Eskildsen，由纽约州立大学出版社（State University of New York Press）2015年出版。该书中的一些章节，如早期道教宗教运动（The Earliest-Known Daoist Religious Movements）、太平经文本研究（The Taiping Group Texts）、老子想尔注研究（The Laozi Xiang Er Zhu Lao Tzu to Seoul）等，都涉及早期道教研究内容。

除此之外，还有几种期刊也值得略加提及：（1）《中国宗教研究》（Studies in Chinese Religions）；（2）《宗教伦理研究》（Journal of Religious Ethics）；（3）《道教研究杂志》（Journal of Daoist Studies）；（4）《道教资源研究》（Taoist Resources）。只是相较之下，这几种期刊影响力相对有限，有些刊载中国宗教论文较少，如 Journal of Religious Ethics。《中国宗教研究》多集中刊发有关隋唐时期的宗教研究成果，先秦两汉宗教文学关注较少。《道教资源研究》是较早

---

① David Chai：*In the Shadows of the Dao：Laozi，the Sage，and the Daodejing*，Journal of Chinese Religions，Volume 45，2017：106-108.

② Louis Komjathy：*Daoism，Meditation，and the Wonders of Serenity：From the Latter Han Dynasty（25-220）to the Tang Dynasty（618-907）*，Journal of Chinese Religions，Volume 45，2017：94-98.

③ Julianne N. Chung：*Zhuangzi and the Happy Fish*，Journal of Chinese Religions，Volume 45，2017：85-87.

的道教研究的专门刊物。1988 年，由两位道教修女在新墨西哥州道教修道院的 Plumtree 创立。该杂志于 1991 年在东亚研究中心开业，东亚语言文化系教授 Stephen Bokenkamp 等主编。1997 年 11 月之后，被并入《中国宗教研究集刊》(*Journal of Chinese Religions*)。20 世纪 80—90 年代，该刊物每期末篇多以"staff"的名义，发表"Recent Publications on Taoism"或"Notes Toward a Comprehensive Bibliography in Taoist Studies"，搜集整理最新的道教研究成果。《道教研究杂志》(*Journal of Daoist Studies*)，每年出版一期，致力于提升全球道教的信息共享，分学术论文、当时宗教实践论坛、新闻资讯书评等版块。主编为孔丽维 (Kohn Livia)。孔丽维是道教研究领域的知名专家，其研究名著《原始富裕：道教根源在石器时代》(*Pristine Affluence：Daoist Roots in the Stone Age*)①。正是上述这些专门期刊的引领作用，在一定程度上促进了海外宗教文学研究的繁荣与发展。

## 三、海外先秦两汉宗教文学研究关注的热点探赜

21 世纪以来，伴随中国的和平崛起，读懂中国，读懂早期中国，逐渐成为海外中国学的热点之一。人类轴心时代的中国，留下了与世界相媲美的文化遗产；其中以道家、儒家为核心的先秦诸子文明，绵延至今，更是海外中国学关注的热点之一。这样的研究风潮，似乎以 2013 年约阿希姆·金茨 (Gentz Joachim) 出版的《了解中国宗教》(*Understanding Chinese Religions*)为代表②，了解中国，需了解中国人的信仰，了解中国宗教。随后，约阿希姆·金茨和德克·迈尔 (Dirk Meyer) 等人又合作出版了《早期中国的文本分歧》

---

① Livia Kohn：*Pristine Affluence：Daoist Roots in the Stone Age*, Religion and East Asian Studies at Boston University, 2017.

② Gentz Joachim：Understanding Chinese Religions, Edinburgh and London, Dunedin Academic Press(达尼丁学术出版社), 2013.

（*Literary Forms of Argument in Early China*）一书①，体现了约阿希姆·金茨等人从中国文明源头来了解中国文化、中国宗教的尝试。综观 2016—2017 年海外先秦两汉宗教文学研究总体概貌，大致体现在以下六个方面。

**（一）早期宗教观念研究**

这是近年来海外中国学关注的焦点之一。这方面的成果，以陈金樑（Alan K. L. Chen）教授的《早期中世纪中国的哲学与宗教》（*Philosophy and Religion in Early Medieval China*）的系列论著为代表②，讨论中国宗教观念中的"天堂"等话题；还有如赖国龙《挖掘来世：中国早期宗教考古学》对早期宗教观念的探讨③。所有这些，都体现了近年海外相关研究对此的重视。

在佛教未传入中国之前，中国早期的原始宗教观念是什么？有学者认为是巫术和萨满，如迈克尔·托马斯（Michael Thomas）《萨满理论和早期中国巫术》④和萨拉·米利奇·纳尔逊《萨满、皇后与小雕像：性别考古学的发展》⑤，均持有这一观点。由于在萨满、巫术的宗教仪式中，不乏各种神奇的药物，故有学者将此命名为

① GENTZ Joachim& Dirk Meyer：Literary Forms of Argument in Early China. Leiden and Boston，Brill，2015.

② 其系列论著有：（1）CHAN Alan K. L.：Sage Nature and the Logic of Namelessness：Reconstructing He Yan's Explication of Dao." *Philosophy and Religion in Early Medieval China*，Journal of Cell Biology，2010，103（3）：895-906.（2）CHAN Alan K. L.，and Yuet-keung Lo，eds. *Philosophy and Religion in Early Medieval China*. SUNY Series in Chinese Philosophy and Culture. Albany，2010.（3）CHAN Alan K. L.：*Philosophy and Religion in Early Medieval China*，SUNY Press，2011. "*Philosophy and Religion in Early Medieval China*"，也有学者中译为《哲学·宗教·玄学》。

③ LAI Guolong：*Excavating the Afterlife：The Archaeology of Early Chinese Religion*，Seattle and London：University of Washington Press，2015.

④ MICHAEL Thomas：*Shamanism Theory and Early Chinese Wu*，Journal of the American Academy of Religion，2015（3）：649-96.

⑤ NELSON Sarah Milledge：*Shamans，Queens，and Figurines：The Development of Gender Archaeology*. Walnut Creek，Calif.：Left Coast，2015.

"嗅觉文化"。这一论断，源自奥利维亚·米尔本（Milburn Olivia）的《味道、气味和香料：佛教进入中国之前的嗅觉文化》。① 这一颇为形象的称呼，可为中国早期文化研究者提供一种新的思考。也有学者认为是"天神"，中国人崇拜上天，殷商时期信奉天帝。如罗伯特·伊诺（Eno Robert）的《商代宗教有天帝信仰吗?》②、凯利·詹姆斯·克拉克（Clark Kelly James）与贾斯汀·温丝莱特（Justin T. Winslett）《中国宗教的进化心理学：作为奖惩者的先秦天神》③，均持此看法。也有学者尝试新的探讨，如斯坦福大学阮春霞（Reinhart Katrinka）的《宗教、暴力和情感：新石器时代和青铜时代中国北方的宗教模式》④、汪波《商周时期的宗教与信仰》⑤、安娜·安德烈瓦（Andreeva Anna）与多米诺·斯塔夫（Dominic Steavu）的《即将无效的东亚宗教的话语和生殖意象》⑥、柯马丁与德克·迈尔的《中国政治哲学的起源：〈尚书〉的形成和思想研究》⑦等论著，对中国早期宗教文化和信仰的探讨，则尝试进入一种多元化的

---

① MILBURN Olivia：*Aromas*，*Scents*，*and Spices*：*Olfactory Culture in China before the Arrival of Buddhism*，Journal of the American Oriental Society，Volume 136，2016（3）：441-464.

② ENO Robert：*Was There a High-God Ti in Shang Religion?* Early China Volume 15，1990：1-26.

③ CLARK Kelly James & Justin T. Winslett：*The Evolutionary Psychology of Chinese Religion：Pre-Qin High Gods as Punishers and Rewarders*，Journal of the American Academy of Religion，Volume 79，2011（4）：928-60.

④ REINHART Katrinka：*Religion*，*Violence*，*and Emotion*：*Modes of Religiosity in the Neolithic and Bronze Age of Northern China.* Journal of World Prehistory，Volume 28，2015（2）：113-177.

⑤ WANG Bo：*Religion and Belief in the Shang and Zhou Dynasties*，In Yan Wenming and Li Ling，2014：443-476.

⑥ ANDREEVA Anna & Dominic Steavu：*Transforming the Void*：*Embryological Discourse and Reproductive Imagery in East Asian Religions.* Sir Henry Wellcome Asian Series 16. Leiden and Boston：Brill，2016.

⑦ KERN Martin & Dirk Meyer：*Origins of Chinese Political Philosophy*：*Studies in the Composition and Thought of the Shangshu（Classic of Documents）.* Studies in the History of Chinese Texts 8. Leiden and Boston，2017.

思考。

也有一些学者认为，这些早期的原始宗教信仰，构成了中国本土宗教——道教的重要来源。道教的出现与"自然"密不可分，所谓"自然说"、"太一生水"，即由此而来。如刘静（Liu Jing）《什么是自然？自然在早期道教思想》①、安乐哲（Ames Roger T）《中国早期宇宙学旁系：儒家和谐的争论（和）作为造物的原位》（其中讨论了道家的"太一生水"）②等，从不同角度探讨早期道教理论的形成。波士顿大学道教研究专家孔丽维（Livia Kohn）教授2017年出版的《原始富裕：道教根源在石器时代》一书③，将道教概念和实践追溯到石器时代，提出了一种非常清新、新颖的方法，她将对道教传统的深入了解与考古和历史数据以及人类学和社会学见解相结合，被誉为"对道教根源的突破性研究"。

可贵的是，一些海外学者在探讨先秦两汉宗教起源及相关研究的过程中，比较注重引证出土考古文献。如奥利维亚·米尔本的《系年：来自清华简的一个古代文本》④，运用清华简的竹书材料；又如阮春霞的《偃师商城的仪式宴会和授权典礼》⑤，运用偃师商城的考古资料。

在中国早期宗教研究中，胡司德（Sterckx Roel）的研究独树一帜，颇具特色。他的研究成果大多关注早期中国宗教祭祀中的动

① LIU Jing：*What Is Nature? Ziran in Early Daoist Thinking*，Asian Philosophy，Volume 26，2016（3）：265-279.

② AMES Roger T：Collaterality in Early Chinese Cosmology：An Argument for Confucian Harmony as creatio in situ，Early China，Volume 37，2014：445-470.

③ Livia Kohn：*Pristine Affluence：Daoist Roots in the Stone Age*，Religion and East Asian Studies at Boston University，2017.

④ MILBURN Olivia：The Xinian：An Ancient Historical Text from the Qinghua University Collection of Bamboo Books."Early China，Volume 39，2016：53-109.

⑤ REINHART Katrinka：*Ritual Feasting and Empowerment at Yanshi Shangcheng*，Journal of Anthropological Archaeology，Volume 39，2015：76-109.

物、食品、供具等器物、物质层面的文化。无论是他十多年的系列论文①，还是近两年的代表性论文②，都体现了他在这一领域的敏锐眼光与学术魅力。这些系列论文之外，胡司德的两部相关学术著作影响也很大：《早期中国的食物，祭品与圣贤》(*Food*, *Sacrifice*, *and Sagehood in Early China*)③、《古代中国的动物与灵异》(*The Animal and the Daemon in Early China*)，后者的中文译本已于 2016 年与中国读者见面④。该书中文版的面世，将推动早期中国宗教文化研究进一步深入。

## (二)从哲学到宗教、从宗教到哲学的研究

中国先秦两汉的宗教与哲学有着密切关系，其中尤其以道家最为典型，道家作为本土宗教(Folk Religion)，发端、成长于先秦两汉时期。因此，海外学者对先秦两汉道家的研究，一直经历着从哲学到宗教，或从宗教到哲学的反复审视历程。近年较有代表性的著作是陈金樑(Alan K. L. Chan)和 Yuet-Keung Lo 的《早期中古中国的宗教与哲学》一书⑤，打破宗教、哲学的藩篱，对哲学、宗教持以

---

① 胡司德(STERCKX Roel)早年的代表性系列论文主要有：(1) STERCKX Roel：*The Animal and the Daemon in Early China. SUNY Series in Chinese Philosophy and Culture.* Albany，2002. (2) STERCKX Roel：*Attitudes towards Wildlife and the Hunt in Pre-Buddhist China. Wildlife in Asia：Cultural Perspectives.* Ed. John Knight. Man and Nature in Asia 5. London：Routledge Curzon，2004：15-35. (3) STERCKX Roel：*Sages，Cooks and Flavours in Warring States and Han China.* Monumenta Serica，Volume 54 2006：1-46. (4) STERCKX Roel：*Zoomorphism and Sacrificial Religion in Early China.* Chinese Studies，Volume 30. 2012 (4)：305-334.

② 近两年的代表性论文主要有：(1) STERCKX Roel：*Alcohol and Historiography in Early China.* Global Food History Volume 1，2015 (1)：13-32. (2) STERCKX Roel：*Ritual，Mimesis，and the Nonhuman Animal World in Early China.* Society and Animals Volume 24，2016：269-288.

③ Roel Sterckx：*Food，Sacrifice，and Sagehood in Early China*，Cambridge University Press，2011.

④ 胡司德著，蓝旭译：《古代中国的动物与灵异》(*The Animal and the Daemon in Early China*)，江苏人民出版社，2016 年版。

⑤ Alan K. L. Chan & Yuet Keung Lo：*Philosophy and Religion in Early Medieval China*，State University of New York Press，2010.

流动性的观照。

受这些思潮影响，近两年的先秦两汉宗教文学研究也体现出上述鲜明的特征，并且流动性研究的趋势更为明显。有代表性的成果，如刘笑敢(Liu Xiaogan)、何晓星(He Xiaoxin)、亚马黄(Yama Wong)合作的《道教：从哲学到宗教》①，专力研究道家从哲学到宗教的转化进程。也有专力研究的学者，比较突出的有罗伯特·埃利奥特·艾伦(Allinson Robert Elliott)的《怎么说什么不能说：〈庄子〉中的隐喻》②、《隐喻在〈庄子〉中的作用》③、《鱼、蝴蝶、鸟：相对主义与非相对主义在〈庄子〉中的价值》④、《庄子与布伯的对话：一堂实践与哲学的综合课》⑤等系列论文，探讨哲学的庄子，其中渗透着宗教的思考。

此外，还有安乐哲(Ames Roger T.)和中岛隆博(Takahiro Nakajima)的《庄子和快乐鱼》⑥、罗尼·莱·约翰恩(Littlejohn Ronnie L)《中国哲学导论》⑦等，都从不同程度上涉及了中国先秦哲学与宗教的话题。

而相较之下，威尔士·马尼克斯(Wells Marnix)的论文《雉帽

---

① LIU Xiaogan & Xiaoxin He & Yama Wong：*Daoism from Philosophy to Religion*，Springer Netherlands，2015：471-488.

② ALLINSON Robert Elliott：*How to Say What Cannot Be Said*：*Metaphor in the Zhuangzi*，*Journal of Chinese Philosophy* Volume 41，2014 (3-4)：268-86.

③ ALLINSON Robert Elliott：*How Metaphor Functions in the Zhuangzi*：*The Case of the Unlikely Messenger*，In Kohn Livia，*New Visions of the Zhuangzi*，2015：95-118.

④ ALLINSON Robert Elliott：*Of Fish*，*Butterflies and Birds*：*Relativism and Nonrelative Valuation in the Zhuangzi*. Asian Philosophy Volume 25，2015 (3)：238-52.

⑤ ALLINSON，Robert Elliott：*Zhuangzi and Buber in Dialogue*：*A Lesson in Practicing Integrative Philosophy*. Dao Volume 15，2016 (4)：547-62.

⑥ AMES Roger T & Takahiro Nakajima，eds. *Zhuangzi and the Happy Fish*. University of Hawaii Press，2015.

⑦ LITTLEJOHN Ronnie L：*Chinese Philosophy*：*An Introduction*. London：I. B. Tauris，2016.

大师与历史终结：早期中国宗教与哲学的连接》①，一反常态，探讨早期中国从宗教到哲学的历史进程，饶有新意，体现了西方对该领域研究的多元化特征。

无论从宗教到哲学，还是从哲学到宗教的转化流动过程中，思想观念（Ideal、Thought）承载着关键性的作用。在这方面的探索，安乐哲研究得较为深入。早在 20 世纪 80 年代，他就已经开始关注中国早期道家、儒家的思想观念的转化流动研究，这反映在他的《道教与雌雄同体的理想》②、《中国古典思想中的身体意义》③、《儒家思想中的宗教性》④、《道家与儒家修身的共同点》⑤等一系列论文中。到 2015 年，他又发表了《道教意识世界的本土与中心》⑥，这反映了他三四十年来对此领域的不懈探讨。与此同时，安娜·安德烈瓦（Andreeva Anna）与多米诺·斯塔夫（Dominic Steavu）《转变空虚：东亚宗教中的胚胎学话语和生殖影像》⑦、巴里·艾伦（Allen Barry）《消逝于事物之中的中国传统知识》⑧等著

① WELLS Marnix：*The Pheasant Cap Master and the End of History*：*Linking Religion to Philosophy in Early China*. In Kohn Livia，*New Visions of the Zhuangzi*，2015.

② AMES Roger T：*Taoism and the Androgynous Ideal*，In Guisso and Johannesen，1981：21-45.

③ AMES Roger T：The Meaning of Body in Classical Chinese Thought，International Philosophical Quarterly Volume 24，1984（1）：39-53.

④ AMES Roger T：Religiousness in Classical Confucianism：A Comparative Analysis，Asian Culture Quarterly，Volume 12. 1984（2）：7-23.

⑤ AMES Roger T：The Common Ground of Self-Cultivation in Classical Taoism and Confucianism，Tsing Hua Journal of Chinese Studies，Volume 17. 1985（1-2）：65-96.

⑥ AMES Roger T：The Local and the Focal in Realizing a Daoist World，In Girardot et al.，2015：265-282.

⑦ ANDREEVA Anna & Dominic Steavu，eds. Transforming the Void：Embryological Discourse and Reproductive Imagery in East Asian Religions. Sir Henry Wellcome Asian Series 16. Leiden and Boston：Brill，2016.

⑧ ALLEN Barry. Vanishing into Things：Knowledge in Chinese Tradition. Cambridge，Mass.，and London：Harvard University Press，2015.

作，也都对早期中国哲学、宗教观念作有一定的探讨。

### （三）道家长生研究

道家长生研究一直是海外热议话题。海外道教研究著名学者孔丽维（Kohn Livia）从 20 世纪 80 年代以来，一直致力于道家养生的研究，成果丰硕，如她的学术著作《道家冥想和长生技术》①、《道家的身体养护：传统模式与当代实践》②、《中国的医治练习：导引传统》③，以及大量的相关论文。亚瑟·肖恩也有不少相关论著，如收录孔丽维（Kohn Livia）《道家的身体养护：传统模式与当代实践》一书的《辟谷与道家身体》④论文，以及单独发表的《不死之道：早期道家的饮食修炼》⑤等论文，都是这一领域的钻研成果。

近两年来，道家长生、养生研究依然是海外学者比较关注的话题。如 2016 年 Kirkova Zornica 出版的《漫游于超越：早期中古中国的成仙不死的诗歌母题》⑥，以及迈克尔·托马斯的《隐士、山林和早期道教养生》⑦、《葛洪的仙人之路》⑧、《葛洪著作中的山林和早

---

① KOHN Livia：Taoist Meditation and Longevity Techniques，Center for Chinese Studies，1989.

② KOHN Livia：*Daoist Body Cultivation：Traditional Models And Contemporary Practices*，University of Hawaii Press，2006.

③ KOHN Livia：*Chinese Healing Exercises：The Tradition of Daoyin*，University of Hawaii Press，2008.

④ ARTHUR Shawn：*Life without Grains：Bigu and the Daoist Body*，in KOHN Livia：*Daoist Body Cultivation：Traditional Models And Contemporary Practices*，University of Hawaii Press，2006.

⑤ ARTHUR Shawn：*Eating Your Way to Immortality：Early Daoist Self-Cultivation Diets*，Journal of Daoist Studies，2009（2）：32-63.

⑥ KIRKOVA Zornica：*Roaming into the Beyond：Representations of xian Immortality in Early Medieval Chinese Verse*. Sinica Leidensia 129. Leiden and Boston：Brill，2016.

⑦ MICHAEL Thomas：*Hermits，Mountains，and yangsheng in Early Daoism：Perspectives from the Zhuangzi*，In Kohn，ed.，New Visions of the Zhuangzi，2015：145-60.

⑧ MICHAEL，Thomas：*Ge Hong's xian：Private Recluses and Public Alchemists*，Journal of Daoist Studies，2015（8）：24-52.

期道家》①等系列论文，都是近两年这方面的代表性论文。

## （四）儒家与宗教研究

儒家是否属于宗教？一直以来都是海内外关注和争论的热点之一。分歧很大，争论的焦点也较多。世界儒学文化研究联合会会长、国际儒联副主席安乐哲（Ames Roger T.）教授一直是"儒家宗教论"的坚守人。他坚定地认为，儒家的"礼"是其宗教性的核心体现。如他在《观礼：熟悉日常事务的焦点》②、《礼与古典儒学的宗教性》③等论文中，都集中地阐发了这一思想。2006 年，安乐哲在接受武汉大学胡治洪、丁四新教授采访时也谈及说：

> 我将要发表一个演讲，题目是《儒家思想的宗教性》（Confucianism and A-theistic Religiousness），我认为，儒家思想是以人为中心的宗教。中国人具有宗教感，但却是以人为中心，而不是以超越的上帝为中心，是另外一种宗教。对于中国宗教的认识要非常仔细。一方面，西方人已将中国传统思想基督化（Christianized）了，如他们将中国的"天"作为西方的"上帝"，本着西方的宗教概念来理解中国哲学。另一方面，中国人往往把宗教与迷信混同起来，在言行上拒绝接受宗教。如果轻率地判断中国人有或无宗教，那都是不对的。实际上，是"礼"，而不是"天"才是中国宗教性的核心。④

安乐哲还特别提到儒家"礼"的含义丰富及其复杂性：

---

① MICHAEL，Thomas：*Mountains and Early Daoism in the Writings of Ge Hong*，History of Religions，Volume 56，2016（1）：23-54.

② AMES Roger T：*Observing Ritual "Propriety"（li 禮）as Focusing the "Familiar" in the Affairs of the Day*，Dao，Volume 1，2002：143-56.

③ AMES Roger T：*Li and the A-theistic Religiousness of Classical Confucianism*，In Tu and Tucker，I，2003：165-82.

④ 胡治洪、丁四新：《辨异观同论中西——安乐哲教授访谈录》，《中国哲学史》，2006 年第 4 期。

　　"礼"是一个涵义很广的概念，以 ceremony 或 ritual 翻译它，都不足以表达它的内涵。Ritual 通常表示一个空洞的、没有什么意义和价值的行为，大致相当于"虚伪"的意思。而ceremony，如果你说 it's only a ceremony，这就和 ritual 的意思差不多了。然而"礼"当然不是虚伪的，它影响深远，含义丰富，难以翻译。①

　　安乐哲的这些判定，此后引发更为深层的思考：儒家是否具有宗教性？礼仪的宗教性到底如何？这些话题，在近几年的讨论中显得越发热烈，如陈勇（Chen Yong）《儒教作为宗教：争论与后果》②、李向平（Li Xiangping）《从中国宗教社会学的角度重新审视儒教作为一种宗教》③、孙安娜《儒教作为世界宗教：有争议的历史和当代现实》④，均从不同角度回应或补充安乐哲的说法。而相较之下，2016 年的两篇论文：陈明（Chen Ming）《儒家和仁爱的区别》⑤、陈娜（Chen Na）《为什么儒家不是宗教？东方主义的影响》⑥，则更多的谈及了儒家与宗教的区别，直接提出了儒家不是宗教的说法，否定了此前安乐哲等人提出的儒家宗教论。

　　也有一些学者，选择了从礼仪（仪式）是否具有宗教性的角度来回应安乐哲的说法。如赖国龙（Lai Guolong）《中国早期仪式艺术

　　① 胡治洪、丁四新：《辨异观同论中西——安乐哲教授访谈录》，《中国哲学史》，2006 年第 4 期。

　　② CHEN Yong：*Confucianism as Religion：Controversies and Consequences*，Religion in Chinese Societies 5. Leiden：Brill，2012.

　　③ LI Xiangping：*A Reexamination of Confucianism as a Religion from the Standpoint of Chinese Sociology of Religion*，Contemporary Chinese Thought，Volume 44，2012-13：84-103.

　　④ SUN Anna：*Confucianism as a World Religion：Contested Histories and Contemporary Realities*，Princeton：Princeton University Press，2013.

　　⑤ Chen Ming：*The Difference Between Confucian and Mencian Benevolence*，Journal of Chinese Humanities，Volume 2，2016（2）：217-235.

　　⑥ CHEN Na：*Why Is Confucianism Not a Religion? The Impact of Orientalism*，Zygon，Volume51，2016（1）：21-42.

中的色彩与色彩象征——红色与黑色与五色体系的形成》①、林泰别(Lim Tae-seung)《神圣的符号：儒家身体和象征力量》②等，深入探讨中国早期礼仪，发掘它们与儒家的密切关系，而不是简单地判定其宗教性与否。

在海外早期中国礼仪研究中，哈佛大学迈克尔·佩特(Puett Michael)的造诣颇深，他多年来从事这一领域的研究，成果也很丰硕。近两年他的这方面代表论文有：《仪式的背离：鬼魂、人类学和哲学》③、《鬼魂、神和即将到来的启示：帝国与宗教》④。根据迈克尔·佩特的这些研究结论，他认为早期中国的仪式背面都带有浓郁的原始宗教色彩，如鬼魂观念等，而这些仪式信仰与"敬鬼神而远之"的儒家思想，有着很大的不同。

综上可见，儒家与宗教关系到底如何，恐怕仍然是今后学界争议的焦点之一。

## (五)宗教比较研究

先秦两汉宗教的比较研究也是一个不可忽视的话题，有儒家、道家的比较，有老子、庄子的比较，有道家庄子与佛教的比较，等等。不过，以笔者所搜集的资料来看，近两年涉及先秦两汉宗教比较研究的相关论文，数量不多，但学术水平普遍都很高。

比较代表性的论文有：西奥多·以他玛(Theodor Ithamar)与姚志华(Yao Zhihua)等人的《婆罗门和道：印度和中国哲学与宗教的

① LAI Guolong: *Colors and Color Symbolism in Early Chinese Ritual Art*: *Red and Black and the Formation of the Five Colors System*, Color in Ancient and Medieval East Asia. Ed. Mary M. Dusenbury. New Haven and London: Yale University Press, 2015.

② LIM Tae-seung: Signs of the Sacred: The Confucian Body and Symbolic Power, Philosophy East and West, Volume65, 2015 (4): 1030-1051.

③ PUETT Michael [J].: *Ritual Disjunctions*: *Ghosts*, *Anthropology*, *and Philosophy*, The Ground Between: Anthropologists Engage Philosophy, Ed. Veena Das et al. Durham, N.C., and London: Duke University Press, 2014: 218-33.

④ PUETT, Michael [J].: *Ghosts*, *Gods*, *and the Coming Apocalypse*: *Empire and Religion in Early China and Ancient Rome*, In Scheidel, ed., State Power in Ancient China and Rome, 2015: 230-59.

比较研究》①、杰森·布拉胡塔(Blahuta Jason P.)的《财富与道：马基雅维利与〈道德经〉〈韩非子〉比较研究》②、刘清平(Liu Qingping)的《论全人类普世博爱的可能性：儒家与基督教伦理的比较研究》③、敖玉敏(Ao Yumin)与 Ulrich Steinvorth 的《庄子与维特根斯坦论自我的比较》④。上述论文的写作，都需要精通两种以上不同文化的知识素养，所以对研究者来说是个不小的挑战。

**（六）现代功能研究**

宗教的现代价值功能研究，也是海外先秦两汉宗教文学研究关注的内容之一。道家的生态学说与可持续发展战略，是近些年走俏的话题，如纳尔逊·埃里克·肖恩(Nelson Eric Sean)的《天地回应：道教、海德格尔与生态》⑤、纳尔逊·埃里克·肖恩(Nelson Eric Sean)的《以道回应：早期道教伦理与环境》⑥、乔纳森·陈(Chan Jonathan)的《生态系统的可持续性：道家的视角》⑦等，均从道家思想中看到了对于现代文明可持续发展的若干启示。

不过，就近两年而言，儒家的现代功能价值似乎更受到学人

---

① THEODOR, Ithamar, and Zhihua Yao, eds: *Brahman and Dao：Comparative Studies of Indian and Chinese Philosophy and Religion*, Studies in Comparative Philosophy and Religion, Lanham, Md.：Lexington, 2014.

② BLAHUTA Jason P.：*Fortune and the Dao：A Comparative Study of Machiavelli, the Daodejing, and the Han Feizi*, Studies in Comparative Philosophy and Religion. Lanham, Md.：Lexington, 2015.

③ LIU Qingping：*On the Possibility of Universal Love for All Humans：A Comparative Study of Confucian and Christian Ethics*, Asian Philosophy, Volume 25, 2015（3）：225-37.

④ AO Yumin, and Ulrich Steinvorth：Zhuangzi and Wittgenstein on the Self, Journal of Daoist Studies, Volume 10, 2017：1-14.

⑤ NELSON Eric Sean：*Responding to Heaven and Earth：Daoism, Heidegger and Ecology*, Environmental Philosophy, Volume 1, 2004：65-74.

⑥ NELSON Eric Sean：*Responding with Dao：Early Daoist Ethics and the Environment*, Philosophy East and West, Volume 59, 2009（3）：294-316.

⑦ CHAN Jonathan：*Ecosystem Sustainability：A Daoist Perspective*, Environmental Ethics：Intercultural Perspectives, ed., King-Tak Ip. Value Inquiry Book Series. Amsterdam/New York：Editions Rodopi B. V., 2009：133-146.

的关注。这或许来源于张祥龙《儒家宗教重建的危险性、必要性与中间路线》①这篇论文的"挑衅"，在全球重建儒家文明的众多呼吁声中，该文不啻为异响，直接指出重建儒家宗教的危险性。因此，海外近两年的相关论文研究多侧重于儒家文明的现代功能与建构的话题，似乎是对张祥龙"儒家宗教重建的危险性"的一种回应。

例如白诗朗（Berthrong John H.）《〈荀子〉里的宗教：什么是天？如何把握天？》②、拉法尔（Banka，Rafal.）《儒家伦理的心理学论证：跨文化哲学的一个方法论问题》③、安乐哲（Ames Roger T）《现代儒家民主的建构（或民主实践不能忽视理想）》④等论文，都不同程度地阐发或涉及了儒家思想的现代价值功能以及儒家作为宗教的现代功用价值。

此外，哈佛大学早期中国礼仪研究专家迈克尔·佩特（Puett Michael），也从他长期的早期中国礼仪研究中发掘出它们的现代价值，例如他的《仪式和礼仪的义务：来自传统中国的规范性视角》⑤、《这条路：中国哲学家能告诉我们什么是美好生活》⑥等系

---

① ZHANG Xianglong：*The Dangers of Reconstructing ru Religion*，*Its Necessity*，*and an Intermediate Line*，Tr. Lennet Daigle. Contemporary Chinese Thought，Volume 45，2013（1）：62-79.

② BERTHRONG John H.：*Religion in the Xunzi*：*What Does tian* 天 *Have to Do with It*? In Hutton, ed.，Springer Netherlands，2016：323-51.

③ BANKA，Rafal.：*Psychological Argumentation in Confucian Ethics as a Methodological Issue in Cross-Cultural Philosophy*，Dao，Volume 15. 2016（4）：591-606.

④ AMES，Roger T.：*On How to Construct a Confucian Democracy for Modern Times（or Why Democratic Practices Must Not Lose Sight of the Ideal）*，Philosophy East and West，Volume 67. 2017（1）：61-81.

⑤ PUETT Michael［J］.：Ritual and Ritual Obligations：Perspectives on Normativity from Classical China，Journal of Value Inquiry，Volume 49，2015（4）：543-50.

⑥ PUETT Michael［J］. & Christine Gross-Loh：*The Path*：*What Chinese Philosophers Can Teach Us about the Good Life*，New York：Simon & Schuster，2016.

列论著。迈克尔·佩特通过他的研究告诉世人，早期中国的这些礼仪，无论是具有原始宗教性质，还是具有儒家宗教特征，都对今天人类美好生活、秩序构建具有参考和借鉴。

# 日本"战争与文学"研究的最新动态与趋势（2012—2017）

李圣杰　王　萌①

　　从发动中日甲午战争至太平洋战争战败，近代日本的历史可谓是一部不断对外扩张、侵略他国的历史。不言而喻，大家与名作迭出的近代日本文学界，与本国政府与军部发动的侵略战争之间存在千丝万缕的联系，两者的联系不仅需要后人理清，而且必须加以批判与反思。战后，日本国内学界关于"战争与文学"为主题的研究长盛不衰，反思与批判的声浪此起彼伏。文学作品是如何反映近代日本的侵略战争，尤其是侵华战争与亚洲太平洋战争的？作家又是如何参与、观望或者反对战争的？日本文坛又是如何与"军国体制"互动的？这些不仅是作为曾经侵略国的日本的学者们关心的课题，也是作为战争受害国中国的学界理应密切关注的课题。他山之石，可以攻玉。近五年来，日本学界关于这一领域产生了哪些研究热点？又产出了哪些具有分量的研究成果？这些研究热点与成果又代表了怎样的研究趋势？在提出我们自己的观点之前，深入了解并掌握对方的研究动向实属必要。

## 一、战争文学通论

　　近五年来，日本学界通过对战争文学的多维度、多层面的研

---

　　①　李圣杰，武汉大学外国语言文学学院副教授、博士生导师；王萌，武汉大学历史学院副教授、硕士生导师。

究，对其在近代日本文学史上的地位有了更为综观的把握。原民喜所编《〈夏天的花〉之外：战争文学》通过分析教科书中的战争文学的名篇，如武田泰淳的《审判》、山川方夫的《夏天的葬礼队伍》、三木卓的《夜》等，梳理了不同时期战争文学的特色。新藤谦的《体感的战争文学》则以妹尾河童《少年 H》、石川达三《活着的士兵》、五味川纯品的"军部告发文学"、水上勉的《日本的战争》等作品为对象，探究不同风格的文人对战争的感受、想象与思索。铃木贞美的《〈文艺春秋〉的战争：战前期自由主义的趋归》，分析并比较了由菊池宽创办的《文艺春秋》在中日战争、太平洋战争时期的各种评述，揭露了日本军政当局控制下的"战时言论"的尺度与界限。此外，铃木还梳理了小林秀雄等人自由主义思想的变迁过程，剖析他们最终选择支持战争的思想路径。大冈升平在《对谈：战争与文学》中，大冈不仅与和他同样具有战地体验、俘虏体验的作家们进行了富有哲理的笔谈，而且与战后以战争为创作题材的作家——司马辽太郎、阿川弘之、大西巨人、野间宏等人展开激烈的笔战，探讨战争体验对于战争文学创作的张力性影响。

曾出版了 20 卷《合集：战争与文学》的集英社，是对日本文学界具有重要影响力的出版社。该社于 2013 年出版了具有索引工具书性质的别集《〈战争与文学〉索引：典》，2015 年又出版了《"战争与文学"特辑：重读战后七十年》。该特辑不仅从已出版的 20 卷合集中选取了较有影响的 11 篇作品，还收录了新发现的火野苇平的从军手帖与他较完整版本的从军战记《广东作战》，具有较高的史料价值。

2009 年初版的泽地久枝、佐高信的《向下一代讲述的战争文学》，选取了五味川纯品的《作为人的条件》、《战争与人》，大冈升平的《俘虏记》、《莱特战记》，高杉一郎的《极光之影》、原民喜的《夏天的花》等作品，分析了战争体验为作家带来创作灵感的同时，又赋予其战争责任的意识。作家们的作品仿佛历史的证言，不仅警示经历过战争的人们不要忘记风化中的战争记忆，而且期望年轻一代通过阅读这些作品能够拥有直视与思考战争的勇气。彦坂谛在《通过文学思考战争与人》一书中，分析了富士正晴的《在帝国陆军的学习·序》、古山高丽雄的《断裂的作战》、伊藤桂一的《悲惨的战记》、田村泰次郎的《裸女的队列》、木山捷平的《大陆的小路》、石原吉郎的《望乡与海》等多位作家的代表作，探讨了战争中的士兵是如何失去"自我"与战后又是如何恢复"人性"的问题。山口俊雄所编《日本近代文学与战争：对"十五年战争"期文学的考察》则分为两部分：第一部分主要考察了"十五年战争"（从"九·一八"事变到太平洋战争日本战败）与日本近代文学的关联，山口通过解读石川淳、鲇川信夫等人的文学作品来具体分析了战时文学的特点。第二部则是各位作家对第一部中收录论文的讨论记录，可以发现他们创作的思想轨迹。

中山弘明的《第一次世界大战之"影"：世界战争与日本文学》则关注并研究了远在大海另一边、对于日本人而言不过是"渔夫之利"的第一次世界大战中他国的作品，是如何对当时的日本文坛产生影响的问题。该书以当时日本国内报纸杂志上的"社会讲谈"、戏剧、短歌中的一些碎片化题材为线索，具体分析了世界大战对人们内心世界的冲击与影响，中山弘明还通过考察雷马克《西线无战事》在日本受欢迎的程度，指出战争题材的译作在当时日本风靡盛行的背后，乃受到了日本舆论主导性的影响。佐伯真一等人所著《日本与"异国"的战争与文学：何谓"异国"？何谓"战争"？》，则将视角置于古代、中世、近世日本人对战争的认知，探讨了古代日本文学作品中对敌国"新罗"的想象、近世日本侵略琉球的历史叙述的文本形成等问题。黄益九在《交错的战争记忆：占领空间的文学》中，批判了战后在盟军占领时期日本政府与民众对战时记忆采取回避的姿态，黄益九还考察了大量日本文学界关于 GHQ（驻日盟军总司令）占领的作品，如石川淳的《黄金传说》、山川惣治的《少年王者》、石森延男的《离别之路》、壶井荣的《二十四之瞳》等，揭示了战后日本文学界对日本民众战争记忆再塑造起到的重要推动作用。

近五年间探讨战争文学性质与流变的相关论文颇多，仅以笔者所阅，就有木村洋《文学青年的来历：日俄战争前后》、奥山惠《〈反复行走〉痛苦与准备：用文学描述战争》、中村哲夫《1940 年东京奥运会的海外报道：以纽约〈时代杂志〉为中心的考察》、黑古一夫《战后七十年：战争文学告诉我们的真相》、富冈幸一郎《战争文学：向被欺骗的"和平"驯养的现代日本人述说"战争实质"》、尾西康充《再考文学者的战争责任》、岩渊刚、能岛龙三、原田敬一《鼎谈：战争与文学》、小风秀雅《故事的写法：文学与历史的对话》、黑田一夫《跨越"加害"与"被害"的关系：从对战争文学的再解读中去发现》、堀川惠子、重松清《所谓"述说战争"》、中谷泉《被垄断的"战争记忆"》、大木志门《十五年战争期间的文学馆运动》、岩渊刚《战争时代与战后的联系：对〈东京监狱〉的思考》、北村隆志《文学者的责任是如何被追究的?》、石井正人《德国对战争责任的追究与文学者》、金森友里《〈红鸟〉杂志的战争观：从 1918 年创刊至 1929 年停刊期间的倾向》、内藤麻里子《围绕战争的文学作品的汇聚：作家所发现的必然性》等。

## 二、作家、作品与战争

近年来，日本学界不少学者将作家的创作题材或创作风格进行综合（比较）研究，从作家的人生经历考察作品的生命力与张力。如尾西康充在其著作《写实主义的战争文学：以石川达三·丹羽文雄·田村泰次郎为中心》（2014）中关注了小林多喜二遇害、无产阶级文学运动被镇压之后，作家们通过写实主义的手法来描写日本社会与其对外战争的现象，特别剖析了以南京大屠杀史实为背景创作的石川达三与以从军慰安妇为素材的田村泰次郎的创作之路。子安宣邦的论文《读中国论——所谓中日战争与文学的证言：石川达三〈活着的士兵〉、火野苇平〈麦与士兵〉》与牛久保建男的论文《面对"战争"的两位作家：重读石川达三〈活着的士兵〉、火野苇平〈麦与士兵〉》则探讨了石川达三与火野苇平创作的诸多共性。神子岛健的著作《出征战场与从战场复员——火野苇平、石川达三、榊山润所描写的士兵们》则对火野苇平、石川达三、榊山润等人小说中士兵在战场上的实态进行了综合研究，揭示了"普通人"成为士兵，又复归"普通人"的艰难心路，神子岛还关注到复员兵、伤兵、战争寡妇等弱势群体伴随战争的深入他们心态所发生的变化。关于战时中国沦陷区内中国作家的文学创作及其命运，铃木正夫在《中日战争与中国作家：以郁达夫、柯灵、陆蠡为对象》中以与日本文学家关系密切的郁达夫、被日军宪兵队逮捕的柯灵、行踪不明的陆蠡为对象，剖析了中日战争背景下以生命抗争为主题的中国作家的生存实态。

关于火野苇平及其作品的研究是近年来的热点之一。由于一些与火野苇平相关新资料的发现，渡边考的《在战场写作：火野苇平与从军作家们》（2015）则利用火野遗留的从军手帖及相关者的证言，揭示了战时环境下日军操控媒体的策略与作家们战时与战后的人生轨迹。对火野苇平个人经历与战地文学创作之联系进行研究的还有增田周子编的《火野苇平文学的轨迹：日本·亚洲·欧洲——战争的记录与表象》、石崎等的论文《火野苇平的"战争"：从中国战线到菲律宾》、松本和也的论文《火野苇平〈土与士兵〉在其时代的意义：中日战争期间文学（者）的位置》、挂田刚史的论文《书写的士兵、战斗的士兵：火野苇平与杂志〈士兵〉》、松木新的论文《〈活着的士兵〉所描写的现实》、风见梢太郎的论文《火野苇平的轨迹：从"士兵三部曲"到"革命前后"》等，对作者的从军经历与其战记创作的联系进行了深入的研究。

关于太宰治及其作品的研究，是近年来的另一热点。长期以来，人们对于太宰治的文学创作与战争之联系关注不多，故而就此领域留下了较大的研究空间。松本和也在其著作《对昭和时代第一个十年"文学场"的思考：新人·太宰治·战争文学》中，尝试运用一个新的概念——"场"（field）来揭示战争前夜，也即昭和时代第一个十年前后日本文坛的实相，松本关注的对象，并不局限于特定的作家与作品，而是通过分析媒体言论，对文本的解读，以及从时代的特质来重新审视太宰治等名家与文学青年小田岳夫等人的文学创作的共性与差异。关注太宰治战争文学风格的还有吉冈真绪的论文《太宰治的"女子决斗"论：作为战争文学或是"现场报告"的恶仿》、金永镕《国家、战争与疑惑：太宰治的"新哈姆莱特"论》、而《太宰治研究》杂志发表了关于太宰治写作时代背景与创作意图研究的一组颇有分量的专题论文，其中包括平浩一《1941 年 12 月—1942 年 4 月："开战"与文学：关于"连续与切断"的问题》、小泽纯《1943 年 1—4 月：受到期待的两位大家的"国民文学"与作为"卖国贼"的〈铁面皮〉》、松本和也《1943 年 5—8 月：围绕阿图岛玉碎的文学场·文学者的动向》、吉冈真绪《1944 年 5—8 月：新设文学奖与朗读文学》等，基本梳理了战时太宰治的创作动向、社会活动与战争的联系。

关于其他作家及作品的研究，较重要的有黑田大河的著作《横光利一及其时代：近代主义·媒体·战争》，黑田以小说家横光利一的文学人生及其作品为研究对象，分析了以《机械》、《蝇》等为世人所知、与川端康成同被视为"新感觉派"代表作家的横光利一是如何在媒体上描述并评论战争的，从而捕捉以横光利一为代表的日本昭和文学史的近代主义与局限。山城睦在其著作《小林秀雄与"战争之时"："陀思妥耶夫斯基文学"之空白》中，则剖析了志愿成为从军记者的评论家小林秀雄对战争的参与，分析了战局与战地环境对小林"陀思妥耶夫斯基"研究的重要影响。

除以上著作外，以作家与作品为选题比较重要的论文，还有井口时男《莲田善明的战争与文学》、荻野富士夫《小林多喜二是如何描写战争与军队的？》、李冬阳《井伏鳟二的"复员者"论：从复员兵夫妇的诸种形象来看他们对战争的揭发》、北村隆志《大城立裕文学的双重性：读"战争与文化"三部曲》、张永娇《关于宫泽贤治作品与战争：以〈飞鸟的北斗七星〉为对象的考察》、艾娃玛利亚·阿克《对〈文学者的战争责任〉争论的某一类型的反应：壶井繁治对吉本隆明的批判是如何回答的？》、和田典子《阿部知二的爪哇战争体验与文学：以〈向敌人的后方前进〉为主轴》、樋口阳一《井上恒的"人"与"战争"：改变日本文学定义的作家》、李娜娜《武田泰淳的中国观：以〈风媒花〉的蜜枝为中心》、长滨光：《川端康成〈生命之树〉论：以从战争恢复为目标》、彭妍蓁《坂口列子与战争：以〈灯〉为对象的考察》、渡边史郎《罪与罚：对花田清辉的战争责任论的前期考察》、马场美佳《战死者啊！回归个人吧！夏目漱石的〈兴趣的遗传〉与 The View of the World》、松本和也《从军笔部队的言论与尾崎士郎的〈某从军部队〉》与《作为小说的战争：读森博嗣的〈天空杀手〉系列》与《日中战争开战不久后文学（者）的课题：以小田岳夫〈泥河〉、〈放浪〉为视角》、田中亚美《雾之"乡愁"与雪之"寂寥"：金子兜太的战争与"私"性》、永吉雅夫《昭和十二年（1937 年）前后的室生犀星：以小说〈大陆之琴〉为中心》、中川成美《思考西川长夫〈日本的战后小说：废墟之光〉：文学与战争责任》、渡边正彦《关于日俄战争时期花袋·森鸥外接触之考证》、鸟羽耕史《残疾士兵与原子弹轰炸：大田洋子所见战争之记忆》、高泽秀次《战后"战争文学"之后：安冈章太郎以降》、奥村久美子《恒藤恭、芥川龙之介的日俄战争：与列夫托尔斯泰阅读体验相结合的考察》、服部裕子《丹羽文雄〈少年国民版 所罗门海战〉论：以与原作的比较为中心》、桥本步《描写军队/捕捉法规：大西巨人〈神圣喜剧〉与野间宏〈真空地带〉之比较》、田口麻奈《鲇川信夫〈医院船日志〉论：国家与原罪》、山口俊雄《白川渥之"崖"：战时芥川奖候选作品体现的时政力学》、坪井秀人《三好达治与战争》、鹤冈征雄《梅崎春生的战争与文学：关于〈樱岛〉》、高木伸幸《梅崎春生的"凌乱的风筝"论："战争"、"家父长制"与"天皇制"》、根岸泰子《昭和战时通俗小说中"协助战争"的实态：竹田敏彦〈年轻的寡妇〉（1939 年 10 月—1940 年 12 月）与战争寡妇问题》、高藤实代《从〈放浪记〉看林芙美子形象的变迁：以电影·戏剧为视角》、岩渊刚《至发表〈绝版声明〉时的德永直》、下田城玄《佐多稻子与战争责任》、坂元纱织《作为超越"反对/协助"战争方法的桐野推理：以林芙美子的原型小说〈好像有什么〉为中心的考察》、冈田孝子《战时中本隆子的文学》等。

# 三、儿童、少年文学与战争

近五年日本学界关于战时儿童文学、少年文学的研究成果迭出，产出了一批具有影响力的著作与论文。野上晓所编《我们的童年见证了战争：儿童文学家眼中的现代史》，编者通过对神泽利子、森山京、阿万纪美子、三木卓、角野荣子、三田村信行、那须正干、岩濑成子等8位儿童文学作家的口述史采访资料，发掘了大量他们童年关于战争的体验与记忆，其中三木卓"满洲时代"的生活、那须正干的原子弹爆炸后在广岛的避难体验等，编者都以儿童的口吻生动地加以描述，从而深刻地揭示了儿童眼中战争的残酷。山中恒在《靖国之子：教科书与儿童读物中的靖国神社》中，关注了一个特殊的群体"靖国之子"——作为靖国神社英灵祭祀的战死士兵们的子女，著者山中通过杂志、照片、教科书、诗歌、连环画等多种资料，剖析了"靖国之子"形成的文化基础与"靖国"教育对其人格的影响。山中恒的另一本著作《少年国民的战争文化史》，则以战时日本少年文学作品为研究对象，揭露了战时日本政府与军部控制下的所谓"官民一体"的少年国民文化运动的一些真相。由于参与这一运动的儿童文学作家们大多战后三缄其口，故而运动的全相仍存在晦暗不明之处。山中恒特别以《我们少年国民》杂志为线索，对其在该运动中所扮演的角色进行了探讨，揭开了战时日本政府与军部对少年读物实施统制的冰山一角。

鸟越信、长谷川潮在《开始学习日本的战争儿童文学史》中明确了"战争儿童文学"的定义，并探讨了该类文学在近代日本文学史上的位置。该书以作品出版时间为主线，按素材、领域、地域再分类，编织了"战争儿童文学"从诞生至繁盛的全像，可谓是近代日本战争儿童文学的第一部通史性著作。木村功在《贤治·南吉·战争儿童文学：重读教科书》中，对宫泽贤治、新美南吉、安房直之等儿童文学家所创作的童话与儿童文学如何通过学校教育而被教材化的过程进行了考察，木村功的研究尤其注意社会、文化、制度对童话、儿童文学的改造与利用。此外，他除了研究那些描写战争、原子弹爆炸、特攻队等战争儿童文学作品之外，还考证了"千与千寻之神隐"与战争的联系，使著作更添了一层趣味。综合而言，木村的研究从少数派的立场出发，捕捉并批判了现代社会的诸多问题，为读者尝试构建一个他所理解的新世界形象。长谷川潮著《对少女的宣传战：〈少女俱乐部〉与亚洲太平洋战争》，则对《少女俱乐部》杂志进行细致的考察，对于刊载其上讴歌"自杀式攻击"的"军国美谈"进行了深入的批判。长谷川的研究，通过《少女俱乐部》这一具体个案，使读者得以形象地了解亚洲太平洋战争是如何反映于战时日本少年杂志之上的，并以此为切入点分析战时儿童文学"繁盛"的原因。

关于战时的儿童、少年文学题材的论文为数不少，其中较重要者有未央千鹤《〈计件化的文学〉所不能传达的内涵：对新战争儿童文学的挑战》、鹈野祐介《亚洲太平洋战争中日本儿童的换词歌（后编）——战后复兴期日本儿童的换词歌：笠木透的换词歌研究》、末益智广《"撤退者"的记忆：以战争儿童文学为中心的考察》、木户纪子《对新战争儿童文学的摸索》、芹泽清实《从物与场所中发现真实：行走于战争遗迹、思考儿童文学》、成实朋子《"杨"与"满香"：从中国发现日本的战争儿童文学》、沟渊园子《日俄战争时期的少女杂志中的"俄国"：以〈少女界〉为例》等。

## 四、诗歌、落语与战争

近年来日本学界出版关于诗歌、落语与战争关系的专著并不多，其中不可忽略的经典专著为阿部猛的《近代日本的战争与诗人》。该书前半部分对近代日本的战争进行了梳理，分析了甲午中日战争、日俄战争、第一次世界大战、第二次世界大战的原因及影响，也对一些重要的历史事件进行了评述，如大逆事件、尼港事件、间岛事件等；该书后半部分选取与战争相关的诗人为研究对象，深入剖析了冈崎清一郎、草野心平、丸山薰、中勘助、三好达治、安西冬卫、高桥新吉、堀口大学、藏原伸二郎、高村光太郎等诗人的作品，划分了"战争诗"、"爱国诗"、"国民诗"三个大类，并对各时期的诗歌进行了总结分析，如歌颂太平洋战争开战日"十二月八日"为主题的诗歌、描写日本战败的诗歌等。此外，堀内统义著《战争·诗·时代：为了和平而和平》介绍了正冈子规、大和田建树与明治时代的诗坛、尼崎安四强韧、清冽的诗风、富泽赤黄男在战场上用诗表达的真情等，堀内还通过描写战争与《治安维持法》下诗人的青春生活，回顾了军国氛围下诗人与战争的关联。

另，关于这一选题还有若干以论文形式发表的研究成果亦颇为丰富，如小川靖彦《中日战争时期"丑陋的御盾"的意识：通过对圣战短歌的考察》、金益见《战争中的落语：禁演落语的变迁》、柴崎聪《诗人所见到的战争与原子弹爆炸》、河野龙也《"疏散者"佐藤春夫的"战败"：诗稿告诉我们的》、野坂昭雄《试论关于战争诗的视觉性：以丸山薰的作品为线索》、大桥毅彦《少年诗人所见到的战争：从木原孝一〈战争中的建设〉出发》、白井洋子《从军士兵与战争诗：越南战争与中日战争》、岩本晃代《再论藏原伸二郎的"岩鱼"：以副岛次郎的关联诗为视角》、梶尾文武《作为阅读的战争体验：井上光晴〈瓜岛战役诗集〉与战中派的思想》等。

## 五、殖民地（占领区）文学与战争

近五年日本学界关于战时日本殖民地（占领区）文学的研究成果，亦颇为可观。如"殖民地文化研究"编辑委员会所编《内化的殖民地：再回顾：专辑》是该委员会于2016年的最新成果，其中特别关注了"满洲国"成立后第二代文学家生存状态与创作困境。横路启子在《反抗的隐喻：战时殖民地台湾的文学》中则利用"隐喻"这一概念，考察了西川满、张文环、吕赫若等作家在《文艺台湾》、《台湾文学》上的作品的背后意涵。横路生动描写太平洋战争期间台湾文学世界的实态的同时，也揭示了当时台湾日语文学所具有的多样化发展态势。

以战时日本殖民地（占领区）文学为主题的论文亦不在少数，比较重要的有邹双双《日本占领时期（1937—1945）北京的日本文学翻译》与《彷徨于黄尘万丈：中日战争时期北京的日本人社团"燕京文学社"》、和泉司《〈国语〉与军队：以日本统治时期台湾的"皇民文学"为中心的考察》、田中哲《满蒙开拓青少年义勇军的派出及其教育背景：对战前期〈近江教育〉杂志的考察》、张铃《东亚文艺复兴之梦：从"东亚文艺复兴"运动看中日战争时期知识分子的经营》、和田博文《日中战争下的二十世纪同人：〈新领土〉与都市现代主义诗歌的第二代》、大村益夫《亚洲太平洋战争背景下的济州岛文学者们》、绫目广治《战争与文学：战时下的抵抗文学》、渡边澄子《战时下〈国民文学〉的诸相："皇道精神高昂"的朝鲜文坛》、渡边千惠子《中国山西省的战时性暴力：连续质问〈人伦之谜〉的意义》等。

# 六、士兵、国民文学与战争

战地的士兵与后方的国民，是战争中最平凡的个体，近年来亦形成一定数量以之为主题的成果。《文学所描写的战争：以德岛大空袭为对象》以日本的地方县——德岛县籍作家对美军空袭的记忆为对象，收录了濑户内寂听《多多罗川》、森内俊雄《眉山》、海野十三《投降日记》等地方作家不太为人所知的作品，对于他者研究美军空袭对当时日本地方民众的心理冲击，具有重要的史料价值。户高一成监修的《通过"战记"解读那场战争的真实：日本人不可忘记之太平洋战争的记录》，则介绍了大量原日军官兵于战后所写的战记，如《战舰大和之末日》、《战舰武藏》、《水木荫的拉巴尔战记》、《栗林忠道：来自硫磺岛的信》等，揭示了日军在太平洋战争中的凄惨境地，强调"战记"作为个人战争记忆载体的文学价值与史料价值。野吕邦畅的《失去的士兵们：战争文学试论》，引用了超过五百册，包括自费出版、自制小册子在内的士兵战记，并从诸多无名士兵留下的言论与文字中揭示了他们于战地的复杂心境。福田敬之、伊达直之、麻生惠里佳所编论文集《战争·文学·表象：试论英语圈的作家们》，则分"战争、社会、个人"、"战争的历史化"、"偏远的战争"、"潜入日常的战争"四部分，介绍了近代英语国家战争文学的历史进程，揭示了近代战争的世界性影响。

此外，相关选题的论文则有李承俊《开拓疏散研究的地平线：为了作为战争体验的"人口疏散"的跨学科研究》、西村好子《战后一代的战争文学〈指骨〉与亡父的战争》、石崎等《大冈升平的"战争"：读〈俘虏记〉》、须藤敬《通过战争文学教材思考战争的真相：〈致无法成年的弟弟们……〉描述的 B29 入口》、芳贺祥子《〈主妇之友〉中关于战时的狮子文学：从〈青春卖场日记〉至〈一号俱乐部〉》、田口麻奈《鲇川信夫〈医院船日志〉与主体的走向》、张守祥

《战争体验者的文学作品中的中日语言接触》、五味渊典嗣《暧昧的战场：中日战争时期的战记文本与他者的表象》与《对战场的书写：中日战争时期战记文本的言语空间》、祝然《战争末期的〈北窗〉：以"掌篇献纳小说"为中心的考察》等。

# 七、其　　他

除以上题材外，也有一些以从军僧侣的文学创作、慰安妇问题、战后基督教文学与战争对古籍资源的利用问题为研究对象的成果，如稻田光太郎《日本帝国的从军僧侣研究：日俄战争第九师团从军布教使佐藤严英的生涯与著作》、小森阳一《"从军慰安妇"问题与教课书问题：政治化的历史认识与性歧视》、柴崎聪《战争与战后日本的基督教文学》、箱崎绿《中日战争时期〈三国演义〉简本的特色》等。

# 八、结　　论

近五年来日本学界关于战争与文学的研究成果，可谓相当丰富繁杂，从中充分体现了研究者们独特的视角与多样化的书写。通过上文的梳理，大致可以发现，日本学界的研究成果呈现出以下若干研究方向及特点：

第一，关于战争文学通论的研究。学者一般通过对若干作家及其作品的个案研究为路径，综观某一时期文坛的特色，进一步梳理战前、战时、战后战争思潮变迁的理路。战争进程对于文学者的影响、作家及其作品的战争责任、战时日本政府与军部对文坛的控制与操纵等，是该领域自"二战"结束之后学者之间即展开激烈论战的热点话题。通过多种文本的解读，对战争中的"人性"、"自我意识"进行深入发掘，是近年来该领域的研究特色。

第二，对作家及其作品的研究。这部分的成果最为丰富多样，学者利用新出的资料，再度关心作家的战争体验、战时经历对其创作的影响，以对火野苇平与太宰治的研究最为突出。不过，近五年该领域发表的论文成果的数量来看，关注一些不太知名的文学青年或小众作家及其作品的生命力，正逐渐成为该领域的新趋向。

第三，对儿童、少年文学与战争关系的研究。近年来，日本学界明确了《战争儿童文学》的定义，并且完成了通史性的梳理。一些学者关注某些特殊群体，如"靖国之子"的文化形成与教育背景，成果推陈出新、颇有新意。可以说，近五年战争儿童文学研究取得的成果是令人瞩目的，这一领域的研究正逐渐融入战争文学研究的主流。

第四，关于诗歌、落语战争题材创作的研究。近五年日本学界对于战时诗歌创作、诗人与战争关联表现出一定程度的关注，但因选题的局限，目前产出成果的数量有限。

第五，关于殖民地(占领地)文学的研究。这是战后日本学界长盛不衰的课题之一，也可谓日本学界探讨战争与文学最为深入的领域。学者们通过对士兵战记、从军记的解读，考察中国台湾地区、朝鲜、中国沦陷区民众与社会的百态，反思日本对外战争的性质，也体现了学者们的多歧化的研究取向。近年来，值得关注的是，利用口述史调查等多学科方法对殖民地民众的战争体验进行再解读，已成为推动该领域研究深入的新路径。

第六，关于士兵、国民文学战争题材的研究。由于多样化方法的引入与新资料的层出不穷，这一领域的研究近年来仍保持旺盛的势头，但是研究者的视角多集中于日本国内或中国、太平洋战场，对以东南亚战场日军士兵文学为对象的研究仍较缺乏。

## "战争与文学"日文学术成果目录(2012—2017 年)

### 一、专著

[1]黒田大河：《横光利一とその時代：モダニズム・メディア・戦争》，和泉書院，2017 年版。

[2]原民喜ほか：《夏の花ほか：戦争文学》，筑摩書房，2017 年版。

[3]堀内統義：《戦争・詩・時代：平和が平和であるために》，創

風社，2016 年版。

[4]新藤謙：《体感する戦争文学》，彩流社，2016 年版。

[5]"植民地文化研究"編集委員会編集：《内なる植民地：再び：特集》，不二出版，2016 年版。

[6]鈴木貞美：《〈文藝春秋〉の戦争：戦前期リベラリズムの帰趨》，筑摩書房，2016 年版。

[7]渡辺考：《戦場で書く：火野葦平と従軍作家たち》，NHK 出版，2015 年版。

[8]野上暁編：《わたしが子どものころ戦争があった：児童文学者が語る現代史》，理論社，2015 年版。

[9]大岡昇平：《対談戦争と文学と》，文藝春秋，2015 年版。

[10]集英社編：《戦争と文学スペシャル：戦後 70 年を読み直す》，集英社，2015 年版。

[11]瀬戸内寂聴等著：《文学に描かれた戦争：徳島大空襲を中心に》，徳島県文化振興財団徳島県立文学書道館，2015 年版。

[12]戸高一成監修：《"戦記で"読み解くあの戦争の真実：日本人が忘れてはいけない太平洋戦争の記録》，SBクリエイティブ，2015 年版。

[13]澤地久枝、佐高信：《世代を超えて語り継ぎたい戦争文学》，岩波書店，2015 年版(2009 年初版)。

[14]野呂邦暢：《失われた兵士たち：戦争文学試論》，文藝春秋，2015 年版。

[15]福田敬子、伊達直之、麻生えりか編：《戦争・文学・表象：試される英語圏作家たち》，音羽書房，鶴見書店，2015 年版。

[16]松本和也：《昭和一〇年代の文学場を考える：新人・太宰治・戦争文学》，有斐閣，2015 年版。

[17]山中恒：《靖国の子：教科書・子どもの本に見る靖国神社》，大月書店，2014 年版。

[18]尾西康充：《戦争を描くリアリズム：石川達三・丹羽文雄・田村泰次郎を中心に》，大月書店，2014 年版。

[19]黄益九：《交錯する戦争の記憶：占領空間の文学》，春风社，

2014 年版。

[20]彦坂諦:《文学をとおして戦争と人間を考える》,れんが書房新社,2014 年版。

[21]鈴木正夫:《日中間戦争と中国人文学者:郁達夫、柯霊、陸蠡らをめぐって》,春風社,2014 年版。

[22]山城むつみ:《小林秀雄とその戦争の時:〈ドストエフスキイの文学〉の空白》,新潮社,2014 年版。

[23]横路啓子:《抵抗のメタファー:殖民地台湾戦争期の文学》,東洋思想研究所,2013 年版。

[24]山中恒:《少国民戦争文化史》,勁草書房,2013 年版。

[25]"戦争と文学"編集室編:《〈戦争と文学〉案内:典》,集英社,2013 年版。

[26]増田周子編:《火野葦平文学の軌跡:戦争の記録と表象:日本・アジア・ヨーロッパ》,関西大学東西学術研究所,2013 年版。

[27]中山弘明:《第一次大戦の"影":世界戦争と日本文学》,新曜社,2012 年版。

[28]佐伯真一等著:《日本と"異国"の合戦と文学:日本人にとって"異国"とは、合戦とは何か》,笠間書院,2012 年版。

[29]神子島健:《戦場へ征(ゆ)く、戦場から還(かえ)る:火野葦平、石川達三、榊山潤の描いた兵士たち》,新曜社,2012 年版。

[30]鳥越信、長谷川潮編:《はじめて学ぶ日本の戦争児童文学史》,ミネルヴァ書房,2012 年版。

[31]山口俊雄編:《日本近代文学と戦争:"十五年戦争"期の文学を通じて》,三弥井書店,2012 年版。

[32]木村功:《賢治・南吉・戦争児童文学:教科書教材を読みなおす》,和泉書院,2012 年版。

[33]長谷川潮:《少女たちへのプロパガンダ:〈少女倶楽部〉とアジア太平洋戦争》,梨の木舎,2012 年版。

## 二、论文

[1] 鄒双双：《日本占領期（1937-1945）の北京における日本文学の翻訳》，《東アジア文化交渉研究》，2017-03-31。

[2] 楊韜：《日中戦争期における中央青年劇社の話劇創作と上演：一幕劇〈灘上〉と〈盲者之死〉を例に》，《文学部論集》，2017-03-01。

[3] 井口時男：《蓮田善明の戦争と文学》，《表現者》，2017-03。

[4] 荻野富士夫：《多喜二は戦争・軍隊をどのように描いたか》，《民主文学》，2017-03。

[5] 石﨑等：《火野葦平の〈戦争〉（2）中国戦線からフィリピン戦線へ》，《立教大学日本文学》，2017-01。

[6] 吉岡真緒：《太宰治"女の決闘"論：戦争文学としてあるいは"現地報告"のパロディとして》，《國學院雑誌》，2017-01。

[7] みおちづる：《〈文学のピースウォーク〉が伝えたかったこと：新しい戦争児童文学への挑戦》，《女性のひろば》，2017-01。

[8] 李冬陽：《井伏鱒二"復員者の噂"論：復員者夫婦の諸相に見る戦争への告発》，《近代文学試論》，2016-12。

[9] 木村洋：《文学青年の来歴：日露戦争前後》，《民衆史研究》，2016-12。

[10]《きど のりこ第14回平和祈念集会での講演 子どもの目で戦争を見つめる：児童文学から平和を考える》，《子どものしあわせ：母と教師を結ぶ雑誌》，2016-10。

[11] 奥山恵：《〈重ねて行く〉苦しさと覚悟：文学で描く戦争》，《子どもの本棚》，2016-08。

[12] 和泉司：《〈国語〉と軍隊：日本統治期台湾における〈皇民文学〉を中心に》，《民衆史研究》，2016-07。

[13] 北村隆志：《大城立裕文学の両義性："戦争と文化"三部作を読む》，《民主文学》，2016-07。

[14] 張永嬌：《宮澤賢治作品と戦争をめぐって：〈烏の北斗七星〉を中心に》，《語文論叢》，2016-07。

[15] エヴァマリア アギー：《〈文学者の戦争責任〉論争における

反応の一類型：吉本隆明の批判に壺井繁治はどう応答した
か》，《都大論究》，2016-06。

[16] 李承俊：《疎開研究の地平を拓く：戦争体験としての"人口
疎開"に関する学際的研究のために》，《日本語文學》，
2016-05。

[17] 和田典子：《阿部知二ジャワ戦争体験と文学：〈敵のうしろ
へ〉を軸に》，《阿部知二研究：城からの手紙》，2016-04。

[18] 樋口陽一：《井上ひさしにとっての"人間"と"戦争"：日本文
学の定義を変えた作家》，《吉野作造記念館吉野作造研究》，
2016-04。

[19] 李娜娜：《武田泰淳の中国観：〈風媒花〉の蜜枝を中心に》，
《日本女子大学大学院文学研究科紀要》，2016-03-15。

[20] 田中哲：《満蒙開拓青少年義勇軍の送り出しと教育的背景：
戦前期の〈近江教育〉誌から見る》，《佛教大学大学院紀要》，
2016-03-01。

[21] 鵜野祐介：《アジア太平洋戦争中の日本の子どもの替え唄
（後編）戦後復興期の日本の子どもの替え唄：笠木透の替え
唄研究（その2）》，《立命館文學》，2016-03。

[22] 長濱光：《川端康成〈生命の樹〉論：戦争からの回復を目指し
て》，《長野国文》，2016-03。

[23] 金 ヨンロン：《国家と戦争と疑惑：太宰治〈新ハムレット〉
論》，《超域的日本文化研究》，2016-03。

[24] 中村哲夫：《東京オリンピック（1940 年）の海外報道：ニュー
ヨーク・タイムズを中心に》，《皇學館大学紀要》，2016-03。

[25] 槇村哲朗：《〈道標〉から見える戦争》，《民主文学》，
2016-03。

[26] 彭妍蓁：《坂口"レイ"子と戦争：〈灯〉を通して》，《国文
学》，2016-03。

[27] 渡邊史郎：《罪と罰：花田清輝の戦争責任論への前梯的考
察》，《稿本近代文学》，2016-03。

[28] 馬場美佳：《戦死者よ、個人に帰れ：夏目漱石〈趣味の遺伝〉

とThe View of the World》,《稿本近代文学》,2016-03。

[29] 松本和也:《従軍ペン部隊言説と尾崎士郎"ある従軍部隊"》,《信州大学人文科学論集》,2016-03。

[30] 稲田光太郎:《帝国日本の従軍僧研究に向けて:日露戦争第9師団従軍布教使佐藤巌英の生涯と著作》,《大阪大学日本学報》,2016-03。

[31] 末益智広:《"引揚者"の記憶:戦争児童文学を中心に》,《千葉大学大学院人文社会科学研究科研究プロジェクト報告書》,2016-02-28。

[32] 松本和也:《火野葦平〈土と兵隊〉の同時代的意義:日中戦争期における文学(者)の位置》,《立教大学日本文学》,2016-01。

[33] 松本和也:《フィクションとしての戦争:森博嗣〈スカイ・クロラ〉シリーズを読む》,《人文研究》,2016。

[34] 田中亜美:《霧の"郷愁"・雪の"寂寥":金子兜太における戦争と"私"性をめぐって》,《日本現代詩歌研究》,2016。

[35] 渡邊千恵子:《中国山西省における戦時性暴力:〈人倫の謎〉へ問い続ける意義》,《社会文学》,2016。

[36] 小森陽一:《"従軍慰安婦"問題と教科書問題:政局化する歴史認識と性差別》,《社会文学》,2016。

[37] 岩本晃代:《蔵原伸二郎"岩魚"再論:副島次郎関連詩を視座にして》,《崇城大学紀要》,2016。

[38] 吉岡真緒:《一九四四年五月—八月:新設文学賞と朗読文学》,《太宰治スタディーズ》,2016。

[39] 平浩一:《一九四一年一二月—一九四二年四月:"開戦"と文学:〈連続/切断〉の問題》,《太宰治スタディーズ》,2016。

[40] 松本和也:《一九四三年五月—八月:アッツ島玉砕をめぐる文学場・文学者の動向》,《太宰治スタディーズ》,2016。

[41] 小澤純:《一九四三年一月—四月:期待された両大家の"国民文学"と"非国民"としての"鉄面皮"》,《太宰治スタディーズ》,2016。

［42］胎中千鶴：《戦場と相撲——日中戦争期の大相撲と兵士》，《目白大学人文学研究》，2016。

［43］永吉雅夫：《室生犀星の昭和十二年前後：小説『大陸の琴』を中心に》，《アジア学科年報》，2015-12。

［44］西村好子：《戦後世代の戦争文学"指の骨"と亡父の戦争》，《季報唯物論研究》，2015-11。

［45］黒古一夫：《戦後七〇年、戦争文学が教えてくれるもの》，《大法輪》，2015-11。

［46］牛久保建男：《"戦争"に向き合った二人の作家：石川達三〈生きている兵隊〉、火野葦平〈麦と兵隊〉再読》，《民主文学》，2015-11。

［47］内藤麻里子：《戦争めぐる文学作品が出そろう：作家が見いだした必然性》，《新聞研究》，2015-10。

［48］中川成美：《西川長夫〈日本の戦後小説：廃墟の光〉を考える：文学と戦争責任》，《立命館言語文化研究》，2015-10。

［49］森史朗：《吉村昭を読む文学者の眼：吉村昭 昭和の戦争3 秘められた史実へ》，《波》，2015-09。

［50］富岡幸一郎：《戦争文学欺瞞的"平和"に馴らされた現代日本人に"戦争の本質"を伝える》，《Sapio》，2015-09。

［51］片山杜秀：《戦争論 近代国家の総力戦だった「大東亜戦争」は人物ではなく構造を見ないと理解できない》，《Sapio》，2015-09。

［52］きどのりこ：《児童文学の中の子どもと大人(29) 曇りない子どもの目で戦争を見る：ネストリンガー〈あの年の春は早くきた〉を中心に》，《子どものしあわせ：母と教師を結ぶ雑誌》，2015-08。

［53］尾西康充：《文学者の戦争責任再考》，《民主文学》，2015-08。

［54］岩渕剛、能島龍三、原田敬一：《鼎談戦争と文学》，《民主文学》，2015-08。

［55］きどのりこ：《新しい戦争児童文学への模索》，《子どもの

文化》，2015-07。

[56]芹沢清実：《モノと場所から立ち上がるリアル：戦争遺跡を歩いて、児童文学を考える》，《日本児童文学》，2015-07。

[57]成實朋子：《"ヤン"と"マンシャン"：中国から見る日本の戦争児童文学》，《日本児童文学》，2015-07。

[58]石崎等：《大岡昇平の"戦争"：〈俘虜記〉を読む》，《立教大学日本文学》，2015-07。

[59]小川靖彦：《日中戦争下における"醜の御楯"の意識：聖戦短歌を通じて》，《日本文学》，2015-05。

[60]渡邉正彦：《花袋と森鴎外 その通時的関係(3)日露戦争時における花袋・鴎外の接触検証》，《群馬県立女子大学国文学研究》，2015-03。

[61]金益見：《戦争における落語：禁演落語の変遷》，《神戸学院大学人文学部紀要》，2015-03。

[62]梶尾文武：《読書としての戦争体験：井上光晴〈ガダルカナル戦詩集〉と戦中派の思想》，《国文論叢》，2015-03。

[63]張鈴：《東亜文芸復興の夢："東亜文芸復興"なる運動から日中戦争期の知識人の営みを見る》，《Juncture：超域的日本文化研究》，2015-03。

[64]小風秀雅：《物語る作法：文学と歴史の対話》，《お茶の水女子大学比較日本学教育研究センター研究年報》，2015-03。

[65]和田博文：《日中戦争下の"二十"世紀同人：〈新領土〉と都市モダニズム詩第二世代》，《国語と国文学》，2015-03。

[66]鄒双双：《黄塵万丈を彷徨して：日中戦争期の北京における日本人結社"燕京文学社"について》《国文学》，2015-03。

[67]須藤敬：《戦争文学教材で考える戦争のリアリティ：〈大人になれなかった弟たちに…〉の描くB29を入り口に》，《日本文学》，2015-01。

[68]芳賀祥子：《〈主婦之友〉における戦時下の獅子文学：〈青春売場日記〉から〈一号倶楽部〉まで》，《人間文化創成科学論叢》，2015。

［69］大村益夫：《アジア・太平洋戦争下の済州島文学者たち》，《植民地文化研究：資料と分析》，2015。

［70］黒古一夫：《"被害"と"加害"の関係を越えて：戦争文学・再読から見えてくるもの》，《神奈川大学評論》，2015。

［71］中谷いずみ：《ナショナリズムの語りと新自由主義：排外主義言説と小林よしのり〈戦争論〉》，《社会文学》，2015。

［72］堀川惠子、重松清：《戦争を語り伝えるということ》，《早稲田文学》，2015。

［73］柴崎聰：《詩人の見た戦争と原爆》，《キリスト教文学研究》，2015。

［74］鳥羽耕史：《廃兵と原爆：大田洋子に見る戦争の記憶》，《比較文学年誌》，2015。

［75］綾目広治：《戦争と文学：戦時下の抵抗文学》，《社会文学》，2015。

［76］田口麻奈：《鮎川信夫〈病院船日誌〉と主体のゆくえ》，《日本近代文学》，2015。

［77］中谷いずみ：《専有された"戦争の記憶"》，《日本近代文学》，2015。

［78］大木志門：《十五年戦争下の"文学館運動"》，《日本近代文学》，2015。

［79］張守祥：《戦争体験者の文学作品における中日言語接触》，《比較文化研究》，2014-12-30。

［80］河野龍也：《"疎開者"佐藤春夫の"敗戦"：詩稿が語るもの》，《日本近代文学》，2014-11-15。

［81］高澤秀次：《ポスト戦後の"戦争文学"：安岡章太郎以降》，《文學界》，2014-10。

［82］奥野久美子：《恒藤恭、芥川龍之介の日露戦争：トルストイの読書体験とあわせて》，《大阪市立大学史紀要》，2014-10。

［83］服部裕子：《丹羽文雄の〈少国民版 ソロモン海戦〉論：原作との比較検討を中心に》，《現代と文化：日本福祉大学研究紀要》，2014-09-30。

［84］橋本あゆみ：《軍隊を描く/法をとらえる：大西巨人〈神聖喜劇〉・野間宏〈真空地帯〉比較》，《現代と文化：日本福祉大学研究紀要》，2014-09-30。

［85］田口麻奈：《鮎川信夫〈病院船日誌〉論：国家と原罪》，《昭和文学研究》，2014-09。

［86］山口俊雄：《白川渥"崖"：戦時下芥川賞候補作があぶり出す時局の政治力学》，《昭和文学研究》，2014-09。

［87］五味渕典嗣：《曖昧な戦場：日中戦争期戦記テクストと他者の表象》，《昭和文学研究》，2014-09。

［88］坪井秀人：《三好達治と戦争》，《昭和文学研究》，2014-09。

［89］山下真史：《中島敦における"戦争と文学"》，《昭和文学研究》，2014-09。

［90］竹内清己：《戦争文学研究を巡る〈環境〉と未来：銃後敗戦文学を一視座として》，《昭和文学研究》，2014-09。

［91］鶴岡征雄：《梅崎春生の戦争と文学：〈桜島〉について》，《民主文学》，2014-08。

［92］渡邊澄子：《戦時下雑誌〈国民文学〉の位相："皇道精神の昂揚"を掲げた朝鮮文壇》，《大東文化大学紀要》，2014-03-31。

［93］根岸泰子：《昭和戦中期の通俗小説における'戦争協力'の実態：竹田敏彦〈若い未亡人〉（昭14・10~15・12）と戦争未亡人問題》，《岐阜大学国語国文学》，2014-03。

［94］祝然：《戦争末期の〈北窗〉："掌篇献納小説"を中心に》，《跨境：日本語文学研究》，2014。

［95］野坂昭雄：《戦争詩の視覚性に関する試論：丸山薫の作品を手がかりに》，《近代文学論集》，2014。

［96］柴崎聰：《戦争と戦後日本のキリスト教文学》，《キリスト教文化》，2014。

［97］高藤実代：《〈放浪記〉から見る林芙美子像の変遷：映画・演劇を視座として》，《富大比較文学》，2014。

［98］五味渕典嗣：《戦場のエクリチュール：日中戦争期戦記テクストの言語空間》，《国語と国文学》，2013-11。

[99]大橋毅彦：《少年詩人が見た戦争：木原孝一〈戦争の中の建設〉からの出発》，《日本文芸研究》，2013-10。

[100]掛野剛史：《書く兵隊・戦う兵隊：火野葦平と雑誌〈兵隊〉》，《アジア遊学》，2013-08。

[101]岩渕剛：《〈絶版声明〉までの徳永直》，《民主文学》，2013-08。

[102]下田城玄：《佐多稲子と戦争責任》，《民主文学》，2013-08。

[103]松木新：《〈生きている兵隊〉が描いた現実》，《民主文学》，2013-08。

[104]風見梢太郎：《火野葦平の軌跡：〈兵隊三部作〉から〈革命前後〉まで》，《民主文学》，2013-08。

[105]松本和也：《日中戦争開戦直後・文学（者）の課題：小田嶽夫"泥河"・"さすらひ"を視座に》，《太宰治スタディーズ》，2013-06。

[106]高木伸幸：《梅崎春生"狂い凧"論："戦争""家父長制"そして"天皇制"》，《国文学攷》，2013-06。

[107]坂元さおり：《"戦争協力/反対"を越える方法としての桐野ミステリ：林芙美子モデル小説〈ナニカアル〉を中心に》，《日本語日本文學》，2013-04。

[108]白井洋子：《従軍兵士と戦争詩：ベトナム戦争・日中戦争》，《日本女子大学英米文学研究》，2013-03-28。

[109]大橋毅彦：《少年詩人が見た戦争：木原孝一『戦争の中の建設』からの出発（上）》，《日本文芸研究》，2013-03。

[110]岩渕剛：《戦争の時代と戦後のつながり：〈東京プリズン〉から考える》，《民主文学》，2012-12。

[111]北村隆志：《文学者は戦争責任をどう追及したか》，《民主文学》，2012-12。

[112]石井正人：《ドイツにおける戦争責任の追及と文学者》，《民主文学》，2012-12。

[113]金森友里：《雑誌〈赤い鳥〉における戦争観：創刊一九一八年から休刊一九二九年までの傾向》，《富大比較文学》

2012-12。

[114]子安宣邦:《中国論を読む(第 11 回)日中戦争と文学という証言:石川達三〈生きてゐる兵隊〉・火野葦平〈麦と兵隊〉を読む》,《現代思想》,2012-07。

[115]箱崎緑:《日中戦争期における〈三国志演義〉再話の特色》,《比較文学・文化論集》,2012-03-31。

[116]溝渕園子:《日露戦争期の少女雑誌における領域としての"ロシア":〈少女界〉を例に》,《熊本大学文学部論叢》,2012-03-10。

[117]岡田孝子:《戦時下における中本たか子の文学》,《帝京平成大学紀要》,2012-03。

# 2014—2016 海外灾难事件传播研究综述

闫　岩

（武汉大学新闻与传播学院）

## 一、引　言

　　近年来，我国各类灾难事件频发，新疆于田 7.3 级地震、2016 年 7 月长江中下游暴雨洪涝灾害、"莫兰蒂"台风灾害、8·12 天津港爆炸事故、"东方之星"游轮沉船事故、复兴航空坠机事故……一系列灾难事件严重威胁着人们的生命及财产安全，在造成大量伤亡、经济损失、环境污染或资源短缺的同时，也会引发诸多社会心理问题，致使社会政治、经济秩序失序，从而对人类社会造成毁灭性打击（Xu, J., Wang, Z., Shen, F. et al., 2016; World Economic Forum, 2016, 2017; Centre for Research on the Epidemiology of Disasters [CRED], 2016）。

　　灾难事件(disaster events)依据其性质，大致可分为两类：一是自然灾害(natural disaster)，例如地质、气象、水文、气候和生物灾害等；二是科技事故(technological accident)，包括工业生产、交通及混杂性(miscellaneous)事故(McCormick, J., 1967; CRED, 2009)。据统计，在 2014—2016 年间，全球共发生 1001 次自然灾害，死亡人数共计 38216 人，累计受灾 6.62 亿人次，造成经济损失高达 2665 亿美元(Guha-Sapir D, Hoyois Ph., Below. R., 2015, 2016; CRED, 2016)。《全球风险报告》(The Global Risks Report)自 2011 年起，便将环境类风险(environmental disaster)，包括极端气

214

象事件、自然灾害、减缓并适应气候变化措施不力等，列入全球发生概率最高的五大风险（Top 5 Global Risks in Terms of Likelihood）和全球影响力最大的五大风险（Top 5 Global Risks in Terms of Impact）排行，并指出各类灾难事件已经成为影响全球经济社会良性发展的最主要风险之一（World Economic Forum，2016，2017）。

世界各地灾难层出不穷，也为相关社科研究提供了一个现实的实验室（Clarke，2004；Qingjiang & Eigenmann，2013）。如何有效地缓解（mitigation）、准备（preparedness）、应对（response）灾难，了解灾难影响，做好风险管理（risk management）及灾后恢复和重建工作（post-disaster recovery and reconstruction），成为近年来灾难事件研究最为关注的问题（Kennedy & Ressler，2009；Haddow & Haddow，2014；Kapur，Dyal& Bezek，2017；The United Nations Office for Disaster Risk Reduction［UNISDR］，2015）。其中，灾难事件传播（disaster event communication）以为公众提供准确而及时的信息为第一要务，贯穿于灾难周期（disaster cycle）的缓解、准备、响应及恢复四个阶段（Hopkins & Cross，2008；Haddow & Haddow，2014；Bradley，McFarland & Clarke，2014），涉及政府机构（government organizations）、公共信息官员（Public Information Officers，［PIOs］）、公用事业公司（utility companies）、紧急应变人员（emergency responders）、救援组织（relief organizations）及其他利益相关者（stakeholders）等多类主体，从而成为传播学、灾难研究与危机管理等多个学科的重要组成部分（Medford-Davis，& Kapur，2014；Girard，Wenzel & Khazai et al.，2014；Haddow & Haddow，2014）。

国外有关灾难事件传播的研究大致始于 20 世纪 70 年代，研究范畴涉及危机传播、危机管理、公共关系、社会学、人类学等多个研究领域，内容丰富，已形成了相对完整的学科门类（McCormick，1967）。我国新闻传播学界有关灾难事件传播的研究起步较晚，自 2003 年 SARS 爆发起，以历次重大灾难事件为推动，得以不断丰富和发展，亦拥有了较为丰硕的研究成果，其中有代表性的研究者有陈力丹（2003，2013）、黄旦（2003）、丁柏铨（2006，2008）、喻国明（2008）、朱春阳（2008）、董天策（2008、2010）、曾繁旭（2013，2014，2015）、闫岩（2016a，2016b）等。

　　尽管积累了相对丰硕的研究成果，但我国的灾难事件传播研究尚未形成完善的学科门类，且视角较为单一。大量研究以媒体为中心，着眼于灾难事件的媒体呈现、对媒体灾难性事件报道的经验总结及回顾反思以及对我国信息公开体制的考察，缺乏更为广阔的研究视野，也未能提炼出一系列具有实践价值的应对策略与实践原则。灾难事件传播研究具有其普遍规律，在应对灾难层面，发达国家和发展中国家之间的相似性更大于差异性（Kennedy & Ressler，2009），因此积极借鉴、吸取海外尤其是发达国家的灾难事件传播成果及经验，一是有助于进一步拓展本土灾难事件传播研究的国际视野，弥补本土研究的不足和局限性；二是有助于提升政府机构、非政府机构、相关企业及媒体等传播主体的灾难事件传播能力，并为其进行信息传播的科学决策提供理论依据与实际参照。

　　本文兼顾自然灾害及科技事故两大类别，聚焦于 2014—2016 年间海外灾难事件传播的最新研究成果，对文献进行系统梳理，着重关注以政府及企业为主体的海外灾难事件传播研究的动态与趋势；同时，在总结前沿理论成果的基础上，通过大西洋飓风"桑迪"灾害、美国墨西哥湾原油泄漏事故以及韩国"世越号"沉船事故三个典型案例，具体分析各传播主体在灾难事件爆发期间所采用的传播机制、策略、原则，以及它们在进行灾难事件传播过程中的得与失，既为今后的研究提供建议与指导，也为本土的灾难事件传播活动提供借鉴。

## 二、文献梳理与理论回顾

　　移动互联网、社交媒体、应用程序及大数据不断发展，发布、获取、搜索及使用信息的方式悄然变迁，这不仅使灾难事件的传播格局发生根本性改变，令原先由政府机构、大众媒体及相关企业所垄断的灾难信息发布系统渐趋没落，也为新的媒体环境中进行有效的灾难信息传播提出挑战。本研究系统梳理了近三年海外灾难事件传播研究，发现其研究主题主要集中于灾难事件的新闻报道研究、社交媒体与灾难事件传播研究，以及灾难事件传播的策略与原则三部分。

**（一）灾难事件的新闻报道研究**

长期以来，灾难事件具有突发性（suddenness）、强大性（power）、破坏性（destruction）及可预测性（predictability）（Baum，Fleming & Davidson，1983）等特点，重大的灾难性事件其影响力往往遍及全国，甚至遍及全球，引发公众的广泛关注，包含"硬新闻"的本质（Granatt，2016，p. 104），因而成为报纸、电视和广播等大众媒体最好的报道材料（Lin，2015）。

电视媒体在再现灾难场景等方面具有得天独厚的优势，大型的灾难性事件及其救援行动往往能够成为"媒体事件"（media event）而受到全球性的关注。Dayan 和 Kartz（1994）将媒体事件定义为"一种特殊的电视事件"，他们将媒体事件大致划分为三类，包括："竞赛"（Contest）、"征服"（Conquest）和"加冕"（Coronation）（简称"3C"）。后来 Dayan（2008）、Kartz 和 Liebes（2007）对媒体事件的定义进行了修正，将有关恐怖袭击、灾难和战争主题的"破坏性"（disruptive）媒体报道纳入这一概念的范畴，并补充了"3D"模式，即，冲突（Disenchantment）、幻想破灭（Derailment）和脱轨（Disruption）。Jiménez-Martinnez（2014）在此基础上，对 2010 年智利铜矿坍塌事故的电视直播进行了个案分析，通过对智利国家电视台（TVN）和 BBC 的直播节目内容分析，发现 BBC 报道该事件的基调和口吻严重受到 TVN 的影响，有意识地忽略了矿山所有者的责任、挖掘地点安全条件差等问题，转而重塑并促进了智利政府和国家的积极形象，反映了当局对信息传播所施加的强大控制。研究认为这次经由智利政府所组织的官方电视直播是历史上最重要的媒体事件之一，它不是简单地通过电视媒体进行信息传播，而是通过媒体进行演出，对灾难的报道被用于服务特定的政治目的，因而不能简单地将灾难看作"破坏性"的媒体事件，对灾难的新闻报道中往往含有很多复杂的元素。

大众媒体历经多年实践，在报道灾难性事件时同样探索出一套固定的原则与框架,超越客观性原则,转而为公众提供一套具有特定观点的信息使其能够进行语境化的解读(Yan & Kim,2015)。Goffman(1974)认为,框架(frame)构建了"解释的模式"(schemata of interpretation),新闻正是通过"连接类似事件"的特定新闻价值而产生意义,并形成人们对世界的看法。Entman(1993)认为框架涉及选择(selection)和突出(salience),并具有四项基本功能,即对问题进行定义、构建因果关系、提供道德判断以及提出解决方案。Semetko 和 Valkenburg(2000)在全面回顾以往有关报纸和电视新闻框架分析的基础上,将冲突(conflict)、人情味(human interest)、经济后果(economic consequences)、道德(morality)和责任(responsibility)框架确定为各类新闻报道中最为常用的五种新闻框架。而这些框架依然被当前的灾难事件新闻报道所延用。Yan 和 Kim(2015)研究了美、韩、中三国媒体对韩亚航空 214 航班坠机事件的相关报道,通过对灾难发生后两月内的报道进行内容分析,研究发现国际性灾难事件涉及不同国家间复杂的利益纠葛,三个国家的报道格局迥然不同。虽然责任框架在三国报道中均占主导地位,但各国对坠机事件的责任归因各不相同:美国报纸倾向于将空难归咎于飞行员的问题,韩国媒体则偏向于多重归因解释,中国报纸持中立立场。由于不同的归因可能会对责任国家的声誉产生负面影响,因而各国报纸在对事件进行归因时往往倾向于引用支持其本国的、带有倾向性的信源,这也直接影响到了报道中所展现出的语气、态度与情绪。Campbell(2013)研究了娱乐电视节目中的自然灾难事件传播,发现娱乐电视节目通过融合科学纪录片与娱乐类型片的元素,辅助以 CGI(computer-generated imagery)等技术,将灾难事件进行了戏剧性的重构,强化了灾难的"景观"效应;同时,研究者总结出娱乐节目在探讨灾难与人类关系时使用了"宿命论式的框架"(fatalistic frame),并有意识地忽视了人类行为应当对环境风险负责,旨在将天启式的大灾难转化成为令人感到惊险刺激的娱乐活动,应当引发人们对风险传播性质和质量的担忧。Lin(2015)则考察了台湾地区四家有线新闻台(TVBS-N、SET、FTV、CTV)对 2009 年莫拉克特台风横扫台湾地区期间的电视新闻报道,发现不同电视频道在报道该灾难事件时所用框架几乎一致，重点报道了当地政府在灾难应对和管理方面的措施，以及灾难故事；却并未说明高达 80% 的受害者都是台湾原住民，严重忽视了受害者和幸存者的民族特征。

媒体报道通过对灾难话语的建构，影响人们对灾难的感知，并建立认知模式（situation model）（Van Dijk，2013）。有研究关注了 2011 年澳大利亚布里斯班洪灾后，新闻报道的话语建构对灾难恢复及公众观念的影响，研究者认为当地媒体灾后的报道主要集中在两个方面，一是考察洪水与气候变化之间的联系，二是讨论政府在灾难应对时的作用和表现。研究认为，媒体话语主题在上述两个方面的报道中存在分歧，在寻找归因时片面肯定或否定气候变化与洪水间的关系，对政府的态度也呈现两极化趋势，但媒体却忽视了从此次洪灾中汲取经验教训这一主题，这并不利于灾区的灾后恢复以及对未来灾难的应对（Bohensky & Leitch，2013）。

大众媒体在灾难事件传播中发挥着重要功能，能够预防和减轻灾害风险，防止公众恐慌，使人们在灾难发生前做好充分准备；同时做好抢险救灾期间的信息传播和沟通，辅助资源调配与援助响应；检测灾难应急管理系统的整合力（integration）、耐力（stamina）及恢复力（resilience）（Knowles，2012：209），并协助灾后的恢复重建工作（Haddow & Haddow，2014；Kapur，Dyal & Beze，2017）。Zaheer（2016）讨论了巴基斯坦媒体在灾难状态下的作用，认为其在灾难风险管理方面并未充分发挥作用，特别是在灾难发生前，巴基斯坦媒体几乎处于缺位状态，没能充分发挥预警和防灾抗灾知识普及的作用。研究者认为该国媒体机构急需建立一套报道灾难事件的准则，并与灾难应急官员和政策制定者建立互联机制，以减轻自然灾害的破坏性影响。

**（二）社交媒体与灾难事件传播研究**

当前，社交媒体已经融入与灾难事件传播和信息管理的体系之中，成为了备灾和应急响应的关键要素（Haddow & Haddow，2014）。有研究显示，灾难期间社交媒体的使用频率会大幅度上升（Guskin & Hitlin，2012）。加强利用社交媒体、大数据和移动电话网络等媒体的力度，改良数据收集、分析和传播手段，加强国际合作和社会动员已成为共识（UNISDR，2015）。如今主要的社交媒体大致可分为博客与微博（例如 Blogger、Twitter 和 WordPress），论坛（例如果壳、知乎、Reddit），数字内容分享平台（例如 Flickr、Instagram 和 YouTube），社交游戏网站（例如 Gree、Mobage、Zynga），地图（如谷歌地球），以及社交网站（如 Facebook、Google +、LinkedIn）等（Houston，Hawthorne & Perreault et al.，2015；Haddow & Haddow，2014；Neubaum，Rösner & Rosenthal-von der Pütten et al.，2014；VSMWG & DHS First Responders Group，2012a，2012b）。

近年来，海外有关社交媒体与灾难事件传播的研究大致可分为灾难事件传播中社交媒体使用者，社交媒体在灾难事件传播中的功能，社交媒体参与灾难事件传播的机制，以及社交媒体参与灾难事件传播的挑战等四个类别。

1. 灾难事件传播中社交媒体使用者。

基于互联网的工具、技术和应用程序，使用户间的双向互动交流与信息沟通更为便捷，也令同一用户兼具内容创作者和信息消费者双重身份成为可能。尽管传统媒体，如报刊、电视等，仍然是重要的灾难事件传播渠道，但社交媒体为实时的双向沟通和互动提供了平台（Haddow & Haddow，2014，p. 25）。

在灾难传播中社交媒体的使用主体大致可分为个人、共同体、组织、政府和新闻媒体（Houston，Hawthorne & Perreault et al.，2015；Roshan，Warren & Carr，2016；Palttala，Boano & Vos，2012）。

灾难事件传播中，普通公民是社交媒体的重要使用主体之一，同样参与到了危机传播与危机管理的过程中（Scifo & Salman，2015），这一群体又可细分为灾民和非灾民两类。灾难期间，信息寻求是普通公民使用社交媒体的主要驱动力，社交媒体中有关灾难的信息往往会急剧增长。有研究统计，2011 年日本海啸之后，相关信息的推文每秒超过 5000 条，社交媒体几乎提供了实时的灾难信息播报（Haddow & Haddow，2014）。

作为使用主体的共同体包含两类，即，地理区域相连的群体（如邻里），以及"共享专业知识、价值观、规范、兴趣或经验"的群体（Houston，Hawthorne & Perreault et al.，2015）。在第二类共同体中，个人的地理位置是否接近并非决定性因素。社交媒体可以促进两类共同体之间的联系，例如 2010 年海地地震期间，众多幸存者通过谷歌工程师团队开发的 Google Person Finder 应用程序寻找失散的亲朋（VSMWG & DHS First Responders Group，2012b；Gurman & Ellenberger，2015）。

组织是非政府的结构化群体，具体可分为三类：当地灾难应急机构（如红十字会）、受灾的组织（如灾区当地企业）和灾区之外的组织（如其他城市的志愿者协会）（Houston，Hawthorne & Perreault et al.，2015；Roshan，Warren & Carr，2016）。

政府包括各级政府机构。以美国为例，政府的应急管理机构从上到下可划分为联邦应急管理局/国土安全部（FEMA/DHS）、州应急管理局（State emergency management agencies）和地方应急管理局（Local emergency management agencies）等（Houston，Hawthorne & Perreault et al.，2015；Haddow & Haddow，2014）。

媒体机构包括传统媒体组织和新型媒体机构，例如当地社区博客、国家广播电视网（如 ABC、NBC 等）、各级报社以及国际新闻机构（如路透社、法新社等）（Houston，Hawthorne & Perreault et al.，2015）。大量的媒体灾难事件传播实践显示，单一的信息通道无法满足全部的信息需求，新旧媒体的结合往往可以最有效地挽救生命和财产，加快应灾和恢复工作。2011 年东日本大地震期间，受灾地区供电中断，基础设施严重损坏，全国性的电视网络无法向受灾地区提供有关食品、水、汽油和电力供应的相关信息，但此时灾区民众仍然能够连接互联网，此时 Twitter、Mixi 和 Facebook 等社交媒体应用在灾区内外发挥了重要作用，及时向外界传递了灾区内部的信息，并为幸存者提供了联络家人、朋友并通报幸存消息的平台（Haddow & Haddow，2014；Appleby，2013）。

2. 灾难事件传播中社交媒体的功能。

近年来，有相当多的研究探讨了在灾难或风险环境中，社交媒体的使用所发挥的功能（Roshan，Warren & Carr，2016；Houston，Hawthorne & Perreault et al.，2015；Watson & Hagen，2015；Neubaum，Rösner & Rosenthal-von der Pütten et al.，2014；Haddow & Haddow，2014；VSMWG & DHS First Responders Group，2012a）。依照类别大致可划分为两类：一是考察了不同主体使用社交媒体参与灾难管理/风险管理的功效；二是考察了灾难不同阶段社交媒体的功效。

Haddow 等（2014）总结了个人使用社交媒体参与灾难传播的 9 大功能，即，提供实时信息和态势感知（real-time information and situational awareness）、求救途径（a way to reach rescue and ask for help）、汇报个人情况（personal status information）、找到失散亲朋（a tool for reuniting families and friends）、满足实时需求（a way to meet real-time needs）、向当局问责（a way to hold officials accountable）、志愿服务和捐献平台（a platform for volunteering or donating）、建立共同体和恢复力的工具（a tool for building community and resilience）、情感支撑与治愈（emotional support and healing）。

Neubaum、Rösner 及 Rosenthal-von der Pütten 等（2014）则从社会心理学角度考察了个人在灾难情境下使用社交媒体的功能，研究者从使用与满足理论出发，指出个人在灾难环境中使用社交媒体有两大功能：一是信息收集功能，灾难环境中高度的不确定性导致个人对信息的需求更为迫切，通常包括一般信息、专家知识、态势感知信息、救助信息等；二是情绪分享功能，灾难易造成异常情绪，社交媒体平台为用户提供社会情感需求和分享的适当空间，表达悲伤并彼此支持。Watson 和 Hagen（2015）研究了公民通过社交媒体参与了各个阶段的危机传播和危机管理，研究认为社交媒体的使用有助于加强公民与政府机构、救援组织的信任，并增强公民和社会整体的备灾、应灾和恢复能力。Kim、Jung 和 Chilton（2016）考察了韩国非盈利机构在灾难管理中使用社交媒体的情况，认为其主要发挥了向一般公众传递信息、向特定群体传递信息以及情感支持等作用。

Houston、Hawthorne 及 Perreault 等（2015）将社交媒体的功能与

作用分为三个阶段考察，即灾前、灾难中及灾后。灾前阶段，社交媒体主要用于提供和接收备灾信息、灾难警报，并在灾前向灾难中的过渡阶段及时通知并探测灾难情况。灾难过程中，社交媒体的功能包括：发布和接收救助请求，通报并了解灾民的状况和位置。在灾难中向灾后过渡阶段，社交媒体承担了记录和了解灾难发生的情况，灾难新闻报道的传送与消费，提供和接收灾害响应信息并确定和列举协助灾难应对的方式，提升事态感知、进行或接受捐赠、识别并列举提供帮助或志愿服务的方式，提供和接受灾害心理/行为健康支持，表达情绪、关心、祝福及纪念遇难者，提供和接收灾害响应、恢复和重建信息、讲述灾难故事等功能。灾后社交媒体则主要被用在探讨灾难的社会政治和科学原因、探讨灾难影响及责任以及重新联络社区成员等方面。

依据实践经验，美国国土安全部的虚拟社交媒体工作小组（VSMWG & DHS First Responders Group，2012a）指出政府机构通过社交媒体进行灾难传播及管理的作用包括：促进地方直属机构参与，直接与地方建立信任、信誉和关系，提供有关紧急事件的态势感知和协作机会，提供紧急公共信息传播的附加方法，提供公共信息评估，灾区内部的救灾动员以及满足公众期待。

3. 社交媒体参与灾难事件传播的机制。

社交媒体在灾难事件传播中的作用越来越受到重视，其中一个重要原因是当所有常规通信系统在灾难中被迫中止时，网络服务和社交媒体并不受影响（Appleby，2013；Zaheer，2016），这无疑为灾区与全国，乃至全球建立联系提供了坚实保障，为后续的救援活动提供了参照。

最早使用社交媒体进行灾难事件的传播与沟通的是普通公众和民间团体，尤其是在卡特里娜飓风及南加州山林火灾之后，人们对社交媒体在灾难环境中的作用更为关注，此时数字志愿者（digital volunteers）群体应运而生，专门为灾区基层提供软件开发和应急管理的技术服务，但这种行为通常属于"非正式响应"（informal response）（Trainor & Subbio，2014）。逐渐大多数国家的政府机构也开始尝试在灾难发生时使用社交媒体与公众进行沟通，但处于对隐私、责任、信源可靠性及信息准确度的担忧，以及相应的实践指导与标准，使社交媒体的使用迟迟未能整合入政府的"正式响应"体系（formal response system）（VSMWG & DHS First Responders Group，2012a，2012b；Haddow & Haddow，2014；Trainor & Subbio，2014）。

要将社交媒体真正融入公共安全的各个方面，从灾难的准备到响应和恢复，必须考虑以下几个方面：规划和战略发展，操作和程序文件，法律、安全、隐私等相关政策，教育、培训、招聘和演练，评估和测试，标准制定，私营部门合作和技术开发，短期和长期的融资策略（VSMWG & DHS First Responders Group，2016）。美国最先展开实验以支持社会媒体活动在应急救灾活动中的制度化。2010 年 12 月，DHS 成立虚拟社交媒体工作组（VSMWG），正式将社交媒体应用整合到机构的运营工作流程中，为政府机构参考制定了一系列社交媒体参与灾难事件传播与应急管理的最佳实践范例和政府社交媒体从业人员指导性文件，并开发了一套社会媒体整合成熟度模型（VSMWG & DHS First Responders Group，2013，2016）。此外，社交媒体的最佳使用范例已被纳入国家突发事件管理系统（National Incident Management System［NIMS］），该系统是一个动态系统，主要用于维护和促进紧急事件管理，总结经验教训与最佳实践范式，社交媒体的加入有助于该系统进行自我修正（Trainor & Subbio，2014）。

4. 社交媒体参与灾难事件传播的挑战。

将社交媒体正式引入官方灾难事件传播与灾难管理体系仍然面临内外挑战（McCormick，2016）。外部挑战主要表现在四个方面：数据超载、数据可信度、官方责任以及信息网络与基础设施的稳定度（Trainor & Subbio，2014；VSNWG & DHS First Responders Group，2014；McCormick，2016）。

首先，重大灾难或危机期间，社交媒体的普遍化使用使大量信息变得难以监测，如若没有相应的技术工具对数据洪流进行过滤、分析，政府的紧急应对机构很难提供实时信息发布，以及高效地制定救援决策（Trainor & Subbio，2014；VSNWG & DHS First Responders Group，2014）。

其次，过去紧急管理机构进行灾难传播与危机管理时，主要依赖于官方信源，但如今政府机构也开始尝试依靠公民生成的内容，此时往往需要对其可信度进行评估（Trainor & Subbio，2014；McCormick，2016）。

第三，社交媒体作为正式应急工作中的传播信息渠道，容易因信息不准确、信息不完整、侵犯公民隐私权等原因引发责任问题（Trainor & Subbio，2014；VSNWG & DHS First Responders Group，2014）。

第四，对网络基础设施的依赖是社交媒体的重要限制因素，灾难期间，网络基础设施的物理性损坏或超载可能会中止社交媒体服务。因而研究人员正在探索使用云计算或延迟技术保证灾难期间的社交媒体使用（Trainor & Subbio，2014）。

内部挑战则主要包括了机构和办公室内的人员配置、政策和内部结构、从业者能熟练使用社交媒体（McCormick，2016）。

**（三）灾难事件传播的策略与原则**

成功的灾难事件传播建立在一些基本原则的基础之上，以确保应急管理人员在灾难发生的四个阶段中与公众及合作者保持有效的沟通。这些原则为应急管理人员和其他参与紧急行动的官员提供指导，确保他们知道对公众说什么、不说什么，以及如何准确且及时地发布消息，并积极与公众沟通（Haddow & Haddow，2014）。

Lundgren & McMakin（2013）认为任何机构或组织在进行灾难传播或风险沟通时所采用的策略大多源于对两项前提的把握：一是了解受众，二是了解自己。他们总结了风险传播过程、风险传播呈现方式和风险比较三个层面的一系列原则。风险传播过程的原则包括：了解传播的限制与目的，预测风险消息效果，尽早且充分发布信息，相信感觉即现实。风险传播呈现方式的原则包括：多种方式呈现，简化语言和形式而不要简化内容的客观性，诚实、清晰且富有同情心地进行沟通，依照观众细分传递信息，解释不确定性。风险比较的原则包括：实用类比法，使用数据范围，与标准进行比较，与其他相同风险估计值进行比较，比较风险特质，不要比较不同水平的风险造成的社会愤怒情绪，以及尽量用图表展示数据的幅度变化。

Haddow 等（2014）则总结了社交媒体时代政府官员、社区官员、商业领袖等的灾难或风险传播策略，分别是：专注于客户需求，承诺有效传播，使传播成为所有规划和运营的组成部分，保证讯息透明，确保信息准确无误，及时发布信息，确保自己、员工和技术专家时刻做好准备，与公众建立情感联系，使用社交媒体与媒体、公众建立合作关系等。

# 三、典型案例分析

## （一）自然灾害类案例分析

### 大西洋飓风"桑迪"灾害

（1）事件回顾

美国东部时间 2012 年 10 月 29 日 20 时（北京时间 10 月 30 日 8 时）左右，飓风"桑迪"（Sandy）继侵袭完牙买加、古巴和海地等国后，以每小时超过 130 公里的速度于美国新泽西州海岸登陆。美国包括纽约、康涅狄格等 18 个州迅速陷入危机状态。美国东部地区 820 万户家庭断电受损，超市供不应求，公众恐慌心理严重。截至 10 月 31 日，美国已经有 1.8 万航班被取消，地铁系统也严重瘫痪。此外，桑迪还造成了严重的洪涝问题，新泽西州霍博肯市已经被水淹没了一半。

尽管飓风"桑迪"来势凶猛，但美国气象部门已于多天前就监测出潜在风险并告知公众了。

10 月 28 日，"桑迪"登陆前夕，政府提前关闭了纽约等城市的部分公共交通系统。29 日，纽约所有公立学校被要求停课，大型聚集活动也被相继取消。为了减少灾难所带来的伤亡和损失，纽约州州长还对火岛居民下了撤离的强制性命令，已有超过 37 万市民被紧急疏散。另外，纽约市还临时设立了避难所，为受灾群众提供免费的日常所需，同时还有相关工作人员指导他们避灾，暂时稳定了公众的焦急情绪。10 月 31 日，奥巴马总统亲自慰问灾情最严重的地区新泽西州，他公开承诺政府会竭尽全力处理好灾民的善后工作。随着政府救灾和灾后重建工作的稳步推进，美国社会的混乱局面于 11 月 4 日后开始被控制并逐步恢复。

据资料显示，此次飓风"桑迪"的侵袭造成美国 109 人死亡，几千万人受灾，不计其数的人还因此流离失所。再者，纽约的金融市场也遭到了巨大破坏，证券交易等商业活动被一再耽搁，对美国的经济发展造成了极大的威胁，直接经济损失高达 500 亿美元以上。由此可见，飓风"桑迪"成为了美国历史上最严重的自然灾害之一。

（2）传播策略分析

①社交媒体正式纳入官方灾难信息传播及管理系统

"桑迪"飓风是政府机构创新灾难信息传播与紧急情况管理方式的重要转折点，它标志着政府机构在危机管理和灾难信息传播中更为依赖社交媒体，认可了灾难中社交媒体在传播信息、连接公众和控制谣言等方面的关键作用，并将社交媒体正式纳入官方灾难信息传播及管理体系之中，社交媒体的使用贯穿了灾难周期的四个阶段（Haddow & Haddow，2014；Cohen，2013；VSMWG & DHS First Responders Group，2013）。

在"桑迪"登陆之前，众多政府机构及其工作人员已经注册了 Facebook、Twitter 等社交媒体账户，并通过他们的社交媒体账户向公众发布了预警信息，提醒公众做好备灾工作。纽约市早在 Facebook、Twitter（英文和西班牙文）、Google+、Tumblr 和 YouTube 等多个社交媒体平台上注册账户，在 300 多个城市中拥有 300 万粉丝。桑迪登陆之前，FEMA 和 FEMA 行政官 Craig Fugate、国家气象局（NWS）、新泽西紧急管理局（NJOEM）、新泽西州州长 Chris Christy、纽约州国土安全和紧急服务部（NYS DHSES）、纽约州长 Andrew Cuomo、纽约市应急管理办公室和市长 Michael Bloomberg 等都使用 Twitter 和 Facebook 来转发撤离命令（Haddow & Haddow，2014）。

在"桑迪"登陆期间，政府机构充分利用移动和在线技术与公众及其他应灾机构和人员进行信息共享、双向沟通、态势感知等，最大限度地缓解和响应灾难（Cohen，2013）。社交媒体在"桑迪"登陆多地、供电停止后，成为向受害者提供援助的主要信息来源（Haddow & Haddow，2014）。当时，FEMA 专门为飓风"桑迪"设立了一个专题网站，直接提供与"桑迪"有关的具体救济、响应和恢复信息，包括向幸存者提供如何获得及时帮助，如何找到避难所，如何联络 FEMA 灾难恢复中心等内容。这些信息被翻译成包括英语在内的 19 种语言，并将链接与其他州和地方网站共享（VSMWG & DHS First Responders Group，2013）。此外，FEMA 还在 YouTube 上制作发布了 130 多个与"桑迪"有关的视频短片，包括备灾应灾知识，如何在 FEMA 等援助计划网站上注册，当前各机构为抢险救灾所做的努力，等等（Haddow & Haddow，2014）。

在"桑迪"离境后，政府机构将社交媒体应用于灾后恢复的工作中。例如，纽约市新闻办公室与 NYC Digital 合作创建了一个全市 Flickr 专辑，专门用来张贴有关"桑迪"飓风期间有关救援工作的相关照片。纽约市 Facebook 页面还总结了历次市长新闻发布会的关键点（VSMWG & DHS First Responders Group，2013）。在"桑迪"飓风的恢复期间，联邦政府在其网站上建立了一个名为"飓风桑迪恢复"（Hurricane Sandy Recovery）的网页，提供了各种各样的政府恢复计划和应用程序的链接，包括联邦应急管理局（FEMA）、住房和城市发展部（HUD）、美国农业部（USDA）、美国红十字会（American Red Cross）（Haddow & Haddow，2014）。这些信息均为未来的灾难响应和搭乘救援工作提供了参考和实践范例。

②多主体的双向沟通与灾难信息共享

飓风"桑迪"期间，积极参与灾难信息传播与应急管理的主体并非只有政府机构，还包括了众多公用事业组织、私营企业、非盈利组织、志愿者团队和公民个体。社交媒体充当了他们彼此之间进行沟通和信息共享的通道，突出了社交媒体平台跨行业、跨团体、跨组织进行灾难信息传播的有效性。

政府与公众间的双向沟通与信息共享。灾难期间，政府机构的社交媒体页面受到广泛关注，并产生了重大的影响力，当时最受公众关注的政府 Twitter 用户包括：马萨诸塞州紧急管理机构（@MassEMA）、新泽西州市长 Cory Booker（@corybooker）、纽约州州长 Andrew Cuomo（@NYGovCuomo）、新泽西州州长克里斯·克里斯蒂（Christy）及 Craig Fugate（FEMA）（@craigatfema）等（VSMWG & DHS First Responders Group，2013）。同时，公众也使用社交媒体向政府机构反映问题和需求，呼吁帮助，提供信息和寻求支持，这些信息为政府机构了解灾情和科学决策提供了依据。

私营企业与公众间的信息共享。众多私营企业作为利益攸关者为公众提供了额外的援助，以支持政府的灾难管理。例如，Twitter 公司专门发布了一个"#Sandy"网页，提供了一系列重要资源的信息，包括重要的推文、受灾州及联邦机构的 Twitter 账户列表等（VSMWG & DHS First Responders Group，2013）。

非盈利机构、志愿者团队与政府机构间的信息共享。"桑迪"飓风期间，一些非盈利机构和志愿者团队主动为受风暴影响的灾区公众提供信息援助，通过信息技术搜索、发现提供灾难信息，直接支持政府机构和官方的应急行动（Cohen，2013），发挥了桥梁作用（VSMWG & DHS First Responders Group，2013）。同时，FEMA 等政府机构使用众包技术与来自全国各地的志愿者进行在线协作，为幸存者提供救助（Haddow & Haddow，2014）。

③利用互联网及社交媒体平台及时辟谣

谣言与信息共生，在互联网时代的表现尤为明显。"桑迪"飓风期间，互联网上开始流传一系列虚假报道和图像，包括纽约证券交易被大水淹没的照片、马里兰大洋城被烧毁，以及有关现金卡、食品券和收容所的虚假信息等（VSMWG & DHS First Responders Group，2013；Cohen，2013）。

FEMA 在其网站上添加了一个名为"飓风桑迪：谣言控制"的页面，纠正了一系列关于 Sandy 响应工作的谣言，公布了有关的准确信息，并鼓励各平台重新发布准确的内容（VSMWG & DHS First Responders Group，2013；Haddow & Haddow，2014），消除了谣言的负面影响。

## （二）人为事故类案例分析

### 韩国"世越号"沉船事故

（1）事故回顾

2014 年 4 月 16 日，一艘由仁川港驶往济州岛的"世越（Sewol）号"韩国客轮于当地时间 8 点 58 分发生浸水事故而下沉。这艘客轮共载有 476 名乘客，其中包括 340 名高中生和教师。随后 10 点 15 分，韩国 YTN 电视台播送了一则 338 名学生已经全部获救的新闻，韩安全本部也在紧急记者会中声称全部乘客都已成功逃生，但紧接着又被韩媒证实是不实信息，引发了社会混乱。在"救助黄金时间"（通常是事故发生后 3 小时以内）内，船长和船员并未及时履行疏散乘客的责任和义务而选择了出逃。与此同时，海警及相关部门又因任务分配等问题延缓了救援行动。直至 16 点 59 分，韩国海军、消防才派遣了 24 艘船只和 16 架直升机开始执行现场救助工作。

韩国总统朴槿惠于 16 日下午访问了中央灾难预测本部，并表态政府会全力搜救。17 日，其又亲自前往事发地点进行实地了解。同日，京畿道安山市檀园高中教务主任李喜勋在发布会中公开道歉，韩国水产部门也展开了大规模的救援。随着海上搜救行动的持续进行，获救人数和死亡人数不断更新。25 日，韩国安山设立了临时殡仪馆以供吊唁。28 日，朴槿惠总统在焚香所内慰问遇难者家属，韩国海警也随即公开了"世越号"最初沉没时的救援画面。统计结果显示，这起事故共造成 295 人死亡，172 人受伤，以及 9 人失踪。巨大的伤亡数字不仅让韩国公众质疑政府部门处事态度与效率，同时更关注事故原因调查和审判。5 月 15 日，韩国光州地方法院对此事进行了裁决，船长李准石被判有期徒刑 36 年，而 13 名船员则被判有期徒刑 5 年至 20 年不等。另外，"世越号"沉船事故还推动国会颁布了三项法案，分别是《世越号特别法》、《政府组织法》修订案以及《俞炳彦法》。最后，韩国"世越号"客轮于 2017 年 3 月 25 日被成功打捞出水。

（2）传播策略分析

①事故传播过程中信息管理失衡

从本质上看，韩国"世越号"沉船事故迅速置政府于危险境地，这一灾难中的信息传播极大地考验了政府危机管理的能力。美国学者Sturges(2003)曾指出了危机传播的四个阶段，强调每一阶段的传播内容要依据公众不同的需求而定。他认为有效的危机管理要求政府在灾难发生的初期就应该传递"内化性信息（internalizing information）"、中期时提供"指导性信息（instructing information）"、衰弱期传播"调整性信息（adjusting information）"，平息期再次传递"内化性信息"以建构一个积极正面的政府形象。据此可见，韩国政府在"世越号"沉船事故中的危机管理饱受诟病。

在沉船事故发生之初，韩国部分媒体在报道中公布了一些不实信息，同时也一再更改获救人员的数字和措辞，但政府对此类谣言的表态却显得十分模糊。政府没有在第一时间证实伤亡人数，也没有明确告知公众官方的态度，因而难以解决公众对事故关键信息的心理诉求。当灾难引发的社会恐惧心理进入到迅速蔓延时期时，政府却未和《中央日报》等这样的权威媒体进行充分沟通，权威的信息确认在社会公众的视野中缺席，政府也没有及时出台相关政策来提高灾难应急体系的效率，搜救工作的过程也没有直接传播给公众，变得不透明不公开。在灾难救援工作进入尾声时，韩国媒体和政府的意图并没有达成高度一致，以至于多家媒体倾向于将社会舆论的矛头指向政府不作为而非配合政府疏导公众的不良情绪，强烈的质疑和愤慨代替了悲悯在公众情绪中占据了主导位置。最后，当事故处理结果和调查报告公之于众时，重点处分船长和船员个体却不问责体制内政府工作人员的判决助长了公众对政府的失望之情。

概言之，韩国政府没有正确把握事故前的预警、事故中的信息交流、事故后的形象恢复，导致事故信息管理失衡，政府的形象危机也进一步加剧。

②韩国政府运用形象修复策略受阻

对于政府而言，这场沉船事故带来的损失不仅仅只是人员的伤亡和财力的耗损，还有声誉危机。从长远利益来看，后者对政府行使社会管理职能的威胁性更高。当政府陷入声誉危机时，社会各阶

层的矛盾则更容易被激化，国家的政治局势也可能会被殃及。早在
20世纪末，Benoit(1997)曾提出五种具有代表性的形象修复策略，
分别是：否认(dinial)、推卸责任(evasion of responsibility)、降低事
件的冲击性(reducing offensivenesss of event)、致歉(mortification)、
修正行动(corrective action)。显然，韩国政府在此次"世越号"沉船
事故中重点采取了"否认"和"推卸责任"这一策略，不仅最轻程度
地处罚了政府内部责任者，而且将主要责任推诿给船长及部分船员
这类个体，有意识地忽略了国家灾难管理系统的机制漏洞，反而致
力于声讨船舶的年久失修以及船长一行人罔顾社会责任的恶劣
行径。

虽然，政府想通过事故审判结果来自证清白，但是这种决策在
一定程度上却缺乏与公众的沟通和交流而不被接受。美国学者
James(2002)曾强调，组织在决策前与公众的良好沟通是平息危机
的有效途径。可是，在这场灾难中，受害者家属多次问责政府等相
关机构的行为被当局者所无视，沉船最初的救援画面也被政府隐瞒
多时，韩国媒体也因报道中所引用的官方数字一再被证实有误而致
歉，这一系列的现象都说明政府在此次事故的形象修复工作中是基
于一种"双向非对称"的模型(James，2011)。具体来说，政府和媒
体等相关组织会通过调查采访的形式来了解公众对事故的态度和看
法，但是所得到的反馈却基本无法影响决策。这种事故传播和决策
形式都不利于政府积极形象的重新树立。值得一提的是，Lee &
Moh等学者在分析韩国沉船事故的经验教训时指出当前韩国政府的
重心应放在如何改善国家的法律法规以应对之后的突发事故，同时
还要核实当局所应承担的直接和间接责任。另外，他们还认为韩国
中央政府和地方政府的监管执法能力也需要进一步提升。

诚然，韩国政府的形象修复策略陷入了误区。当局者应该更多
地关注民众的心理需求，而不是一味地谴责船舶企业等私人组织。
此外，政府的歉意不能止于口头上的声明，更要落实在行动中，给
遇害者家属一个确切的交代，而不是连同媒体一起在模糊的信息传
播中隐藏自己的失责。

③新自由主义的国家战略模式受到挑战

　　韩国"世越号"沉船事故从表面来看，是一场始料未及的灾难，但学者金海燕和金光熙（2016）却将其界定为"政府长期为短期利益无视安全的惯行和奉行新自由主义政策之必然"（金海燕、金光熙，2016）。其实，政府在灾难传播过程中的角色定位和身份期待是至关重要的。

　　这起沉船事故暴露出了韩国政府所领导的灾难管理体系中的几大漏洞。首先，欠缺良好的事前预防机制使得政府无法提前预警公众；其次，决议体系的冗杂让政府难以高效率地调动人力和物力资源；再次，事后处理组织具有较强的临时性致使重建工作困难重重；最后，缺少民间企业和 NGO 组织的协同参与造成救灾力量的单一化。Kee（2016）等学者在分析事故的过程中还指出了持续监测和权衡各种压力风险的重要性。从这个意义上说，建立一个独立且消息灵通的监测组织十分必要。但在这次事故中，事故的监管人员既不独立，反应能力也不强，他们只是政府管理机制中的执行者，不具备对危机的前瞻意识。此外，在事故发生的初期，政府的一些慌乱举措经过了各种媒体渠道报道，这严重削弱了公众对政府重建有效的灾害管理体系的信心。

　　诚然，政府在灾难的信息传播和应对措施等方面都承担了重任。特别是在韩国这样的现代资本主义国家，公众高度依赖当局者和相关专家的解读和建议，但这一群体的表达却受限于政府和多方利益的牵制，譬如朴槿惠的几次国民会谈始终刻意回避政府内部的责罚问题和现行机制的弊端，但也因而被公众诟病为官方推诿责任的模式化手段。也正是这种新自由主义的国家战略模式将加剧韩国现代社会的危机，事前预防和灾后重建也不得不在各方利益的博弈中展开。一言以蔽之，韩国政府灾难管理水平较低的负面形象在此次沉船事故后进一步刻板化。

### 美国墨西哥湾原油泄漏事故

（1）事故回顾

　　2010 年 4 月 20 日 22 点左右，美国南部沿海的一个"深水地平线"钻井平台在短短 10 秒内发生了两次大爆炸，火势凶猛，且于两天后沉入墨西哥湾。事故发生后，平台上的 126 名工作人员以跳钻塔和搭乘救生船的方式出逃，大部分人逃生成功。4 月 24 日，隔水导管和探管开始漏油，英国石油（BP）公司出动船只和飞机清理漏油。

随着漏油形势的一步步恶化，路易斯安那州海域的污染范围也逐步扩大，美国救灾部门当即采取了焚烧漏油举措，但作用甚微。5 月 30 日，美国政府表示还未能找到有效封堵泄漏油井的方案。6 月 16 日，奥巴马总统亲自约见 BP 首席执行官，要求其设立 200 亿美元的赔偿基金。7 月 15 日，BP 公司声称新装置已成功封堵漏油，而美国媒体则对这一装置的后续影响持观望和考察态度。9 月 19 日，减压井建造成功后，美国救灾小组对外宣布漏油井已经被永久封堵，危机局面得到了控制。

2011 年 1 月 5 日，美国政府事故调查委员会提交了这场漏油事故的最终调查报告，指控 BP 公司为了节省时间和费油而赶工的行为，同时还谴责了政府监管部门的疏忽。截至 7 月底，BP 公司同意审查结果，但将重要责任推给了油井的负责人。

经美国政府证实，墨西哥湾原油泄漏事故所造成的危害已超过了 1989 年阿拉斯加港湾漏油事故。据统计，这场事故致使渔业受损、多种海洋生物灭绝，墨西哥湾的生态平衡遭到严重破坏。另外，BP 公司在漏油事故中因赔偿和研究控油措施耗费了约 9.3 亿美元。同时，美国政府颁布了新的针对墨西哥湾海域的"禁采令"，规定在 2010 年 11 月 30 日之前，没有达标的公司将不能继续在墨西哥湾开采油气。

（2）传播策略分析

①美国政府：依靠媒体进行阶段性危机管理

墨西哥湾石油泄漏事故把美国政府推上了舆论的风口浪尖。追根溯源，美国当局者在灾难最初时刻并未意识到后果的严重性，而是寄希望于 BP 公司独立解决问题和承担责任，致使事态发展逐步失控。为了稳定公众情绪，政府随即采取了一系列策略进行危机管理。按阶段划分，分别是减缓（mitigation）、准备（preparation）、响应（response）以及恢复（recovery）。然而，政府在每个阶段中的表现和收效却不尽相同。

诚然，灾难初期，联邦政府的沉默导致了信息传递的混乱，大部分公众都认为当地的海鲜产品会不健康，而相关部门也迟迟没有出面对这些信息进行辟谣，导致海鲜产品价格的极大波动。随着新闻媒体对石油泄漏事故恶劣影响的持续报道，路易斯安那海域附近的居民感知到了危险也加深了恐惧。Simon-Friedt 等学者（2016）认为这一时期由于缺乏政府权威机构的明确信息，公众普遍加深了对危险的评估，进而对政府产生了误解和不信任。概言之，政府在减缓阶段中的表现是不明晰的，造成了公众对灾难的错误认知。

随着漏油事故的危机持续升级，美国政府基于线性的组织危机模式进行形象管理。一方面，在公共关系上突破。联邦政府强化了农业部在漏油应急反应指挥中心中的责任，并且与州相关部门以及其他组织等通力合作以减轻危害。另一方面，在"危机言说"中挽回政府形象（Benoit，1997）。2010 年 5 月 27 日，美国总统奥巴马在白宫就原油泄漏事故发表了讲话。演讲的核心内容主要分为两个部分：其一，BP 公司应该承担起这次事故的全部责任，政府将会督促其进行合理赔偿，坚决捍卫广大公众的切实利益；其二，政府在此次事故中也是受害方，面临巨大的压力，希望获得国内外社会的谅解与支持。奥巴马总统代表的是美国联邦政府对此事的态度和立场，其并没有仔细反思政府监管部门的失责，而是将主要责任推诿到 BP 公司。另外，其有意识地弱化了漏油事故所带来的政治纷争，而是将重点放在了公众后续生活的安全保障上。这种言说策略是政府在危机管理的准备和响应阶段的重要手段，其的使用不仅减轻了公众对政府的谴责和指控，更争取到了国际社会对美国的信任和支援。

在危机管理的恢复阶段，美国新闻媒体发挥了监督职能，不再只依赖于官方信源，而是综合社会各方的消息进行传播。而政府同时也利用了这种监督，借机颁布了紧急法令叫停了墨西哥湾的所有石油开采活动，及时组建了事故调查委员会彻查成因，并采取了一系列更为有效的监管措施。媒体对政府重建工作的报道有助于政府积极形象的修复。

本质上说，在墨西哥湾漏油事故危机管理的各个阶段中，美国政府都较为有效地利用了媒体资源。譬如在初期，联邦政府协同各级应急机制制定准备方案，并通过媒体渠道发布相关信息。当灾难发展到最危急的阶段时，政府通过媒体发布新闻以提供应对措施，同时多次举办新闻发布会和演讲解答公众的困惑。事后，政府也会通过媒体报道调查报告、重建工作开展情况等方式修复自身的形象。Pew Research Center for the People & The Press（2010）指出，在一场诸如墨西哥湾漏油事故这样的公共灾难之后，新闻媒体在建构宽慰公众的叙述中扮演了重要角色。一言以蔽之，虽然部分媒体的前期报道不利于树立政府的积极形象，但美国政府却依赖于丰富的媒体资源进行阶段性的危机管理。

②BP 公司：转移、辩护传播策略的运用

BP 公司在墨西哥湾石油泄漏事故中属于被诟病最严重的一方。一方面，BP 公司确实存在为了经济利益而缩短工期、使用不合格材料、采用不达标技术等问题。另一方面，事故的另一责任主体美国当局的态度较为坚决，强调 BP 公司应承担主要责任。多重压力加之于身，BP 公司的企业形象遭受了空前的打击。于是，其实施了一系列危机传播策略以期减轻社会对其的责难。

BP 公司利用了传统媒体的类型特点，在公关新闻稿中着重强调了其的态度和行动：其一，BP 公司一定会积极承担应负的责任和义务，对沿海受害群体进行合理赔偿；其二，BP 公司在吸取了这次事件的经验和教训后会致力于改良与创新，给社会一个交代。Wickman（2014）认为虽然这可能只是企业修复形象的一个短期公关策略，但种种证据表明，新闻稿的确发挥了关键性作用，影响了公众对 BP 公司的形象感知。Schultz（2012）指出这一作用是源于"解耦策略"在新闻稿中的使用，即报道内容模糊了公众问责的焦点，转而强调 BP 公司支付索赔等正面行为。

虽然 BP 公司采取的辩护策略和修正行动都属于危机传播策略的经验范畴，但其也很难在短期内从根本上动摇企业与公众之间的信任与承诺关系。但随着时间的推移，这种传播形式避免了"信息真空"的出现，强化了 BP 公司的积极行动改善结果这一层面的意义，进而也淡化了事故的原始冲击力，某种意义上缓解了企业所面临的危机局势。

实际上，BP 公司在美国墨西哥湾漏油事故的灾难传播中始终坚持了"和解"的态度。当奥巴马总统发表了讲话后，BP 公司并没有进行驳斥，同时也很快接受了美国当局提出的赔偿条件。而这一态度正是"转移公众视线"的一种有效方式。根据 Brikland（1997）提出的焦点事件理论，当极具冲击力的常规性焦点事件（如灾难）突然发生时，公众的注意力大多放在了如何帮助受害者上而非怪罪事故责任方。漏油事故虽然不输于常见的灾难，但 BP 公司的公关新闻稿却一再强调其采取的控制措施和救助行为，将事故逐渐牵引到常规性焦点事件的范畴中，公众的问责倾向自然也减弱了。此后，BP 公司在最后的报告中虽未直接否定自身的责任，但将大部分责任推给了油井所有者，这也可以被视作为挽救企业形象而做的努力。

简言之，BP 公司在这次危机中运用了"解耦"、"辩护"、"转移"等多种传播策略，虽然难以扭转企业与公众之间的本质承诺关系，但确实在一定程度上挽回了声誉和形象。从长远利益来看，其的危机反应举措将促进企业改善内部结构以及注重风险的防范和控制。

# 四、总结与建议

近年来，层出不穷的灾难事件不断为人们敲响警钟，时刻提醒着社会科学工作者研究灾难信息传播与灾难危机管理的重要意义。尤其是在全球各类灾难频发，发展中国家减灾抗灾能力持续脆弱的情况下，有关人类社会如何更有效地消除灾难负面影响的知识尚待进一步发掘。

当前海外灾难传播研究已形成完整的学科架构，从灾难传播的定义、主要任务、参与主体、传播渠道与工具、传播价值、传播策略与原则，到灾难传播的媒介环境变迁、经典案例、官方灾难传播机制建构等，几乎囊括了这一领域所涉及的方方面面，视角全面丰富，形成了独立的学科门类和完善的学科框架。本文系统梳理了近三年海外灾难信息传播领域的最新研究成果，认为这些成果对我国灾难传播研究未来的发展方向提供了指导和借鉴，主要表现在研究趋势、理论视野、研究方法、协同创新和智库建设四个层面。

第一，在当前海外灾难信息传播与危机管理的研究中，对社交媒体的关注已占据主流地位。众多研究已表明，社交媒体的使用已逐渐嵌入发达国家的灾难及紧急事件管理体系，越来越多的人转而通过社交媒体一方面了解最新的信息，另一方面则利用社交媒体平台表达他们对灾难及紧急事件的关注和经验。政府机构、企业主体、非政府组织及其他利益相关者也在使用社交媒体平台，将各自的平台与其他相关网络平台相连接，时刻更新并传达数据、资料及信息（Kapur，Dyal & Bezek，2017）。当前我国灾难传播研究对社交媒体投入的关注尚显不足，即便关注到了灾难传播中的社交媒体，也仅是单方面研究某一主体利用社交媒体平台进行灾难事件传播的行为，未能形成多重研究视野。而当前海外灾难事件传播研究主流趋势同样为我国未来的相关研究深耕方向提供参照。

第二，海外灾难事件传播研究已形成了跨学科的研究视角。社会科学的复杂性，社会系统的整体性、同一性，以及媒介环境的不断变迁，都要求研究者在考察灾难事件的传播时不可局限于单一视角。研究发现，当前海外大多灾难事件传播研究都与心理学、社会学、符号学、人类学、政治学及信息科学等多种学科相结合，拓宽了研究视野，丰富了研究维度，加深了理论深度，值得我国相关领域研究者借鉴，多角度挖掘研究议题。

第三，海外灾难事件传播研究方法量化与质性并重，研究路径与技术路线相对新颖。通过梳理近三年海外相关研究发现，除了使用传统的内容分析法外，还有部分研究使用了元分析、半结构化访谈、焦点小组、多点民族志、科学知识图谱、话语分析、修辞分析等多种研究方法，为我国未来灾难传播研究拓展了思路。

第四，海外灾难事件传播研究及危机管理注重产学研协同创新和智库建设。灾难传播研究除了生产研究界的理论知识外，更重要的则是为政策制定者和其他专业人员的科学决策提供依据和实践范例。海外尤其是美国、加拿大等发达国家的灾难传播研究重视学术探讨与实践相结合，注重弥合两种不同视角之间的差异，出台了一系列以政府为主体的灾难传播指导意见与实践方案，并建立专家库。以美国为例，DHS 设置虚拟社交媒体工作组（Visual Social Media Working Group ，VSMWG），其成员包括非盈利组织、各地消防员和警察、地方应急管理和公共卫生组织工作人员、学术界和联邦相关机构工作人员。VSMWG 每月举行一次虚拟会议，听取社交媒体领域的专家介绍和建议，讨论最佳实践范例，协商制定相关指导性文件等。因而，我国未来的灾难传播研究当在实践的基础上，不断扩大研究议程，不断加深研究者与实践者两种角色、两种视角之间的理解和关系，注重研究的实用性及案例研究，利用高校、媒体、政府等多种资源优势，建立国家、省、市三级灾难传播研究智库，为未来的灾难传播及应急管理做好制度性的设想和规划。

## 参考文献

［1］Alexander R. J. （2013）. Shaping and Misrepresenting Public Perceptions of Ecological Catastrophes：The BP Gulf Oil Spill. Critical Approaches to Discourse Analysis Across Disciplines，7（1）：1-18.

［2］Appleby L. （2013）. Connecting the Last Mile：The Role of Communications in the Great East Japan Earthquake. Internews Europe. ［Online］. Retrieved from http：//www. internews. org/sites/default/files/InternewsEurope_Report_Japan_Connecting_the_last_mile_Japan_2013. pdf.

［3］Baum A.，Fleming R. & Davidson L. M. （1983）. Natural disaster and technological catastrophe. Environment and Behavior，15（3）：333-354.

［4］Benoit W. L. （1997）. Image repair discourse and crisis communication. Public Relations Review，23，177-186.

［5］Bohensky，E. L.，& Leitch，A. M. （2013）. Framing the flood：a media analysis of themes of resilience in the 2011 Brisbane flood. Regional Environmental Change, 14(2): 475-488.

[6] Bradley D. T. McFarland M. & Clarke M. (2014). The Effectiveness of Disaster Risk Communication: A Systematic Review of Intervention Studies. PLOS Currents, 6.

[7] Campbell V. (2013). Framing Environmental Risks and Natural Disasters in Factual Entertainment Television. Environmental Communication, 8(1): 58-74.

[8] Centre for Research on the Epidemiology of Disasters. (2016). Cred crunch 45: 2016 preliminary data-Human impact of natural disasters. Brussels: CRED. Retrieved from http://cred.be/sites/default/files/CredCrunch45.pdf.

[9] Centre for Research on the Epidemiology of Disasters. General Classification. Retrieved from http://www.emdat.be/classification.

[10] Chao-Chen, Lin. (2015). Aborigines and Disasters: The Plight of the Aborigines Overlooked by the TV Media during Typhoon Morakot in Taiwan. China Media Research, 11(3): 21-30.

[11] Clarke L. (2004). Using disaster to see society (Vol. 33, No. 2, pp. 137-139). Sage CA: Los Angeles, CA: SAGE Publications.

[12] Cohen S. E. (2013). Emergency Management. Sandy Marked a Shift for Social Media Use in Disasters. Retrieved from http://www.emergencymgmt.com/disaster/Sandy-Social-Media-Use-in-Disasters.html. .

[13] Dayan D. & Katz, E. (1994). Media events. Harvard University Press.

[14] Dyan D. (2008). Beyond Media Events: Disenchantment, Derailment, Disruption. In M. Price and D. Dayan (eds). Owning the Olympics: Narratives of the New China. Ann Arbor, MI: University of Michigan Press, 391-402.

[15] Entman R. M. (1993). Framing: Toward clarification of a fractured

paradigm. Journal of Communication, 43(4): 51-58.

[16] Gilbert A. (2012). Social Media and Hurricane Sandy. Digital Ethos. Retrieved from http: // digitalethos. org/social-media-and-hurricane-sandy/.

[17] Girard T. Wenzel F. Khazai B. Kunz-Plapp T. Daniell J. E. & Brink S. A. (2014). Near-real-time analysis of publicly communicated disaster response information. International Journal of Disaster Risk Science, 5(3): 165-175.

[18] Goffman E. (1974). Frame analysis: An essay on the organization of experience. New York, NY: Harper & Row.

[19] Granatt M. (2016). Civil emergencies and the media: A Central Government perspective. In Harrison, S. (Ed.). Disasters and the Media: Managing crisis communications (pp. 101-117). Springer.

[20] Greer C. F. Moreland, K. D. (2003). United Airlines' and American Airlines' online crisis communication following the September 11 terrorist attacks. Public Relations Review, 29 (4): 427-441.

[21] Guha-Sapir D, Hoyois Ph. Below. R. (2015). Annual Disaster Statistical Review 2014: The Numbers and Trends. Brussels: CRED. Retrieved from http: //www. cred. be/sites/default/files/ADSR_2014. pdf .

[22] Guha-Sapir D, Hoyois Ph. Below. R. (2016). Annual Disaster Statistical Review 2015: The Numbers and Trends. Brussels: CRED. Retrieved from http: //www. cred. be/sites/default/files/ADSR_2015. pdf.

[23] Gurman T. A. & Ellenberger N. (2015). Reaching the global community during disasters: findings from a content analysis of the organizational use of Twitter after the 2010 Haiti earthquake. Journal of health communication, 20(6): 687-696.

[24] Guskin E. & Hitlin P. (2012). Hurricane Sandy and Twitter: PEJ New Media Index. Pew Research Center Journalism & Media,

Retrieved from http：//www. journalism. org/2012/11/06/
hurricane-sandy-and-twitter/.

[25] Haddow G. & Haddow, K. S. (2014). Disaster communications in
a changing media world (Second Edition). Butterworth-Heinemann.

[26] Hopkins J. & Cross, R. (2008). Public Health Guide in
Emergencies. Geneva, The Johns Hopkins and the International
Federation of Red Cross and Red Crescent Societies.

[27] Houston J. B. Hawthorne J. & Perreault M. F. et al. (2015).
Social media and disasters: a functional framework for social media
use in disaster planning, response, and research. Disasters, 39
(1): 1-22. doi: 10. 1111/disa. 12092.

[28] James E. G. (2011). How to measure your results in a crisis.
Guideline for Measuring Relationships in Public Relations. The
Institute for Public Relations Commision on PR Measarement and
Evaluation, 2-3.

[29] JIMÉNEZ-MARTÍNEZ C. (2014). Disasters as Media Events: The
Rescue of the Chilean Miners on National and Global Television.
International Journal of Communication (19328036): 81807-1830.

[30] Kapur G. B. Dyal J. & Bezek S. (Eds.). (2017). Effective
Communication During Disasters: Making Use of Technology,
Media, and Human Resources. Apple Academic Press Inc. .

[31] Katz E. & Liebes T. (2007). 'No More Peace! ': How Disaster,
Terror and War Have Upstaged Media Events. International Journal
of Communication, 1(1): 10.

[32] Kee D. Jun G. T. Waterson P. & Haslam, R. (2017). A systemic
analysis of South Korea Sewol ferry accident: Striking a balance
between learning and accountability. Applied Ergonomics, 59,
504-516.

[33] Kennedy P. J. & Ressler E. (2009). Handbook of disaster
research. H. Rodriguez. Springer Science & Business Media.

[34] Kim J. W. Kim Y. & Suran M. (2015). Emergency-response

organization utilization of social media during a disaster: A case study of the 2013 Seoul floods. Journal of Contemporary Eastern Asia, 14(2): 5-15. doi: 10. 17477/jcea. 2015. 14. 2. 005.

[35] Kim K. Jung K. & Chilton K. (2016). Strategies of social media use in disaster management: Lessons in resilience from Seoul, South Korea, International Journal of Emergency Services, 5 (2): 110-125, doi: 10. 1108/IJES-02-2016-0005.

[36] Kim S. K. (2015). The Sewol Ferry Disaster in Korea and Maritime Safety Management. Ocean Development & International Law, 46 (4): 345-358.

[37] Kim T. E. Nazir S. & Overgard K. I. (2016). A STAMP-based causal analysis of the Korean Sewol ferry accident. Safety Science, 83, 93-101.

[38] Kim Y. & Kim H. (2016). Improving Korea's Societal Security by Preparing for Unforeseen Disasters: Focused on the Horizontal Collaboration Approach. International Journal of Security and Its Applications, 3(10): 11-20.

[39] Knowles S. G. (2012). The Disaster Experts: Mastering Risk in Modern America. University of Pennsylvania Press.

[40] Lundgren R. E. and McMakin, A. H. (Eds.) (2013) Risk Communication: A Handbook for Communicating Environmental, Safety, and Health Risks (Fifth Edition), John Wiley & Sons, Inc., Hoboken, NJ, USA.

[41] McCormick J. (1967). Communications During a Crisis. Journal (American Water Works Association), 59(9): 1087-1092.

[42] McCormick S. (2016). New tools for emergency managers: an assessment of obstacles to use and implementation. Disasters, 40 (2): 207-225.

[43] Medford-Davis L. N. & Kapur G. B. (2014). Preparing for effective communications during disasters: lessons from a World Health Organization quality improvement project. International Journal of

Emergency Medicine, 7(15): 1-7.

[44] Min S. B. & Kim Y. Y. (2016). Collaborative governance difficulty and policy implication Case study of the Sewol disaster in South Korea. Disaster Prevention and Management, 25 (2): 212-226.

[45] Neubaum G. Rösner L. Rosenthal-von der Pütten A. M. & Krämer N. C. (2014). Psychosocial functions of social media usage in a disaster situation: A multi-methodological approach. Computers in Human Behavior, 34, 28-38. doi: 10. 1016/j. chb. 2014. 01. 021.

[46] Oh N. (2016). Dimensions of strategic intervention for risk reduction and mitigation: a case study of the MV Sewol incident. Journal of Risk Research, 5, 1-18.

[47] Palttala P., Boano C., Lund R. & Vos M. (2012). Communication gaps in disaster management: Perceptions by experts from governmental and non-governmental organizations. Journal of Contingencies and Crisis Management, 20(1): 2-12.

[48] Pew Research Center for the People & The Press. (2010). "Top Stories of 2010: Haiti Earthquake, Gulf Oil Spill" [EB/OL]. 2013-10-17. Retrieved from http: //www. people-press. org/ 2010/12/21/top-stories-of-2010-haiti-earthquake-gulf-oil-spill/.

[49] Qingjiang Y. & Eigenmann C. S. (2013). Building a Coordinate System: An Ethical Framework for Analyzing Media Coverage of Disasters. American Communication Journal, 15(2): 1-16. .

[50] Roshan M. Warren M. & Carr R. (2016). Understanding the use of social media by organisations for crisis communication. Computers in Human Behavior, 63, 350-361. doi: 10. 1016/j. chb. 2016. 05. 016.

[51] Schultz F., Kleinnijenhuis J., Oegema D. Utz S. & van Atteveldt W. (2012). Strategic framing in the BP crisis: A semantic network analysis of associative frames. Public Relations Review,

38(1)：97-107.

[52]Scifo S. & Salman Y. (2015). Citizens' involvement in emergency preparedness and response：A comparative analysis of media strategies and online presence in Turkey, Italy and Germany. Interactions：Studies in Communication & Culture, 6(2)：179-198. doi：10. 1386/iscc. 6. 2. 179_1.

[53]Semetko H. A. & Valkenburg P. M. (2000). Framing European politics：A content analysis of press and television news. Journal of communication, 50(2)：93-109.

[54]Simon-Friedt B. R., Howard J. L., Wilson M. J., Gauthe D. & Bogen D. (2016). Louisiana residents' self-reported lack of information following the Deepwater Horizonoil spill：Effects on seafood consumption and risk perception. Journal of Environmental Management, 180, 526.

[55] Smithson J. & Venette S. (2013). Stonewalling as an Image-Defense Strategy：A Critical Examination of BP's Response to the Deepwater Horizon Explosion. BMJ, 64(4)：395-410.

[56] The United Nations Office for Disaster Risk Reduction. (2015). Sendai Framework for Disaster Risk Reduction 2015-2030. Retrieved fromhttp：//www. preventionweb. net/files/43291 _ sendaiframeworkfordrren. pdf.

[57] Trainor, Joseph E., Subbio, Tony. (2014). Critical Issues in Disaster Science and Management：A Dialogue Between Researchers and Practitioners. FEMA Higher Education Project.

[58]VanDijk T. A. (2013). News as discourse. Routledge.

[59] Virtual Social Media Working Group for Emergency Services and Disaster Management, Department of Homeland Security Science & Technology First Responders Group. (2017). Best Practices for Incorporating Social Media into Exercises. Washington, D. C.：The Department of Homeland Security. Retrieved from https：//www. dhs. gov/sites/default/files/publications/Best-Practices-Incorpora-

ting-Social-Media-Into-Exercises-508%20. pdf.

[60] Virtual Social Media Working Group & Department of Homeland Security First Responders Group. (2013). Lessons Learned: Social Media and Hurricane Sandy. Washington, D. C.: The Department of Homeland Security. Retrieved from https://www. dhs. gov/ sites/default/files/publications/Lessons% 20Learned% 20Social% 20Media%20and%20Hurricane%20Sandy. pdf.

[61] Virtual Social Media Working Group, DHS First Responders Group. ( 2012a ). Social Media Strategy. Washington, D. C.: The Department of Homeland Security. Retrieved from https://www. dhs. gov/sites/default/files/publications/Virtual% 20Social% 20 Media%20Working%20Group%20VSMWG%20Social%20Media% 20Strategy. pdf.

[62] Virtual Social Media Working Group, DHS First Responders Group. ( 2012b ). Next Steps: Social Media for Emergency Response. Washington, D. C.: The Department of Homeland Security. Retrieved from https://www. dhs. gov/sites/default/files/publi- cations/Virtual% 20Social% 20Media% 20Working% 20Group% 20VSMWG% 20Next% 20Steps% 20Social% 20Media% 20for% 20 Emergency%20Response. pdf.

[63] Virtual Social Media Working Group, DHS First Responders Group. (2014). Using Social Media for Enhanced Situational Awareness and Decision Support. Washington, D. C.: The Department of Homeland Security. Retrieved from https://www. dhs. gov/sites/ default/files/publications/Using% 20Social% 20Media% 20for% 20 Enhanced% 20Situational% 20Awareness% 20and% 20Decision% 20Support. pdf.

[64] Virtual Social Media Working Group, DHS First Responders Group. (2016). From Concept to Reality: Operationalizing Social Media for Preparedness, Response and Recovery. Washington, D. C.: The Department of Homeland Security. Retrieved from https://

www. dhs. gov/sites/default/files/publications/SMWG_From-Concept-to-Reality-Operationalizing-Social-Media-508. pdf.

[65] Watson B. (2014). When critical voices should speak up: Patterns in news coverage of unofficial sources during the BP oil spill. Journalism Practice, 842-854.

[66] Watson H. & Hagen K. (2015). An engaged public: Considerations for the use of socialmedia in managing crises. Interactions: Studies in Communication & Culture, 6(2): 141-154. doi: 10. 1386/iscc. 6. 2. 141_1.

[67] William F. H. & Rachel M. H. (2013) Compensation and Corrective Action as the BP Response to the Deepwater Horizon Incident. Communication Research Reports, 30(3): 193-200.

[68] World Economic Forum. (2016). The Global Risks Report 2016 (11th Edition). Retrieved from http: //www3. weforum. org/docs/GRR/WEF_GRR16. pdf.

[69] World Economic Forum. (2017). The Global Risks Report 2017 (12th Edition). Retrieved from http: //www3. weforum. org/docs/GRR17_Report_web. pdf.

[70] Xu J., Wang Z., Shen F., Ouyang C. & Tu Y. (2016). Natural disasters and social conflict: a systematic literature review. International journal of disaster risk reduction, 17, 38-48.

[71] YanYan & Yeojin Kim (2015) Framing the crisis by one's seat: a comparative study of newspaper frames of the Asiana crash in the USA, Korea, and China, Asian Journal of Communication, 25: 5, 486-506.

[72] Yan Y. & Bissell K. (2015). The Sky Is Falling: Predictors of News Coverage of Natural Disasters Worldwide. Communication Research. 1-25. doi: 10. 1177/0093650215573861.

[73] Zaheer L. (2016). Natural Catastrophes and Role of Pakistani Mass Media. Journal of Political Studies, 23(1): 207-232.

[74] Zhang S. & Wang, J. (2005). Analysis of South Korea Sewol

Sunken Ferry Accident Based on Behavioral Safety. Journal of Coastal Research, 73, 611-613.

[75] 曾繁旭，戴佳，吴小琪：《逾越界限的行动——社会化媒体与环境群体性事件的激进化研究》，《当代传播》，2014，177（04）：26-28。

[76] 曾繁旭，戴佳，席悦：《社交媒体与非盈利组织的危机传播》，《现代传播》（中国传媒大学学报），2013，35（04）：25-28。

[77] 曾繁旭，戴佳：《中国式风险传播：语境、脉络与问题》，《西南民族大学学报》（人文社会科学版），2015，36（04）：185-189。

[78] 陈力丹，毛湛文：《期待理性而专业的灾难报道——芦山和汶川地震媒体报道比较》，《新闻爱好者》，2013(06)：12-15。

[79] 陈力丹：《"非典"报道与生命权意识》，《新闻记者》，2003（06）：12-13。

[80] 董天策，蔡慧，于小雪：《当代中国灾难新闻报道模式的演变》，《新闻记者》，2010(06)：21-24。

[81] 董天策：《在开放与控制之间：危机传播的基本准则与尺度——汶川大地震新闻报道的经验与启示》，《新闻与传播研究》，2008(04)：21-24。

[82] 杜骏飞：《突发性灾难事件与中国公民社会形态的演进——汶川地震的传播社会学分析》，《新闻与传播评论》，2009：37-44。

[83] 杜骏飞：《灾难传播：为什么与怎么办》，《当代传播》，2015（05）：1。

[84] 黄旦，严风华，倪娜：《全世界在观看——从传播学角度看"非典"报道》，《新闻记者》，2003(06)：3-5。

[85] 黄蓉：《从灾难报道到风险传播》，《中国广播电视学刊》，2010(08)：49-50。

[86] 金海燕，金光熙：《从"世越"号事件审视韩国新自由主义》，《长春大学学报》，2016，5(26)：102-105。

[87] 孔清溪，林彦君，张晓丽：《灾难事件中网络谣言风暴的形

成、传播规律及消解策略研究——以马航 MH370 事件为例》，《现代传播》(中国传媒大学学报)，2014(12)：43-48。

[88]郎劲松，潘飞：《重大灾难事件传播的关键点：应急机制与报道模式》，《中国广播电视学刊》，2008(09)：69-70。

[89]廖为建、李莉：《美国现代危机传播研究及其借鉴意义》，《广州大学学报》(社会科学版)，2004，3(8)：18-23。

[90]闫岩：《我国特大事故的官媒形象——〈人民日报〉特大事故报道图景(2000—2015)》，《中国地质大学学报》(社会科学版)，2016(05)：80-94。

[91]闫岩：《喧哗与寂灭：中国特别重大事故的媒体呈现(2000—2015)》，《新闻与传播研究》，2016(05)：73-97。

[92]杨伯溆：《从 SARS 爆发期看互动类媒介与大众媒介之间的关系》，《华中科技大学学报》(社会科学版)，2004(02)：12-19。

[93]喻国明，张洪忠，靳一，张燕：《面对重大事件时的传播渠道选择——有关"非典"问题的北京居民调查分析》，《新闻记者》，2003(06)：6-9。

[94]喻国明：《地震大考：关于传播体制构建的若干思考》，《现代传播》(中国传媒大学学报)，2008(04)：54-55。

[95]朱春阳：《央视汶川地震直播的新闻框架选择之动因分析》，《杭州师范大学学报》(社会科学版)，2008(05)：42-47。

# 互联网用户行为研究前沿述评

## ——2017年度"海外人文社会科学研究动态追踪计划"

孙永强(武汉大学信息管理学院)
沈校亮(武汉大学经济管理学院)

# 一、引 言

### (一)互联网技术的演化

互联网泛指全球范围内的计算终端设备通过互联网协议连接构成的计算机网络系统。从1969年美国的ARPANET开始，经过近五十年的发展，互联网技术不断发生着快速的变化，特别是近十年来，社交媒体、云计算、物联网等新兴互联网技术的涌现颠覆了人们对互联网的传统认知，为人们的工作与生活带来了新的机遇与挑战。互联网技术深入渗透到人们生活的方方面面，催生了一系列基于互联网技术的新兴商务模式(如互联网+、O2O、社会化商务、移动支付、全渠道营销、共享经济等)、工作模式(如虚拟组织、协同合作、云计算等)与生活方式(如社交媒体、电子健康、网络教育等)。总体看来，互联网技术的发展与演化具有如下三个显著特征：普适计算(Ubiquitous computing)、云计算(Cloud Computing)与社会计算(Social Computing)。

1. 从固定终端向移动终端迁移。

互联网技术最初试图解决的问题是如何将各个分散的个人计算机(Personal Computer，PC)连接起来形成计算机网络，此时的网络终端为PC。然而，随着智能移动终端技术的迅速发展(特别是苹果公司的iPhone出现之后)，移动终端设备逐渐取代固定终端设备成为互联网终端的主要组成部分。根据 2017 年 1 月中国互联网络信息中心发布的第 39 次《中国互联网发展状况统计报告》，中国网民规模为 7.31 亿，而手机网民规模为 6.95 亿，台式电脑、笔记本电脑的使用率逐步下降。相对于传统的 PC 互联网技术，移动互联网技术能够更好地满足移动性、普适性、便携性、定位性等需求，能够与线下经济进行更紧密的结合，逐步成为互联网相关研究的热点，如移动学习（Al-Emran，Elsherif，& Shaalan，2016）、移动支付（Barkhordari，Nourollah，Mashayekhi，Mashayekhi，& Ahangar，2017；Gao & Waechter，2017）、移动社交服务（K. S. Choi，Im，& Hofstede，2016；S. Choi，2016；Peng，Zhao，& Zhu，2016）、可穿戴设备（Chuah et al.，2016）、移动健康（Dwivedi，Shareef，Simintiras，Lal，& Weerakkody，2016）等。

2. 从终端计算向云端计算迁移。

在传统互联网技术中，互联网的主要职能是实现计算终端的连接，在实现某项计算服务时，用户终端承担了主要的计算工作而服务器端承担的计算工作较少。云计算的一个核心思想是通过互联网提供动态易扩展的虚拟化资源，减少终端的计算工作，而将大部分的计算工作放到互联网上（或云端）。云计算技术实现了互联网终端与云端计算工作的重新分配，云端提供的虚拟化资源便于用户随时随地调取数据，从而为普适计算也提供了重要支撑。云计算一方面为用户来了便利的服务，另一方面也给用户带来了关于网络安全、个人隐私等方面的担忧，如何平衡云计算的得失亦是当前的一个研究热点（Arpaci，2016，2017；Dhir，Kaur，Lonka，& Nieminen，2016；T. S. Hew & Kadir，2016；P. J. Hsieh，2016；Sharma，Al-Badi，Govindaluri，& A-Kharusi，2016；Shiau & Chau，2016；C. S. Wang，Lai，& Lin，2016；K. W. Wu，Vassileva，& Zhao，2017；Zhu et al.，2016）。

3. 从个体计算向社会计算迁移。

互联网技术发展的第三个趋势为从传统的基于单个终端的个体计算（如自动化办公、单机游戏等）向面向社交网络的社会计算迁移。国外的 Facebook、Twitter，国内的微博、微信等社交网络服务的兴起与普及，为人们的社交沟通提供了便利，为信息传播提供了新的平台。针对社交网络的隐私计算与信息披露（Dienlin & Metzger，2016；H. Y. Huang，2016；W. S. Shin & Kang，2016）、技术采纳（S. E. Chang，Liu，& Shen，2017；Herrero，Martin，& Salmones，2017）等问题是当前互联网用户行为研究的热点之一。此外，基于社会计算、面向社会资源的商务模式（如 Social Commerce，社会化商务）（J. J. Hew，Lee，Ooi，& Lin，2016）、筹资模式（如 Crowdfunding，众筹）（Burtch，Ghose，& Wattal，2016）与外包模式（如 Crowdsourcing，众包）（Baruch，May，& Yu，2016）也日益兴起并受到学界的关注。

在本文中，我们将以互联网技术演化的第一个特点为主线，分析 PC 互联网、移动互联网与物联网情境下的用户行为，探讨用户在不同互联网技术情境下的行为差异，分析互联网技术发展与用户行为规律之间的互动关系。

**（二）互联网环境下的用户行为**

互联网作为当今社会的一项重要技术，不同的学科、不同的学者针对该主题会具有不同的研究视角。与计算机学科侧重于从技术开发的角度对互联网展开研究不同，在该项研究中，我们侧重于对互联网技术使用过程中的用户展开研究。用户居于信息技术创新与信息技术应用的中心位置，用户不仅是互联网技术的使用者与推动者，也是互联网信息的创造者和消费者，因此深刻理解互联网环境下的用户行为机制将不仅有助于促进互联网技术本身的发展，也有助于深入剖析互联网技术的经济效益与社会价值。当前的互联网用户具有如下特点：

1. 从数字移民到数字原住民。

信息技术与人们生活的紧密结合使得二者"你中有我，我中有你"、不可分割。信息技术对于人们生活的高度渗透性推动着信息技术的早期启蒙，从而使得很多用户从童年时代就接触并使用信息技术并将信息技术作为其生活固有的一部分，该类用户被称作数字原住民（Digital Native）。相对而言，那些较晚接受信息技术教育、获得信息技术素养的用户被称作数字移民（Digital Immigrant）

（Coklar，Yaman，& Yurdakul，2017）。新一代的互联网用户由于从小就接受互联网教育并在生活中灵活运用互联网技术，因此此类用户在互联网技术采纳过程中会有更强的自我效能感（Self Efficacy）和更低的技术焦虑（Anxiety）（Bellini，Isoni，de Moura，& Pereira，2016），其行为模式将与数字移民不同，在进行研究中应对用户之间的这种差别予以考虑。

2. 从内容消费者到内容生产者。

在 Web 1.0 技术背景下，用户仅仅是内容的消费者，即被动地获取网站页面上的内容，而在 Web 2.0 技术背景下，用户不仅可以消费他人提供的信息内容，而且可以自己生产内容并分享给他人。因此，在新的互联网技术情境下，用户的内容生产与分享成为学界关注的主要研究问题，其中包括虚拟社区情境下的知识分享（Yilmaz，2016；Zhao，Detlor，& Connelly，2016）、社交网络情境下的信息披露（Bansal，Zahedi，& Gefen，2016；Dienlin & Metzger，2016）、社会化商务情境下的用户在线评论（Erkan & Evans，2016；L. B. Liu，Cheung，& Lee，2016）等。

3. 从价值消费者到价值创造者。

互联网用户不仅仅从信息内容的消费者变成了生产者，也在参与商务活动的过程中从价值的消费者变为了价值的创造者。在众包社区（如美国的 Mechanical Turk，中国的猪八戒网、任务中国网）中（Baruch et al.，2016；Brawley & Pury，2016；Deng，Joshi，& Galliers，2016；Goes，Guo，& Lin，2016），用户可以参与企业提供的招标项目（如网站设计、Logo 设计等），提供解决方案，并与其他参与者竞争获得任务酬金。在社会化商务社区中，用户扮演着生产者与消费者的双重角色，用户可以通过提供创意、参与众筹等方式购买自己参与设计的产品（J. J. Hew et al.，2016；Xiang，Zheng，Lee，& Zhao，2016）。在开放创新社区中，用户可以针对企业产品的不足提出自己的创新性设想，帮助企业进一步优化方案，生产出更为优质的产品（Stanko，2016）。

互联网用户身份与角色的转换丰富了用户行为的类型，扩展了互联网用户行为的研究范畴。在后面的分析中，我们将互联网用户行为分为三种主要类型：采纳行为、信息行为与消费行为。用户采纳行为泛指与用户的互联网技术采纳与使用相关的所有主题，包括新技术初始使用行为、后采纳行为或持续使用行为、扩展性使用行为、技术抵制行为等。用户信息行为泛指用户基于互联网技术进行的信息分享、信息采纳与信息搜寻等不同类别的行为。用户消费行为泛指用户在互联网环境下进行的与商品决策与购买相关的所有行为，包括商品决策、初次购买、在线支付、再购买及购买后行为等。

## （三）研究思路与框架

综合上述关于互联网技术与用户行为的分析，本文将从两条轴线（即技术轴线和行为轴线）构建研究述评的总体研究框架（如图 1 所示）。在技术轴线上，互联网的发展已从 PC 端的传统互联网发展到基于手机端的移动互联网，直到今天智能传感和可穿戴设备的普及和应用。在各个不同的互联网技术情境下，互联网用户存在一些共有的行为，并随着技术的发展，用户行为特征和规律出现了一些新的变化。本项目将从互联网技术发展的两个大阶段入手，具体探讨基于 PC 的传统互联网和基于智能手机、可穿戴设备及传感器的移动互联网的不同技术特点以及这些特点对用户行为的影响方式和路径。在行为轴线上，本文将主要聚焦于三类关键行为，即采纳行为、信息行为和消费行为。之所以选择这三类行为作为本文的落脚点，是因为这三类行为基本代表了互联网用户与互联网技术交互的主要行为模式，并且这三种行为在互联网发展的不同阶段也均表现出较强的生命力，因此从文献述评的角度来说，对这三种行为的研究文献进行分析将具有较高的关注度、较强的发展空间和较好的可持续性。

在后文的分析中，我们将以技术轴线为主线，以行为轴线为辅线，通过纵横交织的文献分析，既可以明晰不同互联网技术环境下的研究主题的变化，亦可洞悉同一主题在不同互联网技术环境下的理论视角的差异。

## （四）研究方法

为全面认识互联网用户行为在 2016—2017（截至 2017 年 5 月）

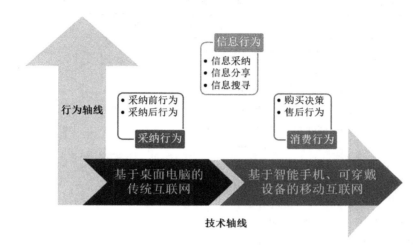

图 1　研究框架

研究发展现状，本文以 Web of Science 数据库作为数据来源，统计该数据库收录的 2016 年以后的与三种互联网用户行为相关的所有期刊论文（限 Article 与 Review）。为缩小检索范围，本文进行了如下限定：

第一，关键词选取。选取与三种互联网用户行为相关的关键词及其下位词，选取与 PC 或移动互联网技术环境相关的关键词及其下位词，结合互联网用户行为与互联网技术的关键词构建检索式。

第二，学科领域限定。将学科领域限定为与互联网用户行为紧密相关的五个学科领域，包括 Information Science & Library Science，Management，Business，Communication，Computer Science Information Systems。

第三，期刊来源限定。为选取具有代表性的高水平论文，该研究将期刊来源限定为国际商学院联合会（ABS）相关领域的国际顶级期刊（3 星及以上期刊），包括 Information Management 领域与 Marketing 领域的 39 个期刊（如表 1 所示）。

表 1                                               期 刊 来 源

| 研究领域 | ABS 3 星及以上期刊 |
|---|---|
| Information Management | Information Systems Research |
| | MIS Quarterly |
| | Journal of Management Information Systems |
| | Journal of the Association of Information Systems |
| | Computers in Human Behavior |
| | Decision Support Systems |
| | European Journal of Information Systems |
| | Expert Systems with Applications |
| | Government Information Quarterly |
| | Information and Organization |
| | Information Society |
| | Information Systems Frontiers |
| | Information Systems Journal |
| | Information Technology and People |
| | International Journal of Electronic Commerce |
| | International Journal of Human-Computer Studies |
| | Journal of Computer Mediated Communication |
| | Journal of Information Technology |
| | Journal of Strategic Information Systems |
| | Journal of the American Society for Information Science and Technology |
| Marketing | Journal of Consumer Psychology |
| | Journal of Consumer Research |
| | Journal of Marketing |
| | Journal of Marketing Research |
| | Marketing Science |
| | International Journal of Research in Marketing |
| | Journal of Retailing |
| | Journal of the Academy of Marketing Science |
| | European Journal of Marketing |
| | Industrial Marketing Management |

续表

| 研究领域 | ABS 3 星及以上期刊 |
|---|---|
| Marketing | International Marketing Review<br>Journal of Advertising<br>Journal of Advertising Research<br>Journal of Interactive Marketing<br>Journal of Public Policy and Marketing<br>Marketing Letters<br>Marketing Theory<br>Psychology and Marketing<br>Quantitative Marketing and Economics |

第四，人工筛检。在返回结果中，由 6 位博士研究生与硕士研究生对每篇论文进行阅读，剔除与研究主题无关或非实证研究论文，最终得到 473 篇论文。其后，对每篇论文进行详细阅读并完成文献摘要表，对每篇论文的研究情境、研究方法、理论、重要观点、行为类型与互联网技术类型进行标注。在文献摘要表的基础之上按照图 1 所示的研究框架对不同互联网技术情境下的三种用户行为分别展开评述。

# 二、PC 互联网用户行为

## （一）PC 互联网的基本概念、发展规律和研究特点

PC 互联网泛指基于台式电脑与笔记本电脑的互联网服务，包括门户网站（如新浪、搜狐）、知识分享社区（如百度百科、百度知道）（Yuan, Lin, & Zhuo, 2016; Zhao et al., 2016）、电子商务（如淘宝、京东）（Bilgihan, 2016; J. C. V. Chen, Yen, Kuo, & Capistrano, 2016）、在线学习（如慕课 MOOC）（Yilmaz, 2016）、社交网络（如 Facebook、人人网）（R. Chen, Sharma, & Rao, 2016; C. Hong, Chen, & Li, 2017）、在线游戏（A. H. Chen, Lu, & Wang, 2016）、在线视频（M. Hu, Zhang, & Luo, 2016; S. Park,

Kang, & Zo, 2016; Schneider, Weinmann, Roth, Knop, & Vorderer, 2016)等。

PC 互联网在发展过程中呈现出如下发展规律：

1. 从独立化服务向社会化服务迁移。

与一般互联网技术的发展规律相一致，PC 互联网在发展过程中亦逐渐从满足个体独立需求向满足群体社会需求转移。这种转移催生了基于社会化机制的沟通模式（如社交网络）、基于社会化机制的商务模式（如社会化商务）、基于社会化机制的工作模式（如虚拟团队）、基于社会化机制的筹资模式（如众筹）与基于社会化机制的外包模式（如众包）。从独立化服务向社会化服务的迁移便于更好地集合利用社会资源，成为 PC 互联网的一个新的发展方向。

2. 从专业化服务向生活化服务迁移。

早期的 PC 互联网服务侧重于解决专业化问题，如 Web 1.0 时代的门户网站致力于提供专业的信息服务，电子商务网站致力于提供专业的商务服务等。在服务传递过程中，互联网服务提供商居于主导地位，拥有相对复杂的专业技术与知识，而用户在服务传递过程中的参与度不高。在 PC 互联网发展过程中，互联网服务渐渐从少数专业化服务转向与用户生活休戚相关的生活化服务：用户可以通过大众点评网等点评类网站获取餐饮、酒店、娱乐等信息，辅助自己的消费决策；可以通过电子银行、电子支付等互联网金融服务进行转账、支付、代缴水电煤气费等；可以通过在线健康社区获取健康资讯、寻诊问药；可以通过社会化问答平台释疑解惑；可以通过旅行类网站预订机票、酒店，安排出行计划等等。互联网技术已经深入渗透到用户生活的各个方面，成为用户生活的一个必要组成部分。互联网技术与用户生活之间业已建立起了一种全面的映射关系，凡是用户生活中需要解决的问题，基本上都存在相应的互联网解决方案。

3. 从标准化服务向个性化服务迁移。

早期的 PC 互联网服务多为面向广大用户的标准化服务，所有用户都接受同样的互联网服务。然而，随着 PC 互联网的发展，不同用户之间的个体差异日益凸显，采用单一服务模式无法满足所有用户的需求。为解决该问题，以用户为中心的个性化服务逐渐成为互联网服务提供商的奋斗目标，个性化推荐技术也由此迅速发展。互联网服务提供商逐渐关注用户的个体特征、历史行为规律以及与他人的协同行为规律，基于大数据理念的用户行为分析更是致力于通过海量用户行为数据对用户行为规律进行更为精准的把控，从而提供满足用户独特需求的个性化服务。

PC 互联网用户行为研究由于根植于 PC 互联网情境之中，其研究主题亦发生着相应的变化。总体看来，PC 互联网用户行为研究具有以下特点：

1. 注重对技术情境特征的把握。

在对不同互联网技术情境下的用户行为进行分析时，注重对不同互联网技术独特特征的深入剖析，通过寻找新兴互联网技术与以往互联网技术之间的根本差异，提炼已有研究基础中所存在的理论缺陷并进而确立研究问题。在模型构建过程中，亦重点考量新兴互联网技术的独特特征如何对已有成熟模型提出了挑战，并据此引入新的变量、调整变量间的关系或界定理论关系的适用边界。例如，在探讨电子支付技术的采纳行为时，Barkhordari 等（Barkhordari et al.，2017）充分把握了电子支付技术与传统互联网技术之间的差异，强调安全准则在技术采纳行为中的重要性；在分析 Facebook 等社交网站的信息分享行为时，Bartsch 等（Bartsch & Dienlin，2016）把握了私人信息分享与知识分享行为之间的差异，将隐私保护素养作为影响信息披露的主要决定变量。

2. 以心理学相关理论为依托。

由于互联网用户行为研究侧重于从用户的内在决策机制上探讨用户的行为动机，在对互联网用户行为进行解析时需要运用到大量心理学相关理论。例如，Jung 等（E. H. Jung, Walsh-Childers, & Kim, 2016）在分析网站信息可信度时，借助了详尽可能性模型（Elaboration Likelihood Model, ELM）；Anwar 等（Anwar et al., 2017）在分析网络安全行为时，运用了健康信念模型（Health Belief Model, HBM）；Chen 等（R. Chen et al., 2016）在理解 Facebook 的持续使用动机时参考了社会资本理论（Social Capital Theory）等。

3. 以问卷调查与实验为主要研究方法。

遵循实证主义研究的一般范式，互联网用户行为研究首先基于相关理论或逻辑推导构建研究模型与假设，进一步通过数据收集与数据分析对相关模型与假设进行验证。由于互联网用户行为研究需要把握用户的内在、主观感受，以及认知与行为数据，问卷调查与实验法经常被用于进行相关研究。问卷调查的优势在于对于用户主观感受的深度挖掘，而实验法的优势在于对客观行为数据的获取。例如，在 PC 互联网用户技术采纳行为的相关研究中，大多数采用了问卷调查的方法（K. W. Wu et al.，2017；R. H. Xu, Frey, Fleisch，& Ilic，2016；S. Q. Yang，2016）；在网络消费行为的相关研究中，为了深刻把握网站设计特征对用户消费行为的影响，有些研究采用了实验法（Hsu, Yu, & Chang，2017；Sugathan, Ranjan, & Mulky，2017；Vendemia，2017）。

**（二）面向 PC 互联网用户行为研究的关键科学问题**

参照总体研究框架，PC 互联网用户行为主要包括基于 PC 互联网的采纳行为、基于 PC 互联网的信息行为与基于 PC 互联网的消费行为三大主题。下面分别对这三大主题在 2016—2017 年（截至 2017 年 5 月）间的研究进展进行评述。

1. 基于 PC 互联网的采纳行为研究。

2016—2017 年间，在基于 PC 互联网的用户采纳行为研究领域内的研究主题分布如表 2 所示。从研究主题分布可以看出，与用户技术采纳行为相关的传统研究主题如电子商务、电子银行、电子支付、虚拟社区等相关的研究在逐步减少，而关于社交网站、在线学习与电子政务的相关研究大幅提升，其中尤以社交网站为盛。由于技术采纳相关研究一般发端于一项新兴技术刚刚兴起不久，相对于传统互联网技术而言，社交网站技术、在线学习技术在最近几年的发展速度异常迅猛，Facebook、微博、微信等社交类互联网技术的市场价值亦在整个互联网技术市场上占据了领先的位置，因此，针对社交网站技术的用户采纳行为势必受到学界的更多关注。此外，慕课（MOOC）等在线教育或学习技术的发展也推动了该领域学术研究成果的日益增多。值得注意的是，虽然关于电子健康的研究成果仍然较少，这是由于其相关技术与服务仍处于起步阶段，鉴于全球对健康问题的日益关注，相信在未来的研究中针对电子健康的技术采纳研究将会不断增加。

表2　　　　　**基于 PC 互联网的采纳行为研究主题分布**

| 研究主题 | 主 要 文 献 |
|---|---|
| 社交网站(Social Network Sites) | (Buglass, Binder, Betts, & Underwood, 2017; S. E. Chang et al., 2017; R. Chen et al., 2016; Cheung & To, 2016; B. C. F. Choi & Land, 2016; de Oliveira, Huertas, & Lin, 2016; Dermentzi, Papagiannidis, Toro, & Yannopoulou, 2016; El Ouirdi, El Ouirdi, Segers, & Pais, 2016; Gu, Oh, & Wang, 2016; Herrero et al., 2017; Hung, Tsai, & Chou, 2016; Kaur, Dhir, Chen, & Rajala, 2016; Kuem, Ray, Siponen, & Kim, 2017; X. L. Lin, Featherman, & Sarker, 2017; X. L. Lin, Zhang, & Li, 2016; Luqman, Cao, Ali, Masood, & Yu, 2017; Mantymaki & Islam, 2016; Ng, 2016; Pan, Lu, Wang, & Chau, 2017; Turel, 2016) |
| 在线学习 (E-Learning) | (Alsabawy, Cater-Steel, & Soar, 2016; Baydas & Goktas, 2016; Cigdem, Ozturk, & Topcu, 2016; Daghan & Akkoyunlu, 2016; Z. X. Guo, Xiao, Van Toorn, Lai, & Seo, 2016; T. D. Kim et al., 2017; Laux, Luse, & Mennecke, 2016; Rashid & Asghar, 2016; Sharma, Joshi, & Sharma, 2016; Shiau & Chau, 2016; B. Wu & Chen, 2017) |
| 电子政务 (E-Government) | (Eom, Choi, & Sung, 2016; J. P. Guo, Liu, & Liu, 2016; J. C. Hong, Tai, Hwang, Kuo, & Chen, 2017; Kurfali, Arifoglu, Tokdemir, & Pacin, 2017; Rana, Dwivedi, Lal, Williams, & Clement, 2017; Rehman, Kamal, & Esichaikul, 2016; Seo & Bernsen, 2016; Venkatesh, Thong, Chan, & Hu, 2016) |
| 云计算(Cloud Computing) | (Arpaci, 2017) |

续表

| 研究主题 | 主 要 文 献 |
|---|---|
| 电子支付<br>（E-Payment） | （ Barkhordari et al. ，2017） |
| 电子商务<br>（E-Commerce） | （ Bilgihan， 2016； Q. Huang， Chen， Ou， Davison， & Hua， 2017） |
| 电子银行<br>（E-Banking） | （ Boateng， Adam， Okoe， & Anning-Dorson， 2016； Chandio， Irani， Zeki， Shah， & Shah， 2017； Tarhini， El-Masri， Ali， & Serrano， 2016） |
| 电子内容/<br>阅读（Digital<br>Content） | （ Calvo-Porrarl， Faina-Medin， & Nieto-Mengotti， 2017） |
| 电子健康<br>（E-Health） | （ P. J. Hsieh， 2016； Laugesen & Hassanein， 2017； H. C. Lin， Chiou， Chen， & Yang， 2016； Mou， Shin， & Cohen， 2016） |
| 搜索引擎<br>（Search Engine） | （ Chao， Chang， Wu， Lin， & Chen， 2016） |
| 在线游戏<br>（Online Games） | （ A. H. Chen et al. ，2016； H. C. Huang， Huang， Chou， & Teng， 2017； Merhi， 2016） |
| 虚拟社区<br>（ Virtual<br>Community） | （ Chou & Hung， 2016； M. S. Kim & Kim， 2017） |
| 在线地图<br>（Online Mapping） | （ Erskine， Gregg， & Karimi， 2016） |

在理论进展上，基于 PC 互联网的技术采纳行为研究仍大量借鉴了传统的技术采纳行为相关理论，如技术采纳模型（TAM）、理性行为理论（TRA）、计划行为理论（TPB）、技术采纳与使用统一模型（UTAUT）、信息系统成功模型（ISSM）、使用与满足理论（U&GT）等，这是因为新兴互联网技术的采纳行为与传统互联网技术的采纳行为在心理作用机制上具有某种共性，这种共性使得传统

技术采纳理论在解释新兴互联网技术时仍然具有适用性。例如，TAM 中所涉及的感知有用性与感知易用性概念，UTAUT 中涉及的绩效预期、努力预期、社会影响与便利条件等概念，ISSM 中涉及的信息质量、系统质量与服务质量等概念对技术采纳行为均具有普遍适用性。TRA 和 TPB 中的态度、主观规范与感知行为控制等概念则不仅适用于技术采纳行为，而且能够适用于一般的个体行为。

表3　　基于 PC 互联网的采纳行为研究涉及的主要理论与变量

| 理论基础 | 关键变量 | 主 要 文 献 |
| --- | --- | --- |
| 技术采纳模型（Technology Acceptance Model） | ● 感知有用性<br>● 感知易用性<br>● 感知娱乐性 | （Alsabawy et al. , 2016；Arpaci, 2017；Barkhordari et al. , 2017；Baydas & Goktas, 2016；Chandio et al. , 2017；Chao et al. , 2016；A. H. Chen et al. , 2016；Cheung & To, 2016；Cigdem et al. , 2016；Eom et al. , 2016；Erskine et al. , 2016；H. C. Lin et al. , 2016；Rehman et al. , 2016；Seo & Bernsen, 2016；Sharma, Joshi, et al. , 2016；Shiau & Chau, 2016；B. Wu & Chen, 2017） |
| 理性行为理论（Theory of Reasoned Action）、计划行为理论（Theory of Planned Behavior） | ● 态度<br>● 主观规范<br>● 行为控制 | （Arpaci, 2017；Cheung & To, 2016；Dermentzi et al. , 2016；Hung et al. , 2016；Seo & Bernsen, 2016；Shiau & Chau, 2016；Turel, 2016） |
| 技术采纳与使用统一模型（Unified Theory of Acceptance and Use of Technology） | ● 绩效预期<br>● 努力预期<br>● 社会影响<br>● 便利条件 | （Baydas & Goktas, 2016；S. E. Chang et al. , 2017；El Ouirdi et al. , 2016；Herrero et al. , 2017；P. J. Hsieh, 2016；Kurfali et al. , 2017；Rana et al. , 2017；Sharma, Joshi, et al. , 2016；Tarhini et al. , 2016） |
| 使用与满足理论（Uses and Gratifications Theory） | ● 目标价值<br>● 自我发现<br>● 社会价值<br>● 娱乐价值 | （de Oliveira et al. , 2016；Dermentzi et al. , 2016；Gu et al. , 2016；J. P. Guo et al. , 2016；Mantymaki & Islam, 2016；Merhi, 2016；Ng, 2016；Pittman & Reich, 2016） |

| 理论基础 | 关键变量 | 主 要 文 献 |
|---|---|---|
| 信息系统成功模型（IS Success Model） | • 信息质量<br>• 系统质量<br>• 服务质量 | （Alsabawy et al., 2016；Daghan & Akkoyunlu, 2016；M. S. Kim & Kim, 2017；H. C. Lin et al., 2016；Rehman et al., 2016） |
| 心流理论（Flow Theory） | 心流体验 | （Bilgihan, 2016；Calvo-Porrarl et al., 2017；J. P. Guo et al., 2016；Z. X. Guo et al., 2016；H. C. Huang et al., 2017；Kaur et al., 2016） |
| 社会认知理论（Social Cognitive Theory） | • 自我效能感 | （Boateng et al., 2016） |
| 信任理论（Trust Theory） | • 信任 | （Barkhordari et al., 2017；Bilgihan, 2016；Boateng et al., 2016；R. Chen et al., 2016） |
| 风险理论（Risk Theory） | • 感知风险 | （Chao et al., 2016） |
| 社会影响理论（Social Influence Theory）、社会身份理论（Social Identity Theory） | • 社会规范<br>• 主观规范<br>• 社会身份 | （A. H. Chen et al., 2016；de Oliveira et al., 2016；M. S. Kim & Kim, 2017；Pan et al., 2017） |
| 社会资本理论（Social Capital Theory） | • 结构型资本<br>• 认知型资本<br>• 关系型资本 | （R. Chen et al., 2016；Q. Huang et al., 2017） |
| 社会支持理论（Social Support Theory） | • 信息支持<br>• 情感支持 | （X. L. Lin et al., 2016） |
| 大五人格理论（Big Five Personality） | • 外倾性<br>• 神经质<br>• 开放性<br>• 宜人性<br>• 尽责性 | （R. Chen et al., 2016） |

续表

| 理论基础 | 关键变量 | 主要文献 |
|---|---|---|
| 隐私计算模型<br>（Privacy Calculus Model） | • 感知收益<br>• 隐私风险 | （B. C. F. Choi & Land，2016） |
| 承诺理论<br>（Commitment Theory） | • 计算承诺<br>• 规范承诺<br>• 情感承诺 | （Chou & Hung，2016） |
| 期望确认理论<br>（Expectation Confirmation Theory） | • 期望<br>• 感知绩效<br>• 确认<br>• 满意度 | （Daghan & Akkoyunlu，2016；X. L. Lin et al.，2017） |
| 现状偏差理论<br>（Status Quo Bias Theory） | • 沉没成本<br>• 转移成本<br>• 感知收益<br>• 不确定性<br>• 后悔规避 | （P. J. Hsieh，2016） |
| 保护动机理论<br>（Protection Motivation Theory）、<br>健康信念模型<br>（Health Belief Model） | • 易感性<br>• 严重性<br>• 回应成本<br>• 回应效能<br>• 自我效能 | （Laugesen & Hassanein，2017；Mou et al.，2016） |

值得注意的是，由于互联网技术从个体计算向社会计算的迁移，在解释新兴互联网技术的采纳行为时，越来越多的涉及社会因素的理论被广泛使用，包括社会认知理论、社会影响理论、社会身份理论、社会资本理论、社会支持理论等，这些理论分别从不同的侧面、借助不同的社会性影响因素对互联网技术的采纳行为进行了解析。例如，社会认知理论指出了人、环境、行为的三方互动关系，强调了自我效能感的重要作用；社会影响理论阐述了社会影响的三种作用机制，即遵循、内化、归属，并通过主观规范、社会规

范、社会身份等变量来表征这些作用机制；社会资本理论则厘清了三种社会资本（即结构型资本、认知型资本与关系型资本）之间的区别与不同作用机制；社会支持理论则分析了信息支持与情感支持的不同作用。这些理论在解释那些受社会影响较大的技术采纳行为（如社交网站的采纳）时具有较强的解释力。

此外，需要指出的是，随着电子健康与信息安全成为当前的两大研究热点，保护动机理论与健康信念理论也逐渐受到学者们的关注。健康问题与安全问题的相通之处在于二者均表现为机体（身体健康或机构安全）受到外界的威胁并对此做出反应。保护动机理论或健康信念理论均提出为解决威胁，存在一个两阶段的决策过程：威胁评估与处理评估。其中威胁评估刻画了对威胁的严重程度与易感程度进行评价，而处理评估则刻画了对解决该威胁的可能性的评估（如回应效能、自我效能）。由于保护动机理论与健康信念理论从本质上把握了健康问题或安全问题的特点，其可以对这两类问题提供合理的解释。

2. 基于 PC 互联网的信息行为研究。

基于 PC 互联网的信息行为研究的主题分布如图 4 所示。信息行为可以大体分为信息搜寻行为、信息采纳行为与信息分享行为三类。这三类之中，关于信息搜寻的研究成果最少，关于信息采纳与信息分享的研究成果相当。依据信息内容与来源的不同，信息采纳的研究主题又可以进一步细分为针对广告信息、健康信息、电子口碑或在线评论以及知识分享社区的信息采纳行为。其中，针对知识分享社区的知识采纳行为的研究最少，而针对健康信息、电子口碑或在线评论的信息采纳行为的研究逐渐增多。信息分享相关研究又可以参照知识分享社区、社交网站、众包、品牌社区、电商平台等作进一步细分，其中关于社交网站的信息披露与在线评论的研究成果最多，关于众包或开放创新的研究也有增长的趋势，针对传统知识分享社区的研究逐渐减少。

表4 基于 PC 互联网的信息行为研究主题分布

| 研究主题 | | 主 要 文 献 |
|---|---|---|
| 信息搜寻 | | （Brown, Durtschi, Carroll, & Willoughby, 2017; Coklar et al., 2017; Risko, Ferguson, & McLean, 2016; Shoham, Moldovan, & Steinhart, 2017） |
| 信息采纳 | 广告信息 | （Agarwal & Mukhopadhyay, 2016; Boerman & Kruikemeier, 2016; Hwang & Jeong, 2016; A. R. Jung, 2017; E. H. Jung et al., 2016; Nisar & Whitehead, 2016） |
| | 健康信息 | （Allam, Sak, Diviani, & Schulz, 2017; Diviani & Meppelink, 2017; Jucks & Thon, 2017; Meitz, Ort, Kalch, Zipfel & Zurstiege, 2016） |
| | 电子口碑、在线评论 | （Ahmad & Laroche, 2016; Boerman, Willemsen, & Van Der Aa, 2017; Church & Iyer, 2017; Hussain, Ahmed, Jafar, Rabnawaz, & Yang, 2017; Jensen & Yetgin, 2017; Yan et al., 2016; Yin, Mitra, & Zhang, 2016） |
| | 知识分享社区 | （J. Huang, Shi, Chen, & Chow, 2016） |
| 信息分享 | 知识分享社区 | （Arpaci & Baloglu, 2016; Y. Y. Feng & Ye, 2016; Yilmaz, 2016; Zhao et al., 2016）（Safa & Von Solms, 2016） |
| | 社交网络信息披露 | （Bartsch & Dienlin, 2016; Cavusoglu, Phan, Cavusoglu, & Airoldi, 2016; Dienlin & Metzger, 2016; Dubois, Bonezzi, & De Angelis, 2016; Fu, Wu, & Cho, 2017; Gan, 2017; Hallam & Zanella, 2017; Herrero et al., 2017; C. Hong et al., 2017; Jeong & Kim, 2017; A. Kim & Gweon, 2016; Koohikamali, Peak, & Prybutok, 2017; W. Y. Lin, Zhang, Song, & Omori, 2016; C. Liu, Ang, & Lwin, 2016; Mousavizadeh, Kim, & Chen, 2016; Ng, 2016; Shang, Wu, & Sie, 2017） |

| 研究主题 | | 主 要 文 献 |
|---|---|---|
| 信息分享 | 众包、开放创新 | （Brawley & Pury，2016；Heo & Toomey，2016；Y. Kim & Slotegraaf，2016；McGrath，Bresciani，& Eppler，2016） |
| | 电子口碑、在线评论、品牌社区 | （K. S. Choi et al.，2016；De Langhe，Fernbach，& Lichtenstein，2016；H. S. Kim，2016；M. S. Kim & Kim，2017；Kwahk & Park，2016；L. B. Liu et al.，2016；Pai & Tsai，2016；Rode，2016；Steinfeld，2016；Wallace，Buil，& de Chernatony，2017；X. Yang & Li，2016） |
| | 电商平台的信息披露 | （Bansal et al.，2016；Kang，Shin，& Tam，2016） |

  在理论进展方面，在研究信息采纳行为时，有些学者借鉴技术采纳行为的逻辑机制，运用技术采纳行为的相关理论（如 TRA、TPB、TAM、UTAUT 与 U&GT）对信息采纳行为进行解析。不过，在阐述信息采纳的用户心理机制时，详尽可能性模型（ELM）做出了更深入的剖析。该理论认为，在判断一条信息是否有用时，用户借助于两条路径：中枢路径（关注信息内容质量）与边缘路径（信息的附属线索，如信息源的可信度）。用户选择哪条路径作为决策参考取决于其卷入度与专业知识，当卷入度与专业知识较高时，中枢路径具有决定性作用，反之则边缘路径其决定性作用。此外，解释水平理论也日益受到学者的关注。该理论可以认为是详尽可能性模型的扩展版本，其指出人在决策时将决策线索分为具体与抽象两种解释水平，哪种解释水平占主导地位取决于心理距离。从某种意义上说，详尽可能性模型可以看作解释水平理论的一个子集。

  在研究信息分享行为时，社会交换理论、社会认知理论、社会资本理论等理论强调社会环境对用户信息分享行为的影响。例如，用户可以通过知识或信息分享与他人实现社会交换、构筑社会资本等。这些理论在传统知识共享研究中也经常得以运用。值得注意的是，在分析社交网络中的信息披露行为时，隐私计算模型被广泛应用，该理论指出用户是否愿意披露个人隐私取决于其对隐私披露所带来的收益与所遭受的隐私风险之间的权衡取舍。由于在进行信息披露时，用户不仅仅关注个人的得失，也会关注他人的得失，并通过社会比较来建立公平感认知，进而决定以后的行为选择。因此，公平理论与社会比较理论也经常被用于对信息分享行为进行解释。

表5　　基于 PC 互联网的信息行为研究涉及的主要理论与变量

| 理论基础 | 关键变量 | 主 要 文 献 |
|---|---|---|
| 详尽可能性模型（Elaboration Likelihood Model） | ● 论证质量<br>● 信源可信度<br>● 信息有用性<br>● 卷入度<br>● 专业知识 | （Boerman et al.，2017；Hussain et al.，2017；E. H. Jung et al.，2016；Yan et al.，2016） |
| 理性行为理论（TRA）、计划行为理论（TPB） | ● 态度<br>● 主观规范<br>● 感知行为控制 | （Arpaci & Baloglu，2016；Bansal et al.，2016；Koohikamali et al.，2017；Mousavizadeh et al.，2016；Safa & Von Solms，2016；Zhao et al.，2016） |
| 技术采纳与使用统一模型（UTAUT）、技术采纳模型（TAM） | ● 绩效预期<br>● 努力预期<br>● 社会影响<br>● 便利条件 | （Herrero et al.，2017；Steinfeld，2016） |
| 使用与满足理论（U&GT） | ● 目标价值<br>● 自我发现<br>● 社会价值<br>● 娱乐价值 | （Fu et al.，2017；Gan，2017；Ng，2016；Shang et al.，2017） |
| 隐私计算模型（Privacy Calculus Model） | ● 感知收益<br>● 隐私风险 | （Dienlin & Metzger，2016；H. S. Kim，2016） |

续表

| 理论基础 | 关键变量 | 主 要 文 献 |
|---|---|---|
| 解释水平理论（Construal Level Theory） | ● 解释水平<br>● 心理距离 | （Hallam & Zanella, 2017） |
| 公平理论（Equity Theory）、社会比较理论（Social Comparison Theory） | ● 社会比较<br>● 感知公平 | （Y. Y. Feng & Ye, 2016; Heo & Toomey, 2016） |
| 社会交换理论（SET）、社会资本理论（SCT）、社会身份理论（SIT） | ● 感知收益<br>● 感知成本<br>● 社会资本<br>● 社会身份 | （M. S. Kim & Kim, 2017; Kwahk & Park, 2016; Ng, 2016; Pai & Tsai, 2016; Rode, 2016; X. Yang & Li, 2016; Yilmaz, 2016; Zhao et al. , 2016） |

3. 基于 PC 互联网的消费行为研究。

基于 PC 互联网的消费行为研究的主题分布如表 6 所示。可以看出，该方向上的研究仍集中于传统电子商务平台的实体商品购买，不过，社会化商务、共享经济与多渠道营销等新的实体商品交易形式以及虚拟商品购买也逐渐开始兴起。

在理论进展上，部分研究将电子商务网站的购买或再购买行为与电子商务网站的采纳行为等而视之，或者认为购买行为与采纳行为具有显著正相关性，因而再对基于 PC 互联网的消费行为进行分析时，借鉴了技术采纳行为的相关理论包括使用与满足理论、技术采纳模型、理性行为理论、计划行为理论、信息系统成功模型等。此外，由于电子商务的虚拟性，信任问题一直是电子商务研究的一个重要议题，因此，有不少研究成果围绕电子商务平台的信任或风险问题展开研究。传统营销学或消费者行为的一个重要理论——消费价值理论——也被用于解释网络消费行为。该理论将消费价值分为三种主要价值：实用价值、享受价值与社会价值。值得指出的是，调节焦点理论也被引入到消费行为的研究中来，该理论指出人在决策时的两个焦点：防御焦点与促进焦点。防御聚焦的消费者更关注风险、成本等负面因素，而促进聚焦的消费者则更关注绩效等正面因素。此外，与以往研究类似，心流理论被用于解释冲动型购买行为，期望确认理论被用于解释再次购买行为。

表6    基于 PC 互联网的消费行为研究主题分布

| 研究主题 | | 主 要 文 献 |
| --- | --- | --- |
| 实体商品购买 | 电子商务 | ( Ashraf, Thongpapanl, & Spyropoulou, 2016; S. H. Chang, Chih, Liou, & Yang, 2016; X. Y. Chen, Huang, & Davison, 2016, 2017; X. Y. Chen, Huang, Davison, & Hua, 2016; Das, 2016; Elwalda, Lu, & Ali, 2016; Fang, Shao, & Wen, 2016; Hsu et al., 2017; Law, Kwok, & Ng, 2016; Y. K. Lee, Kim, Chung, Ahn, & Lee, 2016; Lim, Lee, & Kim, 2017; C. H. Lin & Lekhawipat, 2016; Mavlanova, Benbunan-Fich, & Lang, 2016; Oliveira, Alhinho, Rita, & Dhillon, 2017; Shaouf, Lu, & Li, 2016; I. L. Wu, Chen, & Chiu, 2016; J. Yang, Sarathy, & Lee, 2016; Yuan et al., 2016; Zanjani, Milne, & Miller, 2016; K. Z. K. Zhang, Benyoucef, & Zhao, 2016; M. L. Zhang, Guo, Hu, & Liu, 2017; Zhou, Lu, & Wang, 2016) |
| | 社会化商务 | ( Chu, Chen, & Sung, 2016; X. Hu, Huang, Zhong, Davison, & Zhao, 2016; H. F. Liu, Chu, Huang, & Chen, 2016; Lu, Fan, & Zhou, 2016; Shang et al., 2017; van Reijmersdal, Rozendaal, Smink, van Noort, & Buijzen, 2017; Vendemia, 2017; Y. C. Wang & Yu, 2017) |
| | 共享经济 | ( S. Yang, Song, Chen, & Xia, 2017) |
| | 多渠道营销 | ( Y. M. Wang, Lin, Tai, & Fan, 2016) |
| 虚拟商品购买 | | ( Hamari, Hanner, & Koivisto, 2017; H. Lee & Cho, 2017; Vanwesenbeeck, Walrave, & Ponnet, 2016) |

　　与传统电子商务平台中的消费行为不同，社会化商务更注重买卖双方之间所建立的关系，因此关系营销理论与社会资本理论等关注社会因素的理论也被用于解释网络消费行为。其中，关系营销理论指出了满意度、承诺、信任、忠诚度等变量间的相互关系，而社会资本理论则指出买卖双方之间建立的社会资本对于促进消费者的购买行为具有积极作用。

表 7　　基于 PC 互联网的消费行为研究涉及的主要理论与变量

| 理论基础 | 关键变量 | 主 要 文 献 |
|---|---|---|
| 使用与满足理论（U&GT） | ● 目标价值<br>● 自我发现<br>● 社会价值<br>● 娱乐价值 | （Shang et al.，2017） |
| 技术采纳模型（TAM）、理性行为理论（TRA） | ● 感知有用性<br>● 感知易用性<br>● 态度<br>● 主观规范 | （Chu et al.，2016；Elwalda et al.，2016；Law et al.，2016） |
| 信息系统成功模型（IS Success Model） | ● 信息质量<br>● 系统质量<br>● 服务质量 | （X. Y. Chen，Q. Huang，& R. M. Davison，2016） |
| 信任理论（Trust Theory） | ● 胜任性<br>● 善意性<br>● 正直性 | （S. H. Chang et al.，2016；X. Y. Chen，Q. Huang，R. M. Davison，et al.，2016；Lu et al.，2016；Oliveira et al.，2017） |
| 风险理论（Risk Theory） | ● 财务风险<br>● 绩效风险<br>● 心理风险<br>● 社会风险 | （S. H. Chang et al.，2016；J. Yang et al.，2016） |
| 消费价值理论（Consumption Value Theory） | ● 实用价值<br>● 享受价值<br>● 社会价值 | （S. H. Chang et al.，2016；X. Hu et al.，2016；H. Lee & Cho，2017；Y. K. Lee et al.，2016；Lim et al.，2017） |

续表

| 理论基础 | 关键变量 | 主 要 文 献 |
|---|---|---|
| 调节焦点理论（Regulatory Focus Theory） | ● 防御焦点<br>● 促进焦点 | （Ashraf et al.，2016；Das，2016；Hsu et al.，2017） |
| 心流理论（Flow Theory） | ● 心流体验 | （H. F. Liu et al.，2016；I. L. Wu et al.，2016；Zanjani et al.，2016） |
| 期望确认理论（Expectation Confirmation Theory） | ● 期望<br>● 感知绩效<br>● 确认<br>● 满意度 | （C. H. Lin & Lekhawipat，2016） |
| 关系营销理论（Relationship Marketing Theory） | ● 关系质量<br>● 承诺<br>● 信任<br>● 满意度<br>● 忠诚度 | （Fang et al.，2016；S. Yang et al.，2017；K. Z. K. Zhang et al.，2016） |
| 社会资本理论（Social Capital Theory） | ● 结构资本<br>● 认知资本<br>● 关系资本 | （X. Y. Chen et al.，2017） |

## （三）PC 互联网用户行为研究的未来发展趋势和重要方向

通过分析 PC 互联网用户行为研究在 2016—2017 年间的发展状况，我们对其未来发展趋势与重要方向作出如下预测：

（1）在基于 PC 互联网的技术采纳行为研究领域，未来研究中针对社交网络的研究将进一步增长并成熟，针对电子健康与在线学习的研究将迅猛增长。在理论发展上，将更注重对技术特征的深入把握，更多注重社会因素的理论将被用于社交网络的相关研究中，保护动机理论与健康信念理论将成为电子健康与安全技术采纳行为的基础理论。

（2）在基于 PC 互联网的信息行为研究领域，未来研究中基于人机交互理念的信息搜寻研究将兴起，信息采纳行为将集中于健康社区与在线评论，信息分享行为将集中于社交网络与开放创新。在理论发展上，基于解释水平理论的信息采纳行为相关研究将显著增加，关于社交网站信息披露的研究将更为具化，从负面视角探讨社交网站信息披露（如嫉妒、信息与社交过载、问题性使用等）的研究将增加。

（3）在基于 PC 互联网的消费行为研究领域，未来研究将在社会化商务、共享经济、多渠道、跨渠道、全渠道领域等研究领域逐步深化，虚拟商品的消费行为亦将成为一个研究热点。在理论发展上，价值共创、渠道整合、符号价值等相关理论将逐渐发展成熟。

# 三、移动互联网用户行为研究前沿述评

## （一）移动互联网的基本概念、发展规律和研究特点

移动互联网指将移动数据通信技术与传统互联网结合起来，并通过手机、平板电脑、传感器和可穿戴设备等移动智能终端接入互联网。与传统 PC 互联网相比，移动互联网通过引入移动终端改变了人们的上网习惯，让用户可以随时随地接入互联网，甚至让任何物体之间实现互联互通。同时，移动互联网的可移动、可识别、可定位等特点也为用户行为研究带来了新的机遇与挑战。

近年来，移动互联网的发展非常迅速，不仅拓展了互联网的使用场景，也带动了多个传统行业的发展。移动互联网在发展过程中呈现出如下发展规律：

1. 移动互联网已经成为互联网接入的主要途径。

第 39 次《中国互联网络发展状况统计报告》（2017）显示，截止到 2016 年 12 月，我国网民通过 PC 接入互联网的比率为 60.1%，而通过手机上网的比率则高达 95.1%，手机网民规模也已达到 6.95 亿，并且增长率连续三年超过 10%。与此同时，基于 PC 的互联网使用率则呈现明显下滑的趋势。由此可见，移动互联网正逐渐取代 PC 互联网，并成为人们接入互联网的主要途径。

2. 移动互联网催生出新的服务业态和商业模式。

由于打破了时空的约束，移动互联网与线下商业活动之间的结

合日益紧密，并推动着消费模式向资源共享化、设备智能化和场景多元化的方向发展。以网约车为代表的移动出行领域的快速发展凸显出移动互联网跨界、整合、共享的特质。智能家居、可穿戴设备、车联网等面向消费者的移动智能终端的出现打开了移动互联网新的入口，而移动支付在线下的普及和网民支付习惯的养成也极大地丰富了移动互联网的线下业务应用场景，并蕴含着巨大的消费潜力。

3. 移动互联网与云计算、大数据等技术融合发展。

移动互联网借助智能手机、可穿戴设备、无线传感器等智能设备在各个领域不断扩张，并推动了数据流量的爆炸式增长。同时，随着5G网络的不断推进，未来各类物联网技术的商用也将成为现实。思科移动互联网研究报告显示，到2019年，云端服务将占到移动数据流量的90%以上。与此同时，结合业务场景对海量数据进行实时挖掘和分析也将成为移动互联网未来发展的重要挑战。

鉴于移动互联网与传统PC互联网在技术基础、用户行为和商业模式上存在较为明显的差别，因此移动互联网用户行为研究也表现出一些典型的特点：

1. 对移动技术特征的挖掘和分析。

相对于传统的PC互联网，移动互联网有其独立性和特殊性，因此对移动技术特性的挖掘和分析将有助于更好地理解移动环境下用户行为的诱发和影响因素。当前的研究对这些特性做出了初步的整理和分析，如一些学者指出感知普遍性（perceived ubiquity）和移动性（mobility）是影响用户对移动服务有用性判断的重要依据（Arpaci，2016；Ramos-de-Luna，Montoro-Rios，& Liebana-Cabanillas，2016），同时也将提升用户使用移动服务时所感受到的愉悦感（S. Choi，2016）。此外，移动服务还能为用户提供更加及时（timeliness）、更加本地化（localization）和个性化（personalization）的信息（X. F. Feng，Fu，& Qin，2016）。

2. 对当前研究主题的深化和拓展。

通过纵向比较研究，我们发现即便针对相同类型的用户行为和研究主题，移动互联网情境下的研究通常更加细化和深入，这可能是由于移动互联网在传统 PC 互联网的基础上衍生出一些新的现象和问题。例如，购买意愿研究虽然是传统 PC 互联网所研究的焦点问题，但在移动互联网情境下却表现出了新的内涵。基于移动互联网的购买意愿研究不仅涵盖了实体商品的购买行为（Koo，2016；C. A. Lin & Kim，2016），还包括了诸如 APP 和道具等虚拟物品的购买（H. W. Kim，Kankanhalli，& Lee，2016；Liang，Li，Yang，& Wang，2016），并基于移动 APP 的付费增值商业模式对应用内购买（in-app purchase）等行为展开了研究（Hsiao & Chen，2016）。

3. 对既有学科理论的丰富和发展。

移动互联网用户行为研究较为侧重跨学科的融合发展，并将多个不同学科的经典理论在目标情境下进行了理论验证和延伸发展。通过对既有研究的分析发现，移动互联网用户行为研究的相关文献横跨了多个不同的学科，包含诸如信息系统领域的技术采纳模型、信息系统成功模型、任务-技术匹配理论、新闻传播领域的媒介呈现和依赖理论、使用与满足理论、营销科学领域的期望失验理论、消费价值理论、社会心理学领域的详尽可能性模型、社会认知理论、经济学领域的风险理论、交易成本经济模型等。

**（二）面向移动互联网用户行为研究的关键科学问题**

该部分研究将继续围绕用户技术采纳、信息行为和消费行为三大主题展开文献述评。基于我们对近一年来相关文献的汇总、统计和分析，这三大主题领域几乎囊括了当前移动互联网用户行为研究的主要内容。

1. 基于移动互联网的采纳行为研究。

当前关于移动互联网技术采纳行为的研究主题分布于各个应用场景。从表 8 可以看出，近期的研究主要集中于用户渗透率比较高的多个移动应用场景，如移动支付、移动社交网络、移动商务等，这些领域得到广泛关注的主要原因在于传统的线上活动开始向移动终端转移，而这些主题也一直是学科所关注的焦点问题。与此同时，我们注意到一些新兴的研究主题也开始出现。例如，移动互联网为个人的日常健康检测和管理提供了可能，从而实现了量化自我（quantified self）的健康管理方式，而 4G 网络的普及和移动终端的可便携性也让移动游戏成为填补用户碎片化时间的重要途径，这些领域的研究未来有进一步加强的趋势。

此外，基于可穿戴设备、虚拟/增强现实技术等新兴移动信息技术的研究也应引起我们的注意。这些消费类电子及信息技术发展势头迅猛，可穿戴设备未来甚至有取代智能手机的可能，同时这些技术的需求场景也极为广泛，从健康医疗、休闲娱乐，到通信社交、身份认证等，几乎涵盖了今天移动互联网应用场景的方方面面。尽管相对于上面所提及的几个研究主题而言，当前这方面的研究还比较有限，但随着用户对这些新兴技术的接受程度不断提高，这个领域非常有可能成为移动互联网技术采纳行为研究的下一个金矿。

表8　　　　　　　基于移动互联网的采纳行为研究主题分布

| 研究主题 | 主要文献 |
| --- | --- |
| 移动支付（Mobile Payment） | （Barkhordari et al.，2017；Gao & Waechter，2017；Qasim & Abu-Shanab，2016；Ramos-de-Luna et al.，2016） |
| 移动社交网络（Mobile Social Networking） | （J. Choi，2016；S. Choi，2016；Pagani & Malacarne，2017；Peng et al.，2016；Reychav, Ndicu, & Wu，2016；Wakefield & Wakefield，2016；S. Q. Yang，2016） |
| 移动银行（Mobile Banking） | （Malaquias & Hwang，2016；Oliveira, Thomas, Baptista, & Campos，2016；Rodrigues, Oliveira, & Costa，2016a，2016b；Tam & Oliveira，2016） |
| 移动商务平台（Mobile Commerce Platform） | （J. J. Hew et al.，2016；Ozturk, Bilgihan, Nusair, & Okumus，2016；S. Q. Yang，2016；Yen & Wu，2016） |
| 移动健康（Mobile Health） | （Dwivedi et al.，2016；Rahman, Ko, Warren, & Carpenter，2016；D. H. Shin & Biocca，2017） |

| 研究主题 | 主 要 文 献 |
|---|---|
| 移动游戏(Mobile Game) | (Merikivi, Tuunainen, & Nguyen, 2017; Su, Chiang, Lee, & Chang, 2016) |
| 移动云存储(Mobile Cloud Storage) | (Arpaci, 2016) |
| 普适媒介系统(Ubiquitous Media System) | (Carillo, Scornavacca, & Za, 2017) |
| 增强现实技术(Augmented Reality) | (H. C. Kim & Hyun, 2016) |
| 可穿戴设备(Wearable Device) | (Chuah et al., 2016; Lunney, Cunningham, & Eastin, 2016; E. Park, Kim, & Kwon, 2016; Stragier, Vanden Abeele, Mechant, & De Marez, 2016) |
| 技术植入(Technological Implants or Cyborg) | (Pelegrin-Borondo, Reinares-Lara, & Olarte-Pascual, 2017) |
| 移动互联网综合服务 | (Pentina, Zhang, Bata, & Chen, 2016; R. H. Xu et al., 2016; X. Xu, Thong, & Tam, 2017) |

如表 9 所示, 当前研究所采用的主要理论在较大程度上传承了信息技术采纳领域的经典理论。从各个理论的相关文献数量来看, 诸如技术采纳模型、创新扩散模型、技术采纳与使用统一模型、期望失验理论、动机理论、信息系统成功模型、任务-技术匹配理论等经典理论在移动互联网领域的研究中仍然被广泛使用。一直以来, 这些理论在技术采纳行为研究中都居于至关重要的位置, 这是因为它们具有较好的解释力和较强的适用性, 并在以往的研究中得到了很好的验证, 在不同的情境下均表现出较强的预测能力。因此, 以经典理论为依托构建模型, 可以避免在研究模型的建立过程中出现关键影响变量的遗漏和缺失。

表9　　基于移动互联网的采纳行为研究涉及的主要理论与变量

| 理论基础 | 关键变量 | 主 要 文 献 |
|---|---|---|
| 技术采纳模型（Technology Acceptance Model） | • 感知有用性<br>• 感知易用性<br>• 感知娱乐性 | （Arpaci，2016；Barkhordari et al.，2017；J. Choi，2016；S. Choi，2016；Chuah et al.，2016；Gao & Waechter，2017；S. H. Hsieh & Tseng，2017；H. C. Kim & Hyun，2016；Lunney et al.，2016；Merikivi et al.，2017；Ozturk et al.，2016；E. Park et al.，2016；Pelegrin-Borondo et al.，2017；Ramos-de-Luna et al.，2016；Rodrigues et al.，2016a，2016b；Yen & Wu，2016） |
| 信任理论（Trust Theory） | • 用户信任<br>• 信任传递 | （Arpaci，2016；Barkhordari et al.，2017；Gao & Waechter，2017；Kaewkitipong，Chen，& Ractham，2016；Malaquias & Hwang，2016；Peng et al.，2016；Qasim & Abu-Shanab，2016；S. Q. Yang，2016） |
| 媒介依赖理论（Media System Dependency Theory） | • 媒介依赖 | （Carillo et al.，2017） |
| 期望失验理论（Expectation Confirmation Theory） | • 期望确认<br>• 感知有用性<br>• 用户满意度<br>• 持续使用意愿 | （Carillo et al.，2017；J. J. Hew et al.，2016；D. H. Shin & Biocca，2017） |
| 创新扩散模型（Diffusion Of Innovations Theory） | • 相对优势<br>• 兼容性<br>• 复杂性<br>• 可观测性<br>• 可试验性 | （J. Choi，2016；Chuah et al.，2016；Oliveira et al.，2016；Ozturk et al.，2016；Ramos-de-Luna et al.，2016；X. Xu et al.，2017） |
| 社会临场感理论（Social Presence Theory） | • 社会临场感 | （S. Choi，2016） |

续表

| 理论基础 | 关键变量 | 主 要 文 献 |
|---|---|---|
| 隐私计算模型（Privacy Calculus Model） | ● 感知收益<br>● 隐私风险 | （Arpaci，2016；S. Choi，2016；J. J. Hew et al.，2016；Pagani & Malacarne，2017；Pentina et al.，2016） |
| 技术采纳与使用统一模型（Unified Theory of Acceptance and Use of Technology） | ● 绩效预期<br>● 努力预期<br>● 社会影响<br>● 便利条件 | （Dwivedi et al.，2016；Oliveira et al.，2016；Qasim & Abu-Shanab，2016；Reychav et al.，2016；X. Xu et al.，2017） |
| 动机理论（Motivation Theory） | ● 功用性动机<br>● 娱乐性动机<br>● 社会性动机 | （Dwivedi et al.，2016；Oliveira et al.，2016；D. H. Shin & Biocca，2017） |
| 信息系统成功模型（Information System Success Model） | ● 信息质量<br>● 系统质量<br>● 服务质量 | （Gao & Waechter，2017；H. C. Kim & Hyun，2016；D. H. Shin & Biocca，2017；Tam & Oliveira，2016；S. Q. Yang，2016） |
| 交易成本经济模型（Transaction Cost Economics Model） | ● 感知不确定性<br>● 资产专用性<br>● 感知便捷性 | （Gao & Waechter，2017；Ozturk et al.，2016） |
| 媒介呈现理论（Media Telepresence Theory） | ● 远程呈现 | （H. C. Kim & Hyun，2016） |
| 社会认知理论（Social Cognitive Theory） | ● 总体自我效能<br>● 电脑自我效能<br>● 技术自我效能<br>● 知识自我效能<br>● 社会自我效能 | （Ozturk et al.，2016；Rahman et al.，2016；Reychav et al.，2016；S. Q. Yang，2016；S. Q. Yang，Wang，& Lu，2016） |

续表

| 理论基础 | 关键变量 | 主 要 文 献 |
|---|---|---|
| 任务-技术匹配理论<br>（Task-Technology<br>Fit Theory） | • 任务需求<br>• 工具功能<br>• 任务技术<br>适配 | （Ozturk et al., 2016；Tam & Oliveira,<br>2016） |
| 自我决定理论<br>（Self-Determination<br>Theory） | • 自我管理动<br>机<br>• 社会动机<br>• 娱乐动机 | （Ozturk et al., 2016；Stragier et al., 2016） |
| 投入理论<br>（Engagement<br>Theory） | • 个人投入<br>• 社会交互<br>投入 | （Pagani & Malacarne, 2017） |
| 成分情感模型<br>（Componential<br>Emotion Theory） | • 积极情感<br>• 消极情感 | （Pelegrin-Borondo et al., 2017） |
| 迁徙理论<br>（Migration Theory） | • 功能剥夺<br>• 货币剥夺 | （Peng et al., 2016） |
| 社会网络分析<br>（Social Network<br>Analysis） | • 网络中心度<br>• 网络互惠性 | （Reychav et al., 2016） |
| 跨理论模式<br>（Trans-Theoretical<br>Model） | • 改变阶段<br>• 改变方法<br>• 衡量决定<br>• 自我效能 | （D. H. Shin & Biocca, 2017） |
| 心流理论<br>（Flow Theory） | • 心流体验 | （Su et al., 2016） |
| 情感事件理论<br>（Affective Events<br>Theory） | • 环境特征<br>• 工作事件<br>• 情感反映<br>• 工作态度 | （Wakefield & Wakefield, 2016） |

| 理论基础 | 关键变量 | 主 要 文 献 |
|---|---|---|
| 大五人格理论<br>（Big Five Personality） | ● 外倾性<br>● 神经质<br>● 开放性<br>● 宜人性<br>● 尽责性 | （Pentina et al., 2016；R. H. Xu et al., 2016） |

基于上表可以看出通过多理论融合来构建研究模型正成为当前研究的主要方式。由于不同的理论有其自身的优势，同时也具有一定的局限性，多理论融合可以有效地从不同视角分析目标问题，拓展了单一理论的解释范畴，也为当前的研究提供了强大的理论支撑。在信息技术采纳经典理论的基础上，当前研究结合信任理论、隐私计算模型、社会临场感理论、交易成本经济模型、媒介呈现理论、自我决定理论、成分情感模型、迁徙理论等对研究问题做出了更全面而深入的解释。多理论融合代表了用户行为研究的一个重要方向，特别是基于研究情境的理论发现和挖掘，需要研究者具备较好的跨学科背景和开阔的学术视野。

此外，当前研究还针对移动互联网技术采纳行为的特点，提出了基于移动情境的关键影响变量。例如，移动互联网的核心特点在于让用户可以永远在线，因此诸如感知普遍性（perceived ubiquity）、无处不在的连接（ubiquitous connectivity）、感知移动性（perceived mobility）、感知便捷性（perceived convenience）等变量在现有研究中得到了较多的关注。另外，移动互联网情境下用户的身份、位置、数据等隐私信息都是高度可识别、可追踪的，这既为用户带来了高度个性化的服务内容，同时也引起了用户对隐私的担忧。因此，感知安全性（perceived security）、感知隐私性（perceived privacy）在现有研究中也多有涉及。移动互联网情境下的一些新现象，如手机成瘾（mobile addiction）等也在近期的研究中开始出现。

移动互联网技术采纳行为的当前研究也存在一些明显的问题，尤其是缺乏面向移动互联网的完整理论架构。如前所述，目前的研究主要还是基于传统的信息技术采纳理论进行理论拓展和延伸，并从局部问题出发加入新的变量，从而对移动互联网领域的整体理论结构和内涵把握不足。随着移动互联网的快速发展，未来会有更多新的问题和新的概念不断出现，这也为构建新的理论模型提供了现实基础和源头活水。将来的研究应立足于移动互联网的独特属性，从学科范式（discipline orientation）的角度出发，对错综复杂的概念体系进行整合、从而构建起适应移动互联网发展要求的新的理论体系。

2. 基于移动互联网的信息行为研究。

基于移动互联网的用户信息行为研究主题分布如表 10 所示。总体而言，我们可以看出信息披露和隐私保护是当前移动互联网领域用户信息行为研究的关注重点。这是因为基于移动互联网的软硬件服务搜集了大量的用户标识数据和行为数据，移动智能终端在给用户带来便捷的个性化服务的同时，也带来了隐私泄露的风险。当前研究将移动互联网情境下的信息隐私分为信息搜集（information collection）、信息控制（information control）、信息感知（information awareness）、非授权二次使用（unauthorized secondary use）、不当访问（improper access）和位置追踪（location tracking），并认为用户对于这些隐私方面的顾虑将会影响他们在移动智能终端上的其他活动。

表 10    基于移动互联网的信息行为研究主题分布

| 研究主题 | 主 要 文 献 |
| --- | --- |
| 信息搜寻<br>（Information Seeking） | （Gan, 2017；Go, You, Jung, & Shim, 2016） |
| 自我监控<br>（Self-Monitoring） | （D. H. Kim, Seely, & Jung, 2017） |
| 点赞行为<br>（Liking Behavior） | （Gan, 2017） |

续表

| 研究主题 | 主 要 文 献 |
| --- | --- |
| 签到行为<br>（Check-In） | （H. S. Kim，2016） |
| 口碑分享<br>（Word of Mouth） | （S. H. Hsieh & Tseng，2017） |
| 移动沟通<br>（Mobile Communication） | （K. S. Choi et al.，2016） |
| 信息隐私与保护<br>（Information Privacy & Protection） | （Eastin，Brinson，Doorey，& Wilcox，2016；Kang et al.，2016；H. S. Kim，2016） |
| 信息披露<br>（Information Disclosure） | （Blachnio，Przepiorka，Senol-Durak，Durak，& Sherstyuk，2017；Kang et al.，2016；E. Kim，Lee，Sung，& Choi，2016；Knop et al.，2016） |

　　此外，一些与移动环境密切相关的信息行为也开始得到学术界的关注，包括自我监控行为、签到行为、点赞行为、移动沟通等。随着移动互联网的快速发展和超级移动 APP（如微信、支付宝）的出现，未来会有更多基于移动端的信息行为产生，相关的研究应注重移动环境的独特属性在其中所发挥的推动或制约作用，并积极探索其与 PC 互联网用户行为的主要区别和应用场景特点。

　　由于信息披露和隐私保护是当前移动互联网用户信息行为研究的主要方向，在理论层面，沟通隐私管理理论得到了学界的广泛关注。该理论也常被称为沟通边界管理理论（communication boundary management theory），并认为个体在沟通的过程中存在一个隐私边界从而将个人信息和公众信息区分开来。通过隐私管理原则，人们可以控制他们隐私边界的可渗透性，并决定何时分享或不分享隐私信息，而这种隐私边界同时也取决于信息披露所带来的可能收益及风险，这为探索人们如何展现和隐瞒个人信息提供了一个系统性的研究框架。

此外，使用与满足理论也从另一个角度解释了信息行为可能带来的收益。该理论来源于大众传播领域，并从受众的视角出发，分析了用户通过媒介行为获取哪些层面的个人满足感。移动互联网由于其无所不在的连接性，在娱乐、社交和功能价值三个层面都会对用户的信息行为产生积极的影响，并且既有研究也表明，不同性别的用户对于这三种价值的感知存在明显的差异。除了性别差异之外，文化差异在用户的信息行为中也发挥着重要的作用，例如东方文化的用户更倾向于通过移动社交网络发送更多数量的信息和更为友善的信息。

表11　基于移动互联网的信息行为研究涉及的主要理论与变量

| 理论基础 | 关键变量 | 主 要 文 献 |
| --- | --- | --- |
| 沟通隐私管理理论（Communication Privacy Management Theory） | ● 私人信息<br>● 私人边界<br>● 控制与所有权<br>● 规则管理<br>● 管理逻辑 | （Eastin et al., 2016；Kang et al., 2016；E. Kim et al., 2016） |
| 使用与满足理论（Uses and Gratification Theory） | ● 功用价值<br>● 社会价值<br>● 娱乐价值 | （Gan, 2017；Go et al., 2016） |
| 媒介丰富性理论（Media Richness Theory） | ● 实时反馈<br>● 多重线索<br>● 自然语言<br>● 媒介关注 | （S. H. Hsieh & Tseng, 2017） |
| 社会渗透理论（Social Penetration Theory） | ● 自我表露 | （Kang et al., 2016） |
| 自我监控理论（Self-Monitoring Theory） | ● 自我监控<br>● 自我表达 | （D. H. Kim et al., 2017） |
| 计划行为理论（Theory of Planned Behavior） | ● 用户态度<br>● 主观规范<br>● 感知行为控制 | （E. Kim et al., 2016） |

285

续表

| 理论基础 | 关键变量 | 主 要 文 献 |
|---|---|---|
| 霍夫斯泰德文化维度理论(Hofstede's Cultural Dimensions Theory) | • 权力距离指数<br>• 个人主义<br>• 不确定规避<br>• 男性化<br>• 长期导向<br>• 放任与约束 | (K. S. Choi et al., 2016) |
| 信任理论<br>(Trust Theory) | • 用户信任<br>• 信任传递 | (Eastin et al., 2016) |

3. 基于移动互联网的消费行为研究。

如表 12 所示,移动互联网情境下的购买意愿研究代表了该分类下的主流研究方向。这些研究既包括通过移动 APP 进行品牌追随(brand following)和实体/虚拟产品购买(product purchase)活动,也包括对于移动 APP 本身的付费购买(paid-app purchase)和应用内采购(in-app purchase)行为。此外,移动广告、移动游戏和移动社交网络也是用户产生消费行为的主要场所,特别是移动、社交与商务的结合,将为传统的商业模式带来创新性的变革。

表 12　　　　基于移动互联网的消费行为研究主题分布

| 研究主题 | 主 要 文 献 |
|---|---|
| 购买意愿(Purchase Intention) | (Chu et al., 2016; Hsiao & Chen, 2016; H. W. Kim et al., 2016; Koo, 2016; Koster, Matt, & Hess, 2016; Kostyra, Reiner, Natter, & Klapper, 2016; Liang et al., 2016; C. A. Lin & Kim, 2016) |
| 价值共创(Intention to Co-Create) | (Cheung & To, 2016) |
| 移动游戏(Mobile Game) | (Hsiao & Chen, 2016) |
| 用户口碑(Word of Mouth) | (San-Martin, Prodanova, & Catalan, 2016) |

286

续表

| 研究主题 | 主 要 文 献 |
| --- | --- |
| 移动广告(Mobile Ads) | (C. A. Lin & Kim, 2016; Peng et al., 2016) |
| 移动社交网络 ( Mobile Social Media) | (Cheung & To, 2016; Koo, 2016; C. A. Lin & Kim, 2016; Sun, Wei, Fan, Lu, & Gupta, 2016) |

从文献中所引用的主要理论来看，当前的研究主要还是借鉴传统的消费理论模型，如使用与满足理论、隐私计算模型、动机理论、消费价值理论、风险理论、详尽可能性模型等来探讨移动互联网下的用户消费行为。这种做法虽然可以较好地从既有研究中吸取营养，从而在移动互联网情境下对相关问题进行检验，凸显出传统理论的普适性和共通性价值，但不足之处在于难以跳出传统的理论构架，针对移动互联网本身的概念内涵及其复杂性和特殊性的研究相对匮乏。尽管有一些文献指出了移动互联网情境下用户消费行为所具备的主要特征，如及时性(timeliness)、本地化(localization)和个性化(personalization)等，但相关研究仍然较为零散，未能形成独立的理论体系。该领域的未来研究工作有望在现有研究文献的基础上，进一步综合移动互联网情境下用户消费行为的关键要素，并结合传统理论体系的精华，进行理论创新和体系重构。

此外，一些与技术采纳相关的理论(如技术采纳模型、创新扩散模型等)也被广泛地应用于消费行为模型中，这也说明理论之间存在共通性。例如，用户对于移动应用的有用性感知(perceived usefulness)不仅可以增强用户对该产品的使用意向，同时对于后付费应用而言，也将提高用户的付费转化率。这也为未来的理论研究提供了重要的参考思路，在进行理论创新时既要立足现象世界的特殊性，又要发掘其内在的深层次驱动机制，并从跨领域甚至跨学科的视角出发，研究不同领域和学科之间的学理逻辑，从而实现理论的融合与发展。

表 13　基于移动互联网的消费行为研究涉及的主要理论与变量

| 理论基础 | 关键变量 | 主 要 文 献 |
|---|---|---|
| 使用与满足理论<br>（Uses and Gratifications Theory） | ● 社会价值<br>● 娱乐价值<br>● 信息价值<br>● 自我发现价值 | （Sun et al.，2016） |
| 动机理论<br>（Motivation Theory） | ● 内部动机<br>● 外部动机 | （X. F. Feng et al.，2016） |
| 消费价值理论<br>（Consumption Value Theory） | ● 情绪价值<br>● 绩效价值<br>● 社会价值<br>● 货币价值 | （Hsiao & Chen，2016） |
| 风险理论<br>（Risk Theory） | ● 财务风险<br>● 绩效风险<br>● 心理风险<br>● 社会风险 | （Koster et al.，2016） |
| 隐私计算模型<br>（Privacy Calculus Model） | ● 感知收益<br>● 隐私关注 | （C. A. Lin & Kim，2016） |
| 技术采纳模型<br>（Technology Acceptance Model） | ● 感知有用性<br>● 感知易用性<br>● 感知娱乐性 | （Cheung & To，2016；H. W. Kim et al.，2016；C. A. Lin & Kim，2016） |
| 创新扩散模型<br>（Diffusion of Innovations Theory） | ● 相对优势<br>● 兼容性<br>● 复杂性<br>● 可观测性<br>● 可试验性 | （H. W. Kim et al.，2016） |
| 计划行为理论<br>（Theory of Planned Behavior） | ● 用户态度<br>● 主观规范<br>● 感知行为控制 | （Cheung & To，2016；Chu et al.，2016；San-Martin et al.，2016） |

续表

| 理论基础 | 关键变量 | 主 要 文 献 |
|---|---|---|
| 详尽可能性模型<br>（Elaboration<br>Likelihood Model） | ● 论证质量<br>● 信源可信度<br>● 信息有用性<br>● 专业知识 | （Koo，2016） |

### （三）移动互联网用户行为研究的未来发展趋势和重要方向

基于对移动互联网用户行为研究在 2016—2017 年间的研究进展分析，我们认为在未来的一段时间内，该领域的研究将呈现出以下三个重要的发展态势：

（1）随着移动互联网的应用场景不断扩大，线上和线下的界限变得更加模糊，互联网企业和传统企业之间的界限也逐渐消失，未来的研究主题因此也必将更加多元化和立体化。目前，关于移动互联网技术采纳行为、信息行为和消费行为的研究多是面向传统 PC 端的线上行为在移动端的自然延伸和拓展，未来有望出现一些在 PC 互联网领域从未涉及的重要议题。特别是随着泛互联网化的推进，包括物联网、车联网、人工智能等相关技术在内的新兴技术的应用将极大地改变当前的互联网生态和商业格局，由此将衍生出一系列新的研究主题。

（2）鉴于移动互联网正成为连接用户、信息、产品、服务、设备等一切事物的重要平台，各个不同的学科都可以在移动互联网领域找到本学科所关注的热点研究问题，这也为不同学科的融合和碰撞提供了良好的契机。未来的研究工作将在理论体系上更加深化和丰富，更加倾向于从跨学科、跨文化、跨地域的视角开展学术研究。同时，与移动互联网联系较为紧密的一些学科门类，诸如信息系统、市场营销、心理学、计算机科学、新闻传播等也将更有可能通过借鉴其他学科的基础理论开展多学科交叉研究与合作。

（3）对过去一年的文献分析显示，问卷调查、实验室实验等传统社会学研究方法仍然是当前研究的主要手段。但是，伴随着移动互联网快速发展而产生的急剧增长的用户数据，传统的基于小数据集的研究已不足以给出用户行为的全貌，如何基于海量数据挖掘用户的行为特征，从而与传统的理论研究方法实现互补，这将是下一阶段用户行为研究的重要方向，理论驱动(theory-driven)和数据驱动(data-driven)并重是这一阶段的主要特征。同时，一些新兴的研究方法，如脑神经科学、机器学习等也将有助于从不同的角度对目标问题进行验证，混合方法研究(mix-methods research)有可能成为未来研究的常态。

## 参考文献

[1] Agarwal A. & Mukhopadhyay T. (2016). The Impact of Competing Ads on Click Performance in Sponsored Search. Information Systems Research, 27(3): 538-557. doi: 10. 1287/isre. 2016. 0637.

[2] Ahmad S. N. & Laroche M. (2016). How Do Expressed Emotions Affect the Helpfulness of a Product Review? Evidence from Reviews Using Latent Semantic Analysis. International Journal of Electronic Commerce, 20 (1): 76-111. doi: 10. 1080/10864415. 2016. 1061471.

[3] Al-Emran M. Elsherif H. M. & Shaalan K. (2016). Investigating attitudes towards the use of mobile learning in higher education. Computers in Human Behavior, 56, 93-102. doi: 10. 1016/j. chb. 2015. 11. 033.

[4] Allam A. Sak G. Diviani N. & Schulz P. J. (2017). Do quality markers for health websites affect the perception of vaccination webpages? Computers in Human Behavior, 67, 273-281. doi: 10. 1016/j. chb. 2016. 11. 003.

[5] Alsabawy A. Y. Cater-Steel A. & Soar J. (2016). Determinants of perceived usefulness of e-learning systems. Computers in Human Behavior, 64, 843-858. doi: 10. 1016/j. chb. 2016. 07. 065.

[6] Anwar M. He W. Ash I. Yuan X. H. Li L. & Xu L. (2017). Gender difference and employees' cybersecurity behaviors. Computers in

Human Behavior, 69, 437-443. doi: 10. 1016/j. chb. 2016. 12. 040.

[7] Arpaci I. (2016). Understanding and predicting students' intention to use mobile cloud storage services. Computers in Human Behavior, 58, 150-157. doi: 10. 1016/j. chb. 2015. 12. 067.

[8] Arpaci I. (2017). Antecedents and consequences of cloud computing adoption in education to achieve knowledge management. Computers in Human Behavior, 70, 382-390. doi: 10. 1016/j. chb. 2017. 01. 024.

[9] Arpaci I. & Baloglu M. (2016). The impact of cultural collectivism on knowledge sharing among information technology majoring undergraduates. Computers in Human Behavior, 56, 65-71. doi: 10. 1016/j. chb. 2015. 11. 031.

[10] Ashraf A. R. Thongpapanl N. & Spyropoulou S. (2016). The connectionand disconnection between e-commerce businesses and their customers: Exploring the role of engagement, perceived usefulness, and perceived ease-of-use. Electronic Commerce Research and Applications, 20, 69-86. doi: 10. 1016/j. elerap. 2016. 10. 001.

[11] Bansal G. Zahedi F. M. & Gefen D. (2016). Do context and personality matter? Trust and privacy concerns in disclosing private information online. Information & Management, 53(1): 1-21. doi: 10. 1016/j. im. 2015. 08. 001.

[12] Barkhordari M. Nourollah Z. Mashayekhi H. Mashayekhi Y. & Ahangar M. S. (2017). Factors influencing adoption of e-payment systems: an empirical study on Iranian customers. Information Systems and E-Business Management, 15(1): 89-116. doi: 10. 1007/s10257-016-0311-1.

[13] Bartsch M. & Dienlin T. (2016). Control your Facebook: An analysis of online privacy literacy. Computers in Human Behavior, 56, 147-154. doi: 10. 1016/j. chb. 2015. 11. 022.

［14］Baruch A. May A. & Yu D. P. (2016). The motivations, enablers and barriers for voluntary participation in an online crowdsourcing platform. Computers in Human Behavior, 64, 923-931. doi: 10. 1016/j. chb. 2016. 07. 039.

［15］Baydas O. & Goktas Y. (2016). Influential factors on preservice teachers' intentions to use ICT in future lessons. Computers in Human Behavior, 56, 170-178. doi: 10. 1016/j. chb. 2015. 11. 030.

［16］Bellini C. G. P. Isoni M. M. de Moura P. J. & Pereira R. D. D. (2016). Self-efficacy and anxiety of digital natives in face of compulsory computer-mediated tasks: A study about digital capabilities and limitations. Computers in Human Behavior, 59, 49-57. doi: 10. 1016/j. chb. 2016. 01. 015.

［17］Bilgihan A. (2016). Gen Y customer loyalty in online shopping: An integrated model of trust, user experience and branding. Computers in Human Behavior, 61, 103-113. doi: 10. 1016/j. chb. 2016. 03. 014.

［18］Blachnio A. Przepiorka A. Senol-Durak E. Durak M. & Sherstyuk L. (2017). The role of personality traits in Facebook and Internet addictions: A study on Polish, Turkish, and Ukrainian samples. Computers in Human Behavior, 68, 269-275. doi: 10. 1016/j. chb. 2016. 11. 037.

［19］Boateng H. Adam D. R. Okoe A. F. & Anning-Dorson T. (2016). Assessing the determinants of internet banking adoption intentions: A social cognitive theory perspective. Computers in Human Behavior, 65, 468-478. doi: 10. 1016/j. chb. 2016. 09. 017.

［20］Boerman S. C. & Kruikemeier S. (2016). Consumer responses to promoted tweets sent by brands and political parties. Computers in Human Behavior, 65, 285-294. doi: 10. 1016/j. chb. 2016. 08. 033.

［21］Boerman S. C. Willemsen L. M. & Van DerAa E. P. (2017).

"This Post Is Sponsored" Effects of Sponsorship Disclosure on Persuasion Knowledge and Electronic Word of Mouth in the Context of Facebook. Journal of Interactive Marketing, 38, 82-92. doi: 10. 1016/j. intmar. 2016. 12. 002.

[22] Brawley A. M. & Pury C. L. S. (2016). Work experiences on MTurk: Job satisfaction, turnover, and information sharing. Computers in Human Behavior, 54, 531-546. doi: 10. 1016/j. chb. 2015. 08. 031.

[23] Brown C. C. Durtschi J. A. Carroll J. S. & Willoughby B. J. (2017). Understanding and predicting classes of college students who use pornography. Computers in Human Behavior, 66, 114-121. doi: 10. 1016/j. chb. 2016. 09. 008.

[24] Buglass S. L. Binder J. F. Betts L. R. & Underwood J. D. M. (2017). Motivators of online vulnerability: The impact of social network site use and FOMO. Computers in Human Behavior, 66, 248-255. doi: 10. 1016/j. chb. 2016. 09. 055.

[25] Burtch G. Ghose A. & Wattal S. (2016). Secret Admirers: An Empirical Examination of Information Hiding and Contribution Dynamics in Online Crowdfunding. Information Systems Research, 27(3): 478-496. doi: 10. 1287/isre. 2016. 0642.

[26] Calvo-Porrarl C. Faina-Medin A. & Nieto-Mengotti M. (2017). Exploring technology satisfaction: An approach through the flow experience. Computers in Human Behavior, 66, 400-408. doi: 10. 1016/j. chb. 2016. 10. 008.

[27] Carillo K. Scornavacca E. & Za S. (2017). The role of media dependencyin predicting continuance intention to use ubiquitous media systems. Information & Management, 54(3): 317-335. doi: 10. 1016/j. im. 2016. 09. 002.

[28] Cavusoglu H. Phan T. Q. Cavusoglu H. & Airoldi E. M. (2016). Assessing the Impact of Granular Privacy Controls on Content Sharing and Disclosure on Facebook. Information Systems

Research, 27(4): 848-879. doi: 10. 1287/isre. 2016. 0672.

[29] Chandio F. H. Irani Z. Zeki A. M. Shah A. & Shah S. C. (2017). Online Banking Information Systems Acceptance: An Empirical Examination of System Characteristics and Web Security. Information Systems Management, 34(1): 50-64. doi: 10. 1080/10580530. 2017. 1254450.

[30] Chang S. E. Liu A. Y. & Shen W. C. (2017). User trust in social networking services: A comparison of Facebook and LinkedIn. Computers in Human Behavior, 69, 207-217. doi: 10. 1016/j. chb. 2016. 12. 013.

[31] Chang S. H. Chih W. H. Liou D. K. & Yang Y. T. (2016). The mediation of cognitive attitude for online shopping. Information Technology & People, 29(3): 618-646. doi: 10. 1108/itp-08-2014-0172.

[32] Chao C. Y. Chang T. C. Wu H. C. Lin Y. S. & Chen P. C. (2016). The interrelationship between intelligent agents' characteristics and users' intention in a search engine by making beliefs and perceived risks mediators. Computers in Human Behavior, 64, 117-125. doi: 10. 1016/j. chb. 2016. 06. 031.

[33] Chen A. H. Lu Y. B. & Wang B. (2016). Enhancing perceived enjoyment in social games through social and gaming factors. Information Technology & People, 29(1): 99-119. doi: 10. 1108/itp-07-2014-0156.

[34] Chen J. C. V. Yen D. C. Kuo W. R. & Capistrano E. P. S. (2016). The antecedents of purchase and re-purchase intentions of online auction consumers. Computers in Human Behavior, 54, 186-196. doi: 10. 1016/j. chb. 2015. 07. 048.

[35] Chen R. Sharma S. K. & Rao H. R. (2016). Members' site use continuance on Facebook: Examining the role of relational capital. Decision Support Systems, 90, 86-98. doi: 10. 1016/j. dss. 2016. 07. 001.

［36］Chen X. Y. Huang Q. & Davison R. M. （2016）. Economic and Social Satisfaction of Buyers on Consumer-to-Consumer Platforms: The Role of Relational Capital. International Journal of Electronic Commerce, 21 （2）: 219-248. doi: 10. 1080/10864415. 2016. 1234285.

［37］Chen X. Y. Huang Q. & Davison R. M. （2017）. The role of website quality and social capital in building buyers' loyalty. International Journal of Information Management, 37 (1): 1563-1574. doi: 10. 1016/j. ijinfomgt. 2016. 07. 005.

［38］Chen X. Y. Huang Q. Davison R. M. & Hua Z. S. （2016）. What Drives Trust Transfer? The Moderating Roles of Seller-Specific and General Institutional Mechanisms. International Journal of Electronic Commerce, 20 （2）: 261-289. doi: 10. 1080/ 10864415. 2016. 1087828.

［39］Cheung M. F. Y. & To W. M. （2016）. Service co-creation in social media: An extension of the theory of. planned behavior. Computers in Human Behavior, 65, 260-266. doi: 10. 1016/j. chb. 2016. 08. 031.

［40］Choi B. C. F. & Land L. （2016）. The effects of general privacy concerns and transactional privacy concerns on Facebook apps usage. Information & Management, 53 (7): 868-877. doi: 10. 1016/j. im. 2016. 02. 003.

［41］Choi J. （2016）. Why do people use news differently on SNSs? An investigation of the role of motivations, media repertoires, and technology cluster on citizens' news-related activities. Computers in Human Behavior, 54, 249-256. doi: 10. 1016/j. chb. 2015. 08. 006.

［42］Choi K. S. Im I. & Hofstede G. J. （2016）. A cross-cultural comparative analysis of small group collaboration using mobile twitter. Computers in Human Behavior, 65, 308-318. doi: 10. 1016/j. chb. 2016. 08. 043.

[43] Choi S. (2016). The flipside of ubiquitous connectivity enabled by smartphone-based social networking service: Social presence and privacy concern. Computers in Human Behavior, 65, 325-333. doi: 10. 1016/j. chb. 2016. 08. 039.

[44] Chou S. W. & Hung I. H. (2016). Understanding knowledge outcome improvement at the post-adoption stage in a virtual community. Information Technology & People, 29(4): 774-806. doi: 10. 1108/itp-05-2015-0121.

[45] Chu S. C. Chen H. T. & Sung Y. (2016). Following brands on Twitter: an extension of theory of planned behavior. International Journal of Advertising, 35 (3): 421-437. doi: 10. 1080/ 02650487. 2015. 1037708.

[46] Chuah S. H. W. Rauschnabel P. A. Krey N. Nguyen B. Ramayah T. & Lade S. (2016). Wearable technologies: The role of usefulness and visibility in smartwatch adoption. Computers in Human Behavior, 65, 276-284. doi: 10. 1016/j. chb. 2016. 07. 047.

[47] Church E. M. & Iyer L. (2017). "When Is Short, Sweet?" Selection Uncertainty and Online Review Presentations. Journal of Computer Information Systems, 57(2): 179-189. doi: 10. 1080/ 08874417. 2016. 1183980.

[48] Cigdem H. Ozturk M. & Topcu A. (2016). Vocational college students' acceptance of web-based summative listening compre-hension test in an EFL course. Computers in Human Behavior, 61, 522-531. doi: 10. 1016/j. chb. 2016. 03. 070.

[49] Coklar A. N. Yaman N. D. & Yurdakul I. K. (2017). Information literacy and digital nativity as determinants of online information search strategies. Computers in Human Behavior, 70, 1-9. doi: 10. 1016/j. chb. 2016. 12. 050.

[50] Daghan G. & Akkoyunlu B. (2016). Modeling the continuance usage intention of online learning environments. Computers in

Human Behavior, 60, 198-211. doi: 10. 1016/j. chb. 2016. 02. 066.

[51] Das G. (2016). Understanding the role of regulatory focus in e-tailing activities. Journal of Services Marketing, 30(2): 212-222. doi: 10. 1108/jsm-10-2014-0358.

[52] De Langhe B. Fernbach P. M. & Lichtenstein D. R. (2016). Navigating by the Stars: Investigating the Actual and Perceived Validity of Online User Ratings. Journal of Consumer Research, 42 (6): 817-833. doi: 10. 1093/jcr/ucv047.

[53] de Oliveira M. J. Huertas M. K. Z. & Lin Z. B. (2016). Factors driving young users' engagement with Facebook: Evidence from Brazil. Computers in Human Behavior, 54, 54-61. doi: 10. 1016/ j. chb. 2015. 07. 038.

[54] Deng X. F. Joshi K. D. & Galliers R. D. (2016). The duality of empowerment and marginalization in microtask crowdsourcing: giving voice to the less powerful through value sensitive design. Mis Quarterly, 40 (2): 279-+. Retrieved from < Go to ISI >: // WOS: 000376783300001.

[55] Dermentzi E. Papagiannidis S. Toro C. O. & Yannopoulou N. (2016). Academic engagement: Differences between intention to adopt Social Networking Sites and other online technologies. Computers in Human Behavior, 61, 321-332. doi: 10. 1016/j. chb. 2016. 03. 019.

[56] Dhir A. Kaur P. Lonka K. & Nieminen M. (2016). Why do adolescents untag photos on Facebook? Computers in Human Behavior, 55, 1106-1115. doi: 10. 1016/j. chb. 2015. 11. 017.

[57] Dienlin T. & Metzger M. J. (2016). An Extended Privacy Calculus Model for SNSs: Analyzing Self-Disclosure and Self-Withdrawal in a Representative US Sample. Journal of Computer-Mediated Communication, 21(5): 368-383. doi: 10. 1111/jcc4. 12163.

[58] Diviani N. & Meppelink C. S. (2017). The impact of

recommendations and warnings on the quality evaluation of health websites: An online experiment. Computers in Human Behavior, 71, 122-129. doi: 10. 1016/j. chb. 2017. 01. 057.

[59] Dubois D. Bonezzi A. & De Angelis M. (2016). Sharing with Friends Versus Strangers: How Interpersonal Closeness Influences Word-of-Mouth Valence. Journal of Marketing Research, 53(5): 712-727. doi: 10. 1509/jmr. 13. 0312.

[60] Dwivedi Y. K. Shareef M. A. Simintiras A. C. Lal B. & Weerakkody V. (2016). A generalised adoption model for services: A cross-country comparison of mobile health (m-health). Government Information Quarterly, 33 (1): 174-187. doi: 10. 1016/j. giq. 2015. 06. 003.

[61] Eastin M. S. Brinson N. H. Doorey A. & Wilcox G. (2016). Living in abig data world: Predicting mobile commerce activity through privacy concerns. Computers in Human Behavior, 58, 214-220. doi: 10. 1016/j. chb. 2015. 12. 050.

[62] El Ouirdi M. El Ouirdi A. Segers J. & Pais I. (2016). Technology adoption in employee recruitment: The case of social media in Central and Eastern Europe. Computers in Human Behavior, 57, 240-249. doi: 10. 1016/j. chb. 2015. 12. 043.

[63] Elwalda A. Lu K. & Ali M. (2016). Perceived derived attributes of online customer reviews. Computers in Human Behavior, 56, 306-319. doi: 10. 1016/j. chb. 2015. 11. 051.

[64] Eom S. J. Choi N. & Sung W. (2016). The use of smart work in government: Empirical analysis of Korean experiences. Government Information Quarterly, 33(3): 562-571. doi: 10. 1016/j. giq. 2016. 01. 005.

[65] Erkan I. & Evans C. (2016). The influence of eWOM in social media on consumers' purchase intentions: An extended approach to information adoption. Computers in Human Behavior, 61, 47-55. doi: 10. 1016/j. chb. 2016. 03. 003.

［66］Erskine M. A. Gregg D. G. & Karimi J. (2016). Perceptions and attitudes toward online mapping services. Journal of Computer Information Systems, 56(2): 175-184. doi: 10. 1080/08874417. 2016. 1117836.

［67］Fang J. M. Shao Y. F. & Wen C. (2016). Transactional quality, relational quality, and consumer e-loyalty: Evidence from SEM and fsQCA. International Journal of Information Management, 36(6): 1205-1217. doi: 10. 1016/j. ijinfomgt. 2016. 08. 006.

［68］Feng X. F. Fu S. L. & Qin J. (2016). Determinants of consumers' attitudes toward mobile advertising: The Mediating roles of intrinsic and extrinsic motivations. Computers in Human Behavior, 63, 334-341. doi: 10. 1016/j. chb. 2016. 05. 024.

［69］Feng Y. Y. & Ye H. (2016). Why do you return the favor in online knowledge communities? A study of the motivations of reciprocity. Computers in Human Behavior, 63, 342-349. doi: 10. 1016/j. chb. 2016. 05. 007.

［70］Fu P. W. Wu C. C. & Cho Y. J. (2017). What makes users share content on facebook? Compatibility among psychological incentive, social capital focus, and content type. Computers in Human Behavior, 67, 23-32. doi: 10. 1016/j. chb. 2016. 10. 010.

［71］Gan C. M. (2017). Understanding WeChat users' liking behavior: An empirical study in China. Computers in Human Behavior, 68, 30-39. doi: 10. 1016/j. chb. 2016. 11. 002.

［72］Gao L. L. & Waechter K. A. (2017). Examining the role of initial trust in user adoption of mobile payment services: an empirical investigation. Information Systems Frontiers, 19(3): 525-548. doi: 10. 1007/s10796-015-9611-0.

［73］Go E. You K. H. Jung E. & Shim H. (2016). Why do we use different types of websites and assign them different levels of credibility? Structural relations among users' motives, types of websites, information credibility, and trust in the press. Computers

in Human Behavior, 54, 231-239. doi: 10. 1016/j. chb. 2015.
07. 046.

[74] Goes P. B. Guo C. H. & Lin M. F. (2016). Do Incentive
Hierarchies Induce User Effort? Evidence from an Online
Knowledge Exchange. Information Systems Research, 27(3): 497-
516. doi: 10. 1287/isre. 2016. 0635.

[75] Gu R. Oh L. B. & Wang K. L. (2016). Multi-homing on SNSs:
The role of optimum stimulation level and perceived
complementarity in need gratification. Information & Management,
53(6): 752-766. doi: 10. 1016/j. im. 2016. 02. 009.

[76] Guo J. P. Liu Z. G. & Liu Y. (2016). Key success factors for the
launch of government social media platform: Identifying the
formation mechanism of continuance intention. Computers in
Human Behavior, 55, 750-763. doi: 10. 1016/j. chb. 2015.
10. 004.

[77] Guo Z. X. Xiao L. Van Toorn C. Lai Y. H. & Seo C. Y. (2016).
Promoting online learners' continuance intention: An integrated
flowframework. Information & Management, 53(2): 279-295. doi:
10. 1016/j. im. 2015. 10. 010.

[78] Hallam C. & Zanella G. (2017). Online self-disclosure: The
privacy paradox explained as a temporally discounted balance
between concerns and rewards. Computers in Human Behavior,
68, 217-227. doi: 10. 1016/j. chb. 2016. 11. 033.

[79] Hamari J. Hanner N. & Koivisto J. (2017). Service quality
explains why people use freemium services but not if they go
premium: An empirical study in free-to-play games. International
Journal of Information Management, 37(1): 1449-1459. doi: 10.
1016/j. ijinfomgt. 2016. 09. 004.

[80] Heo M. & Toomey N. (2016). Supporting sustained willingness to
share knowledge with visual feedback. Computers in Human
Behavior, 54, 388-396. doi: 10. 1016/j. chb. 2015. 08. 034.

[81] Herrero A. Martin H. S. & Salmones M. D. D. (2017). Explaining the adoption of social networks sites for sharing user-generated content: A revision of the UTAUT2. Computers in Human Behavior, 71, 209-217. doi: 10. 1016/j. chb. 2017. 02. 007.

[82] Hew J. J. Lee V. H. Ooi K. B. & Lin B. S. (2016). Mobile social commerce: The booster for brand loyalty? Computers in Human Behavior, 59, 142-154. doi: 10. 1016/j. chb. 2016. 01. 027.

[83] Hew T. S. & Kadir S. (2016). Behavioural intention in cloud-based VLE: An extension to Channel Expansion Theory. Computers in Human Behavior, 64, 9-20. doi: 10. 1016/j. chb. 2016. 05. 075.

[84] Hong C. Chen Z. F. & Li C. (2017). "Liking" and being "liked": How are personality traits and demographics associated with giving and receiving "likes" on Facebook? Computers in Human Behavior, 68, 292-299. doi: 10. 1016/j. chb. 2016. 11. 048.

[85] Hong J. C. Tai K. H. Hwang M. Y. Kuo Y. C. & Chen J. S. (2017). Internet cognitive failure relevant to users' satisfaction with content and interface design to reflect continuance intention to use a government e-learning system. Computers in Human Behavior, 66, 353-362. doi: 10. 1016/j. chb. 2016. 08. 044.

[86] Hsiao K. L. & Chen C. C. (2016). What drives in-app purchase intention for mobile games? An examination of perceived values and loyalty. Electronic Commerce Research and Applications, 16, 18-29. doi: 10. 1016/j. elerap. 2016. 01. 001.

[87] Hsieh P. J. (2016). An empirical investigation of patients' acceptance and resistance toward the health cloud: The dual factor perspective. Computers in Human Behavior, 63, 959-969. doi: 10. 1016/j. chb. 2016. 06. 029.

[88] Hsieh S. H. & Tseng T. H. (2017). Playfulness in mobile instant messaging: Examining the influence of emoticons and text messaging on social interaction. Computers in Human Behavior,

69, 405-414. doi: 10. 1016/j. chb. 2016. 12. 052.

[89] Hsu C. L. Yu L. C. & Chang K. C. (2017). Exploring the effects of online customer reviews, regulatory focus, and product type on purchase intention: Perceived justice as a moderator. Computers in Human Behavior, 69, 335-346. doi: 10. 1016/j. chb. 2016. 12. 056.

[90] Hu M. Zhang M. L. & Luo N. (2016). Understanding participation on video sharing communities: The role of self-construal and community interactivity. Computers in Human Behavior, 62, 105-115. doi: 10. 1016/j. chb. 2016. 03. 077.

[91] Hu X. Huang Q. Zhong X. P. Davison R. M. & Zhao D. T. (2016). The influence of peer characteristics and technical features of a social shopping website on a consumer's purchase intention. International Journal of Information Management, 36(6): 1218-1230. doi: 10. 1016/j. ijinfomgt. 2016. 08. 005.

[92] Huang H. C. Huang L. S. Chou Y. J. & Teng C. I. (2017). Influence of temperament and character on online gamer loyalty: Perspectives from personality and flow theories. Computers in Human Behavior, 70, 398-406. doi: 10. 1016/j. chb. 2017. 01. 009.

[93] Huang H. Y. (2016). Examining the beneficial effects of individual's self-disclosure on the social network site. Computers in Human Behavior, 57, 122-132. doi: 10. 1016/j. chb. 2015. 12. 030.

[94] Huang J. Shi S. Chen Y. & Chow W. S. (2016). How do students trust Wikipedia? An examination across genders. Information Technology & People, 29(4): 750-773. doi: 10. 1108/itp-12-2014-0267.

[95] Huang Q. Chen X. Y. Ou C. X. Davison R. M. & Hua Z. S. (2017). Understanding buyers' loyalty to a C2C platform: the roles of social capital, satisfaction and perceived effectiveness of e-

commerce institutional mechanisms. Information Systems Journal, 27(1): 91-119. doi: 10. 1111/isj. 12079.

[96] Hung S. Y. Tsai J. C. A. & Chou S. T. (2016). Decomposing perceived playfulness: A contextual examination of two social networking sites. Information & Management, 53(6): 698-716. doi: 10. 1016/j. im. 2016. 02. 005.

[97] Hussain S. Ahmed W. Jafar R. M. S. Rabnawaz A. & Yang J. Z. (2017). eWOM source credibility, perceived risk and food product customer's information adoption. Computers in Human Behavior, 66, 96-102. doi: 10. 1016/j. chb. 2016. 09. 034.

[98] Hwang Y. & Jeong S. H. (2016). "This is a sponsored blog post, but all opinions are my own": The effects of sponsorship disclosure on responses to sponsored blog posts. Computers in Human Behavior, 62, 528-535. doi: 10. 1016/j. chb. 2016. 04. 026.

[99] Jensen M. L. & Yetgin E. (2017). Prominence and interpretation of online conflict of interest disclosures. Mis Quarterly, 41 (2): 629.

[100] Jeong Y. & Kim Y. (2017). Privacy concerns on social networking sites: Interplay among posting types, content, and audiences. Computers in Human Behavior, 69, 302-310. doi: 10. 1016/j. chb. 2016. 12. 042.

[101] Jucks R. & Thon F. M. (2017). Better to have many opinions than one from an expert? Social validation by one trustworthy source versus the masses in online health forums. Computers in Human Behavior, 70, 375-381. doi: 10. 1016/j. chb. 2017. 01. 019.

[102] Jung A. R. (2017). The influence of perceived ad relevance on social media advertising: An empirical examination of a mediating role of privacy concern. Computers in Human Behavior, 70, 303-309. doi: 10. 1016/j. chb. 2017. 01. 008.

[103] Jung E. H. Walsh-Childers K. & Kim H. S. (2016). Factors

influencing the perceived credibility of diet-nutrition information web sites. Computers in Human Behavior, 58, 37-47. doi: 10. 1016/j. chb. 2015. 11. 044.

[104] Kaewkitipong L. Chen C. C. & Ractham P. (2016). Using social media to enrich information systems field trip experiences: Students' satisfaction and continuance intentions. Computers in Human Behavior, 63, 256-263. doi: 10. 1016/j. chb. 2016. 05. 030.

[105] Kang H. Shin W. & Tam L. (2016). Differential responses of loyal versus habitual consumers towards mobile site personalization on privacy management. Computers in Human Behavior, 56, 281-288. doi: 10. 1016/j. chb. 2015. 11. 013.

[106] Kaur P. Dhir A. Chen S. F. & Rajala R. (2016). Understanding online regret experience using the theoretical lens of flow experience. Computers in Human Behavior, 57, 230-239. doi: 10. 1016/j. chb. 2015. 12. 041.

[107] Kim A. & Gweon G. (2016). Comfortable with friends sharing your picture on Facebook? Effects of closeness and ownership on picture sharing preference. Computers in Human Behavior, 62, 666-675. doi: 10. 1016/j. chb. 2016. 04. 036.

[108] Kim D. H. Seely N. K. & Jung J. H. (2017). Do you prefer, Pinterest or Instagram? The role of image-sharing SNSs and self-monitoring in enhancing ad effectiveness. Computers in Human Behavior, 70, 535-543. doi: 10. 1016/j. chb. 2017. 01. 022.

[109] Kim E. Lee J. A. Sung Y. & Choi S. M. (2016). Predicting selfie-posting behavior on social networking sites: An extension of theory of planned behavior. Computers in Human Behavior, 62, 116-123. doi: 10. 1016/j. chb. 2016. 03. 078.

[110] Kim H. C. & Hyun M. Y. (2016). Predicting the use of smartphone-based Augmented Reality (AR): Does telepresence really help? Computers in Human Behavior, 59, 28-38. doi: 10.

1016/j. chb. 2016. 01. 001.

[111] Kim H. S. (2016). What drives you to check in on Facebook? Motivations, privacy concerns, and mobile phone involvement for location-based information sharing. Computers in Human Behavior, 54, 397-406. doi: 10. 1016/j. chb. 2015. 08. 016.

[112] Kim H. W. Kankanhalli A. & Lee H. L. (2016). Investigating decision factors in mobile application purchase: A mixed-methods approach. Information & Management, 53 (6): 727-739. doi: 10. 1016/j. im. 2016. 02. 011.

[113] Kim M. S. & Kim H. M. (2017). The effect of online fan community attributes on the loyalty and cooperation of fan community members: The moderating role of connect hours. Computers in Human Behavior, 68, 232-243. doi: 10. 1016/j. chb. 2016. 11. 031.

[114] Kim T. D. Yang M. Y. Bae J. Min B. A. Lee I. & Kim J. (2017). Escape from infinite freedom: Effects of constraining user freedom on the prevention of dropout in an online learning context. Computers in Human Behavior, 66, 217-231. doi: 10. 1016/j. chb. 2016. 09. 019.

[115] Kim Y. & Slotegraaf R. J. (2016). Brand-embedded interaction: a dynamic and personalized interaction for co-creation. Marketing Letters, 27(1): 183-193. doi: 10. 1007/s11002-015-9361-2.

[116] Knop K. Oncu J. S. Penzel J. Abele T. S. Brunner T. Vorderer P. & Wessler H. (2016). Offline time is quality time. Comparing within-group self-disclosure in mobile messaging applications and face-to-face interactions. Computers in Human Behavior, 55, 1076-1084. doi: 10. 1016/j. chb. 2015. 11. 004.

[117] Koo D. M. (2016). Impact of tie strength and experience on the effectiveness of online service recommendations. Electronic Commerce Research and Applications, 15, 38-51. doi: 10. 1016/j. elerap. 2015. 12. 002.

[118] Koohikamali M. Peak D. A. & Prybutok V. R. (2017). Beyond self-disclosure: Disclosure of information about others in social network sites. Computers in Human Behavior, 69, 29-42. doi: 10. 1016/j. chb. 2016. 12. 012.

[119] Koster A. Matt C. & Hess T. (2016). Carefully choose your (payment) partner: How payment provider reputation influences m-commerce transactions. Electronic Commerce Research and Applications, 15, 26-37. doi: 10. 1016/j. elerap. 2015. 11. 002.

[120] Kostyra D. S. Reiner J. Natter M. & Klapper D. (2016). Decomposing the effects of online customer reviews on brand, price, and product attributes. International Journal of Research in Marketing, 33 (1): 11-26. doi: 10. 1016/j. ijresmar. 2014. 12. 004.

[121] Kuem J. Ray S. Siponen M. & Kim S. S. (2017). What Leads to Prosocial Behaviors on Social Networking Services: A Tripartite Model. Journal of Management Information Systems, 34(1): 40-70. doi: 10. 1080/07421222. 2017. 1296744.

[122] Kurfali M. Arifoglu A. Tokdemir G. & Pacin Y. (2017). Adoption of e-government services in Turkey. Computers in Human Behavior, 66, 168-178. doi: 10. 1016/j. chb. 2016. 09. 041.

[123] Kwahk K. Y. & Park D. H. (2016). The effects of network sharing on knowledge-sharing activities and job performance in enterprise social media environments. Computers in Human Behavior, 55, 826-839. doi: 10. 1016/j. chb. 2015. 09. 044.

[124] Laugesen J. & Hassanein K. (2017). Adoption of personal health records by chronic disease patients: A research model and an empirical study. Computers in Human Behavior, 66, 256-272. doi: 10. 1016/j. chb. 2016. 09. 054.

[125] Laux D. Luse A. & Mennecke B. E. (2016). Collaboration, connectedness, and community: An examination of the factors

influencing student persistence in virtual communities. Computers in Human Behavior, 57, 452-464. doi: 10. 1016/j. chb. 2015. 12. 046.

[126] Law M. , Kwok R. C. W. & Ng M. (2016). An extended online purchase intention model for middle-aged online users. Electronic Commerce Research and Applications, 20, 132-146. doi: 10. 1016/j. elerap. 2016. 10. 005.

[127] Lee H. & Cho C. H. (2017). An application of brand personality to advergames: The effect of company attributes on advergame personality. Computers in Human Behavior, 69, 235-245. doi: 10. 1016/j. chb. 2016. 12. 035.

[128] Lee Y. K. , Kim S. Y. Chung N. Ahn K. & Lee J. W. (2016). When social media met commerce: a model of perceived customer value in group-buying. Journal of Services Marketing, 30(4): 398-410. doi: 10. 1108/jsm-04-2014-0129.

[129] Liang T. P. , Li X. , Yang C. T. & Wang M. (2016). What in Consumer Reviews Affects the Sales of Mobile Apps: A Multifacet Sentiment Analysis Approach. International Journal of Electronic Commerce, 20 (2): 236-260. doi: 10. 1080/10864415. 2016. 1087823.

[130] Lim S. H. , Lee S. & Kim D. J. (2017). Is Online Consumers' Impulsive Buying Beneficial for E-Commerce Companies? An Empirical Investigation of Online Consumers' Past Impulsive Buying Behaviors. Information Systems Management, 34(1): 85-100. doi: 10. 1080/10580530. 2017. 1254458.

[131] Lin C. A. & Kim T. (2016). Predicting user response to sponsored advertising on social media via the technology acceptance model. Computers in Human Behavior, 64, 710-718. doi: 10. 1016/j. chb. 2016. 07. 027.

[132] Lin C. H. & Lekhawipat W. (2016). How Customer Expectations Become Adjusted After Purchase. International Journal of

Electronic Commerce, 20 ( 4 ): 443-469. doi: 10. 1080/ 10864415. 2016. 1171973.

[133] Lin H. C., Chiou J. Y., Chen C. C. & Yang C. W. (2016). Understanding the impact of nurses' perception and technological capability on nurses' satisfaction with nursing information system usage: A holistic perspective of alignment. Computers in Human Behavior, 57, 143-152. doi: 10. 1016/j. chb. 2015. 12. 001.

[134] Lin W. Y., Zhang X. Z., Song H. & Omori K. (2016). Health information seeking in the Web 2.0 age: Trust in social media, uncertainty reduction, and self-disclosure. Computers in Human Behavior, 56, 289-294. doi: 10. 1016/j. chb. 2015. 11. 055.

[135] Lin X. L., Featherman M. & Sarker S. (2017). Understanding factors affecting users' social networking site continuance: A gender difference perspective. Information & Management, 54 (3): 383-395. doi: 10. 1016/j. im. 2016. 09. 004.

[136] Lin X. L., Zhang D. W. & Li Y. B. (2016). Delineating the dimensions of social support on social networking sites and their effects: A comparative model. Computers in Human Behavior, 58, 421-430. doi: 10. 1016/j. chb. 2016. 01. 017.

[137] Liu C., Ang R. P. & Lwin M. O. (2016). Influences of narcissism and parental mediation on adolescents' textual and visual personal information disclosure in Facebook. Computers in Human Behavior, 58, 82-88. doi: 10. 1016/j. chb. 2015. 12. 060.

[138] Liu H. F., Chu H. L., Huang Q. & Chen X. Y. (2016). Enhancing the flow experience of consumers in China through interpersonal interaction in social commerce. Computers in Human Behavior, 58, 306-314. doi: 10. 1016/j. chb. 2016. 01. 012.

[139] Liu L. B., Cheung C. M. K. & Lee M. K. O. (2016). An empirical investigation of information sharing behavior on social commerce sites. International Journal of Information Management,

36(5)：686-699. doi：10. 10164/j. ijinfomgt. 2016. 03. 013.

[140] Lu B. Z., Fan W. G. & Zhou M. (2016). Social presence, trust, and social commerce purchase intention：An empirical research. Computers in Human Behavior, 56, 225-237. doi：10. 1016/j. chb. 2015. 11. 057.

[141] Lunney A., Cunningham N. R. & Eastin M. S. (2016). Wearable fitness technology：A structural investigation into acceptance and perceived fitness outcomes. Computers in Human Behavior, 65, 114-120. doi：10. 1016/j. chb. 2016. 08. 007.

[142] Luqman A., Cao X. F., Ali A. Masood A. & Yu L. L. (2017). Empirical investigation of Facebook discontinues usage intentions based on SOR paradigm. Computers in Human Behavior, 70, 544-555. doi：10. 1016/j. chb. 2017. 01. 020.

[143] Malaquias R. F. & Hwang Y. J. (2016). An empirical study on trust in mobile banking：A developing country perspective. Computers in Human Behavior, 54, 453-461. doi：10. 1016/j. chb. 2015. 08. 039.

[144] Mantymaki M. & Islam A. (2016). The Janus face of Facebook：Positive and negative sides of social networking site use. Computers in Human Behavior, 61, 14-26. doi：10. 1016/j. chb. 2016. 02. 078.

[145] Mavlanova T., Benbunan-Fich R. & Lang G. (2016). The role of external and internal signals in E-commerce. Decision Support Systems, 87, 59-68. doi：10. 1016/j. dss. 2016. 04. 009.

[146] McGrath L., Bresciani S. & Eppler M. J. (2016). We walk the line：Icons provisional appearances on virtual whiteboards trigger elaborative dialogue and creativity. Computers in Human Behavior, 63, 717-726. doi：10. 1016/j. chb. 2016. 05. 086.

[147] Meitz T. G. K., Ort A., Kalch A., Zipfel S. & Zurstiege G. (2016). Source does matter：Contextual effects on online media-embedded health campaigns against childhood obesity. Computers

in Human Behavior, 60, 565-574. doi: 10. 1016/j. chb. 2016. 02. 067.

[148] Merhi M. I. (2016). Towards a framework for online game adoption. Computers in Human Behavior, 60, 253-263. doi: 10. 1016/j. chb. 2016. 02. 072.

[149] Merikivi J., Tuunainen V. & Nguyen D. (2017). What makes continued mobile gaming enjoyable? Computers in Human Behavior, 68, 411-421. doi: 10. 1016/j. chb. 2016. 11. 070.

[150] Mou J., Shin D. H. & Cohen J. (2016). Health beliefs and the valence framework in health information seeking behaviors. Information Technology & People, 29 (4): 876-900. doi: 10. 1108/itp-06-2015-0140.

[151] Mousavizadeh M., Kim D. J. & Chen R. (2016). Effects of assurance mechanisms and consumer concerns on online purchase decisions: An empirical study. Decision Support Systems, 92, 79-90. doi: 10. 1016/j. dss. 2016. 09. 011.

[152] Ng M. (2016). Factors influencing the consumer adoption of Facebook: A two-country study of youth markets. Computers in Human Behavior, 54, 491-500. doi: 10. 1016/j. chb. 2015. 08. 024.

[153] Nisar T. M. & Whitehead C. (2016). Brand interactions and social media: Enhancing user loyalty through social networking sites. Computers in Human Behavior, 62, 743-753. doi: 10. 1016/j. chb. 2016. 04. 042.

[154] Oliveira T., Alhinho M., Rita P. & Dhillon G. (2017). Modelling and testing consumer trust dimensions in e-commerce. Computers in Human Behavior, 71, 153-164. doi: 10. 1016/j. chb. 2017. 01. 050.

[155] Oliveira T., Thomas M., Baptista G. & Campos F. (2016). Mobile payment: Understanding the determinants of customer adoption and intention to recommend the technology. Computers

in Human Behavior, 61, 404-414. doi: 10. 1016/j. chb. 2016. 03. 030.

[156] Ozturk A. B., Bilgihan A., Nusair K. & Okumus F. (2016). What keeps the mobile hotel booking users loyal? Investigating the roles of self-efficacy, compatibility, perceived ease of use, and perceived convenience. International Journal of Information Management, 36 (6): 1350-1359. doi: 10. 1016/j. ijinfomgt. 2016. 04. 005.

[157] Pagani M. & Malacarne G. (2017). Experiential Engagement and Active vs. Passive Behavior in Mobile Location-based Social Networks: The Moderating Role of Privacy. Journal of Interactive Marketing, 37, 133-148. doi: 10. 1016/j. intmar. 2016. 10. 001.

[158] Pai P. Y. & Tsai H. T. (2016). Reciprocity norms and information-sharing behavior in online consumption communities: An empirical investigation of antecedents and moderators. Information & Management, 53 (1): 38-52. doi: 10. 1016/j. im. 2015. 08. 002.

[159] Pan Z., Lu Y. B., Wang B. & Chau P. Y. K. (2017). Who Do You Think You Are? Common and Differential Effects of Social Self-Identity on Social Media Usage. Journal of Management Information Systems, 34(1): 71-101. doi: 10. 1080/07421222. 2017. 1296747.

[160] Park E., Kim K. J. & Kwon S. J. (2016). Understanding the emergence of wearable devices as next-generation tools for health communication. Information Technology & People, 29(4): 717-732. doi: 10. 1108/itp-04-2015-0096.

[161] Park S. , Kang S. U. & Zo H. (2016). Analysis of influencing factors on the IPTV subscription Focused on the moderation role of user perceived video quality. Information Technology & People, 29(2): 419-443. doi: 10. 1108/itp-05-2014-0100.

311

[162] Pelegrin-Borondo J., Reinares-Lara E. & Olarte-Pascual C. (2017). Assessing the acceptance of technological implants (the cyborg): Evidences and challenges. Computers in Human Behavior, 70, 104-112. doi: 10. 1016/j. chb. 2016. 12. 063.

[163] Peng X. X., Zhao Y. X. & Zhu Q. H. (2016). Investigating user switching intention for mobile instant messaging application: Taking WeChat as an example. Computers in Human Behavior, 64, 206-216. doi: 10. 1016/j. chb. 2016. 06. 054.

[164] Pentina I., Zhang L. X., Bata H. & Chen Y. (2016). Exploring privacy paradox in information-sensitive mobile app adoption: A cross-cultural comparison. Computers in Human Behavior, 65, 409-419. doi: 10. 1016/j. chb. 2016. 09. 005.

[165] Pittman M. & Reich B. (2016). Social media and loneliness: Why an Instagram picture may be worth more than a thousand Twitter words. Computers in Human Behavior, 62, 155-167. doi: 10. 1016/j. chb. 2016. 03. 084.

[166] Qasim H. & Abu-Shanab E. (2016). Drivers of mobile payment acceptance: The impact of network externalities. Information Systems Frontiers, 18(5): 1021-1034. doi: 10. 1007/s10796-015-9598-6.

[167] Rahman M. S., Ko M., Warren J. & Carpenter D. (2016). Healthcare Technology Self-Efficacy (HTSE) and its influence on individual attitude: An empirical study. Computers in Human Behavior, 58, 12-24. doi: 10. 1016/j. chb. 2015. 12. 016.

[168] Ramos-de-Luna I., Montoro-Rios F. & Liebana-Cabanillas F. (2016). Determinants of the intention to use NFC technology as a payment system: an acceptance model approach. Information Systems and E-Business Management, 14(2): 293-314. doi: 10. 1007/s10257-015-0284-5.

[169] Rana N. P., Dwivedi Y. K., Lal B. Williams M. D. & Clement M. (2017). Citizens' adoption of an electronic government system:

towards a unified view. Information Systems Frontiers, 19 (3): 549-568. doi: 10. 1007/s10796-015-9613-y.

[170] Rashid T. & Asghar H. M. (2016). Technology use, self-directed learning, student engagement and academic performance: Examining the interrelations. Computers in Human Behavior, 63, 604-612. doi: 10. 1016/j. chb. 2016. 05. 084.

[171] Rehman M., Kamal M. M. & Esichaikul V. (2016). Adoption of e-Government Services in Pakistan: A Comparative Study Between Online and Offline Users. Information Systems Management, 33 (3): 248-267. doi: 10. 1080/10580530. 2016. 1188570.

[172] Reychav I., Ndicu M. & Wu D. Z. (2016). Leveraging social networks in the adoption of mobile technologies for collaboration. Computers in Human Behavior, 58, 443-453. doi: 10. 1016/j. chb. 2016. 01. 011.

[173] Risko E. E., Ferguson A. M. & McLean D. (2016). On retrieving information from external knowledge stores: Feeling-of-findability, feeling-of-knowing and Internet search. Computers in Human Behavior, 65, 534-543. doi: 10. 1016/j. chb. 2016. 08. 046.

[174] Rode H. (2016). To share or not to share: the effects of extrinsic and intrinsic motivations on knowledge-sharing in enterprise social media platforms. Journal of Information Technology, 31(2): 152-165. doi: 10. 1057/jit. 2016. 8.

[175] Rodrigues L. F., Oliveira A. & Costa C. J. (2016a). Does ease-of-use contributes to the perception of enjoyment? A case of gamification in e-banking. Computers in Human Behavior, 61, 114-126. doi: 10. 1016/j. chb. 2016. 03. 015.

[176] Rodrigues L. F., Oliveira A. & Costa C. J. (2016b). Playing seriously-How gamification and social cues influence bank customers to use gamified e-business applications. Computers in Human Behavior, 63, 392-407. doi: 10. 1016/j. chb. 2016. 05. 063.

[177] Safa N. S. & Von Solms R. (2016). An information security knowledge sharing model in organizations. Computers in Human Behavior, 57, 442-451. doi: 10. 1016/j. chb. 2015. 12. 037.

[178] San-Martin S., Prodanova J. & Catalan B. L. (2016). What makes services customers say "buy it with a mobile phone"? Journal of Services Marketing, 30(6): 601-614. doi: 10. 1108/jsm-02-2015-0081.

[179] Schneider F. M., Weinmann C., Roth F. S., Knop K. & Vorderer P. (2016). Learning from entertaining online video clips? Enjoyment and appreciation and their differential relationships with knowledge and behavioral intentions. Computers in Human Behavior, 54, 475-482. doi: 10. 1016/j. chb. 2015. 08. 028.

[180] Seo D. & Bernsen M. (2016). Comparing attitudes toward e-government of non-users versus users in a rural and urban municipality. Government Information Quarterly, 33 (2): 270-282. doi: 10. 1016/j. giq. 2016. 02. 002.

[181] Shang S. S. C., Wu Y. L. & Sie Y. J. (2017). Generating consumer resonance for purchase intention on social network sites. Computers in Human Behavior, 69, 18-28. doi: 10. 1016/j. chb. 2016. 12. 014.

[182] Shaouf A., Lu K. & Li X. Y. (2016). The effect of web advertising visual design on online purchase intention: An examination across gender. Computers in Human Behavior, 60, 622-634. doi: 10. 1016/j. chb. 2016. 02. 090.

[183] Sharma S. K., Al-Badi A. H. Govindaluri S. M. & A-Kharusi M. H. (2016). Predicting motivators of cloud computing adoption: A developing country perspective. Computers in Human Behavior, 62, 61-69. doi: 10. 1016/j. chb. 2016. 03. 073.

[184] Sharma S. K., Joshi A. & Sharma H. (2016). A multi-analytical approach to predict the Facebook usage in higher education.

Computers in Human Behavior, 55, 340-353. doi: 10. 1016/j. chb. 2015. 09. 020.

[185]Shiau W. L. & Chau P. Y. K. (2016). Understanding behavioral intention to use a cloud computing classroom: A multiple model comparison approach. Information & Management, 53(3): 355-365. doi: 10. 1016/j. im. 2015. 10. 004.

[186] Shin D. H. & Biocca F. (2017). Health experience model of personal informatics: The case of a quantified self. Computers in Human Behavior, 69, 62-74. doi: 10. 1016/j. chb. 2016. 12. 019.

[187]Shin W. S. & Kang H. J. (2016). Adolescents' privacy concerns and information disclosure online: The role of parents and the Internet. Computers in Human Behavior, 54, 114-123. doi: 10. 1016/j. chb. 2015. 07. 062.

[188] Shoham M. Moldovan S. & Steinhart Y. (2017). Positively useless: irrelevant negative information enhances positive impressions. Journal of Consumer Psychology, 27(2): 147-159. doi: 10. 1016/j. jcps. 2016. 08. 001.

[189]Stanko M. A. (2016). Toward a Theory of Remixing in Online Innovation Communities. Information Systems Research, 27(4): 773-791. doi: 10. 1287/isre. 2016. 0650.

[190] Steinfeld N. (2016). "I agree to the terms and conditions": (How) do users read privacy policies online? An eye-tracking experiment. Computers in Human Behavior, 55, 992-1000. doi: 10. 1016/j. chb. 2015. 09. 038.

[191] Stragier J., Vanden Abeele M., Mechant P. & De Marez L. (2016). Understanding persistence in the use of Online Fitness Communities: Comparing novice and experienced users. Computers in Human Behavior, 64, 34-42. doi: 10. 1016/j. chb. 2016. 06. 013.

[192]Su Y. S., Chiang W. L., Lee C. T. J. & Chang H. C. (2016).

The effect of flow experience on player loyalty in mobile game application. Computers in Human Behavior, 63, 240-248. doi: 10. 1016/j. chb. 2016. 05. 049.

[193] Sugathan P., Ranjan K. R. & Mulky A. G. (2017). Atypical ShiftsPost-failure: Influence of Co-creation on Attribution and Future Motivation to Co-create. Journal of Interactive Marketing, 38, 64-81. doi: 10. 1016/j. intmar. 2017. 01. 002.

[194] Sun Y., Wei K. K., Fan C. B., Lu Y. B. & Gupta S. (2016). Does social climate matter? On friendship groups in social commerce. Electronic Commerce Research and Applications, 18, 37-47. doi: 10. 1016/j. elerap. 2016. 06. 002.

[195] Tam C. & Oliveira T. (2016). Understanding the impact of m-banking on individual performance: DeLone & McLean and TTF perspective. Computers in Human Behavior, 61, 233-244. doi: 10. 1016/j. chb. 2016. 03. 016.

[196] Tarhini A., El-Masri M., Ali M. & Serrano A. (2016). Extending the UTAUT model to understand the customers' acceptance and use of internet banking in LebanonA structural equation modeling approach. Information Technology & People, 29(4): 830-849. doi: 10. 1108/itp-02-2014-0034.

[197] Turel O. (2016). Untangling the complex role of guilt in rational decisions to discontinue the use of a hedonic Information System. European Journal of Information Systems, 25(5): 432-447. doi: 10. 1057/s41303-016-0002-5.

[198] van Reijmersdal E. A., Rozendaal E., Smink N., van Noort G. & Buijzen M. (2017). Processes and effects of targeted online advertising among children. International Journal of Advertising, 36(3): 396-414. doi: 10. 1080/02650487. 2016. 1196904.

[199] Vanwesenbeeck I., Walrave M. & Ponnet K. (2016). Young Adolescents and Advertising on Social Network Games: A Structural Equation Model of Perceived Parental Media Mediation,

Advertising Literacy, and Behavioral Intention. Journal of Advertising, 45 (2): 183-197. doi: 10. 1080/00913367. 2015. 1123125.

[200] Vendemia M. A. (2017). When do consumers buy the company? Perceptions of interactivity in company-consumer interactions on social networking sites. Computers in Human Behavior, 71, 99-109. doi: 10. 1016/j. chb. 2017. 01. 046.

[201] Venkatesh V., Thong J. Y. L., Chan F. K. Y. & Hu P. J. H. (2016). Managing Citizens' Uncertainty in E-Government Services: The Mediating and Moderating Roles of Transparency and Trust. Information Systems Research, 27(1): 87-111. doi: 10. 1287/isre. 2015. 0612.

[202] Wakefield R. & Wakefield K. (2016). Social media network behavior: A study of user passion and affect. Journal of Strategic Information Systems, 25(2): 140-156. doi: 10. 1016/j. jsis. 2016. 04. 001.

[203] Wallace E., Buil I. & de Chernatony L. (2017). Consumers' self-congruence with a "Liked" brand Cognitive network influence and brand outcomes. European Journal of Marketing, 51(2): 367-390. doi: 10. 1108/ejm-07-2015-0442.

[204] Wang C. S., Lai C. Y. & Lin S. L. (2016). What Make People Getting Charged Apps Instead of Free One? Journal of Global Information Management, 24 (2): 57-74. doi: 10. 4018/jgim. 2016040104.

[205] Wang Y. C. & Yu C. H. (2017). Social interaction-based consumer decision-making model in social commerce: The role of word of mouth and observational learning. International Journal of Information Management, 37(3): 179-189. doi: 10. 1016/j. ijinfomgt. 2015. 11. 005.

[206] Wang Y. M., Lin H. H., Tai W. C. & Fan Y. L. (2016). Understanding multi-channel research shoppers: an analysis of

Internet and physical channels. Information Systems and E-Business Management, 14(2): 389-413. doi: 10. 1007/s10257-015-0288-1.

[207] Wu B. & Chen X. H. (2017). Continuance intention to use MOOCs: Integrating the technology acceptance model (TAM) and task technology fit (TTF) model. Computers in Human Behavior, 67, 221-232. doi: 10. 1016/j. chb. 2016. 10. 028.

[208] Wu I. L., Chen K. W. & Chiu M. L. (2016). Defining key drivers of online impulse purchasing: A perspective of both impulse shoppers and system users. International Journal of Information Management, 36 (3): 284-296. doi: 10. 1016/j. ijinfomgt. 2015. 11. 015.

[209] Wu K. W. Vassileva J. & Zhao Y. X. (2017). Understanding users' intention to switch personal cloud storage services: Evidence from the Chinese market. Computers in Human Behavior, 68, 300-314. doi: 10. 1016/j. chb. 2016. 11. 039.

[210] Xiang L., Zheng X. B., Lee M. K. O. & Zhao D. T. (2016). Exploring consumers' impulse buying behavior on social commerce platform: The role of parasocial interaction. International Journal of Information Management, 36(3): 333-347. doi: 10. 1016/j. ijinfomgt. 2015. 11. 002.

[211] Xu R. H., Frey R. M., Fleisch E. & Ilic A. (2016). Understanding the impact of personality traits on mobile app adoption-Insights from a large-scale field study. Computers in Human Behavior, 62, 244-256. doi: 10. 1016/j. chb. 2016. 04. 011.

[212] Xu X., Thong J. Y. L. & Tam, K. Y. (2017). Winning Back Technology Disadopters: Testing a Technology Readoption Model in the Context of Mobile Internet Services. Journal of Management Information Systems, 34 (1): 102-140. doi: 10. 1080/ 07421222. 2017. 1297172.

［213］Yan Q., Wu S., Wang L. L., Wu P. F., Chen H. J. & Wei G. H. (2016). E-WOM from e-commerce websites and social media: Which will consumers adopt? Electronic Commerce Research and Applications, 17, 62-73. doi: 10. 1016/j. elerap. 2016. 03. 004.

［214］Yang J., Sarathy R. & Lee J. (2016). The effect of product review balance and volume on online Shoppers' risk perception and purchase intention. Decision Support Systems, 89, 66-76. doi: 10. 1016/j. dss. 2016. 06. 009.

［215］Yang S., Song Y. P., Chen S. X. & Xia X. (2017). Why are customers loyal in sharing-economy services? A relational benefits perspective. Journal of Services Marketing, 31(1): 48-62. doi: 10. 1108/jsm-01-2016-0042.

［216］Yang S. Q. (2016). Role of transfer-based and performance-based cues on initial trust in mobile shopping services: a cross-environment perspective. Information Systems and E-Business Management, 14(1): 47-70. doi: 10. 1007/s10257-015-0274-7.

［217］Yang S. Q., Wang B. & Lu Y. B. (2016). Exploring the dual outcomes of mobile social networking service enjoyment: The roles of social self-efficacy and habit. Computers in Human Behavior, 64, 486-496. doi: 10. 1016/j. chb. 2016. 07. 010.

［218］Yang X. & Li G. X. (2016). Factors influencing the popularity of customer-generated content in a company-hosted online co-creation community: A social capital perspective. Computers in Human Behavior, 64, 760-768. doi: 10. 1016/j. chb. 2016. 08. 002.

［219］Yen Y. S. & Wu F. S. (2016). Predicting the adoption of mobile financial services: The impacts of perceived mobility and personal habit. Computers in Human Behavior, 65, 31-42. doi: 10. 1016/j. chb. 2016. 08. 017.

［220］Yilmaz R. (2016). Knowledge sharing behaviors in e-learning community: Exploring the role of academic self-efficacy and sense

of community. Computers in Human Behavior, 63, 373-382. doi:
10. 1016/j. chb. 2016. 05. 055.

[221]Yin D. Z., Mitra S. & Zhang H. (2016). When Do Consumers
Value Positive vs. Negative Reviews? An Empirical Investigation
of Confirmation Bias in Online Word of Mouth. Information
Systems Research, 27 (1): 131-144. doi: 10. 1287/isre.
2015. 0617.

[222]Yuan D. H.. Lin Z. B. & Zhuo R. (2016). What drives consumer
knowledge sharing in online travel communities?: Personal
attributes or e-service factors? Computers in Human Behavior, 63,
68-74. doi: 10. 1016/j. chb. 2016. 05. 019.

[223] Zanjani S. H. A., Milne G. R. & Miller E. G. (2016).
Procrastinators' online experience and purchase behavior. Journal
of the Academy of Marketing Science, 44(5): 568-585. doi: 10.
1007/s11747-015-0458-1.

[224]Zhang K. Z. K., Benyoucef M. & Zhao S. J. (2016). Building
brand loyalty in social commerce: The case of brand microblogs.
Electronic Commerce Research and Applications, 15, 14-25. doi:
10. 1016/j. elerap. 2015. 12. 001.

[225] Zhang M. L., Guo L. Y., Hu M. & Liu W. H. (2017).
Influence of customer engagement with company social networks on
stickiness: Mediating effect of customer value creation.
International Journal of Information Management, 37 (3): 229-
240. doi: 10. 1016/j. ijinfomgt. 2016. 04. 010.

[226]Zhao L., Detlor B. & Connelly C. E. (2016). Sharing Knowledge
in Social Q&A Sites: The Unintended Consequences of Extrinsic
Motivation. Journal of Management Information Systems, 33(1):
70-100. doi: 10. 1080/07421222. 2016. 1172459.

[227] Zhou T., Lu Y. B. & Wang B. (2016). Examining online
consumers' initial trust building from an elaboration likelihood
model perspective. Information Systems Frontiers, 18(2): 265-

275. doi：10. 1007/s10796-014-9530-5.

［228］Zhu Y., Q. Pan P., Fang S. F., Xu L. D., Song J., Zhang J. Q. & Feng M. （2016）. The development and application of e-Geoscience in China. Information Systems Frontiers，18（6）：1217-1231. doi：10. 1007/s10796-015-9571-4.

# 政府新媒体发展研究

## 胡吉明

（武汉大学信息管理学院）

随着移动互联网的迅猛发展，加快建设和充分运用政务网站、微博、微信、移动客户端等政府新媒体，已经成为党政部门公开政务信息、回应公众关切、改进公共服务、提高社会公信力的重要渠道。近年来，政府新媒体建设迈出重大步伐，取得显著成效。通过政府新媒体加强网络信息引导和管理，规范公众舆论参与，是提升政府网络执政能力的必要措施。

新媒体改变了政府的施政和服务环境，政府新媒体传播所呈现出来的巨大影响力，既给我国民主政治建设提供了机遇和动力，也给政府舆情引导带来了新的挑战。我国政府各级单位积极大力发展新媒体作为其政府政务公开和智慧服务转型的战略重点。2016年7月30日，国务院办公厅印发的《关于在政务公开工作中进一步做好政务舆情回应的通知》中强调，优化政务发布与舆情回应过程中的新媒体使用策略，提升政府对话语权和舆情发展的把控能力。

国际上政府新媒体在发展、演化和应用等过程中，出现了蓬勃之势，因此本文拟追踪海外政府新媒体理论和实践上的研究主题和进展，定性分析和定量分析相结合，借助信息可视化和复杂网络计算等方法和手段，阐述政府新媒体在研究和应用上的发展态势，描绘其发展脉络和探索发展趋势。

# 一、新媒体与政府新媒体

## (一)新媒体概述

1. 新媒体的发展。

"新媒体"这一概念最早可以追溯到 40 多年前，由 P. 高尔德马克(P. Goldmark)在 1967 年首次提出"新媒体"一词①。随后，美国传播政策总统特别委员会主席 E. 罗斯托(E. Rostow)在向当时的美国总统尼克松提交的报告书中也多次提到"New Media"这一概念。"新媒体"一词随后开始在美国流行，不久便扩展到全世界②。近年来，随着新媒体在我国的迅猛发展，"新媒体"一词也成为国内业界和学界炙手可热的新词汇，越来越多的媒体从业者、IT 人士和学者开始关注新媒体，探讨新媒体。

美国的新媒体艺术家列维·曼诺维奇(Levi Manovich)认为，新媒体将不再是任何一种特殊意义的媒体，而不过是一种与传统媒体形式没有相关的一组数字信息，但这些信息可以根据需要以相应的媒体形式展示出来③。美国《连线》杂志将新媒体看作是所有人面对所有人的传播(Communication for all, by all)。美国新媒体研究专家凡·克劳思贝(Vin Crosbie)认为，新媒体就是能对大众同时提供个性化内容的媒体，是传播者和接受者融会成对等的交流者、而无数的交流者相互间可以同时进行个性化交流的媒体④。

2. 新媒体的定义。

新媒体(New Media)创造了一种当下万物皆媒的环境，简单地说：新媒体是一种环境。新媒体涵盖了所有数字化的媒体形式，包括所有数字化的传统媒体、网络媒体、移动端媒体、数字电视、数字报刊等。新媒体作为一个相对的概念，是在报刊、广播、电视等传统媒体以后发展起来的新媒体形态，包括网络媒体、手机媒体、数字电视等。同时，新媒体也是一个宽泛的概念，利用数字技术、网络技术，通过互联网、宽带局域网、无线通信网、卫星等渠道，以及电脑、手机、数字电视机等终端，向用户提供信息和娱乐服务的传播形态。严格地说，新媒体应该称为数字化新媒体。

新媒体是建立在计算机信息处理技术和互联网基础之上，发挥传播功能的媒介总和。它除具有报纸、电视、电台等传统媒体的功能外，还具有交互、即时、延展和融合的新特征⑤。互联网用户既是信息的接收者，又是信息的提供和发布者。包括数字化、互联网、发布平台、编辑制作系统、信息集成界面、传播通道和接受终端等要素的网络媒体，已经不仅仅属于大众媒体的范畴，而是全方位立体化地融合大众传播、组织传播和人际传播方式，以有别于传统媒体的功能影响我们的社会生活。可以从内涵和外延两个方面界定新媒体。就其内涵而言，新媒体是 20 世纪后期在世界科学技术发生巨大进步的背景下，在社会信息传播领域出现的建立在数字技术基础上的能使传播信息大大扩展、传播速度大大加快、传播方式大大丰富的、与传统媒体迥然相异的新型媒体。就其外延而言，新媒体主要包括光纤电缆通信网、都市型双向传播有限电视网、图文电视、电子计算机通信网、大型电脑数据通信系统、通信卫星和卫星直播电视系统、高清晰度电视、互联网、手机短信和多媒体信息的互动平台、多媒体技术以及利用数字技术播放的广播网等。就公众对新媒体的一般理解来看，联合国教科文组织对新媒体有过一个界定，即新媒体就是网络媒体。

**（二）政府新媒体**

1. 政府新媒体的内涵。

政府新媒体是一个内涵十分丰富，外延非常广泛的概念。目前政府新媒体的蓬勃发展已经成为近几年政务传播领域广泛存在的现实样态，但政府新媒体却欠缺一个能够对其恰如其分的进行描述的生动概念⑥。

"政府新媒体"定义为政府机构、公共服务机构和具有真实公职身份认证的政府官员进行与其工作相关的政务活动、提供公共事务服务、与民交流和网络问政的新媒体平台。除了政务网站、政务微博、政务微信、政务客户端外，目前提供政务信息以及公共事业缴费等服务工作的高清交互数字电视也应包含在政府新媒体的范围内，都是政府实现政务服务的重要技术载体⑦。

2. 政府新媒体的发展。

我国政务传播采用自上而下的单向不对称传播模式，地位垄断、渠道受限、自说自话成为政务传播效果不佳的主要原因。而微博、微信、智能终端 APP 的普及使之逐渐发展成为继广播、报纸、电视等传统媒介之后的新媒体政治传播媒介，从而带来了政务传播方式的根本变革[8]。

政务微博、政务微信、政务客户端逐渐成为政务传播平台的新主角。然而，"两微一端"政务平台主体功能重叠、传播资源重复，各要素缺乏有效整合，无法实现差异化发展是目前政府新媒体平台亟需解决的重要问题。

新华网舆情监测分析中心发布的《2015 年上半年全国政府新媒体综合影响力报告》一文，将政府新媒体直接划定为政务微信、政务微博。而在现实生活中，政务 APP 和政务网站的广泛运用也正发挥着举足轻重的传播效果。因此，依照目前的政务传播现实，政府新媒体平台应把政务网站、政务微信、政务微博、政务 APP 等一切行政事务运行所运用的数字媒体全都涵盖在内。厘清了政府新媒体的实践形式，在移动互联网时代，政府新媒体则可被定义为：各级党委、政府、人民法院、人民检察院以及其他参照公务员法管理的人民团体和事业单位利用数字网络技术进行与之行政事务相关的政务信息、服务信息、互动信息传播的媒体平台。

由此可见，政府新媒体是一个动态的发展过程，它的平台并不是固定的，实现形式多种多样，并无固定的框架和模式，因此随着数字网络技术的不断发展，一些区别于传统媒体的新兴媒体将不断涌现，政府新媒体这一概念的外延会愈加扩大，推动政府执政理念的提升，民主政治的不断改革。

# 二、政府新媒体的研究主题提取与可视化

领域主题划分及演化体现了某一领域的发展态势和未来走向，是研究学科发展规律的重要方法。本文基于信息计量学、复杂网络科学及可视化手段进行政府新媒体领域研究内容的主题挖掘与可视

化展示。

### （一）数据获取

本文以国际主流的科研数据库为检索对象，包括 WoS、Springer、Emerald、Elsevier Science Direct、Wile、ProQuest 等，以"government new media"和"governance new media"为检索词在主题字段进行检索，时间为 2015 年 1 月 1 日至 2017 年 5 月 1 日，获取政府新媒体研究的期刊论文、会议论文、综述、报告、专业、学位论文、图书等文献的题录数据，以此样本作为后续的分析基础。

共获取文献 1822 篇，包括研究论文 Article(1627)、会议论文 Meeting(227)、综述 Review(87)、编辑材料 Editorial(31)等；主要集中于美国、英国、中国、澳大利亚、加拿大、西班牙、德国、意大利和荷兰等国。从涉及学科上看，分布较为广泛，反映出政府新媒体为一多学科交叉性研究领域(如图 1 所示)。

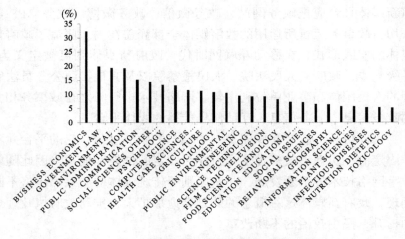

图 1　政府新媒体研究领域涉及学科分布

### （二）分析方法与工具

本文采用共现理论，首先在提取关键词的基础上，计算关键词共现数据，构建关键词共现网络，从而实现从关键词到研究主题识别的过程。

1. 共词分析。

共词分析是共现分析的一种具体应用，是将各种信息载体中的共现信息定量化的分析方法<sup>⑨</sup>，以揭示信息的内容关联和特征项所隐含的寓意。在计算机技术的辅助下，共现分析以其方法的简明性和分析结果的可靠性，成为信息内容分析研究过程的重要手段和工具。

共现分析的方法论基础是心理学的邻近联系法则和知识结构及映射原则。心理学的邻近联系法则是指曾经在一起感受过的对象往往在想象中也联系在一起，以至于想起它们中的某一个的时候，其他的对象也会以曾经同时出现时的顺序想起。根据该法则，两个词之间的联系可以用同时感知到两词的相对频率来衡量，同时，词之间的联系强度决定了用语过程中词汇的选择：只有存在关联的那些词汇才能被想起、说出或写下<sup>⑩</sup>。只要该假设成立，运用文本中词语的普遍共现现象预测词汇的关联就是可行的。从这个方法论出发，可以利用共现分析研究词汇之间的关联度，挖掘词汇之间的语义关系，并将这种词汇间的语义关系应用在构造概念空间、自然语言处理、文本分类、文本聚类、实现机器自动翻译等研究课题中<sup>⑪</sup>。

共词分析法利用文献集中词汇对或名词短语共同出现的情况，来确定该文献集所代表学科中各主题之间的关系。一般认为词汇对在同一篇文献中出现的次数越多，则代表这两个主题的关系越紧密。由此，统计一组文献的主题词两两之间在同一篇文献出现的频率，便可形成一个由这些词对关联所组成的共词网络，网络内节点之间的远近便可以反映主题内容的亲疏关系。共词分析就是以此为原理，将文献主题词作为分析对象，利用包容系数、聚类分析等多种统计分析方法，把众多分析对象之间错综复杂的共词网状关系简化为以数值、图形直观地表示出来的过程。

2. 分析过程与工具。

本文按照共词分析的一般步骤，协同运用复杂网络科学和信息可视化的手段与工具。

首先，对研究文献进行关键词提取。本文将关键词作为分析对象，利用文献中作者自行添加的关键词，或通过题目、摘要等文献主要内容的分词分析提取关键词，以此代表每篇文献在政府新媒体研究上的主题分布。

其次，将关键词及其共现关系进行格式化处理。本文采用 SCI2[⑫]、Pajek[⑬]、VOSviewer[⑭]、Cortext[⑮]等信息计量和可视化分析工具。将初步整理好的文献题录数据导入 SCI2 中，进行关键词提取与共现关系分析。因大量关键词存在不规范现象，如缩写、词性变化等问题，在筛选的基础上进行合并。在共现数据格式化后导入 Pajek 中实现共现网络数据的计算和主题社区划分，识别政府新媒体研究领域的核心与边缘主题、研究主题共同体及发展趋势等；进而将主题社区划分后的共现网络导入 VOSviewer 中实现可视化展示，并通过 Cortext 完成主题演化趋势的可视化。

**（三）政府新媒体研究主题提取**

本文在提取政府新媒体研究领域关键词及其共现关系的基础上，构建共词网络，从而得到主题间的语义关联关系；通过对其关联网络指标的计算、社区划分等可揭示当前政府新媒体的总体发展趋势和研究主题在整个领域中的地位与功能。社区划分则从主题关联网络特征的角度进行主题类别的划分，每个主题社区可视为一个子研究方向，通过其网络指标的对比分析，则可揭示其发展态势。

1. 政府新媒体主题分布。

本文共提取"政府新媒体"研究领域的主题词 2565 个，出现频次 4142 次，其中出现频次大于 8 的关键词为 57 个。前 57 个关键词共出现了 1177 次，占总频次的 28%，根据二八法则的原理和信息计量学中的齐普夫定律，可称之为政府新媒体研究的主要主题或主要集中方向。具体如表 1 所示，当前政府新媒体研究主要集中于政策、政治、政务、政治传播、教育、创新、中小企业、城市规划、企业家精神、持续性、技术应用、全球化、企业的社会责任等主题。

表 1                政府新媒体研究领域的主要主题

| 序号 | 关键词 | 频次 | 序号 | 关键词 | 频次 |
|---|---|---|---|---|---|
| 1 | Media | 112 | 31 | Big Data | 14 |
| 2 | Social Media | 76 | 32 | Security | 13 |
| 3 | Policy | 54 | 33 | Conflicts | 12 |
| 4 | Politics | 51 | 34 | Accountability | 12 |
| 5 | Governance | 50 | 35 | Democracy | 12 |
| 6 | Government | 49 | 36 | Performance | 11 |
| 7 | Political Communication | 41 | 37 | Networks | 11 |
| 8 | Education | 32 | 38 | Collaboration | 10 |
| 9 | Innovation | 31 | 39 | Disaster | 10 |
| 10 | Smes | 30 | 40 | Open Data | 10 |
| 11 | New Media | 28 | 41 | Elections | 10 |
| 12 | E-government | 27 | 42 | Discourse | 10 |
| 13 | China | 26 | 43 | Open Government | 9 |
| 14 | Urban Planning | 23 | 44 | Climate Change | 9 |
| 15 | Entrepreneurship | 21 | 45 | Partnerships | 9 |
| 16 | Sustainability | 21 | 46 | Stakeholder | 9 |
| 17 | Technology | 21 | 47 | Social Networks | 9 |
| 18 | Globalization | 21 | 48 | Icts | 9 |
| 19 | News | 20 | 49 | Tourism | 8 |
| 20 | Corporate Social Responsibility | 20 | 50 | E-participation | 8 |
| 21 | Journalism | 18 | 51 | Text Analysis | 8 |
| 22 | Framing | 18 | 52 | Higher Education | 8 |
| 23 | Participation | 17 | 53 | Surveillance | 8 |
| 24 | Power | 17 | 54 | Content Analysis | 8 |
| 25 | Twitter | 17 | 55 | Identity | 8 |

续表

| 序号 | 关键词 | 频次 | 序号 | 关键词 | 频次 |
|---|---|---|---|---|---|
| 26 | Internet | 16 | 56 | Public Policy | 8 |
| 27 | Regulation | 15 | 57 | Advertising | 8 |
| 28 | Local Government | 15 | | | |
| 29 | Decision Making | 15 | | | |
| 30 | Human Rights | 14 | | | |

更进一步，关键词的词频分布服从指数为-1.45 的幂律分布（如图 2 所示），表明政府新媒体的研究结构为一无尺度网络结构，即少数的研究主题受到大多数研究者的关注，而大多数研究主题被关注较少且比较分散；同时也说明了当前政府新媒体研究在某些主题上非常集中，但总体上看又非常分散。

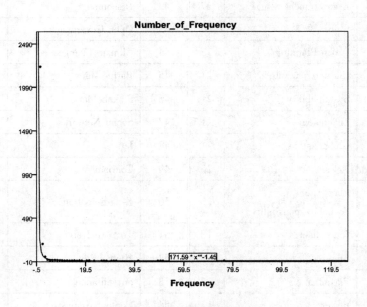

图 2　主题词频次的幂律分布

2. 政府新媒体主题关联网络。

主题关联网络的分析有助于揭示政府新媒体研究和总体态势，如中心势、聚集系数、密度等。而研究主题的网络指标计算，则能够发现研究主题在政府新媒体研究领域中的地位和作用。图 3 展示了政府新媒体研究领域的主题关联网络，很明显地被划分为 5 个子方向，且每个方向因包含的主题及关联关系不同而具有明显的主题特征。具体分析如下。

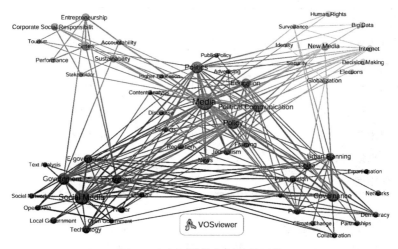

图 3　政府新媒体主题关联网络

（1）整体网络分析

如表 2 所示，阈值在 8 以上的关键词为 57 个，共有 497 条边，平均中心度、中心势（度数中心势和接近中心势）都处于较高的水平。"中心性"是关联网络研究的重点，节点（如个人、组织等）在关联网络中具有什么样的权力，或者说居于什么样的中心地位，对于信息在整个网络中如何传播，以及传播效果都有十分重要的意义。政府新媒体领域主题网络较高的度数中心势表明了网络中主题之间的集中趋势较为明显。接近中心势表明网络整体上直接关联而非间接关联的程度，本文中接近中心势较高说明政府新媒体主题间的关联距离都较短，不容易受到其他节点的影响或控制；而中介中心势则意味着节点间的关联需要中介节点的可能性大小，表2可看出政府新媒体研究领域主题间的关联大多不需要中介节点。同时，结合主题网络较高的聚集系数和密度，则可初步推断政府新媒体研究领域的主题集中性较强，具有明显的主题类别倾向。

表2　　　　　政府新媒体主题关联网络的整体性指标

| 网络指标 | 2015-2017 |
| --- | --- |
| 节点数 | 57 |
| 关联边数 | 497 |
| 平均中心度 | 17.4386 |
| 网络度数中心势 | 0.4545 |
| 网络接近中心势 | 0.4180 |
| 网络中介中心势 | 0.0742 |
| 网络聚集系数 | 0.4437 |
| 网络密度 | 0.3114 |

（2）个体网络分析

每个节点或关键词在主题关联网络中的地位或位置不同，则反映在其网络指标的值上，如度数中心度、接近中心度、中介中心度等。如表3所示，度数中心度排前10的关键词为 Media、Social Media、Governance、Government、Politics、Policy、Political Communication、New Media、E-government 和 China，表明当前媒体、社交媒体、政务、政府、政治、政策、政治传播、新媒体、电子政府等是当前政府新媒体研究的主要主题，而中国则是其研究的热点地区。接近中心度的关键主题与度数中心度一致，表明这些主题在研究中非常独立，不受其他主题的影响，与其他主题关联而形成一个子研究方向。与上述描述相同的是，关键词的中介中心度都非常低，表明政府新媒体研究网络中中介作用不明显，多为直接关联而非间接关联，从而更容易形成社区或类团。

表3 政府新媒体关键词网络指标

| 排序 | 关键词 | 度数中心度 | 关键词 | 接近中心度 | 关键词 | 中介中心度 |
|---|---|---|---|---|---|---|
| 1 | Media | 42 | Media | 0. 80 | Media | 0. 09 |
| 2 | Social Media | 41 | Social Media | 0. 79 | Social Media | 0. 08 |
| 3 | Governance | 41 | Governance | 0. 79 | Governance | 0. 07 |
| 4 | Government | 36 | Government | 0. 74 | Government | 0. 05 |
| 5 | Politics | 32 | Politics | 0. 70 | Policy | 0. 05 |
| 6 | Policy | 32 | Policy | 0. 70 | Politics | 0. 04 |
| 7 | Political Communication | 29 | Political Communication | 0. 67 | Political Communication | 0. 03 |
| 8 | New Media | 27 | New Media | 0. 66 | New Media | 0. 02 |
| 9 | E-government | 24 | E-government | 0. 64 | Education | 0. 02 |
| 10 | China | 24 | China | 0. 64 | China | 0. 02 |

## (四)研究社区划分与演化态势

根据主题间的关联关系,政府新媒体研究领域可划分为5个社区(或子研究主题或方向),如表4,分别是社区1(政府新媒体政治传播与政策问题)、社区2(基于新媒体的政府服务开放)、社区3(全球化中的政府新媒体权益与安全保障)、社区4(城市规划中基于新媒体的政府政务与治理)及社区5(政府新媒体与中小企业)。

表4 政府新媒体研究的主题社区

| 主题社区 | 关 键 词 | 节点数 |
|---|---|---|
| 社区 1 | Media; Policy; Politics; Political Communication; Education; News; Framing; Journalism; Regulation; Conflicts; Discourse; Public Policy; Content Analysis; Advertising; Higher Education | 15 |

| 主题社区 | 关　键　词 | 节点数 |
|---|---|---|
| 社区 2 | Social Media；Government；Innovation；E-government；Technology；Twitter；Local Government；Disaster；Open Data；Social Networks；Open Government；Text Analysis | 12 |
| 社区 3 | New Media；Globalization；Internet；Decision Making；Big Data；Human Rights；Security；Elections；Surveillance；Identity | 10 |
| 社区 4 | Governance；China；Urban Planning；Participation；Power；Democracy；Networks；Collaboration；Climate Change；Partnerships；Icts；E-participation | 12 |
| 社区 5 | Smes；Sustainability；Entrepreneurship；Corporate Social Responsibility；Accountability；Performance；Stakeholder；Tourism | 8 |

更进一步，表 5 展示了政府新媒体每个研究方向的网络指标情况，其中平均中心度和网络密度表明了研究方向间的相对发展态势。平均中心度越高，表明此研究方向越处于政府新媒体研究领域的核心；密度越高表明此研究方向发展越成熟，越趋于稳定。而较低的平均中心度和密度，则表明当前此研究方向的发展存在两种可能状态：处于颓势或处于起步阶段。

表 5　　　　　　　　政府新媒体研究主题社区的网络指标

| 网络指标 | 社区 1 | 社区 2 | 社区 3 | 社区 4 | 社区 5 |
|---|---|---|---|---|---|
| 节点数 | 15 | 12 | 10 | 12 | 8 |
| 关联边数 | 59 | 38 | 24 | 41 | 12 |
| 平均中心度 | 19.47 | 19.25 | 15.3 | 18.83 | 11.5 |
| 网络密度 | 0.5619 | 0.5758 | 0.5333 | 0.6212 | 0.4643 |

根据研究主题的中心度和密度，本文绘制了政府新媒体域主题

发展态势的战略坐标图，更加直观地显示其研究现状和发展趋势。在战略坐标图中，X 轴为中心度，Y 轴为密度，其原点一般为中心度和密度的平均值或中位数。处于不同象限的研究主题，具有不同的含义。第一象限中的研究主题具有较高的密度和中心度，表明研究主题已经成熟且是研究领域中的核心；第二象限中的研究主题虽不是核心，但也已发展成熟；第三象限中的研究主题则是较为边缘化和被关注较少；第四象限则表明研究主题虽是核心主题，但尚未成熟[16]（如图 4 所示）。

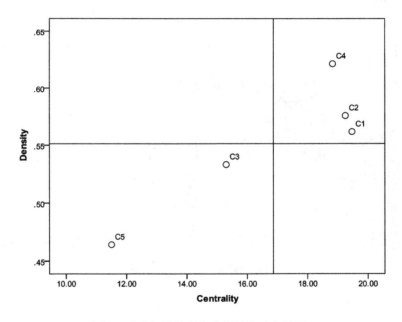

图 4　政府新媒体研究主题的战略坐标图

　　政府新媒体的研究主题类很明显地分布于第 1 象限和第 3 象限，具有较高的中心度和密度，表明政府新媒体政策与政治传播、政府政务的开放数据服务及政府在城市规划中的事务参与是政府新媒体研究的主要方向，且当前研究合作紧密、较为成熟，具有较好的发展潜力。而政府新媒体全球化中的权益与安全保障、中小企业的可持续性发展与政府新媒体的关系具有较低的中心度和密度，结合当前的实际情况看，这两大研究方向尚处于起步阶段，特别是政府新媒体全球化中的权益与安全保障正成为政府新媒体研究的新兴方向。

从演化趋势上看（如图 5），自 2015 年起，政府新媒体研究已趋于平稳，但研究主题多有分化和交叉，体现了此领域的跨学科交叉性。在研究主题上，从传统政府和政务的媒体传播逐步演化为社交网络环境下的政府政务开放、新媒体环境下的政府开放政策、框架等研究。

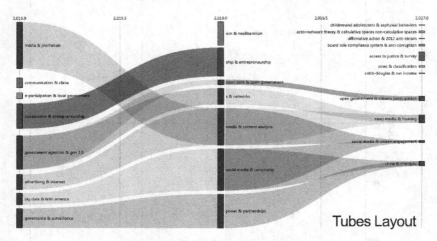

图 5　政府新媒体研究的主题演化

# 三、政府新媒体研究主题的内容分析

根据上述分析，本文将政府新媒体研究每个子主题下的文献进行归纳和提炼，从 5 个部分进行研究内容的可视化展示和定性分析。

**（一）新媒体环境下的政府政治传播与政策问题**

如图 6 所示，政府新媒体研究中政治问题、政治传播、公共政策以及顶层设计等是其核心主题，并且涉及冲突问题及其解决、教育问题、内容分析方法等。

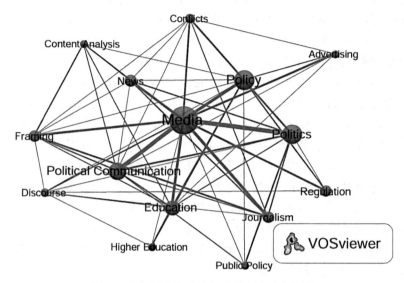

图6　政府新媒体政治与政策研究主题网络

　　社交媒体广泛应用于各种政府治理和公民活动中，特别是在民主国家，它正成为政策制定和政治参与的主流贡献者。在非民主国家相对封闭的环境中，因其自下而上的集体行动特性，或者是自上而下的服务传递特性，社交媒体对政策制定的影响尚不明确；但研究表明社交媒体可以影响非民主地区的政策制定[⑰]。政府新媒体的推广程度关乎影响人权保护、腐败控制以及政治稳定性。一国采用新媒体的自由程度与其政策执行的有效性有关联，高水平的新媒体自由是促成高效政府的关键因素，但因果关系及关系程度具有较高的复杂性，有待进一步探索[⑱]。

　　如今，新媒体及其媒体逻辑已成为公共行政和政策制定中内在的重要影响因素。媒体逻辑往往与政治和行政逻辑大为不同，或与之冲突。因此，政府管理者或政策制定者应在体验和处理媒体关注的问题的过程中，重塑政府与新媒体的关系[⑲]。新媒体对当代政府的社会治理具有正向推动作用，而目前研究多集中于政府如何适应新媒体环境，并规范和调整官方行为，且更好地利用新媒体优化社会治理方式和手段[20]。当政府利用 Twitter 等新媒体与公众沟通时，公民对政府的信任至关重要；来自领导或管理层政府官员（例如部长）的 Twitter 在增加公民对政府信任方面具有重要作用；而且公民对政府新媒体的信任会从政府的一个机构扩大到整体政府[21]。

各国政府正不断增加与公民的数字沟通，但对于公共部门如何影响传播者日常社交媒体活动的了解甚少。目前大多数政府在其政治性沟通的新媒体实施上处于谨慎甚至控制的状态，一些国家政府企图加强在新媒体上报导的约束，作为其政府权力集中的一种手段。但在政党、政府和公共服务日趋集中化的大环境下，如加拿大保守党对其公共部门的服务进行品牌营销，一方面不断推进政府与公民沟通，另一方面也加强政策的导向作用[22]。在集体行动中，新媒体已成为各种组织对政府政策（如新加坡的移民政策）抗议活动的主要阵地，能够较为容易地因其组织者和抗议者在政府服务（如医疗等）、民众反馈等问题上引起共鸣[23]。

新媒体具有高度分散、开放性、灵活性等特点，容易造成政治舆论的两极分化，而直接反映在新媒体互动关系上，如美国众议院议员在政治意识形态衡量位置上的差异，导致了与 Twitter 关注人数的差异[24]。政府新媒体有助于打破公共部门之间的壁垒，构建一体化的整体沟通环境，将分散化的社会资源进行整合，增加了政府部门（如美国的联邦政府和公共部门）的透明度和民众参与度；但政府应积极适应新媒体环境，把握政府新媒体对政治传播和政策推动的作用关系[25]。

## （二）基于新媒体的政府服务开放

从世界范围看，各国政府正积极着手通过新媒体手段实现其政务的信息化、开放性和创新性；特别是在地方性政府政务推广中更为明显，从而推动了政府数据开放程度、加强了政府与公众的紧密联系（如图 7）。

在过去的几年中，新媒体在政府中的使用已经快速增长。中国见证了新媒体在政府中的使用热潮，特别是政府微博。但处于快速

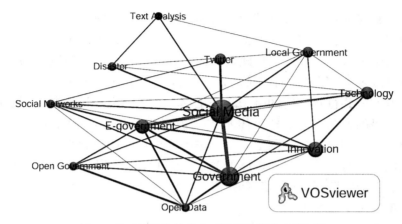

图 7　基于新媒体的政府开放服务研究主题网络

增长的同时，却忽视了互动水平的提高；政府微博提高公民对政府认同的同时，在信任和问责等功能的实现上仍不足[26]。目前的研究表明，政府新媒体的采用主要是以市场为导向，而非开放服务。各种采用策略都是由于错误、模仿以及非正式和正式知识交流的结合而产生的。鉴于采纳过程的性质和新媒体的性质，在政府中使用新媒体将会涉及高风险和不确定性，而采用的主要障碍就在于政府组织的组织和制度安排是否满足其政务需求；政府机构需要与多个个人和组织行为者合作共同完成以实现服务质量提升的目标[27]。

　　各国政府已经广泛采用社交媒体作为与公民沟通和接触，或提供政府服务的工具。美国州县政府试图通过 Facebook 提升其公共服务质量，基于双循环理论实现了公民在 Facebook 上与政府的在线互动，在政府议程倡导、城市管理、公民需求收集等方面发挥了巨大作用，提升了公共服务质量[28]。社交媒体平台增强了城市突发危机事件中的应急沟通渠道，对当前大多数政府虽解决了大规模的灾难反应问题，但忽视了其他灾害（如预防、缓解、备灾和恢复）的小规模事件和活动。美国构建了国家级应急管理机构，基于新媒体更全面地分析消息传递规律和策略，提升了风险防控的能力；而新媒体上更多的互动式公众参与和机构间协作，则显示出新媒体在提升政府应急能力的巨大潜力[29]。

　　新媒体对政府公共部门的运作产生了影响，特别是对地方政府组织的影响，为当地政府提供了巨大的利益和机会。感知收益、感知安全风险、兼容性、形式化程度是新媒体对地方政府影响的重要预测因素[30]。新媒体对传统的社会结构产生了重要影响，有助于推动地方公共行政部门的电子政务工程，能够制定政治议程，影响政治话语的架构，但是新媒体不应该被视为公民参与的主要渠道[31]。新媒体应用是一些中国地方政府进行网络治理的重要平台，当公共危机发生时，政府对新媒体的利用（事件发酵阶段、事件爆发阶段和事件消解阶段）进行舆论引导、呼吁、解释、辟谣和决策等，尚处于低水平阶段[32]。

　　新媒体已经成为一项公共部门与公众交流以及实现"透明"、"参与"、"合作"的开放政府服务的创新模式。公共部门对新媒体（Facebook、Twitter）的使用程度和政府服务透明度直接相关。但目前新媒体主要用于传播和更新新闻，而在提高政府机构透明度层面明显不足；应继续加强和鼓励公共机构使用社交媒体[33]。

**（三）全球化中的政府新媒体权益与安全保障**

　　权益与安全等问题也在政府新媒体中有所体现，包括全球化政府服务保障、权益保障、决策制定、大数据运用、安全保障、选举、监督等问题（如图 8）。

　　社会化网络服务的普及和推广，政府公共部门和官员逐渐成为新媒体的活跃用户，增强政府公开、保障政府工作的透明度和增加公民参与程度，顺应了公民诉求，而新媒体则成为当前的最佳渠道，成为一种政府行为的全球化趋势[34]。政府新媒体治理话语的传播及其动态演化过程中，公共利益约束及个人主义成为公民权益与保障的两个方面[35]。至今，一系列政府开放法律和政策法案颁布实施，基于新媒体推进社会舆论认同，促进了政府政策的实施和有效引导。

　　政府通过新媒体进行服务提供和公民沟通时，应注意传播权益和安全问题，切实保障公民的隐私权和权益，从而增加公民对政府新媒体服务的满意度[36]。公民社会安全感的建立往往体现在政府紧急事件处理及管控过程中，促进了政府与公众或受害者之间沟通模

图 8　全球化中的政府新媒体权益与安全保障研究主题网络

式的转变。政府将新媒体纳入移动互联环境，建立将社会化新媒体平台和政府信息发布平台的整合体系，协调紧急事件管理和管控，实现政府系统与社会媒体系统的无缝对接，可以更好地保障受害者权益，保证公民的知情权，并向他们提供真实有效的信息，以便更好地应对突发事件，减少灾害损失，提高行政执行能力，提高公众对政府信誉的认识[37]。新媒体在传递政府服务内容、执行政府职能等方面的作用影响了公众的政治性信任，而在政府绩效方面，公民的安全感、法治权益、社会责任等是政府政治效能、政府机构的政治信任的决定因素[38]。

公民获得信息通信技术的权利应得到保障，以便能够参与和影响决策过程；政府应从社会、行为和技术因素，解释和预测公民采纳利用新媒体参与政府主导的电子参与行动的意愿[39]。除此之外，新媒体与公民个人档案相结合，构建公民人权、隐私权等权益与政府服务的对接，使政府即充分了解民众的行政诉求，通过向公民提供更好的服务和增强信息获取的方式，实现更多的公民参与，使得政府更加透明化[40]。

### （四）城市规划中基于新媒体的政府政务与治理

互联网和移动通信快速发展的环境中，新媒体不同于报纸、广播和电视等传统媒体，它的传播跨越了时空的限制，传播速度快、互动性强、自主性高，改变了传统的公共服务提供方式，打破了传统的地方政府公共服务体系。有效利用新媒体创新地方政府的公共服务手段，提高公共服务能力和政府管理水平是未来重要的发展道路[41]。

新媒体的作用发挥往往体现在政府政务服务提供和城市规划及建设中，如图 9 所示。

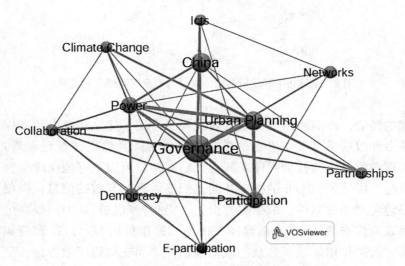

图 9　城市规划中政府政务与新媒体研究主题网络

信息和通信技术（ICT）是新媒体发展的基础，对公民行为的影响意义深远，带动了全球政府治理的变革；新媒体社会媒体使用、政治认同和公民对政府服务提供和支出的看法之间存在微妙的协调关系[42]。新媒体信息量大、互动性强及传播速度快和广泛的特点，对政府服务质量产生了重大影响；地方政府传统的媒介思维，严重阻碍了政府管理模式的转变。因此，政府应利用新媒体的优势，改善政府管理和行政事务处理水平，建设智慧型和服务型政府[42]。但是，新媒体有助于加强地方政府治理，而不是取代传统媒体在地方政治传播和治理中的作用[44]。

智慧城市的规划、建设和治理必须改善民主进程、增强施政透明度，推动以公民为中心的发展和城市政治战略；而此过程同时也是公民广泛参与的过程。政府新媒体平台实现了公民与公民、公民与政府间的高效交流，具有将治理转变为智慧治理的潜力[45]。在智慧城市的智慧治理体系构建中，政府需要收集关于公民对正在制定或实施的政策的看法、要求、发展重点、投诉和反馈等信息；社会治理环境的转变带来了传统的信息应用和交互行为模式等的转变，要求充分利用新媒体来创新社会治理模式[46]。如基于新媒体的智慧社区治理，利用新媒体的特点，创新政府与公民互动参与方式，增强社区成员参与意识，加强平台监督以构建和谐、智慧社区[47]。

新媒体为政府提供了一种增加透明度和创新问责制的新渠道，增加了公民参与政府决策的机会，也可协调政府政策或改善公共服务。如 Facebook 中的地方政府账户，在人口计划、公民参与、财政预算、债务明细等方面均不断完善其透明化的信息策略[48]。而且，新媒体在线的网络讨论，也被政府纳入其智慧政务发展中，掌控公民对政府执政的态度和反应，适时调整施政策略，从而提高政府办事效率[49]。

### （五）政府新媒体与中小企业

新媒体搭建了政府与企业特别是中小企业的桥梁，在企业事务办理、工商行政等方面大大简化了流程；另一方面，将企业与政府新媒体结合，激发了企业的社会责任感，也推动了其可持续发展（如图 10）。

地方政府将企业、联盟及盈利性机构统一纳入新媒体平台中，通过新媒体的实时反馈对中小企业在当地政府政务体系中的地位和作用进行评估，确定其繁荣发展的促进和限制因素，如加大旅游业的行业体系统一化进程，通过新媒体实时传递地方政府制定的中小企业发展政策等[50]。企业与政府和公民利益息息相关，而政府在处理和平衡企业与公民利益时，更加倾向于通过新媒体平台了解企业的社会行为和公民的民生诉求，如企业的污染问题，从而指导企业

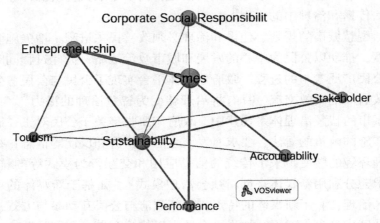

图 10　政府新媒体与中小企业研究主题网络

的商业解决方案与社会公益并轨[51]。

　　企业的公司信誉在新媒体环境下受到了前所未有的压力，甚至会改变公司的治理结构，如将双阶股权结构转变为简单的一股一票结构；而政府新媒体的介入，能够帮助企业应对舆论和媒体的批评，维护企业形象和信誉，在某些情况下可以取代监管来有效地约束公司及其控股股东[52]。

# 四、总　　结

　　政府新媒体作为信息通信环境下的媒体创新，在政府政务实施、公共服务提供、社会舆论引导等方面发挥了巨大作用。本文对海外"政府新媒体发展"前沿研究内容的分析，有助于揭示新媒体在政府运行中的作用发挥机制，以及在企业、社会民生的互动作用。本文首先从定量分析的角度，对政府新媒体所涉及的研究主题进行提取，构建主题词共现网络并进行网络结构计算和社区划分，最终得到政府新媒体研究领域中包含的研究主题类；进而从定性分析的角度，总结、归纳和阐述每个研究主题类的研究内容。

　　当前政府新媒体研究主要集中于政策、政治、政务、政治传播、教育、创新、中小企业、城市规划、企业家精神、持续性、技术应用、全球化、企业的社会责任等主题，研究主题局部非常集中，但总体上分散。在研究主题上，从传统政府和政务的媒体传播逐步演化为社交网络环境下的政府政务开放、新媒体环境下的政府开放政策、框架等研究；可划分为政府新媒体政治传播与政策问题、基于新媒体的政府服务开放、全球化中的政府新媒体权益与安全保障、城市规划中基于新媒体的政府政务与治理以及政府新媒体与中小企业五个子研究方向。

政府新媒体研究总体上呈较强的发展态势，且已趋于平稳，但研究主题多有分化和交叉，体现了此领域的跨学科交叉性。

## 参考文献

［1］Brossard D. & Scheufele D. A. Science, New Media, and the Public. Science. 2013, 339(6115)：40-41.

［2］Baum M. A. & Groeling T. New Media and the Polarization of American Political Discourse. Political Communication, 2008, 25 (4)：345-365.

［3］Kluver A. R. The logic of new media in international affairs. New Media & Society, 2002, 4(4)：499-517.

［4］Wiest J. B. Policing and Social Media：Social Control in an Era of New Media. Symbolic Interaction, 2017, 40(2)：275-277.

［5］Nilsson B. & Carlsson E. Swedish politicians and new media：Democracy, identity and populism in a digital discourse. New Media & Society, 2014, 16(4)：655-671.

［6］Ritonga R. Ariani M. & Herawan T. Internet and the New Media：Predator of Indonesian News Agency. International Journal of Security and Its Applications, 2017, 11(2)：69-85.

［7］Salcudean M. & Muresan R. The Emotional Impact of Traditional and New Media in Social Events. Comunicar, 2017 (50)：109-118.

［8］赵玲瑜：《移动互联网时代政务新媒体传播体系建构初探》，郑

州大学硕士学位论文，2017 年。

［9］He Q. Knowledge discovery through co-word analysis. Library Trends, 1999, 48(1)：133-159.

［10］Barberan A., Bates S. T., Casamayor E. O. & Fierer N. Using network analysis to explore co-occurrence patterns in soil microbial communities. Isme Journal, 2012, 6(2)：343-351.

［11］王曰芬，宋爽，苗露：《共现分析在知识服务中的应用研究》，《现代图书情报技术》，2006(4)：29-34。

［12］Boerner K. Plug-and-Play Macroscopes. Communications of the ACM, 2011, 54(3), 60-69.

［13］Blondel V. D., Guillaume J. -L., Lambiotte R. & Lefebvre E. Fast unfolding of communities in large networks. Journal of Statistical Mechanics：Theory and Experiment, 2008, 8 (10), 10008.

［14］Van Eck N. J. & Waltman L. Software survey：VOSviewer, a computer program for bibliometric mapping. Scientometrics, 2010, 84(2)：523-538.

［15］Cortext. ［2017-6-10］. https：//managerv2. cortext. net.

［16］Callon M., Courtial J. P., Turner W. A. & Bauin S. From Translations to Problematic Networks：An Introduction to Co-Word Analysis. Social Science Information, 1983, 22(2)：191-235.

［17］Salem F. Brainstorming the Nation through Social Media：Emerging Open Governance in Closed Contexts? 9th International Conference on Theory and Practice of Electronic Governance (Icegov 2016), 2016：390-391.

［18］Venger O. Media Freedom and the Control of Nation's Sociolegal Problems of Governance：A Conjunctive Analysis of Asymmetric Effects and Multiple Causal Pathways. Journal of Contemporary Criminal Justice, 2017, 33(2)：173-188.

［19］Klijn E. H., van Twist M., van der Steen M. & Jeffares S. Public Managers, Media Influence, and Governance：Three Research

Traditions Empirically Explored. Administration & Society, 2016, 48(9): 1036-1058.

[20] Peters B. G. Governance and the media: exploring the linkages. Policy and Politics, 2016, 44(1): 9-22.

[21] Park M. J., Kang D., Rho J. J. & Lee D. H. Policy Role of Social Media in Developing Public Trust Twitter communication with government leaders. Public Management Review, 2016, 18(9): 1265-1288.

[22] Marland A., Lewis J. P. & Flanagan T. Governance in the Age of Digital Media and Branding. Governance-an International Journal of Policy Administration and Institutions, 2017, 30(1): 125-141.

[23] Goh D. & Pang N. Protesting the Singapore government: The role of collective action frames in social media mobilization. Telematics and Informatics, 2016, 33(2): 525-533.

[24] Hong S. & Kim S. H. Political polarization on twitter: Implications for the use of social media in digital governments. Government Information Quarterly, 2016, 33(4): 777-782.

[25] Levenshus A. B. Building context-based knowledge of government social media communication through an ethnographic study of the US Coast Guard. Journal of Applied Communication Research, 2016, 44(2): 174-193.

[26] Lu B. Z., Zhang S. & Fan W. G. Social Representations of Social Media Use in Government: An Analysis of Chinese Government Microblogging From Citizens' Perspective. Social Science Computer Review, 2016, 34(4): 416-436.

[27] Jung D. I. & Avolio B. J. Opening the black box: an experimental investigation of the mediating effects of trust and value congruence on transformational and transactional leadership. Journal of Organizational Behavior, 2000, 21(8): 949-964.

[28] Reddick C. G., Chatfield A. T. & Ojo A. A social media text analytics framework for double-loop learning for citizen-centric

public services: A case study of a local government Facebook use. Government Information Quarterly, 2017, 34(1): 110-125.

[29] Wukich C. Government Social Media Messages across Disaster Phases. Journal of Contingencies and Crisis Management, 2016, 24 (4): 230-243.

[30] Sharif M. H. M., Troshani I. & Davidson R. Determinants of Social Media Impact in Local Government. Journal of Organizational and End User Computing, 2016, 28(3): 82-103.

[31] Diaz-Diaz R. & Perez-Gonzalez D. Implementation of Social Media Concepts for e-Government: Case Study of a Social Media Tool for Value Co-Creation and Citizen Participation. Journal of Organizational and End User Computing, 2016, 28(3): 104-121.

[32] Meng Q. G., Zhang N., Zhao X. J., Li F. L. & Guan X. The governance strategies for public emergencies on social media and their effects: a case study based on the microblog data. Electronic Markets, 2016, 26(1): 15-29.

[33] Gunawong P. Open Government and Social Media: A Focus on Transparency. Social Science Computer Review, 2015, 33(5): 587-598.

[34] Bundin M. & Martynov A. Use of Social Media by the Federal Government in Russia. 9th International Conference on Theory and Practice of Electronic Governance (Icegov 2016), 2016: 394-395.

[35] Napoli P. M. Social media and the public interest: Governance of news platforms in the realm of individual and algorithmic gatekeepers. Telecommunications Policy, 2015, 39(9): 751-760.

[36] Park M. J. Choi H. & Rho J. J. Citizen patronage behavior of government social media services: Extended perspective of perceived value with the moderating effect of media synchronicity. Information Development, 2016, 32(3): 293-312.

[37] Guo J. L. Research on the Docking of Social Media and Government Information Release in Emergency Management. Proceedings of the

2016 International Conference on Education, Management and Computing Technology, 2016, 59: 623-627.

[38] Jahangiri J. & Sardarnia K. A. Using and Trusting in Media, Type of Governance and the Political Trust of University Students: A Case Study. Journal of Politics and Law, 2016, 9(6): 20-28.

[39] Alarabiat A. & Soares D. S. Electronic Participation through Social Media. 9th International Conference on Theory and Practice of Electronic Governance (Icegov 2016), 2016: 191-194.

[40] Kacem A., Belkaroui R., Jemal D., Ghorbel H., Faiz R. & Abid I. H. Towards Improving e-Government Services Using Social Media-Based Citizen's Profile Investigation. 9th International Conference on Theory and Practice of Electronic Governance (Icegov 2016), 2016: 187-190.

[41] Ke J. Changes, Challenges and Innovation in the Local Government Public Services of the New Media Era. Proceedings of the 2016 International Conference on Public Management, 2016, 9: 59-62.

[42] Ingrams A. Connective action and the echo chamber of ideology: Testing a model of social media use and attitudes toward the role of government. Journal of Information Technology & Politics, 2017, 14(1): 1-15.

[43] Huang S. H. & Shen Y. L. Problems and Resolution of Chinese Government Governance from the Perspective of the New Media. Proceedings of 2015 International Conference on Public Administration (11th), 2015, II: 256-260.

[44] Djerf-Pierre M. & Pierre J. Mediatised local government: social media activity and media strategies among local government officials 1989-2010. Policy and Politics, 2016, 44(1): 59-77.

[45] Kumar H., Singh M. K. & Gupta M. P. Smart Governance for Smart Cities: A Conceptual Framework from Social Media Practices. Social Media: the Good, the Bad, and the Ugly, 2016, 9844: 628-634.

[46] Wan T. Y. Innovations in Social Governance amid the New Media

Era. Proceedings of the 2016 International Conference on Public Management, 2016, 9: 161-163.

[47] Fan H. L. & Li T. B. Discussion on the Feasible Path of Intelligent Community Participatory Governance in New Media Context. Proceedings of the 2016 2nd International Conference on Social Science and Higher Education, 2016, 53: 649-652.

[48] Guillamon M. D., Rios A. M., Gesuele B. & Metallo C. Factors influencing social media use in local governments: The case of Italy and Spain. Government Information Quarterly, 2016, 33 (3): 460-471.

[49] Vidiasova L., Chugunov A., Mikhaylova E., Bershadskaya E. & Sgem. E-Government Development in The Context of Citizens' Online Discussions in Social Media. Political Sciences, Law, Finance, Economics and Tourism Conference Proceedings, 2016, I: 115-120.

[50] Adamowicz M. & Machla A. Small and Medium Enterprises and the Support Policy of Local Government. Oeconomia Copernicana, 2016, 7(3): 405-437.

[51] Tang Z. & Tang J. T. Can the Media Discipline Chinese Firms' Pollution Behaviors? The Mediating Effects of the Public and Government. Journal of Management, 2016, 42(6): 1700-1722.

[52] Lauterbach B. & Pajuste A. The Media and Firm Reputation Roles in Corporate Governance Improvements: Lessons from European Dual Class Share Unifications. Corporate Governance-an International Review, 2017, 25(1): 4-19.

# 海外人机交互理论与实践前沿追踪 *

吴　丹　陆柳杏　何大庆　洪　亮　安　璐
赵　杨　王　平　程　媛
（武汉大学信息管理学院）

## 一、引　言

　　人机交互是对人和计算机之间的交互进行研究的学科[①]。国际计算机学会（Association for Computing Machinery，ACM）将人机交互定义为"与人类交互式系统的设计、评价、实现相关的学科，包括研究人与交互系统相关的主要现象"[②]。人机交互主要涉及人与交互系统之间的交互行为与交互技术，其目的是提高人与交互系统之间交互的效率，确保用户的满意度。由于人机交互研究人与机器的交流，它借鉴了人和机器两方面的知识，融合了计算机科学、图形与工业设计学、认知心理学、人机工程学、信息科学、语言学等多个学科[②]，所以是一门跨学科的实用科学。

　　人机交互的发展一直是随着计算机技术的发展而发展的，其发展过程是从人适应计算机到计算机不断适应人的过程，主要历经了从早期计算机语言命令交互阶段，到图形用户界面交互阶段，再到现今以多点触控技术、三维交互技术、多通道交互技术为代表的自

---

　　* 本文系武汉大学人文社会科学青年学者学术发展计划"人机交互与协作创新团队"研究成果之一。

然人机交互阶段等三个发展阶段[③④]。自然人机交互是人机交互技术飞速发展的表现，是人与交互系统紧密融合的表现，也是人机关系越发复杂的表现，而人机融合与人机关系的复杂化也使得人机交互研究越发深入与多样。为了满足人类复杂多样的交互需求，大量新设备新技术纷纷涌现，人机交互研究方兴未艾，所涉及的研究主题与内容也十分广泛：新的交互范式、交互模型、交互技术、交互设备、交互系统等研究层出不穷。

人机交互研究发展迅猛使得回顾其研究现状显得十分必要，这不仅有利于人们了解近几年来人机交互研究的主题，从宏观上把握该学科的发展动态，整体掌握学科的发展趋势，还能在一定程度上为人机交互研究的发展提供方向借鉴。鉴于此，本文将通过对2016—2017 年国外有关人机交互的文献、专利、产品等进行调查与分析，梳理并总结其研究现状与发展趋势，以期对人机交互研究的发展提供相应的方向参考与指导。

# 二、用户与信息系统的交互行为研究

人机交互研究是以用户为中心的研究[⑤]。用户与信息系统的交互行为一直是人机交互研究中的重要课题，研究用户与信息系统的交互可以促进信息系统更好地为用户服务，从而提升用户的生活质量[⑥]。随着智能设备与新技术的发展，近年来，有关用户与信息系统交互的研究也经历了相应的变化，这些变化体现在研究用户信息行为的环境、主体与群体的变化中。

## (一)用户信息行为环境从桌面端走向移动端

用户信息行为是指主体(用户)为了满足某一特定的信息需求，在外部作用刺激下表现出的获取、查询、交流、传播、吸收、加工和利用信息的行为[⑦]。在人机交互研究中，过去对于用户信息行为的研究多是在桌面环境中进行，即使用台式电脑等固定的或不易携带的机器或设备来研究用户的信息行为，包括信息浏览行为、信息搜索行为、与信息行为有关的行为心理、行为安全等，且信息搜索行为一直是人机交互研究中的重点与热点，但这些都是较为传统的用户信息行为研究。随着智能手机、智能手表以及其他可穿戴设备等移动化智能化设备的出现、发展与普及，研究者对于用户信息行为的研究从桌面端走向了移动端，更多地关注于移动环境下用户与移动智能设备或系统的交互行为。在移动端的用户与信息系统交互行为的研究中，由新技术、新设备催生的移动信息行为研究成为近年来用户信息行为的新研究点，触控交互行为、手势交互行为等受到了研究者的关注。

　　触控交互行为是指用户通过手指等人体部位触摸交互设备的触控点（如触摸屏），以此与系统进行交互的行为。触摸是用户与现代计算机设备交互的最主要方式之一，其简单与直接的本质使得触控行为交互成为一种受欢迎的互动形式[⑧-⑨]。在触控行为研究中，较为常见的是多点触控行为（multi-touch behavior）[⑧,⑩]。多点触控行为是用户同时通过多个接触点与系统进行交互的行为，用户可以通过多个手指与系统界面进行接触[⑪]。有关多点触控行为的研究主要是通过分析用户在智能设备如智能手机、平板电脑、可穿戴设备、交互式墙壁显示器[⑧]上的触控行为，分析用户的触控与目光注视行为等其他行为之间的联系，发现用户在触摸设备之前和之后存在两次注视行为，且用户注视触摸屏达到 356 毫秒时最容易触碰到触摸屏 159 像素的位置[⑫]。此外，不同触摸屏大小、触摸屏材质等触摸屏特征与用户触摸行为之间存在着相互影响。随着触摸屏尺寸的减小，用户的输入速度、输入精度总体下降[⑬]，而用户可感知的最小触摸尺寸取决于触摸屏纹理波形，小屏幕与方形纹理搭配可能会更容易被识别[⑭]。随着用户在触摸屏上手指的移动距离增加，系统对用户触觉终点响应的系统偏移会略微减小，而终点偏差会增大[⑩]，这显示了触摸屏在响应用户的触摸行为时会存在反应延迟的情况。触摸屏响应延迟会对用户表现产生负面影响，且这些负面影响不能通过用户学习相应的应对技能来消除[⑮]，触摸屏的响应延迟性仍然阻碍着用户的行为表现，而减少触摸屏反应延迟，可以提高系统触摸屏精度以及设备对于用户触摸反馈的正确率，从而增加用户触摸意识，提高用户满意度与用户体验[⑩]，因此如何降低触摸屏的响应延迟性一直受到研究者的关注。

手势交互行为是指用户在计算机视觉、传感、肌电识别等手势识别技术[16]的支持下，依靠手部形态或手部动作传达信息，来实现与信息系统交互的行为。用户除了可以使用手势与智能手机、平板电脑等常见的智能设备交互，还能使用手势对可穿戴设备、智能电视、车载设备等进行控制与交互[17-18]。识别用户的手势可以促进用户与移动和可穿戴设备进行更自然地交互[19]，检测用户行为中的手势可以帮助研究者确定用户如何与交互界面进行互动，让交互系统根据用户的手势来恰当响应[20]。研究者识别了用户三种手势行为："紧握"、"抓住"和"捏"，得出用户在与系统或设备交互时的手势偏好，发现用户在与系统进行交互时更倾向于使用手势"紧握"[21]。此外，新技术与新设备的出现使得用户可以随时随地与系统进行交互。在室外环境下，研究发现用户与公共互动显示屏的手势交互经常会因用户个人原因而中断，因此室外公共交互设备的设计应尽可能简单，并且应支持用户的中断[22]。手势识别技术可以支持用户多样的手势交互行为，会对终端用户产生影响，研究表明用户的手势行为与其精神负载程度存在着联系，用户精神负载过高总是能唤醒更多手势行为[23-24]，而双水平阈值（Bi-level thresholding）手势识别技术能显著降低用户的精神负载[25]，对用户行为有积极影响。消除或降低交互设备对用户的消极影响，提高用户与系统交互的积极性与满意度一直是人机交互研究所追求的目标，充分了解用户的行为可以帮助研究者更好地了解用户，因此用户行为研究一直受到研究者的广泛关注。

### （二）用户信息行为主体从个体走向协同

在人机交互研究中，用户信息行为主体是用户本身。近两年来信息行为主体存在着从个体走向协同的转变趋势。协同是多方为了达到互惠互赢的共同目标而一同工作的过程[26]，协同信息行为是在个体信息行为的基础上发展起来的，包括协同信息查询与检索、计算机支持的社群信息交流、协同内容创作和协同信息质量控制[27]。由此可见，协同信息行为是用户协同获取信息资源的方式，本质上属于广义的信息资源。协同的兴起与发展使得人们更注重高效、协作地获取信息资源，从而促进用户信息行为客体的转变。

　　社会网络中的信息行为研究一直是人机交互研究中的热点。社会网络是指人与人之间的关系网络，这种关系网络在 Web 2.0 时代以博客（Weblogs）、维基（Wikis）、社交网络服务（SNS）等社会性媒体中体现明显，折射出了人们日趋群体化的社会关系[②]。群体化社会关系的出现使得用户在社会网络中的信息行为呈现出协同的趋势，这种协同行为是一种无意识的协同，即众多用户出自某些原因会就某个事件在社会网络中搜索、分享、评论，最后达到了传播事件的目的，其本质上是一种协同。近年来针对社会网络中的信息行为研究主要集中在社交网络中的分享行为研究、社会网络中的行为转变研究、用户行为的隐私与安全研究、用户行为预测。其中社会网络中的分享行为研究包括网络在线个人内容的分享、健身数据分享等。网络在线个人内容的分享探讨了网络在线个人内容的平台选择，用户会依据所要分享的不同内容来选择不同的平台[②]。用户信息行为的多样化决定了其存在着转变的趋势，促使社会网络中的行为转变研究成为一个研究热点。行为转变研究包括向健康行为转变的研究、社交媒体使用前后的行为转变研究等。研究者发现用户健康行为态度的转变会促进用户对社交网络中帖子内容响应的可能性[③]，用户在社交网络中发布内容后访问该网站会变得更频繁，且更注重朋友发布的内容，与朋友会进行更多的互动，表明了用户在社交网络中发布信息的行为会促进其内在动机转变[③]。社会网络的发达使得用户在网络中的隐私与安全受到威胁，用户行为的隐私与安全一直是备受研究者关注的内容。用户对隐私管理的自主决策是通过其依赖的社会关系而形成的[②]，但社会关系不能很好地保护一些特殊群体如青少年在网络空间中遭受的网络欺凌，因此对网络欺凌干预与减轻的设计也引起了研究者的关注[③]。

　　除此之外，用户显性的协同信息行为，即用户有意识地进行协同的信息行为也是近年人机交互研究中的重要关注点。这部分协同信息行为多发生在日常生活中，研究者探讨在一定的环境或情境下，用户协同来完成或学习某项工作或任务，来研究协同是否会对用户完成工作或任务的速度、质量等方面产生影响。用户显性的协同信息行为研究关注到了协同学习行为的重要性。在协同学习行为的研究中，研究者发现协同写作可以提高文档生产率、写作质量与数量[33]，协同游戏中学习第二语言可以有效促进语言习得[35]，用户可以在协同中通过连续观察来快速学习[36]。此外，新技术或新设备下的协同信息行为研究也受到了广泛关注，研究者发现眼球追踪技术、混合显示（Mixed Reality）技术有利于协同工作的完成，远程协同工作中共享虚拟标记可以提高用户体验，促进远程协作[37-38]。

### （三）用户信息行为群体从普通人群走向特殊人群

人机交互研究所针对的用户一般为普通大众，即具有一定信息行为能力的健康的老百姓。近年来，针对特殊人群，如老年人、未成年人、残障人士等特殊人群的信息行为研究增多，这一转变在提升人机交互研究普适性的同时，也进一步彰显了人机交互研究是以"人"为中心的研究[5]。

老年人是人机交互研究中的特殊人群之一，其随着年纪的增长，身体机能、记忆力、对新事物的接受意愿与能力有所下降[39]，导致其信息行为需求和能力与一般青壮年普通大众有所不同。老年人的健康行为和社会参与行为等受到了研究者的关注。老年人存在着认知抑制或认知障碍，认知障碍降低了生活质量，但一些措施可以改善认知障碍，如多任务运动视频游戏就是其中的一种。研究表明老年人喜欢这种可以增强认知功能的游戏[40]。虽然有许多设备或措施可以改善老年人的健康状况或提高其社会活动参与性，但是与社会"隔离"的老年人，即选择不使用专门为其打造的技术或设备的老年人的多样化需求受到了研究者的关注。研究表明，与社会"隔离"的老年人的个人情况（如身体状况、个人偏好）、社会环境（如家庭成员的影响）、技术环境（即使用经验与自信）影响着老年人对技术或设备的使用[41]。人口老龄化增加了老年人身体和感情上的健康风险和情感需求[42]，尽管信息通信技术促进与改善了老年人的健康[43]，但是由于老年人面对新技术或新设备时的接受能力等方面不及青壮年，因此老年人在使用通信技术时的隐私与安全问题也受到研究者的关注[44]。

未成年人是人机交互研究中的另一种特殊人群。由于未成年人缺乏自我保护、自我控制等意识，因此针对未成年群体的信息行为研究主要与网络信息行为(包括与社交媒体交互的信息行为)有关。在社交平台如 Instagram 中，与成年人相比，未成年人在给照片贴标签和简介的行为上显示出了更高的积极性，更喜欢在"心情"、"喜欢"等标签下分享内容，在社交网络上比成年人更活跃[45-46]。由于未成年人是弱势群体，缺乏自我保护能力，因此未成年人的网络行为安全也受到了研究者的关注。研究发现，在社交网络中，未成年人容易遭受到信息泄露、在线骚扰、网络欺凌等威胁[33,47]，但是在引发网络威胁的因素中，家庭因素比外在因素所带来的风险更大，父母对未成年孩子采取的过量保护策略使得未成年人的隐私安全得不到保障，甚至威胁未成年人的安全[48]，因此如何正确建立家长与未成年孩子的关系，使得家长在引导未成年人网络信息行为中起到正确作用，从而促进未成年人与系统实现更健康地交互也引起了研究者的关注。研究表明，未成年人需要学习如何应对自己的网络风险，家长应教授未成人的孩子如何在网络中与他人安全地互动[49]。在家长与未成年孩子进行交互式设计中，交互式伙伴或合作关系可以使双方更好地交互[50-51]。未成年孩子的教育问题不容小视，如何促进未成年人更高效地学习与更健康地娱乐也受到了关注。研究表明，平板电脑、电子阅读器等设备可以帮助与辅导未成年人学习与娱乐[52-53]，正确帮助与引导未成年人使用电子设备可以促进未成年人享受学习。

残障人士因其身体特殊性致使其信息行为与普通大众有所不同，因此残障人士作为特殊群体的一种，其与系统的交互行为也受到了较为广泛的关注。由于残障人士身体存在缺陷，因此针对残障人士的交互设计应从弥补其缺陷出发，满足残障人士的需求。视觉障碍患者在使用普通智能手机时存在重大挑战性，但研究发现视觉障碍患者仍会选择使用智能手机[54]。扩大残障人士与信息系统交互的方式也是研究人员关注的点。研究发现，手势输入、眼动输入等输入方式可以有效促进残障人士与信息系统的交互[55-56]，满足残障人士的需求。不同交互界面对残障人士的信息行为存在不同的影响，如在使用具有两个界面的投票系统中，残障人士更偏向于使用具有便捷辅助功能的投票系统，这也表明了残障人士的需求促进着一些设备如投票系统、头戴式显示器的改进[5-58]，提高了这些设备的社会可接受性。

# 三、人机交互技术研究

人机交互技术是指通过计算机等输入、输出设备，以有效的方式实现人与计算机或系统间对话的技术。人机交互技术在生活中应用广泛，如应用于虚拟现实、远程医疗等触觉交互技术，以及应用于呼叫路由、家庭自动化及语音拨号等场所的语音识别技术等[59]。人机交互技术的发展使得人民生活更便利，而随着用户需求的增多以及人机交互技术的飞速发展，近两年来人机交互技术的研究也经历了相应的改变。

## （一）交互渠道从单通道走向多通道

多通道交互是指在一个系统中融合了两种或两种以上输入通道（如视频、语音、触觉、手势等）的交互方式[60]。在多通道交互中，用户可以使用语音、表情、手势等自然的交互方式与计算机系统进行交互[61]。研究已证明多通道能有效弥补单通道的不足，提高用户与系统的交互效率[62-63]，而如何有效进行多通道融合一直是研究者关注的问题。

多通道交互界面设计是多通道交互中的研究点之一，多通道交互界面支持用户多样的输入与输出方式。由于语音与手势的交互方式直观便捷，因此早期多通道交互技术的结合一般为语音与手势的结合[64-65]，近年来，除了常见的语音、手势、视觉等通道融合以外，扩大其他通道的输入输出方式备受关注。研究发现，融合了触觉、味觉和听觉的用户界面设计是未来人机交互研究的发展趋势[66]，近年来许多多通道交互设备或技术层出不穷，如支持用户在移动设备上使用注视和触摸方式进行多模式身份验证的 GazeTouchPass[67]，支持用户特别是视觉障碍用户使用音频和触觉进行交互的 Haptic Wave[68]。音频和触觉反馈的融合可以让用户拥有更好的交互感[69]，而眼动与语言相结合，对于提高用户语言能力意识具有重要作用[70]。

多通道交互在虚拟现实（Virtual Reality，VR）、增强现实（Augmented Reality，AR）、增强虚拟（Augmented Virtuality，AV）等研究中经常被使用。无论是在现实环境中加入辅助的虚拟信息（AR），还是在虚拟环境中使用现实物体辅助交互（AV），多通道交互技术可以使用户通过多种输入通道（如文字、语音、手势等）和多种人类感知通道（如视觉、嗅觉等）来与系统进行深入的、浸入式的交互④，使得用户与系统交互更自然。在 VR、AR、AV 中，多通道交互技术可以降低耦合度、减少用户输入错误、为用户提供更灵活的输入方式、控制智力资源⑥,⑦，因此多通道交互技术受到研究者的关注。学术界在 VR、AR、AV 的研究中提出了许多多通道交互技术与设备，如支持用户单手和双手输入的用于构建交互式真实 3D 显示器的工具箱 BitDrones⑦，其支持用户在 3D 虚拟显示器中进行观察、触摸、拖动、调整大小。而工业界在其新产品中也经常使用多通道交互技术，允许用户通过多种渠道来与其产品进行深入交互，如微软公司近期开发的 Microsoft Hololens〔1〕增强现实头戴式显示器，该头戴式显示器将物理世界与数字世界中的人、物和场所融为一体，用户可以通过眼动、手势、语音等方式与混合现实中的全息影像交互，在混合现实中工作、学习与娱乐。

多通道交互技术是人机交互中的重要技术。多通道交互技术的产生、兴起与发展显示出了人机交互研究更加的人性化，用户可以与系统进行更全身心、更便捷的交互，大大方便了用户的学习、生活与工作。

**（二）交互系统从桌面走向便携智能化**

随着科学技术的发展以及人们生活节奏的加快，智能便携设备受到了用户的青睐，智能手机、智能手表、智能手环、智能眼镜等产品在人们的日常生活中随处可见，而人机交互技术研究也朝着开发更多便携智能化产品方向发展。

可穿戴交互技术是人机交互研究所关注的重要内容，也是近年来交互系统走向便携智能化的体现。在可穿戴交互技术的支持下，

---

〔1〕　https：//www.microsoft.com/zh-cn/hololens/why-hololens

众多可穿戴产品应运而生。将可穿戴设备按照穿戴的不同位置划分,可以划分为四种形式:①以手和手臂为支撑的可穿戴设备;②以头部为支撑的可穿戴设备;③以脚为支撑的可穿戴设备;④除了上述三种形式以外的身体部位为支撑的可穿戴设备。在以手和手腕为支撑的可穿戴产品中,智能手表、智能手环是其中的典范。Apple Watch〔1〕的出现与普及使得智能手表成为了可穿戴产品的代表之一,围绕着智能手表,研究者们展开了一系列支持用户交互的技术研究,如支持用户从智能手表中输入与输出文档的WearWrite 系统⑬,融合了运动传感器的可以识别智能手表用户细粒度手势的 Serendipity 系统⑭,可以扩展智能手表显示空间于增强现实中的 WatchThru 手腕式显示器⑮,支持用户在两个手表屏幕中自由随心交互的智能手表设备 Doppio⑯等,这些技术或设备拓展了市面上智能手表的功能,支持用户与智能手表进行更深入的交互。此外,除了手腕,包括手掌、手臂等作为支撑部位的可穿戴产品也纷纷出现,如具有低能耗、无线的、无电池特点,且具有感知功能的安装在指甲上的可穿戴设备 AlterNails⑰,该设备可以使用户通过"指甲"来控制智能设备;再如支持儿童进行可穿戴式创作的可穿戴建筑工具套件 MakerWear⑱等,这些产品或技术拓宽了可穿戴设备的可使用空间,使用户身体的多部位均能与设备或系统进行交互。除了智能手表,其他智能可穿戴产品或技术的研发是学术界与工业界一直关注的内容。在以头部为支撑的可穿戴产品中,支持用户在混合现实空间中学习、工作与娱乐的 Microsoft Hololens,支持用户在虚拟世界中探索与娱乐的小米 VR 眼镜〔2〕和索尼 PlayStation VR〔3〕眼镜,支持用户随时随地享受音乐的索尼可穿戴式音乐播放器〔4〕等,都是可以满足用户不同需求的可穿戴产品。围绕可穿戴眼镜、可穿戴显示屏等以头部为支撑的可穿戴设备

---

〔1〕 https://www.apple.com/cn/watch/

〔2〕 http://www.mi.com/mivr/

〔3〕 http://www.sonystyle.com.cn/products/playstation/psvr.htm

〔4〕 http://www.sonystyle.com.cn/index.htm

的研究也进一步拓展了已有产品的功能，使得已有产品能更了解用户，给予用户更真实的体验，如可以模拟现实世界的环境温度、风况等环境条件来增强用户虚拟场景中现实感觉的可穿戴显示器附件 Ambiotherm[79]。以脚为支撑的可穿戴设备主要以智能跑鞋设备为主，如可以反馈个人身体状况，从而依据肌肉疲劳程度和恢复情况来提供合适跑步建议的 Under Armour 智能跑鞋[1]；以及可以将脚作为输入设备，从而选择目标的可变摩擦鞋装置[80]。除了上述三种形式以外还有以身体其他部位为支撑的可穿戴设备，如可以利用身体和动作作为学习生理感知和可视化的 LPSV 工具[81]。研究发现，可穿戴设备为互动纺织品带来了机遇和挑战，因此制造出可供可穿戴设备使用的材质，从而支持可穿戴设备功能的实现也是备受关注的[82]。

可穿戴设备应用范围广泛，除了可以记录用户日常运动情况，满足用户日常信息浏览、搜索需求以外，其在智能家居[83]、医疗[84]、全身心娱乐[85]等方面均有所应用。可穿戴设备的正常运用少不了传感器技术对设备的支持。传感器是可穿戴设备的关键之一，研究发现，可穿戴设备传感器的有效性与人类活动环境密切相关[82]。对于传感器技术的研究一直受到研究者的关注。传感器包括生物传感器、环境传感器、运动传感器等。生物传感器技术主要运用于医学领域，生物传感器可以向用户提供有关其生理、情感状态的大量信息[86-87]，以及向医务人员提供病人的身体体征信息等[88]，对用户了解其身体状况、实现远程医疗或病情检测具有重要的作用。环境传感器技术主要是通过检测环境状况，如环境污染[89]状况来向用户反馈环境信息，实现环境检测。运动传感器是使用较多的传感器，主要是记录用户的运动状态[74][90]，实现用户数据的记录、输入或输出，这类传感器技术在智能手环、智能手机等产品中均有应用。此外还有一些新型的传感器技术，如纱线传感器[92]、纺织品拉伸传感器技术[93]等，这些新型传感器旨在为创造新型可穿戴设备服务，从而支持用户与设备更深入的交互。

———————————

〔1〕 https：//www.underarmour.cn

### (三)交互模式从单一走向众包

众包(crowdsourcing)是一种参与性的网上活动，使得特定的个人、机构、非营利性组织或是公司能够通过方式灵活的公开选拔，从具有不同知识背景，具有异质性的庞大人群中选拔自愿承担其任务的个人群体。众包的要素可以归纳为四点，即存在一个发布任务的组织、存在一个自愿承担任务的社区大众、存在一个能够上载众包工作的网络平台、组织和大众能够互惠互利⑪。近年来，针对众包技术的研究集中在众包平台和众包工作者方面，通过探索众包平台技术，了解与支持众包工作者工作，实现众包工作流畅与高效地进行。

众包平台有许多种类型。在桌面端，E-mail 是传统的可以支持众包工作的平台，基于 E-mail 客户端，研究者提出了可以提高众包工作者查阅与回复众包工作、加速对电子邮件相应的 MyriadHub 平台⑫；可以将不同用户分解写入的不同三段微型任务合成一份完整报告的系统 MicroWriter⑬，此外还有使用较多的 Microtask 平台〔1〕等。在移动端，随着可穿戴设备的发展，支持用户在移动可穿戴设备上进行众包工作的平台开始出现，如支持用户在智能手表上读写文档的 WearWrite⑬。在众包平台中，支持用户进行高效众包工作的技术研究也受到了关注。在对众包内容进行聚合与分类方面，研究者提出了可以通过协作众包生成机器学习的标记数据集工具 Revolt⑭，可以依据文本内容来自动聚合相关词汇、形成词汇类别的 Empath 工具⑮，可以聚合人工判断与机器算法的方法 Alloy⑯，这些技术、工具或方法聚合了众包工作的相关信息，为众包工作者高效进行工作提供帮助。众包工作者是众包工作中的主体，众包工作者多样性是影响在线协作系统中人群素质的关键因素⑰，因此对于了解用户的技术研究也是众包相关研究中的重要内容。在对众包工作者行为预测方面，研究者提出了一个系统模型 CrowdVerge⑱，从视觉问题角度自动预测用户是否会同意一个答案，发现与现有众包体系相比，CrowdVerge 系统捕获到更多多样性的答案。此外，对

---

〔1〕 http://www.microtask.com

于众包工作者的动机识别、结果收集与反馈技术的研究也受到了关注。在对众包工作者的动机识别中，研究发现在所有众包任务完成后批量付款可以促进众包工作者工作，使众包工作者的任务完成率比每项任务完成后分别付款高出 8%[99]，好奇心干预可以提高众包工作者的工作效率[100]。在对结果收集与反馈技术研究方面，研究者探索了支持结果收集与反馈的方法，如提高众包设计反馈的自然语言模型[101]，对帕金森患者进行自我检测与管理结果反馈的基于众包方法的移动应用 Speeching[102]等。众包技术促进了众包工作的开展，使得众包工作者工作能更高效完成。

**（四）交互数据从无形走向可视化**

数据可视化技术是近年来人机交互研究中受到关注的方面之一。可视化技术在人们日常学习、工作与生活中发挥着重要作用，可以帮助用户更好更具体地开展工作。研究发现，通过教育数据可视化技术，可以教授抽象概念，提高儿童视觉素养[103]；图像图形的可视化可以帮助用户理解复杂的时间变化且不需要过多的文本注释[104]。支持用户数据可视化的方式有很多，且针对不同数据或数据的不同方面存在着不同的可视化技术。在学习与工作中，iVoLVER[105-106]允许用户创建可视化数据且无需文本编程，支持用户交互式视觉语言设计与数据提取、转换和表现，从而方便用户在一系列场景中使用该可视化工具；PathViewer[107]可以可视化模拟学生在解决问题时所遵循的路径，允许教师快速识别学生感兴趣的领域，确定学生在解决问题时存在的误解。此外研究者还提出了可视化数据集的方法，可以对多个统计属性上相同的数据集进行可视化展示[108]，而 Resvsiz[109]、PaperQuest[110]等工具可以帮助研究者进行学术文献的可视化。在日常社会交往中，PerSoN-Vis[111]可视化系统可以帮助用户直观显示其社会网络关系，PeerFinder[112]可视化系统可以使用户能够基于与使用记录属性和时间信息的种子记录，寻找与自身经历相似的用户来帮助与指导其人生决策。此外，将可视化技术按照其可视化内容的类型来分可以划分为网络信息可视化技术、文本可视化技术、多维数据可视化技术等。网络信息可视化技术将网络上的资源，包括网页资源[113-115]、图表资源[116]等资源聚合并可视化展示，以帮助研究人员进行进一步研究与分析。文本可视化技术为研究者提供了从众多文本资源中抽取并聚类关键文本或主题的方式，如从文献综述中提取文本信息，帮助研究者了解文献发展脉络[⑩]。多维数据可视化技术将多个维度的信息可视化展示，如基于焦点和内容的空间可视化交互技术 iSphere[⑩]，其能在保留图形结构并显示图形内容的基础上，不失真地将图形映射到黎曼球面上。可视化技术使数据不再"透明"，促进了用户对于数据的理解与把握，一定程度上促进了用户与交互系统的交互。

# 总　　结

人机交互研究是以人为本的研究，促进"人"与"机"更深入更便捷更友好地交互是人机交互研究一直努力的方向。人机交互研究促进了技术的飞速发展，而技术的发展也进一步促进人机交互研究发展的深入。通过对近两年人机交互领域理论与实践的调查发现，人机交互研究可以分为偏向于"人"的方面进行的研究以及偏向于"机"的方面进行的研究这两方面。

偏向于"人"的方面进行的研究是指从用户的角度出发，充分了解用户行为的方方面面，从而为人机交互技术发展奠定基础。近年来针对"人"这方面的研究呈现出了如下发展趋势：①用户信息行为环境从桌面端走向移动端。随着智能手机、可穿戴设备等移动智能化设备的发展与普及，用户的信息行为逐渐从"固定"的桌面端走向移动，设备不再是阻碍用户获取信息、满足其信息需求的障碍，用户可以随时随地使用移动设备寻找其想要的信息。②用户信息行为主体从个体走向协同。社交网络的发展拓展了用户的社会网络，在社交网络与社会网络的支持下，协同信息行为可以使用户协作获取信息，拓宽信息获取的渠道，一定程度上可以提高用户获取信息的效率。③用户信息行为群体从普通人群走向特殊人群。人机交互研究所关注的群体不仅仅是普通大众，包括老年人群体、未成年人群体和残障人士群体在内的特殊群体的信息行为也受到了研究者的关注，这也进一步体现了人机交互研究是以人为本的研究。

偏向于"机"的方面进行的研究是指从技术的角度出发，为了满足用户不同的需求，促进用户与系统深入交互而进行的技术或系统研发。近年来针对"机"这方面的研究呈现出了如下发展趋势：①人机交互渠道从单通道走向多通道。多通道交互技术融合了语音、视觉、听觉、触觉，甚至嗅觉与味觉等多种通道，使得用户可以通过多种通道与系统进行交互，提高信息输入与输出效率。②交互系统从桌面走向便携智能化。可穿戴技术和传感器技术的发展迎合了人们愈发快节奏的生活，使得用户的交互系统走向了便携化与智能化，用户不再局限于与桌面端的系统进行交互来获取信息，而是可以使用便携设备随时随地获取想要的信息，因此可以说，便携智能化设备是人机交互研究发展的一个重要趋势。③交互模式从单一走向众包。众包是当下一种常见的工作或交互方式，其凝结了众多人群的力量去完成相应的任务，众包平台、支持众包的技术的发展促进众包工作的展开，使得众包工作得以顺利完成，在一定程度上也提高了众包工作的效率。④交互数据从无形走向可视化。可视化交互技术是当下人机交互发展的重要技术，其能支持用户以可视化的方式直观了解数据、了解与系统交互的内容，促进用户对数据的理解，实现用户与系统的深入交互。

综合以上海外人机交互近两年的研究，发现当下人机交互研究更侧重于技术、设备、系统、算法等偏向于技术方面的研究，而相比于技术而言，对于新技术或新设备下用户需求、用户使用意愿、用户满意度、用户精神负载程度等偏向于人的方面的研究相对较少。以人为本的人机交互研究应平衡"人"与"机"之间的关系，一切以用户为出发点，在充分了解用户的情况下开发符合用户需求的技术、设备或系统，才能真正体现人机交互研究的实用性价值，促进用户与系统深入、便捷、友好地交互。

**参考文献**

[1]冯成志：《眼动人机交互》，苏州大学出版社，2010年版。
[2]Chairman-Hewett T. T. ACM SIGCHI curricula for human-computer

interaction. ACM，1992：5.

［3］孟祥旭，李学庆：《人机交互技术：原理与应用》，清华大学出版社，2004 年版。

［4］黄进，韩冬奇，陈毅能，等，《混合现实中的人机交互综述》，《计算机辅助设计与图形学学报》，2016，28(6)：869-880。

［5］陈平，张淑平，褚华：《信息技术导论》，清华大学出版社，2011 年版。

［6］Banovic N. Method for Understanding Complex Human Routine Behaviors from Large Behavior Logs，ACM Conference Extended Abstracts on Human Factors in Computing Systems. ACM，2017：254-258.

［7］胡昌平：《现代信息管理机制研究》，武汉大学出版社，2004 年版。

［8］Mott M. E. Vatavu R. D. Kane S. K. et al. Smart Touch：Improving Touch Accuracy for People with Motor Impairments with Template Matching，CHI Conference on Human Factors in Computing Systems. ACM，2016：1934-1946.

［9］Hirano T.，Shiomi M.，Iio T.，et al. Communication Cues in a Human-Robot Touch Interaction，International Conference on Human Agent Interaction. ACM，2016：201-206.

［10］Yu C，Wen H，Xiong W，et al. Investigating Effects of Post-Selection Feedback for Acquiring Ultra-Small Targets on Touchscreen，CHI Conference on Human Factors in Computing Systems. ACM，2016：4699-4710.

［11］Lee S.，Buxton W.，Smith K. C. A multi-touch three dimensional touch-sensitive tablet，CHI Conference on Human Factors in Computing Systems. ACM，1985：21-25.

［12］Weill-Tessier P.，Turner J.，Gellersen H. How do you look at what you touch?：A study of touch interaction and gaze correlation on tablets，Biennial ACM Symposium on Eye Tracking Research & Applications. ACM，2016：329-330.

［13］Rodrigues A., Nicolau H., Montague K., et al. Effect of target size on non-visual text-entry, International Conference on Human-Computer Interaction with Mobile Devices and Services. ACM, 2016: 47-52.

［14］Kalantari F., Grisoni L., Giraud F., et al. Finding the Minimum Perceivable Size of a Tactile Element on an Ultrasonic Based Haptic Tablet, ACM on Interactive Surfaces and Spaces. ACM, 2016: 379-384.

［15］Cattan E., Rochet-Capellan A., Perrier P., et al. Does Practice Make Perfect? Learning to Deal with Latency in Direct-Touch Interaction, CHI Conference on Human Factors in Computing Systems. ACM, 2017: 5619-5629.

［16］Hesenius M., Gruhn V.. Introducing GestureCards: A Prototyping Gesture Notation, Nordic Conference on Human-Computer Interaction. ACM, 2016: 1-6.

［17］Vatavu R D. User-defined gestures for free-hand TV control, European Conference on Interactive TV and video. ACM, 2012: 45-48.

［18］Yu C. H., Peng W. W., Yang-Mao S. F., et al. A hand gesture control framework on smart glasses, SIGGRAPH ASIA 2015 Mobile Graphics and Interactive Applications. ACM, 2015.

［19］Tan S., Yang J. WiFinger: leveraging commodity WiFi for fine-grained finger gesture recognition, ACM International Symposiumon Mobile Ad Hoc Networking and Computing. ACM, 2016: 201-210.

［20］Premaratne P. Human Computer Interaction Using Hand Gestures. Springer Science & Business Media, 2014: 31-74.

［21］Jude A., Poor G. M., Guinness D. Grasp, Grab or Pinch? Identifying User Preference for In-Air Gestural Manipulation, Symposium on Spatial User Interaction. ACM, 2016: 219.

［22］Feuchtner T., Walter R., Ller J. Interruption and pausing of public display games, International Conference on Human-Computer Interaction with Mobile Devices and Services. ACM, 2016: 306-317.

[23]Hihn H., Meudt S., Schwenker F. Inferring mental overload based on postural behavior and gestures, Workshop on Emotion Representations and Modelling for Companion Systems. ACM, 2016: 3.

[24] Xochicale M., Baber C., Oussalah M. Understanding movement variability of simplistic gestures using an inertial sensor, ACM International Symposium on Pervasive Displays. ACM, 2016: 239-240.

[25] Katsuragawa K., Kamal A., Lank E. Effect of Motion-Gesture Recognizer Error Pattern on User Workload and Behavior, International Conference on Intelligent User Interfaces. ACM, 2017: 439-449.

[26]吴丹:《协同信息检索行为研究》,国家图书馆出版社,2015年版。

[27]张薇薇:《社群环境下用户协同信息行为研究述评》,《中国图书馆学报》,2010,36(4):90-100。

[28]刘婧:《网络环境下的社区治理研究》,武汉大学出版社,2016年版。

[29]Sleeper M., Melicher W., Habib H., et al. Sharing Personal Content Online: Exploring Channel Choice and Multi-Channel Behaviors, CHI Conference on Human Factors in Computing Systems. ACM, 2016: 101-112.

[30]Reno C., Poole E. S. It Matters If My Friends Stop Smoking: Social Support for Behavior Change in Social Media, CHI Conference on Human Factors in Computing Systems. ACM, 2016: 5548-5552.

[31]Grinberg N., Dow P. A., Adamic L. A., et al. Changes in Engagement Before and After Posting to Facebook, CHI Conference

on Human Factors in Computing Systems. ACM, 2016: 564-574.

[32] Jia H., Xu H. Autonomous and Interdependent: Collaborative Privacy Management on Social Networking Sites, CHI Conference on Human Factors in Computing Systems. ACM, 2016: 4286-4297.

[33] Ashktorab Z., Vitak J. Designing Cyberbullying Mitigation and Prevention Solutions through Participatory Design With Teenagers, CHI Conference on Human Factors in Computing Systems. ACM, 2016: 3895-3905.

[34] Yim S., Wang D., Olson J., et al. Synchronous Collaborative Writing in the Classroom: Undergraduates' Collaboration Practices and their Impact on Writing Style, Quality, and Quantity, ACM Conference on Computer Supported Cooperative Work and Social Computing. ACM, 2017: 468-479.

[35] Fan X. M., Luo W. C., Wang J. T. Mastery Learning of Second Language through Asynchronous Modeling of Native Speakers in a Collaborative Mobile Game, CHI Conference on Human Factors in Computing Systems. ACM, 2017: 4887-4898.

[36] Mamykina L., Smyth T. N., Dimond J. P., et al. Learning From the Crowd: Observational Learning in Crowdsourcing Communities, CHI Conference on Human Factors in Computing Systems. ACM, 2016: 2635-2644.

[37] Muller J., Radle R., Reiterer H. Remote Collaboration With Mixed Reality Displays: How Shared Virtual Landmarks Facilitate Spatial Referencing, CHI Conference on Human Factors in Computing Systems. ACM, 2017: 6481-6486.

[38] Angelo S. D., Begel A. Improving Communication Between Pair Programmers Using Shared Gaze Awareness, CHI Conference on Human Factors in Computing Systems. ACM, 2017: 6248-6255.

[39] Sas C., Wisbach K., Coman A. Craft-based Exploration of Sense of Self, CHI Conference Extended Abstracts on Human Factors in

Computing Systems. ACM, 2017: 2891-2899.

[40] Niksirat K. S., Silpasuwanchai C., Ren X. S., et al. Towards Cognitive Enhancement of the Elderly: A UX Study of a Multitasking Motion Video Game, CHI Conference Extended Abstracts on Human Factors in Computing Systems. ACM, 2017: 2017-2024.

[41] Waycott J., Vetere F., Pedell S., et al. Not For Me: Older Adults Choosing Not to Participate in a Social Isolation Intervention, CHI Conference on Human Factors in Computing Systems. ACM, 2016: 745-757.

[42] Sas C., Brahney K., Oechsner C., etal. Communication Needs of Elderly at Risk of Falls and their Remote Family, CHI Conference Extended Abstracts on Human Factors in Computing Systems. ACM, 2017: 2900-2908.

[43] Haslwanter J. D. H., Fitzpatrick G. Why do few assistive technology systems make it to market? The case of the HandyHelper project. Universal Access in the Information Society, 2016: 1-19.

[44] Hornung D., Muller L., Shklovski I., et al. Navigating Relationships and Boundaries: Concerns around ICT-uptake for Elderly People, CHI Conference on Human Factors in Computing Systems. ACM, 2017: 7057-7069.

[45] Han K., Lee S., Jang J. Y., et al. Teens are from mars, adults are from venus: analyzing and predicting age groups with behavioral characteristics in instagram, ACM Conference on Web Science. ACM, 2016: 35-44.

[46] Jang J. Y., Han K., Lee D., et al. Teens Engage More with Fewer Photos: Temporal and Comparative Analysis on Behaviors in Instagram, ACM Conference on Hypertext and Social Media. ACM, 2016: 71-81.

[47] Wisniewski P., Xu H., Rosson M. B., et al. Dear Diary: Teens Reflect on Their Weekly Online Risk Experiences, CHI Conference

on Human Factors in Computing Systems. ACM, 2016: 3919-3930.

[48] Zhang-Kennedy L., Mekhail C., Abdelaziz Y., et al. From Nosy Little Brothers to Stranger-Danger: Children and Parents' Perception of Mobile Threats, The International Conference on Interaction Design and Children. ACM, 2016: 388-399.

[49] Wisniewski P., Ghosh A. K., Xu H., et al. Parental Control vs. Teen Self-Regulation: Is there a middle ground for mobile online safety?, ACM Conference on Computer Supported Cooperative Work and Social Computing. ACM, 2017: 51-69.

[50] Yip J. C., Sobel K., Pitt C., et al. Examining Adult-Child Interactions in Intergenerational Participatory Design, CHI Conference on Human Factors in Computing Systems. ACM, 2017: 5742-5754.

[51] YipJ. C., Clegg T., Ahn J., et al. The Evolution of Engagements and Social Bonds During Child-Parent Co-design, CHI Conference on Human Factors in Computing Systems. ACM, 2016: 3607-3619.

[52] Cingel D., Piper A. M. How Parents Engage Children in Tablet-Based Reading Experiences: An Exploration of Haptic Feedback, ACM Conference on Computer Supported Cooperative Work and Social Computing. ACM, 2017: 505-510.

[53] Mann A. M., Hinrichs U., Read J. C., et al. Facilitator, Functionary, Friend or Foe?: Studying the Role of iPads within Learning Activities Across a School Year, CHI Conference on Human Factors in Computing Systems. ACM, 2016: 1833-1845.

[54] Pal J., Viswanathan A., Chandra P., et al. Agency in Assistive Technology Adoption: Visual Impairment and Smartphone Use in Bangalore, CHI Conference on Human Factors in Computing Systems. ACM, 2017: 5929-5940.

[55] Zhang X. Y., Kulkarni H., Morris M. R. Smartphone-Based Gaze

Gesture Communication for People with Motor Disabilities, CHI Conference on Human Factors in Computing Systems. ACM, 2017: 2878-2889.

[56] Mott M. E., Williams S., Wobbrock J. O., et al. Improving Dwell-Based Gaze Typing with Dynamic, Cascading Dwell Times, CHI Conference on Human Factors in Computing Systems. ACM, 2017: 2558-2570.

[57] Profita H., Albaghli R., Findlater L., et al. The AT Effect: How Disability Affects the Perceived Social Acceptability of Head-Mounted Display Use, CHI Conference on Human Factors in Computing Systems. ACM, 2016: 4884-4895.

[58] Lee S. T., Liu Y. E., Ruzic L., et al. Universal Design Ballot Interfaces on Voting Performance and Satisfaction of Voters with and without Vision Loss, CHI Conference on Human Factors in Computing Systems. ACM, 2016: 4861-4871.

[59] 杜根远, 张火林:《信息技术概论》, 武汉大学出版社, 2015 年版。

[60] 周晓磊:《人机交互中人体工效模型的建立及其应用的研究》, 首都经济贸易大学出版社, 2014 年版。

[61] 张凤军, 戴国忠, 彭晓兰:《虚拟现实的人机交互综述》,《中国科学: 信息科学》, 2016(12): 1711-1736。

[62] Cohen P. R., Dalrymple M., Moran D. B., et al. Synergistic use of direct manipulation and natural language. Acm Sigchi Bulletin, 1998, 20(SI): 227-233.

[63] Oviatt S. Multimodal interfaces for dynamic interactive maps, CHI Conference on Human Factors in Computing Systems. ACM, 1996: 95-102.

[64] Latoschik M. E. A gesture processing framework for multimodal interaction in virtual reality, International Conference on Computer Graphics, Virtual Reality and Visualisation. ACM, 2001: 95-100.

[65] Robinson S., Rajput N., Jones M., et al. TapBack: towards richer mobile interfaces in impoverished contexts, CHI Conference on Human Factors in Computing Systems. ACM, 2011: 2733-2736.

[66] Obrist M., Velasco C., Vi C. T., et al. Touch, Taste, & Smell User Interfaces: The Future of Multisensory HCI, CHI Conference Extended Abstracts on Human Factors in Computing Systems. ACM, 2016: 3285-3292.

[67] Khamis M., Alt F., Hassib M., et al. GazeTouchPass: Multimodal Authentication Using Gaze and Touch on Mobile Devices, CHI Conference Extended Abstracts on Human Factors in Computing Systems. ACM, 2016: 2156-2164.

[68] Tanaka A., Parkinson A. Haptic Wave: A Cross-Modal Interface for Visually Impaired Audio Producers, CHI Conference on Human Factors in Computing Systems. ACM, 2016: 2150-2161.

[69] Martinez P. C., Pirro S. D., Vi C. T., et al. Agency in Mid-air Interfaces, CHI Conference Extended Abstracts on Human Factors in Computing Systems. ACM, 2017: 2426-2439.

[70] Karolus J., Wozniak P. W., Chuang L. L., et al. Robust Gaze Features for Enabling Language Proficiency Awareness, CHI Conference on Human Factors in Computing Systems. ACM, 2017: 2998-3010.

[71] LaviolaJ. J., Zeleznik R. C. Flex And Pinch: A Case Study Of Whole Hand Input Design For Virtual Environment Interaction, Conference on Computer Graphics & Imaging. Palm Springs, 1999: 221-225.

[72] Gomes A., Rubens C., Braley S., et al. BitDrones: Towards Using 3D Nanocopter Displays as Interactive Self-Levitating Programmable Matter, CHI Conference on Human Factors in Computing Systems. ACM, 2016: 770-780.

[73] NebelingM., To A., Guo A., et al. WearWrite: Crowd-Assisted

Writing from Smartwatches, CHI Conference on Human Factors in Computing Systems. ACM, 2016: 3834-3846.

[74] WenH., Ramos Rojas J., Dey A. K. Serendipity: Finger Gesture Recognition using an Off-the-Shelf Smartwatch, CHI Conference on Human Factors in Computing Systems. ACM, 2016: 3847-3851.

[75] WenigD., Schöning J., Olwal A., et al. WatchThru: Expanding Smartwatch Displays with Mid-air Visuals and Wrist-worn Augmented Reality, CHI Conference on Human Factors in Computing Systems. ACM, 2017: 716-721.

[76] SeyedT., Yang X. D., Vogel D. Doppio: A Reconfigurable Dual-Face Smartwatch for Tangible Interaction, CHI Conference on Human Factors in Computing Systems. ACM, 2016: 4675-4686.

[77] Dierk C., Gálvez T. V., Paulos E. AlterNail: Ambient, Batteryless, Stateful, Dynamic Displays at your Fingertips, CHI Conference on Human Factors in Computing Systems. ACM, 2017: 6754-6759.

[78] Kazemitabaar M., McPeak J., Jiao A., etc. Maker Wear: A Tangible Approach to Interactive Wearable Creation for Children, CHI Conference on Human Factors in Computing Systems. ACM, 2017: 133-145.

[79] Ranasinghe N., Jain P., Karwita S., et al. Ambiotherm: Enhancing Sense of Presence in Virtual Reality by Simulating Real-World Environmental Conditions, CHI Conference on Human Factors in Computing Systems. ACM, 2017: 1731-1742.

[80] Horodniczy D., Cooperstock J. R. Free the Hands! Enhanced Target Selection via a Variable-Friction Shoe, CHI Conference on Human Factors in Computing Systems. ACM, 2017: 255-259.

[81] Clegg T., Norooz L., Kang S., et al. Live Physiological Sensing and Visualization Ecosystems: An Activity Theory Analysis, CHI Conference on Human Factors in Computing Systems. ACM, 2017: 2029-2041.

[82] Poupyrev I., Gong N. W., Fukuhara S., et al. Project Jacquard: Interactive Digital Textiles at Scale, CHI Conference on Human Factors in Computing Systems. ACM, 2016: 4216-4227.

[83] Vogl A., Parzer P., Babic T., et al. StretchEBand: Enabling Fabric-based Interactions through Rapid Fabrication of Textile Stretch Sensors, CHI Conference on Human Factors in Computing Systems. ACM, 2017: 2617-2627.

[84] Song H., Lee S., Kim H., et al. RAPAEL: Wearable Technology and Serious Game for Rehabilitation, CHI Conference Extended Abstracts on Human Factors in Computing Systems. ACM, 2016: 3774-3777.

[85] Isbister K., Abe K., Karlesky M. Interdependent Wearables (for Play): A Strong Concept for Design, CHI Conference on Human Factors in Computing Systems. ACM, 2017: 465-471.

[86] Hassib M., Khamis M., Schneegass S., et al. Investigating User Needs for Bio-sensing and Affective Wearables, CHI Conference Extended Abstracts on Human Factors in Computing Systems. ACM, 2016: 1415-1422.

[87] Tsiamyrtzis P., Dcosta M., Shastri D., et al. Delineating the Operational Envelope of Mobile and Conventional EDA Sensing on Key Body Locations, CHI Conference on Human Factors in Computing Systems. ACM, 2016: 5665-5674.

[88] Aggarwal D., Zhang W. Y., Hoang T., et al. SoPhy: A Wearable Technology for Lower Limb Assessment in Video Consultations of Physiotherapy, CHI Conference on Human Factors in Computing Systems. ACM, 2017: 3916-3928.

[89] Kao C. H., Nguyen B., Roseway A., et al. EarthTones: Chemical Sensing Powders to Detect and Display Environmental Hazards through Color Variation, CHI Conference Extended Abstracts on Human Factors in Computing Systems. ACM, 2017: 872-883.

[90] Verweij D., Esteves A., Khan V. J., et al. WaveTrace: Motion Matching Input using Wrist-Worn Motion Sensors, CHI Conference Extended Abstracts on Human Factors in Computing Systems. ACM, 2017: 2180-2186.

[91] 达伦·C. 布拉汉姆,《众包》, 重庆大学出版社, 2016 年版。

[92] Kokkalis N., Fan C., Roith J., et al. MyriadHub: Efficiently Scaling Personalized Email Conversations with Valet Crowdsourcing, CHI Conference Extended Abstracts on Human Factors in Computing Systems. ACM, 2017: 73-84.

[93] Teevan J., Iqbal S. T., Von Veh C. Supporting Collaborative Writing with Microtasks, CHI Conference on Human Factors in Computing Systems. ACM, 2016: 2657-2668.

[94] Chang C. J., Amershi S., Kamar E. Revolt: Collaborative Crowdsourcing for Labeling Machine Learning Datasets, CHI Conference Extended Abstracts on Human Factors in Computing Systems. ACM, 2017: 2334-2346.

[95] Fast E., Chen B., Bernstein M. S. Empath: Understanding Topic Signals in Large-Scale Text, CHI Conference on Human Factors in Computing Systems. ACM, 2016: 4647-4657.

[96] Chang J. C., Kittur A., Hahn N. Alloy: Clustering with Crowds and Computation, CHI Conference on Human Factors in Computing Systems. ACM, 2016: 3180-3191.

[97] Ren R., Yan B. Crowd Diversity and Performance in Wikipedia: The Mediating Effects of Task Conflict and Communication, CHI Conference Extended Abstracts on Human Factors in Computing Systems. ACM, 2017: 6342-6351.

[98] Gurari D., Grauman K. CrowdVerge: Predicting If People Will Agree on the Answer to a Visual Question, CHI Conference Extended Abstracts on Human Factors in Computing Systems. ACM, 2017: 3511-3522.

[99] Ikeda K., Bernstein M. S. Pay It Backward: Per-Task Payments

on Crowdsourcing Platforms Reduce Productivity, CHI Conference on Human Factors in Computing Systems. ACM, 2016: 4111-4121.

[100] Law E., Yin M., Goh J., et al. Curiosity Killed the Cat, but Makes Crowdwork Better, CHI Conference on Human Factors in Computing Systems. ACM, 2016: 4098-4110.

[101] Krause M., Garncarz T., Song J. J., et al. Critique Style Guide: Improving Crowdsourced Design Feedback with a Natural Language Model, CHI Conference Extended Abstracts on Human Factors in Computing Systems. ACM, 2017: 4627-4639.

[102] Mcnaney R., Othman M., Richardson D., et al. Speeching: Mobile Crowdsourced Speech Assessment to Support Self-Monitoring and Management for People with Parkinson's, CHI Conference on Human Factors in Computing Systems. ACM, 2016: 4464-4476.

[103] Alper B., Riche H. N., Chevalier F. Visualization Literacy at Elementary School, CHI Conference Extended Abstracts on Human Factors in Computing Systems. ACM, 2017: 5485-5497.

[104] Bach B., Kerracher N., Hall K. W., et al. Telling Stories about Dynamic Networks with Graph Comics, CHI Conference on Human Factors in Computing Systems. ACM, 2016: 3670-3682.

[105] Gonzalo Gabriel Méndez, Nacenta M. A., Vandenheste S. iVoLVER: Interactive Visual Language for Visualization Extraction and Reconstruction, CHI Conference on Human Factors in Computing Systems. ACM, 2016: 4073-4085.

[106] Ndez G. G., Nacenta M. A. Constructing Interactive Visualizations with iVoLVER, CHI Conference Extended Abstracts on Human Factors in Computing Systems. ACM, 2016: 3727-3730.

[107] Wang Y., White W. M., Andersen E. PathViewer: Visualizing Pathways through Student Data, CHI Conference Extended Abstracts on Human Factors in Computing Systems. ACM, 2017:

960-964.

[108] Matejka J., Fitzmaurice G. Same Stats, Different Graphs: Generating Datasets with Varied Appearance and Identical Statistics through Simulated Annealing, CHI Conference Extended Abstracts on Human Factors in Computing Systems. ACM, 2017: 1290-1294.

[109] Elsden C., Mellor S., Olivier P., et al. ResViz: Politics and Design Issues in Visualizing Academic Metrics, CHI Conference on Human Factors in Computing Systems. ACM, 2016: 5015-5027.

[110] Ponsard A., Escalona F., Munzner T. PaperQuest: A Visualization Tool to Support Literature Review, CHI Conference Extended Abstracts on Human Factors in Computing Systems. ACM, 2016: 2264-2271.

[111] Ezaiza H., Humayoun S. R., Altarawneh R., et al. PerSoN-Vis: Visualizing Personal Social Networks (Ego Networks), CHI Conference Extended Abstracts on Human Factors in Computing Systems. ACM, 2016: 1222-1228.

[112] Du F., Plaisant C., Spring N., et al. Finding Similar People to Guide Life Choices: Challenge, Design, and Evaluation, CHI Conference Extended Abstracts on Human Factors in Computing Systems. ACM, 2017: 5498-5509.

[113] Tharatipyakul A. Supporting Visual Temporal Media Comparison, CHI Conference Extended Abstracts on Human Factors in Computing Systems. ACM, 2017: 330-334.

[114] Zhou A. J., Yang H., Wu H. Minerva II: A Novel Entity Discovery Tool, CHI Conference Extended Abstracts on Human Factors in Computing Systems. ACM, 2016: 1622-1628.

[115] Rhyne T. M. Applying Color Theory to Digital Media and Visualization, CHI Conference Extended Abstracts on Human Factors in Computing Systems. ACM, 2017: 1264-1267.

[116] Du F., Cao N., Lin Y. R., et al. Isphere：Focus + Context Sphere Visualization for Interactive Large Graph Exploration, CHI Conference on Human Factors in Computing Systems. ACM, 2017：2916-2927.

# 区域空间治理的理论与实践前沿

王 磊 高 倩

（武汉大学中国中部发展研究院）

## 一、引 言

20 世纪 80 年代以来，随着经济全球化的深入发展，城市区域化的趋势日益加剧，全球范围内以大都市区发展为主的趋势开始形成。大都市区逐渐代替城市成为国家和地区管制的主要尺度单位，以区域为主体的区域间合作和区域一体化也开始兴起，并在全球化进程中发挥着越来越重要的作用。但与此同时，城市区域化所带来的问题也开始凸显，并阻碍着各国的经济社会发展，例如美国与东南亚等地区因地方政府高度碎片化而带来的"巴尔干化"现象，欧盟因国家地区间差距过大而形成的马太效应等。因此，如何解决这些问题，并进一步推动各国经济社会发展，成为了学者们探讨的重点。

区域空间治理就是在这样一个背景下被提出的，区域空间治理可以理解为"治理"在区域空间层面的应用，主要通过利用合理的规划手段，构建科学的空间治理体系，引导各类资源要素在一定区域范围内合理分布。丹麦学者安妮·梅特·卡亚尔（Anne Mette Kjaer，2004）将区域治理定义为：在区域范围内，政府、非政府、公众等机构团体在保证自身自主性权利的前提下，通过某种手段、制度或机构在多元、协商、多利益协调的基础上解决区域公共问题的过程或状态。随着时间的推移，区域划分和区域治理的方法逐渐演变，从强调自然区域的规范性方法逐渐发展到包括经济发展、经济地理和公共选择的区域主义。现如今，区域空间治理在国际中的地位愈发得到重视。从现有研究来看，区域空间治理的理论研究主要涉及环境、公平和经济发展三个方面，并更注重多学科融合（Stephen，2002），治理的目的则变为使一个地区内所有相互联系的经济体在全球上具有竞争力（Brenner，2002），区域空间治理的实践则一共包括全球与国家间的区域治理、国家层面的区域治理和大都市区治理三个层面。学者们多从某一层面出发进行分析，以解决不同国家和地区的区域空间治理问题，但从国际上区域空间治理的发展趋势来看，构建以动态的多层次网络状治理为主体的区域协调体系是未来区域空间治理的研究重点。因此，对国内外前沿理论及实践进行总结，是很有必要的。

改革开放以来，随着我国区域发展战略的推进，长三角、珠三角、京津冀和长江中游城市群等区域得到迅速发展，发达国家区域发展曾出现的问题也在我国日益凸显，除了珠三角出现的"巴尔干化"现象外，东部与西部、沿海与内地以及省份内部之间也开始出现马太效应，这些严重阻碍我国经济社会发展的现象开始得到重视。自《中共中央关于全面深化改革若干重大问题的决定》中明确提出"建立空间规划体系"以来，中央先后多次在各种会议与规划方案中提出要推进体制机制改革进行空间规划体系的建立。2014年下发的"多规合一"通知中更直接把"推进'多规合一'，构建空间规划体系"作为推进我国治理体系现代化的重要路径。但目前我国区域治理体系还处于起步阶段，对国外现有的理论与实践的借鉴是必不可少的。近年来，国内外关于大都市区治理的研究逐步完善，并从理论研究走向实践应用，开启多学科交叉研究，但其中更多的是集中于某一区域的研究，从中得出的相应结论会过于片面，对国内的参考价值有限。因此本文将对国外文献实践进行梳理分类研究，并针对我国国情提出相应的区域空间治理体系，为我国区域空间治理提供参考建议。

# 二、区域空间治理理论的发展脉络

区域主义是进入 20 世纪之后，伴随经济全球化和欧美城市化发展而产生的一种区域空间治理理论，从区域空间治理体制发展的数十年历史来看，在 20 世纪初至 20 世纪 80 年代期间，主要由传统区域主义理论(单中心理论)与公共选择学派(多中心理论)占据区域空间治理的主导地位。传统区域主义理论产生于 20 世纪初期，并于 20 世纪 40 年代到 80 年代中期占据美国学术界的主导地位。美国自 20 世纪初期开始大规模推进城市化进程以来，大都市地区的政府数量迅速增长，地方的政治和行政权力日趋分散。而随着工业化的进行，各大都市地区政府进行协调合作是非常有必要的，为了解决政府碎片化问题、实现区域合作，传统区域理论被提出。传统区域理论主要通过两种方式进行结构改革，一是让中心城区对外围城区进行兼并，在此基础之上建立大都市区政府以进行集权统一管理；二是直接将中心城区与外围地区的政府进行合并，形成双层政府，并对权力和责任进行重新划分，从而提高政府的效率，缩减财政消耗。从理论上看，传统区域主义理论能够缓解中心城区与郊区之间存在的财政失衡现象，合理高效地进行分配资源并较好地维持公共服务体系的运转。但在实践过程中，对政府进行重新构建并不容易，形成的新政府的结构往往是不合理的，不合理的政府结构不仅不利于区域行政效率的提高，反而一定程度上限制了区域行政能效的发挥。

公共选择学派是为了打破传统区域主义带来的单中心区域治理模式而产生的，与传统区域主义相比，公共选择理论更强调分权，试图构建以核心区为主导的多中心区域治理模式，如果说前者是通过把数量急速增多的政府整合起来进行统一管理以解决地方政治和行政权力日趋分散的现状，公共选择理论则强调各地区政府之间的竞争关系，通过市场体制进行调节，使政府间能自发进行合作，为公民提供更优质多样化的选择。公共选择理论的市场体制与传统区域主义的科层制模式相比，有着地方管理者具有更大的自主权的优点，因此有利于提高区域内现有资源的使用效率和管理的合理性。但同时也容易使有基础优势的地区短期发展过快，这一现象会使区域间进行合作的可能性降低，并进一步扩大区域间的发展差异。

经过传统区域主义与公共选择学两阶段的治理，政府碎片化及区域间发展不平衡等问题均未得到彻底解决，20 世纪 70 年代国际上盛行的新自由主义更使得区域主义的推广受到限制，区域主义陷入发展的衰落期。新区域主义就是在这个背景下被提出的，并成为 20 世纪末期至今的主要区域空间治理理论。作为传统区域主义及公共选择学派调和的产物，新区域主义理论强调政府、非政府、公众等机构团体之间的合作关系。传统区域主义由政府机制主导，强调集权、统一政府，上下级关系分明；公共选择主义由市场机制主导，强调分权，存在竞争关系；新区域主义模式则是由合作网络主导，强调区域间多元合作、互惠协作，认为单从政府指导或市场调控很难解决区域问题，关键是将两种机制综合运用。20 世纪 90 年代末期以来，随着新区域主义理论逐步与多学科进行交叉，新区域主义也开始出现综合化发展趋势。在国际上，关于新区域主义理论的内涵及特点并没有一个统一的认识，只涉及新区域主义理论的研究较少，更多的是将其与其他研究结合进行讨论。根据现有文献分析，可将观点分为以下三类。

第一类观点将新区域主义与旧区域主义进行对比，进而理解新区域主义。关于新旧两种区域主义在理论层面的不同，学者们主要从研究的背景、主题及理论探索视角的差异对其进行讨论：新区域主义产生于经济全球化时期，相比于产生于冷战时期的有明确动力来源的旧区域主义，新区域主义更多的是一个自发性的过程，属于"内生性区域主义"；旧区域主义分别分析区域化与全球化对区域主义发展的影响，认为区域化能促进区域主义发展，全球化会阻止区域主义发展，新区域主义则更倾向于将两者结合讨论，认为区域化和全球化之间有着相互依存的关系，可以促进区域间的贸易自由化；新区域主义在理论探索方面运用全球化的视角分析，采用多层次互动分析法，从全球、区域、区域间、国家及地方五个层面分析新区域主义。现在发展较为成熟的分析方法有全球—区域—国内"三层博弈"分析法、国内—区域—区域间—全球"四层互动"模式及全球—区域间—区域—国家—地方"五层互动"分析法，这些分析方法表明新区域主义理论体系可以适用于不同国家及地区的区域治理需求。

第二类观点认为新区域主义是着伴随区域一体化产生的，新区域主义的思想体系应大体与区域一体化相一致。这一观点试图从国家、区域间合作来解读新区域主义，并弱化了对边界与区域范围的界定。因为区域主义是在全球化背景下城市区域化过程中产生的理论，且作为新区域主义研究重点地区之一的欧盟也是通过一体化对国家间及国家内部进行区域治理的，因此部分学者会结合 20 世纪末世界出现的各种区域贸易协议和新型合作机制进行新区域主义的探讨。这一现象使得认同第二类观点的学者的研究多涉及区域间贸易协议的制定，也有部分学者在此基础之上研究新区域主义与经济发展和贸易自由化的关系。第三类观点认为不能仅将新区域主义限制于经济地理方面，新区域主义是包括经济、政治、社会和文化等各方面的区域整合的多元化过程。此类观点多产生于新区域主义产生的初始阶段，虽然为第一、第二类观点的研究奠定了基础，但并未形成逻辑严密的理论系统，现在研究的人较少。

# 三、区域空间治理理论的发展前沿

新区域主义理论的发展也伴随着区域治理的复兴，欧洲、北美、澳大利亚等地区开始通过对大都市区的治理来解决城市问题、创造宜居社区。Hamilton（2004）指出新区域主义的导向是治理而不是结构，它主张政府和私营部门进行合作，通过建立网络状的伙伴关系来解决区域问题。Counsell 和 Haughton（2003）通过调研发现英国部分地方政府试图通过地区间的文化交流进一步实现区域间合作，这促使以合作机制为导向的新治理模式产生，传统的自下而上的治理模式逐渐消失。上述学者的研究表明，在新区域主义理论的背景下，区域治理的理论正在与实践同步发展和演化，新兴的区域空间治理理论也随着各国区域空间治理的进行而兴起。当前，主流的新兴区域空间治理理论可分为三类：区域合作治理理论，多层次治理理论以及网络化治理理论。

**（一）区域间合作治理理论**

区域间合作治理理论是在新区域主义基础之上衍生出来的治理理论，是指国家或地区之间以实现共同利益为目标而进行合作，强调国家或者区域之间的伙伴关系。区域合作治理在区域治理理论出现的早期便存在，但当时并没有形成系统的研究，如今关于区域合作机制的研究重点在于区域合作治理的模式选择。虽然区域合作是由共同利益促成的，但现实情况却是即使存在共同利益，区域合作也很难达成，这种情况称为"制度性集体行动困境"（Institutional Collective Action，以下简称"ICA 困境"）。"ICA 困境"最典型的一个例子就是"囚徒困境"：如果双方进行合作则能得到更好的结果，但由于双方往往只考虑自己的利益，使得合作不能成立。这一现象多出现于地区之间，由于各地区之间存在利益冲突，因此地方政府往往会在个体最佳选择和区域整体性最佳选择之间犹豫，导致区域合作治理无法顺利进行，选择合适的区域间合作治理模式能够有效减少"ICA 困境"的发生概率。

近年来，世界各国的区域空间治理实践大多是以区域合作治理机制为基础，并结合区域自身情况改进完善。现阶段关于区域间合作治理模式的研究已较为完善，可以根据不同的主体、结构、目的等分为以下几种模式：从区域合作的主体来看，可以分为政府主导模式和企业主导模式，前者在计划经济体制及区域经济一体化的初期较为常见，但由于政府主导模式有容易阻碍区域间横向经济联系、加重地区分割等缺陷，在后期会逐渐转向以企业为主导的合作治理模式。从合作关系的结构来看，可以分为辐射式开放合作模式和轴带合作模式，前者是以经济较发达地区为中心，通过从中心向外辐射的方式进行区域间各种要素的交换，以达到区域共同发展的目的，后者是以铁路、公路、水路等为主轴，由交通带动要素流动，从现有实践研究来看，辐射式开放模式的发展会逐渐形成轴带合作模式，从而形成网络状结构。从合作双方的目的来看，可以分为资源互补型合作、优势互补型合作及产品互补型合作，三种合作方式均体现了通过分工合作能使双方更容易获得规模经济效益及范围经济性。除此之外，还存在联盟型合作模式、贸易性合作模式、援助性合作模式和共通合作模式等区域间合作机制，均在国际范围内发挥着作用。

### (二)多层治理理论

多层治理理论在某种程度上可以看做是治理理论在区域间合作和国际合作中的一种应用，是在新区域主义理论及区域间合作治理机制的基础之上产生的。"多层治理"这一概念最初是由 Gary Marks 于 1992 年研究欧洲共同体时提出的，一年后，Marks(1993)在文章中将多层治理定义为"一个在不同领土层面上政府之间的持续谈判体系"。多层治理理论在此之后经过贝阿特·科勒—科赫(Beate Kohler-Koch，1998)、里斯贝特·胡奇(Liesbet Hooghe，2001)等多位学者的逐渐完善，最终发展成为一个较为完整的理论体系。他们将多层治理定义为：在以地域划分的不同层级上，相互独立而又相互依存的诸多行为主体之间形成的通过持续协商、审议和执行等多种方式作出有约束力的决策的过程，这些行为主体中不存在具有专断决策能力的主体，它们之间也不存在固定的政治等级关系。

因多层治理理论最初是从对欧盟的研究中发现的，其相关特点及内涵也是从欧盟的治理经验中总结出来的。从现有对欧盟的研究来看，多层治理理论有以下两个特点：参与主体的多元性和决策主体的多层性。在多层治理模式下，欧盟的参与主体可以从纵向及横向两部分来看，纵向是指超国家层次、国家层次、区域层次及个体层面三个层面，横向则指分布于这几个层面的不同机构，这些机构作为参与主体将共同参与决策，形成一种新的集体决策模式，各行为主体之间的关系平等。多层治理模式下的机构虽然是分别属于超国家层面、国家层面、区域层面及个体层面四个层面的，但机构之间并不存在上下级关系，避免了垄断情况的发生，强调权利的非集中性和开放运用。

### (三)网络治理理论

网络治理理论产生于 20 世纪 90 年代后期，可以说是科层制与市场机制的折中，区域间合作治理与多层治理理论的综合，也是新区域主义应用最为广泛的一个方面。现在较为常见的网络治理理论为组织间网络治理理论，所谓组织间网络，是指相关的组织之间由于长期的相互联系和相互作用而形成的一种相对比较稳定的合作形态，这样组织群就能够通过集体决策、联合行动来生产产品或提供服务。在这种治理理论当中，权力并不固定集中于某一政府或组织，而是分散和流动的，国家可以根据新的目标与需求，将治理主体之间的关系调整成为最适合发展的形式。网络治理理论强调市民在治理过程中的作用以及国家和市民之间的关系，这表明政府虽然能影响治理的进行，但不能直接进行控制，只能通过与市民以及非政府组织等合作进行治理。

与其他治理理论相比较，网络治理模式拥有以下优势，第一是视角上从等级视角转向网络视角，在之前的理论研究中，无论是传统区域主义理论或是公共选择流派，城市间都存在明显的隶属或自上而下控制的关系，但网络治理中的各个成员之间都是平等、共享的合作关系。第二点是地方空间向流动空间转型，网络治理的一个优点就是能够随时根据当前的治理情况对治理的细节进行调整，这一过程中，区域治理的中心往往是会变化的，但在传统的区域治理理论中，中心地区从始至终都是固定的。第三点就是城市间关系的转变，无论是单中心治理模式或是多中心治理模式，城市间都存在竞争关系，但是在网络治理模式中，网络化过程中各地区会逐步建立合作关系，以达到协调发展，城市间关系也从竞争转向合作。

# 四、区域空间治理的实践前沿

新区域主义及其衍生的理论有各种实践意义，从使中心城区和郊区协调发展、减少收入差距、增强在全球经济中的竞争力，到基于经济、环境和社会系统的整体规划方法，均体现着新区域主义的重要性（Mayere，2008）。从区域空间治理开始发展至今已有一个多世纪，随着区域空间治理理论的发展，区域空间治理模式也发生着不同的变化，并于不同的时期在不同国家和地区发挥着作用。本部分将对全球范围内区域空间治理的实践研究进行总结，从而进一步理解新区域主义的作用。

**（一）欧洲地区**

1. 欧盟。

欧盟是世界上区域治理较为成功的案例之一，其早期由 6 个国家创始，并逐渐发展到现在接近 30 个国家及地区，由于最初欧盟成员国之间在文化、经济和政治方面存在不小差异，因此其发展模式也作为研究典型得到了不少区域经济学家的关注。在欧盟建立的初期阶段，国际中关于欧盟治理结构的定义一直存在争议，一部分学者认为欧盟是一种典型的超国家治理，另一派则认为欧盟本质上还是一种政府间治理模式，西蒙·希克斯（Simon Hix，2005）更直接指出欧盟是一个具有多重机制和程序的复杂政治系统。20 世纪 90 年代后期，随着欧盟一体化的进行，学者们开始更多地从欧盟决策机制方面进行讨论，多层治理模式被加里·马克思（Gary Marks）及里斯贝特·胡奇（Liesbet Hooghe）等学者正式提出。

欧盟的区域治理模式在经过向上向下延伸及区域间互动最终形成了如今的区域协调发展治理结构——动态多层治理结构，欧盟的动态多层治理结构一共可以分为四个层次，超国家层面、国家层面、次国家层面及个体层面。超国家层面由主管立法和决策的欧盟理事会、主管政策及法律执行的欧盟委员会、负责监督的欧洲议会、区域委员会及其他相关机构构成，主要负责欧盟相关政策及法律的制定和金融管理方面的工作。位于欧盟区域协调治理结构中第二层级的为各成员国，欧盟内大部分成员国都在区域治理方面有较长的历史，加入欧盟后，为了解决各成员国之间的发展差距问题，保持欧盟内协调发展，各国都建立相应的职司机构体系以处理本国相关事务。次国家层面包括各联邦国家的组成部分、单一制国家的地方以及若干海外飞地，这些地区拥有负责制定超国家及国家层面政策的机构，同时也负责欧盟民族文化的传承（Cini，2003）。个体层面主要指企业、非政府组织、社团法人、工会乃至公民个体，欧盟推行了多种互动机制，使个体层面的代表有机会向政府进行反馈，以此为参考对欧盟政策进行改进。

对于欧盟区域治理的研究一直集中于怎样通过区域治理推进欧盟区域一体化的进行，Sweet（1997）认为欧洲一体化是由跨国家交流合作、超国家组织管理和欧盟规则制定三者共同推进的，Hooghe和Marks（2001）认为近几十年来，欧洲治理经历了中央集权和分权双重过程，这一双重进程使得欧洲"多层次治理"模式得以形成，进而推动着欧洲一体化进程。Pollack（2011）对欧盟进行分析发现，欧盟内部15个成员国政府多次将行政、司法和立法权力下放给例如欧盟委员会、司法院和欧洲议会等超国家机构，通过这些超国家机构的共同治理，实现欧盟一体化。

近年来的研究更加细化，开始从欧盟内部等级治理机制及新加入国家的治理来进行研究。学者 Schimmelfennig（2016）认为欧盟在逐渐扩大的同时，也因为欧盟政策不能完全适用于新加入国家而产生组织分化，这严重阻碍了欧盟一体化进程，为解决这一问题，欧盟采用了成员分级制度，成员等级高的国家在欧盟体系中的地位越高。成员等级由国家民主程度及国家治理能力两个标准决定，成员国越接近这规定标准，其成员等级就越高；这使得一些发展较快的成员国被迫减缓国家发展，并激励发展缓慢的成员国巩固国家民主、改善国家治理能力，从而实现欧盟一体化。Rivolin（2016）对全球危机之后的欧洲进行分析，认为在金融危机之后，受危机影响最严重的国家的空间治理体系是直接通过土地使用权分配或城市规划进行空间开发，而受危机影响较小的国家则是在公共基础设施建设完成之后之后再进行土地使用权分配和城市规划。但是目前国际上大部分国家都是直接通过城市规划和土地使用权的再分配进行空间治理，忽略了公共基础设施的建立。

2. 英国。

20世纪80年代，由于英国《地方政府法案》的颁布和欧洲一体化的积极推动，英国政府陷入了区域治理的两难境地，一方面，政府碎片化问题需要进行区域整合，另一方面，欧盟新区域主义的兴起又阻碍着国内区域联合。在此情况下，英国采用了一种新的治理方式——元治理，这一理论由英国政治理论家鲍勃·杰索普（Bob Jessop）于1997年提出，更强调政府在治理中的作用，认为政府是

389

治理的三方主体中进行协调的最主要主体，从而打破了政府和治理之间的绝对划分，将治理过程放置在国家干预的背景下。虽然英国整体的治理体系是依照"元治理"的标准进行，但在实践过程中，治理模式也会根据实践情况发生改变，因此现阶段对英国区域空间治理的研究还停留在其治理模式上。Chung(2015)对区域主义复兴的 20 年以来，中国和英国的区域规划实践进行分析，指出区域主义在由共产党领导的中国和强调自由民主的英国有着完全不同的发展，两者所制定的区域行政和规划框架也有很大的差别：中国更注重中央集权，多采用中央政府主导的治理模式；英国虽然也强调政府的作用，但更注重权力下放，在纵向上由国家调控，横向上则由多重机构进行协调治理，这一研究结果说明两个地区行政体制方面的差异也可以反映到地域层面上来从而影响到两者的区域规划。

Bafarasat(2016)对英格兰西北部进行纵向研究后发现了两种新的区域主义方法，一种是"混合区域主义"，这是处于旧区域主义与新区域主义之间的另一种选择，混合区域主义以区域合作为主导，制定跨区域政策，以可持续发展为目标，鼓励地方政府之外的民间企业参与，重点在于各地区之间协同发展，而不仅仅局限于追求经济增长。研究指出的另一种区域主义方法是"部门新区域主义"，此方法以经济增长为导向，以中央政府为主导，这一方法在一定程度上也会使地方政府间形成合作关系，但与混合区域主义相比，部门新区域主义会加大地区间的发展差距，因此在合作方面的局限性更大。Harrison(2012)对英国城市区域治理模式的演进进行探讨，发现 2004 年之后，随着英国区域政策的消亡，城市地区成为新的空间尺度，各种政策和机构数量激增并试图用不同的方式定义城市规模，但是这些机构与政策之间缺乏一致性，所定义的"城市地区"并不是区域治理所定义的城市地区，而是指生活区，这反而模糊了城市地区的范围。为了明确城市地区的定义，并使其与现有的经济治理与空间规划相结合，国家必须制定政策对城市地区的划分进行指导。2017 年初，英国正式脱离欧盟，在短期内对英国经济发展无疑是有利的，但是脱离了欧盟的英国的未来还是未知的，英国的区域空间治理的走向也需进一步分析。

### (二)北美地区

1. 美国。

美国是现代大都市区治理的典型，不同的治理模式在美国不同的大都市区均有涉及。美国作为一个地方自治色彩浓郁的国度，由于政府碎化带来的"巴尔干化"现象成为必然，政府碎化问题成为了美国大都市区治理的重点，Paytas（2002）通过实证研究发现1972—1992年期间，美国大都市区的政府碎化程度不断加剧，且其碎化程度与区域竞争力呈反比，因此美国大都市区的治理便以解决政府碎化问题为切入点开始不断演进。到目前为止，美国大都市区治理的演变过程大致可以分为三个阶段，第一阶段为以兼并、合并为特征的单中心城区扩张模式，也被称为集权的大都市政府模式。这一模式是现在在美国大都市区也普遍存在的治理模式，但是其存在的高峰期还是在19世纪后期。此时美国处于工业化大生产阶段，中心城区掌控着区域经济的发展，当中心城区经济发展受到城市范围限制时，通过兼并与合并进行对外扩张成为中心城区扩大其经济发展范围的主要方式。

第二阶段为多中心治理结构，这一治理结构始于二次世界大战之后，郊区综合实力的不断加强使得中心城区失去其霸权地位，无法再采取兼并合并的方式进行扩张，因此大多中心城区转为选择与郊区进行合作，从而形成了多中心治理结构。但是由于各方面因素影响，第一二阶段的治理方式均没有收到预期效果，美国大都市区分割混乱的现象依旧存在。因此，在进入20世纪90年代经济全球化及后工业经济发展阶段时，美国出现了新区域主义指导下的"没有政府的大都市区治理"，即以区域治理能力建设为核心的大都市区治理转型。这一时期的大都市区治理在治理方式上与前两个阶段并没有太大的差距，而是在区域治理的形式上提高了跨部门功能性联合程度，更倾向于采用协调合作的方式进行治理，鼓励非政府部门组织参与，这种由公私部门组成的利益共同体更加考虑区域的整体利益，能较为有效地解决区域治理中存在的问题。

虽然整体上美国的大都市区治理是分为以上三个阶段进行的，但由于美国的地方自治历史由来已久，不同的大都市区治理方式也有较大差别，因此这三个阶段所运用的治理模式（集权的大都市政府模式、多中心的市场竞争模式、网络化的区域合作模式）在美国均能找到应用空间。杰克逊维尔和迈阿密采用的均为大都市政府治理模式，不同的是前者采用的是单层制大都市政府模式，将中心城区与杜瓦尔县合并，并建立大都市政府进行管理；迈阿密采用的是双层大都市政府模式，1957 年戴德县与迈阿密合并以后，又将大都市政府进行了权限和责任的重新划分，上层主要提供县域服务，下层政府则承担更为具体的公共服务工作，上下层间不存在等级隶属关系，因此迈阿密的双层政府体制可以说是一种横向分权管理体制。

多中心的市场竞争模式的代表城市为路易斯维尔、匹兹堡和纽约，这些地区采用的都是类似于区域间协议合作等管理较为松散的治理模式。其中，路易斯维尔是跨地区协议治理的典型，当地政府曾两次欲与周边的杰弗森县进行合并，但均以失败告终，最后两地采用了跨地区协议的方式进行合作，此协议不仅将区域间的税务及公共服务进行重新划分，更提出在保留一些机构进行联合运作的基础上建立一个新的联合机构——经济开发办公室，使两地经济及公共服务均有提升。匹兹堡为公私合作伙伴关系的典型，与美国其他大都市区相比，匹兹堡的地区分割现象更为严重，且地区间发展程度差异巨大，因此与路易斯维尔的协议治理相比，匹兹堡的治理方式更类似于联盟管理模式，它试图通过这种形式将匹兹堡区域经济重建为一个以服务业部门为中心的经济，同时通过提供相应的经济政策使中心城区与郊区之间的经济趋于平衡发展。纽约则为松散型治理结构的典型，早在 1898 年纽约就和它周边的四个县联合组成了大纽约政府，但时至今日纽约都没有形成统一、具有权威的大都市政府，这既有三个州崇尚民主自由，反对过多行政干预的原因，也有郊区经济发展过快造成区域内各级政府高度分化的现实。尽管如此，纽约仍存在着一些有限的区域合作，例如 1921 年成立的港务局。

华盛顿、波特兰和明尼阿波利斯—圣保罗是新区域主义视野下大都市改革的典型，华盛顿是由核心区哥伦比亚特区以及马里兰州、弗吉尼亚州的 15 个县市组成，因其作为联邦首府所在地，受到的政府调控影响较深，其成员政府之间具有较强的合作意识，区域间合作也明显多于美国其他大都市区，并更进一步形成了统一的正规组织——华盛顿大都市委员会（MWCOG）。华盛顿大都市委员会并没有执法能力，而是由县市政府自愿组织形成，如今其已从一般的区域协调机构逐渐发展成为以经济合作为基础的综合职能的实体性组织。波特兰采用的则是大都市"保护伞"模式，波特兰的治理模式与大都市区政府模式有一定的相似性，但波特兰的政府主要权限只有协调规划与决策权力，这一限制使波特兰的大都市政府只能作为连线将地方和区域利益协调起来，类似于一个中介机构。

明尼阿波利斯—圣保罗区域由于在中心城市周围环绕着超过130 个分散的郊区，长期受到政府碎化、经济发展差异大及公共服务不平衡等问题的困扰，同时该地区的区域管理体制极度缺乏弹性，使兼并合并战略不能直接解决政府碎化等问题。因此，明尼阿波利斯—圣保罗在多方努力下，建立了双子城大都市议会，与一般的大都市政府治理模式相比，双子城大都市政府模式有明显的独特特征：首先它将政策的制定与执行分开，大都市政府负责政策的制定，其他治理主体负责执行，使联委会能够致力于制定指导不同服务运作的整体政策；其次双子城大都市政府的模式中的地方政府并不是联盟的主要成员，联盟会有单独的税收来源，受政府影响较小，这避免了其他大都市政府由于成员政府退出而造成的联盟内部混乱问题。

2. 加拿大。

在加拿大，区域结构治理是依据省级政府的意愿来的，政府全权负责制定区域治理政策和解决区域治理问题，因此对加拿大地区的实践研究大多都是分区域的。例如多伦多大都市区，直至其灭亡，都被认为其政府在区域治理方面采用的网络合作治理模式是非常成功的，因为它成功实现了区域经济的平衡；而大温哥华地区采用的则是基于共识和协议的共同增长管理方法，但同时也存在过于依赖地方合作等问题，一旦合作关系破裂，容易形成混乱；哥伦比亚政府则是在全省分区域开展区域规划，以此加强对各种公共事业机构的管理，达到区域治理的目的。学者 Olfert（2016）试图对加拿大的区域不平等问题和放权治理模式进行研究，他通过的各种可能影响区域经济的因素进行分析，认为发展城市化能够使区域趋同，最终达到均衡。除此之外，区域的初始条件、外生变化、人口迁移和政府政策等也会影响区域经济的增长轨迹，政府在制定政策时的效率成本及效率与公平之间的权衡也同样重要。Wanvik（2016）对加拿大采掘热区出现的政府、行业与原住居民之间的关系进行分析，认为政府通过对行业进行授权协调了三者之间的关系，并对此进行延伸讨论，认为在区域治理过程中，对相关行业进行授权管理，将社会与环境的规划责任转交给企业利益相关者管理能解决政府与行业间的土地权利问题。

### （三）东亚地区

1. 东盟。

东南亚国家联盟（Association of Southeast Asian Nations），简称东盟（ASEAN），成立于 1967 年，成员国有马来西亚、印度尼西亚、泰国、菲律宾、新加坡、文莱、越南、老挝、缅甸和柬埔寨等 10 个国家，其成立对东南亚地区甚至是东亚地区的区域治理与发展有着重要作用。直至今日，东盟已经历 50 年的发展，其发展进程也可以被视为是区域治理不断推进的过程，最初东盟的治理核心是对区域治理机制的调控，通过联盟内部组织机构及会议机构的协商和成员国间的谈判，寻找在保证各国利益前提下的利益共同点，以此为出发点实现区域间合作，达到国家利益与整体利益协调发展的目的。1997 年金融危机之后，东盟将其治理机制扩展至整个东亚地区，"10+3"与"10+1"机制的建立均使东亚国家的联系更加紧密。

Wunderlich（2012）对欧盟及东盟的治理模式进行比较分析，认为欧盟的规范和制度是建立在广泛的自由主义价值观之上的，而民主是唯一可接受的政府形式，欧盟成员国对这些制度及规范有着强烈认同感，并将其运用在对外关系中。东盟的核心准则为强调中立、领土完整、互不干涉的基于共识的决策。现阶段全球治理模式更偏向于欧盟的一体化模式，但作者认为当欧盟陷入危机时，东盟的治理模式可能对欧盟有帮助。Ruland（2014）认为自金融危机以来，国际上对民主制度的促进及东盟内部的区域治理"民主化"等都对东盟的区域治理模式产生了不小的压力，但东盟国家通过去国内民主化、区域结构调整及外来文化本土化三种方式，成功解决了这些压力来源，但这一结果同时也表明东盟的利益代表体系想向自由多元化转型是非常困难的。

2. 日本。

在主要发达国家中，日本的区域治理也是颇具特色的，虽然在理论方面没有形成体系，但在实践上取得了很大成就。日本的区域治理在历史上可以分为三个阶段，第一阶段是明治维新之后形成的、中央集权式官僚主义的区域治理模式，第二阶段是"二战"以后实施的地方自治制度。第三阶段开始于 21 世纪初，日本进行了行政单位合并——平成大合并，这次区域治理模式的改革，一方面扩大了地方自治体的规模，不仅节约了行政费用，同时也有利于地方分权治理，实现与中央的对等关系；另一方面则适应了城市化的发展趋势，确立了规模适中、功能完备的居民生活区。因"二战"后的日本重建速度快且经济发展迅速，现阶段关于日本的区域治理的研究集中于"二战"后时期，战后日本区域治理的主要目标为"恢复经济增长"、"缩小区域间差距"和"实现国土的均衡发展"，为了达到这三个目标，日本根据国情先后六次对现有政策规划进行调整。

第一次调整为 1950 年制定的《特定区域综合开发规划》，该规划为 21 个特定地区规划的总和，被认为是战后日本区域规划的起点，对促进日本战后经济恢复起到了重要作用。1955 年，日本经济取得全面恢复，但地方财政，特别是欠发达地区的财政状况仍然比较紧张，因此，各地政府纷纷制定优惠政策吸引工厂入驻以增加财政收入，以产业基础设施建设为主的工业开发，为这一时期的区域治理的主要特征。自 1962 年日本第一次《全国综合开发规划》颁布以来，日本先后一共制定了五个《全国综合开发规划》，每个"规划"都规定了日本的未来发展特征及路线，对日本区域治理起到了重要引导作用。"一全综"时期，日本经济已基本恢复正常，日本的区域治理也从以资源开发和产业基础开发为主的"经济发展"模式转向以缩小区域差距为主要内容的"社会发展"模式。这一阶段,日本将全国划分为"过密地区"、"整治地区"和"开发地区"三个部分,对"过密地区"采取防止产业及人口过度集中的直接措施,对位于"过密地区"周边的"整治地区"采取大规模的工业开发促进地区经济增长,对"开发地区"加强基础设施建立,制定优惠政策吸引工厂入驻。

"二全综"时期的前期,政府提出通过进行例如高铁及高速公路等现代化交通体系解决地区"过密过疏"的问题,使经济得到高速发展,但这一结果也使得部分日本政府官员自视过高,导致"二全综"后期对经济发展过于乐观的日本政府策划了许多不切实际的大规模工程项目,而1973年的石油危机使这些项目破产,日本经济环境发生巨大变化,为20年代后期的"泡沫经济"埋下祸根。"三全综"时期,日本政府开始将发展重点转向提高国民生活质量上,试图通过建立"示范定居圈"对人口及产业的流动进行控制,并开始构想建立"技术聚集城市"来促进地方技术革新,虽然这一系列构想并没有完全成功实施,但这种思想为日后日本发展奠定了基础。

1987年以后的"四全综"及"五全综"是为了使"泡沫经济"崩溃后,陷入长期萧条的日本经济重新复苏而提出的。"四全综"时期,日本提出"交流网络构想",试图通过陆海空立体交通体系将整体国土连成一体,通过城乡交流和国际交流实现历史传统和现实世界、国内和国外的跨时空融合,使东京形成"多级分散国土结构",同时加强东京周边及名古屋、大阪等中枢城市的建立。但直至1998年"五全综"时期,日本经济依旧萧条,且此时日本的交通体系已较为完善,并不适合进行大规模的区域规划调整,经济全球化及人口老龄化等趋势也表明日本不能再沿用过去的区域治理方法进行区域开发治理。

因此,"五全综"中从两个方面对区域治理方法进行改进,一是提出要形成"东北国土轴"、"日本海国土轴"、"太平洋新国土轴"及"西日本国土轴"等四个国土轴，以取代明治维新之后逐渐形成的"一极一轴"结构。这四个国土轴所包括的地理范围并不十分严格，但大体是以维持地区自然环境及历史积累为前提进行规划的，有利于地区文化建设。另一方面日本政府提出要采用"参与和协作"的模式来实现区域规划目标，这一模式在"三全综"及"四全综"时期均有提出，但此次所提出的"参与和协作"的范围不仅包括地方政府和企业，还将范围扩大到志愿者团体和普通居民。对战后日本的区域治理进行分析，我们可以发现日本区域治理虽然基本都是按照规划进行的，但依旧有和欧美国家一样从国家主导逐步发展为地方主导、自主开发的特点。除此之外，日本国土开发的模式是从"点"到"线"到"面"最后发展为"立体开发模式"，国土结构也从"一极一轴型"逐步转变为"多轴型"结构，逐步形成符合国家国情的治理模式。

### （四）小结

对以上欧洲、北美及东亚部分地区与国家进行区域空间治理的实践分析后，我们可以总结出以下几点。首先，这些国家及地区的治理模式虽大体上遵循"单中心—多中心—多中心网络化"的演变过程，但现阶段还是有部分地区使用偏向单中心或者多中心的治理模式，并且取得了较好成效。通过对美国的实践分析我们会发现它在不同州和大都市区的治理方式有很大差别，这些都说明区域空间治理模式具有多样性，而且一种治理模式通常不能完全适用于整个国家，而是要针对国家及地方情况进行调整。其次，区域治理模式的最终确立都是多方博弈的结果，并会受到各种因素的制约，现阶段，随着经济全球化的发展，政治体制、经济体制及社会发展状况均对区域治理模式的选择有所影响，因此，也可以从这方面入手，间接对区域空间治理模式进行改进。最后，无论是崇尚民主自由的欧美还是更为注重集权的亚洲地区，政府调控在区域治理方面是不能缺少的，即使是美国号称"没有政府的大都市区治理"模式，政府依旧在协调合作中有着重要作用，但是政府的权力和作用会随着动态多中心网络模式的发展而减弱也是未来的发展趋势。

# 五、我国区域空间治理的挑战与对策

## （一）我国区域空间治理发展脉络

结合国内外学者的研究，可以将改革开放以后我国的区域空间治理划分为三个阶段：第一阶段为改革开放初期至 20 世纪 90 年代，此时我国区域治理的基本理论均是从日本及西欧引进的，实践也刚刚起步，区域治理的重点放在国土规划及城镇体系的建立上。在此阶段，国家政府将国土空间分为东中西三部分，并在政策上对东部沿海地区倾斜，东部地区经济社会得到迅速发展。第二阶段为 20 世纪 90 年代至 21 世纪初，这一阶段我国提出了社会主义市场经济体制改革，并提出了一系列如增设保税区、西部大开发战略等加强对外开放和区域规划的政策，这些以经济增长为导向的政策一方面使得全国经济得到快速增长，另一方面则加剧了地区不平等和地区之间的恶性竞争。因此，21 世纪中期以来，区域研究在中国再次兴起时，城市间合作和区域协调发展成为了区域空间治理的重点，地区合作也成为了政府部门讨论的热点，2006 年"十一五"规划更是将区域规划放在重点位置，一系列区域规划的相继出台也表明国家对区域空间治理的重视。近年，海外学者对于中国区域空间治理的研究主要集中在两个方面：

一是对我国区域空间治理的纵向研究，总结中华人民共和国成立以来实行的区域空间治理模式及其优劣。Y. Li（2012）对现有文献进行研究，认为目前中国区域空间治理主要有两个参与者：中央政府和地方政府，分别代表着自上而下和自下而上的治理机制。这种治理机制能让中央政府直接通过国家和区域议程来自由支配地方发展，但同时也会使地方政府缺乏实质性的参与城市间的多边谈判。Oliveira（2014）与 Beeson（2016）认为中国近年来通过积极建构新的机构，例如亚投行、一带一路、以中国为中心的国际贸易投资等，进一步带动中国经济和政治实力的发展，但这些不仅仅对中国有所影响，更代表着中国在全球治理中开始占据一个重要的地位，中国这种以合作精神为主体的治理方式，可以为西方治理提供一定的参考价值。

二是对沿海地区的分地区研究，对比长三角、珠三角及京津冀等地区治理模式的异同。Y. Li（2012，2013）对长三角地区的城市规划者及政府官员的一系列访谈进行总结分析，发现现阶段长江三角洲地区的区域一体化及区域协作逐步形成，城市间合作日益加强，但这并不意味着中国区域治理模式从城市间竞争的模式脱离出来了，因为目前中国并没有正式的区域机构和联盟，区域合作是基于经济发展及项目之上的，政策也是由各个城市分别制定，而不是通过城市间的多边谈判形成的，一旦以经济发展为导向的目标发生变化，区域合作很容易破裂。关于珠三角的研究集中于跨区域空间治理，C. Yang（2013）对 2008—2012 年大珠三角的实地调查和深入访谈进行整理，认为现在珠三角的治理模式在中央及省级政府的干预下发生了很大的变化，在 20 世纪 90 年代左右，珠三角及香港实行的"一国两制"模式给予了香港更大的自由性，如今国家则注重广东省与香港之间的整合，以促进大珠江三角区的一体化进程，因此作者认为香港在政策制定方面的自治权在未来可能会被削弱。

**（二）我国区域治理现状**

改革开放以来，随着国家主导的城市化和自发性城市化的进行，长三角、珠三角及京津冀三大城市群的区域治理结构也大致遵循着"单中心—多中心—多中心网络化"的演变趋势发生着变化。作为我国发展位于前列的城市群，其区域发展演变过程对我国其他地区发展有一定参考价值，以珠三角为例，20 世纪 90 年代起，珠三角以"桑基鱼塘"为主导的农业生产规模快速向加工业生产方式转变，"外箱型城市化"主导着城镇的发展。此时，广州依赖其良好的区位优势及发展位于先列的基础设施建设，成功在珠三角占领枢纽位置，珠三角整体呈现以广州为核心的单中心发展趋势。2000年以来，深圳由于国家政策倾斜及国际形势的转变开始逐渐提升自身在珠三角中的地位，成为珠三角的"次中心"，并于 2005 年成功超越广州，至此珠三角的双中心发展格局形成；21 世纪以来，珠江三角洲通过撤县设区的方式，进行第二次行政区划调整，并随着国家政策的推进，逐步完成珠三角的一体化及网络多中心格局。

因此，目前我国位于发展前列的城市群多处于由多中心治理模式逐步向动态网络状治理模式转型的阶段，但是其中存在的问题也是不能忽视的。珠江三角洲的情况最为复杂，泛珠三角的地区规模大、范围广，系统内部的城市间差异较大。从行政区划来看，既包括一般的行政区，又包括经济特区、特别行政区和民族自治区；从发展水平来看，既有港澳等国际型城市，也有中西部发展较为缓慢的省份；从中央政策来看，既有高度自治的港澳地区，也有中部及民族自治地区，如何协调这些城市地区间的关系，达到协调发展，实现珠三角一体化是一个重要的研究方向。长三角如今的治理重点则放在如何发挥其辐射作用，扩大其辐射半径，进一步优化空间格局以带动长江经济带和新亚欧大陆桥经济带发展。京津冀都市圈作为我国第三增长极，具有潜在优势，但依然存在京津地区集聚效应过强，导致河北优势资源向北京天津聚集，地区之间产业及经济发展的断层现象严重，同时京津冀的环境问题也存在巨大的改善空间。

### （三）我国区域治理存在的矛盾

结合我国实际发展情况及国外的实践经验，可以发现我国区域治理最为严重的问题在于如何通过区域间合作、中心区域的辐射作用等使区域协调发展，进而实现一体化。但是区域间长期实行的各自为政、与邻为壑的"行政区经济"为区域合作造成了一定阻碍，而20世纪90年代社会主义市场经济体制初步建立后，中国的行政体制滞后于经济体制改革这一现象进一步加剧了区域空间治理的难度。因此，通过对行政体制机制进行改革进而解决区域治理问题是一个有效途径。

1. 政府权责分配不明而导致的利益冲突。

我们可以发现欧盟和美国的部分地区采用的都是政府负责政策的制定，其他治理机构负责执行的治理形式。但是在我国，政府基本全权负责政策制定与执行，这就导致了政府管理中可能出现些许不公平的现象，比如由于政府利用其权威制定符合自己的政策及制度，使区域治理的政策从开始便出现偏差，同时也容易造成部门间相互推卸责任；或是政府与企业、市场之间的分工不清楚，导致两方均在某一方面进行投入，造成资源浪费、降低效率；更有政府各部门对治理权限进行争夺，导致区域治理不能由最合适的部门进行实施，减慢区域治理速度及效率。且当前我国区域治理还处于自我管理监督的阶段，权责分配不明会加剧腐败现象的出现。

2. 缺乏区域性机构，城乡管理脱节。

我国正处于推进城市化的重要阶段，但是城镇与乡村的差距却不见缩小，区域治理方面的差距更大。欧美国家大多选择对中心城区和郊区进行合并兼并，并建立区域性机构进行管理，我国则采多用市县模式，在县级地区对自身治理的同时以市级地区带动县级地区的发展，但是县级政府的权限并不能对现有区域进行很好的区域规划，市级政府要么不愿牺牲自身利益扶持周边县市或是不能很好协调周边地区与中心城区的关系。最初中国实行以市带县的模式本是希望通过放权让中心城区带动周边区域发展，如今看来效果并不理想，珠江地区已开始通过撤县设区的方式进行二次行政区规划，是解决城乡管理脱节的方式之一，但设立区域性机构依然是日后必不可少的规划之一。

3. 大都市区政府间存在矛盾冲突。

目前，以大都市区为尺度划分区域进行区域治理是区域治理的主要形式，但我国的大都市区并没有统一的政府，且政府绩效考核依旧以经济为主，这些因素导致大都市区内部及大都市区之间存在矛盾冲突。在实力相当的城市或大都市区之间，最为明显的矛盾即为恶性竞争造成的产业同构现象严重，各地政府为了追求利益最大化，不通过协商进行治理，导致陷入"囚徒困境"。在存在隶属关系的城市之间，则往往出现中心城区的集聚效应过强，辐射作用不明显，中心城区与周边地区差距进一步扩大的现象。因此，通过行政管理体制改革，是健全大都市区域治理组织结构的重要一环。

**（四）我国区域空间治理发展路径**

进入 21 世纪以来，我国一直将区域治理作为重点进行研究，随着 2014 年由国家发展改革委、国土资源局、环境保护部、住房和城乡建设部联合推出《关于开展市县"多规合一"试点工作的通知》的实行，更是将区域治理与国民经济、社会发展规划、城乡规划、土地利用规划、生态环境保护规划等结合起来，将区域空间治理推向一个新的高度。2016 年，习近平总书记在全面深化改革领导小组第二十八次会议上再次强调开展省级空间规划试点，推进"多规合一"，目前我国进行"多规合一"试点城市大多也都是从空间界限的整合来进行的。因此，可以说区域空间治理是"多规合一"的必经之路，但是目前我国空间治理的理论还处于发展期，对区域空间治理的本质研究不足，其与国民经济发展、土地规划、城市规划的关系与差异也未知。同时，我国长期以来的"分割"治理使得各地之间的区域规划缺乏横向连接，容易产生管理上的冲突；各地存在的技术标准上的差异更为区域空间治理增加了难度。因此，规划我国未来区域空间治理的发展路径是解决区域空间治理问题的重点。

1. 加强区域治理理论研究。

改革开放以来，我国区域空间治理在理论和实践方面都得到了迅速发展，也取得了较为显著的成绩，但目前我国的研究更多地停留在对于国外案例及理论的研究，而由于政策及制度的差异，国外的理论实践与我国的区域空间治理实际情况并不能很好地结合。因此，对我国区域空间治理的实践进行系统性的研究分析，以形成符合我国国情的区域空间治理理论，为社会主义市场经济体制下的区域治理提供理论依据是非常有必要的。同时，对区域发展前沿问题的追踪研究也需要继续推进，我国正处于经济社会发展的转型期，在此情况下如何应对新的国际环境，实现区域治理的进一步发展，是当前研究的方向。

2. 加快空间规划体系形成。

目前中国正处于工业化城镇化发展中期和经济社会转型发展的重要阶段：经济方面已进入发展新常态，面临着经济增速的变化期；产业结构发生调整，由第二产业为主的结构将逐步发展成为以第三产业为主的结构，重点发展产业从工业逐渐向服务业转化；城镇化将进一步推进，但存在市场化不足等问题。如何通过区域合作实现经济的协同发展，如何利用区域空间治理实现资源的重新配置从而促进产业结构转型升级，如何加快空间开发使城镇化高质量持续推进，是目前我国区域空间治理面临的挑战。而空间规划是政府进行宏观调控微观管理的重要途径之一，在国家层面构建以国土空间规划为主体，结合现有的国民经济发展规划、土地利用规划、城市规划、环境保护规划等规划的空间规划体系。在地方层面引导形成多元空间治理体系，培养非政府组织等主体的发展，形成空间治理体系的网络化发展。能够通过区域空间治理进一步统筹城乡发展、推进新型城镇化建设、实现生态文明、完善政府治理机制、保障社会经济可持续发展。

3. 构建区域协调合作机制。

我国区域空间治理还处于初级阶段，与西方发达国家相比，在体制机制方面还存在许多不足。首先，我国区域空间治理主体单一，目前占主导地位的只有中央政府与地方政府，且中央政府采用的自上而下治理模式限制了地方政府的自主权利，这导致区域间缺乏交流。在我国现有绩效考核的模式下，地方政府通常会因局部经济发展而放弃整体发展，从而导致地区间恶性竞争。其次，目前中国并没有正式的区域机构和联盟，区域间合作仅仅通过经济发展和项目维系，这在严格意义上来说并不能成为区域治理，合作往往也很难实现，区域合作协调机制还需健全。同时，在进行区域合作和区域整合的过程中，区域内不同行政体之间的利益格局将发生相应变化，这一现象容易引发社会问题，为调整各方利益，利益补偿机制也需完善。因此，构建区域协调合作机制是解决区域合作问题的重要途径。在国家空间体系大致形成之后，应先通过结构大都市区政府，进行权力分散，在此基础之上在区域政府之间搭建对话平台，为区域间合作提供帮助。同时，建立新型的"利益分享"及"利益补偿"机制，前者能够协调产业政策与区域政策之间的关系，避免由于资源过于集中而产生的产业同构现象；后者能够使由于区域合作及区域整合损失的利益通过中央对地方的财政补助及税收返还得到补偿，从而实现效率与公平的统一。

## 参考文献

[1] Anne M. K. Governance. UK: Polity Press, 2004: 4-6.

[2] Stephen M., Wheeler. The New Regionalism: Key Characteristics of an Emerging Movement. Journal of the American Planning Association, 2002, 68(3): 267-278.

[3] Brenner N. Decoding the Newest "Metropolitan Regionalism" in the USA: A Critical Overview. Cities, 2002, 19(1): 3-21.

[4] Kübler D. Problems and prospects of metropolitan governance in Sydney: towards "old" or "new" regionalism?. City Futures Research Centre. Research Paper No. 2, 2005.

[5] Kohler-Koch B. Interaktive Politik in Europa: Regionen im Netzwerk der Integration. Public Administration, 1998 ( 3 ): 682-683.

[6] Hamilton D. K. Developing Regional Regimes: A Comparison of Two Metropolitan Areas. Journal of Urban Affairs, 2004, 26(4): 455-477.

[7] Haughton G., Counsell D. Regions and Sustainable Development: Regional Planning Matters. Geographical Journal. 2004, 170(2): 135-145.

[8] Marks G. Structural Policy and Multi-level Governance in the EC. State of the European Union the Maastricht Debate & Beyond. 1993, 392.

[9] Marks G., Hooghe L . European Integration from the 1980s: State-Centric vs. Multi-level Governance. Journal of Common Market Studies. 1996, 34(3): 356-371.

[10] Edelenbos J., Van Buuren A., Klijn E. H. Connective Capacities of Network Managers: A comparative study of management styles in eight regional governance networks. Public Management Review. 2013, 15(1): 131-159.

[11] Mayere S., Heywood P. R., Margerum R. Governance and effectiveness in regional planning: an analysis of North American, European, and Australasian practice. ACSP-AESOP 4th Joint Congress: Bridging the Divide: Celebrating the City. 2008, 6-11.

[12] Hix S. The political system of European Union. Palgrave Macmillan. 2005: 223-225.

[13] Cini M. The Europeanization of British Competition Policy. Journal of European Integration, 2003, 29(1): 109-132.

[14] Sweet A. S., Sandholtz W. European integration and supranational governance. Journal of European Public Policy. 1997, 4 (3): 297-317.

[15] Hooghe L., Marks G. Multi-level Governance and European Integration. Rowman & Littlefield Publishers. 2001, 47-49.

[16] Pollack M. A. The Engines of European Integration: Delegation, Agency, Agenda Setting in the EU. Foreign Affairs. 2011, 42 (5): 1061-1062.

[17] Jachtenfuchs M. The Governance Approach to European Integration. JCMS: Journal of Common Market Studies. 2001, 39 (2): 245-264.

[18] Schimmelfennig F. Good governance and differentiated integration: Graded membership in the European Union. European Journal of Political Research. 2016, 55(4): 789-810.

[19] Dodescu A., Chirilă L. F. Regional Innovation Governance in the Context of European Integration and Multi-level Governance Challenges. A Case Study of North-West Region of Romania. Procedia Economics & Finance. 2012, 3: 1177-1184.

[20] Rivolin U. J. Global crisis and the systems of spatial governance: varying patterns of urban democracy. EURA 2016 Annual Conference City lights. At Torino. 2016: 1-10.

[21] Hooghe L., Marks G: Delegation and pooling in international organizations. Review of International Organizations. 2015, 10

(3): 305-328.

[22] Jessop B. The Rise of Governance and Risks of Failure: The Case of Economic Development. International Social Science Journal. 1998, 50(155): 29-46.

[23] Loewendahl-Ertugal E. Europeanisation of Regional Policy and Regional Governance: The Case of Turkey. European Political Economy Review. 2005, 3(4): 18-53.

[24] Ayres S., Stafford I. Managing Complexity and Uncertainty in Regional Governance Networks: A Critical Analysis of State Rescaling in England. Regional Studies. 2014, 48(1): 219-235.

[25] Chung H. Unequal Regionalism: Regional Planning in China and England. Planning Practice & Research. 2015, 30(5): 570-586.

[26] Bafarasat A Z. Exploring new systems of regionalism: An English case study. Cities. 2016, 50: 119-128.

[27] Harrison J. Life after Regions? The Evolution of City-regionalism in England. Regional Studies. 2012, 46(9): 1243-1259.

[28] Kantor P., Lefèvre C., Saito A., et al. Struggling Giants: City-Region Governance in London, New York, Paris, and Tokyo. Contemporary Sociology A Journal of Reviews. 2012, 44(3): 73-75.

[29] Savitch H. V., Adhikari S. Fragmented Regionalism: Why Metropolitan America Continues to Splinter. Urban Affairs Review. 2016, 53(2): 381-402.

[30] Paytas J. Does Governance Matter? The Dynamics of Metropolitan Governance and Competitiveness, Working Paper of Carnegie Mellon Center for Economic Development, 2002.

[31] Legler T. F. The Shifting Sands of Regional Governance: The Case of Inter-American Democracy Promotion. Politics & Policy. 2012, 40(5): 848-870.

[32] Wallis A. D. The third wave: Current trends in regional governance. National Civic Review. 1994, 83(3): 290-310.

[33] Olfert M. R. Regional Inequality and Decentralized Governance: Canada's Provinces. Review of Regional Studies. 2016, 46(3): 201-222.

[34] Wanvik T. I. Governance transformed into Corporate Social Responsibility (CSR): New governance innovations in the Canadian oil sands. Extractive Industries & Society. 2016, 3(2): 517-526.

[35] Miller M. A., Bunnell T. Introduction: Problematizing the Interplay between decentralized Governance and the urban in Asia. Pacific Affairs. 2013, 86(86): 715-729.

[36] Wunderlich J. U. Comparing regional organisations in global multilateral institutions: ASEAN, the EU and the UN. Asia Europe Journal. 2012, 10(2): 127-143.

[37] Ruland J. The limits of democratizing interest representation: ASEAN's regional corporatism and normative challenges. European Journal of International Relations. 2014, 20(1): 237-261.

[38] Stubbs R. The ASEAN alternative? Ideas, institutions and the challenge to 'global' governance. Pacific Review. 2008, 21(4): 451-468.

[39] Wear A. Collaborative Approaches to Regional Governance-Lessons from Victoria. Australian Journal of Public Administration. 2012, 71(4): 469-474.

[40] Norris D. F. Prospects for Regional Governance Under the New Regionalism: Economic Imperatives Versus Political Impediments. Journal of Urban Affairs. 2010, 23(5): 557-571.

[41] Cygan A. Regional Governance, Subsidiarity and Accountability within the EU's Multi-Level Polity. European Public Law. 2013, 19: 161-188.

[42] Kim J. H., Jurey N. Local and Regional Governance Structures Fiscal, Economic, Equity, and Environmental Outcomes. Journal of Planning Literature Incorporating the Cpl Bibliographies. 2013,

28(2): 111-123.

[43] Li Y., Wu F. The transformation of regional governance in China: The rescaling of statehood. Progress in Planning. 2012, 78(2): 55-99.

[44] Oliveira H. A. D., Cunhaleite A. C. Chinese engagement for Global Governance: aiming for a better room at the table?. Revista Brasileira De Política Internacional. 2014, 57: 265-285.

[45] Beeson M., Li F. China's Place in Regional and Global Governance: A New World Comes Into View. Global Policy. 2016, 7(4): 491-499.

[46] Cho I. H. Dual Identity and Issue Localization: East Asia in Global Governance. Global Governance. 2013, 19(4): 545-565.

[47] Li Y., Wu F. Towards new regionalism? Case study of changing regional governance in the Yangtze River Delta. Asia Pacific Viewpoint. 2012, 53(2): 178-195.

[48] Li Y., Wu F. The emergence of centrally initiated regional plan in China: A case study of Yangtze River Delta Regional Plan. Habitat International. 2013, 39(9): 137-147.

[49] Yang C., Li S. M. Transformation of cross-boundary governance in the Greater Pearl River Delta, China: Contested geopolitics and emerging conflicts. Habitat International. 2013, 40(3): 25-34.

[50] Charron N., Dijkstra L., Lapuente V. Regional Governance Matters: Quality of Government within European Union Member States. Regional Studies. 2014, 48(1): 68-90.

[51] Ayres S., Stafford I. Managing Complexity and Uncertainty in Regional Governance Networks: A Critical Analysis of State Rescaling in England. Regional Studies. 2014, 48(1): 219-235.

[52] Warner M. E. Inter-municipal Cooperation in the U. S.: A Regional Governance Solution?. Urban Public Economics Review. 2015, 7(6): 221-239.

[53] Morrison T. H. Developing a regional governance index: The

institutional potential of rural regions. Journal of Rural Studies. 2014, 35(4): 101-111.

[54] Bramwell A., Pierre J. New Community Spaces: Regional Governance in the Public Interest in the Greater Toronto Area. Urban Affairs Review. 2016, 53(3): 603-627.